精品课程配套教材
21世纪应用型人才培养"十三五"规划教材
"双创"型人才培养优秀教材

行政法学理论与实务

主编　刘　砺

主　审　李雪冬

参　编　荆素芳　蒋韶寒

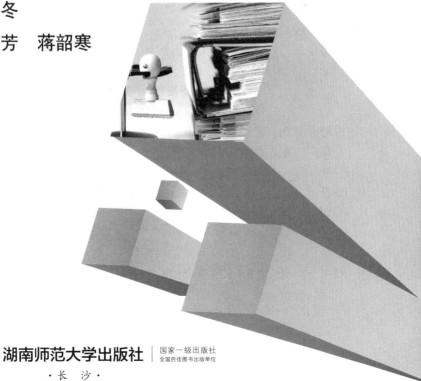

湖南师范大学出版社 ｜ 国家一级出版社
全国百佳图书出版单位
·长沙·

图书在版编目（CIP）数据

行政法学理论与实务/刘砺主编. —长沙：湖南师范大学出版社，2015. 11（2021. 9 重印）

ISBN 978-7-5648-2345-0

Ⅰ. ①行… Ⅱ. ①刘… Ⅲ. ①行政法学-研究 Ⅳ. ①D912. 101

中国版本图书馆 CIP 数据核字（2015）第 304610 号

行政法学理论与实务
XINGZHENG FAXUE LILUN YU SHIWU

刘 砺 主编

◇全程策划：凌永淦
◇组稿编辑：杨君群
◇责任编辑：何远翠
◇责任校对：蒋 婷
◇出版发行：湖南师范大学出版社
地址/长沙市岳麓山 邮编/410081
电话/0731-88872751 传真/0731-88872636
网址/http：//press. hunnu. edu. cn
◇经 销：全国新华书店
◇印 刷：北京俊林印刷有限公司

◇开 本：787mm×1092mm 1/16
◇印 张：20. 25
◇字 数：425 千字
◇印 次：2021 年 9 月第 2 次印刷
◇书 号：ISBN 978-7-5648-2345-0
◇定 价：38. 00 元

（教学资料包索取电话：刘老师 13269653338）

精品课程配套教材
"双创"型人才培养优秀教材 编写委员会

主　任： 王汝志

副主任：

程　宁	黄群瑛	王　伟	张志宏	徐晓舟	张惠芳	石惠惠	刘　雯	吴　诚	
张逸舟	王　品	石　俊	岳斯玮	扬城强	康厚泽	邓瑞瑞	刘　博	程　贺	
徐晓晗	夏　松	张新丰	何周亮	刘国军	胡延华	胡致杰	史萍萍	郑　涛	
崔山美	朱接文	傅　娣	宋晓霞	林友谅	李源晖	王金良	陈丽佳	刘俐伶	
张元越	翁宗祥	石丹萍	李明相	唐俊奇	郑　艳	梁瑞明	高国生	张永宏	
包耀东	袁　新	胡忠德	张建武	徐艳华	李　白	许艳春	解俊霞	周万洋	
刘庆玲	何洪磊	冯雪燕	吴晓燕	张　厚	张　鹏	曹泰松	王殿君	贺健琪	
王瑞星	范洪军	王久霞	张兴龙	李　荣	张程薇	李　垒	刘　洪	王　平	
白而力	安永红	汤　慧	吕　华	庄倩玮	肖星野	孙翠华			

委　员：

郝自勉	邓光明	柴彬彬	李　博	王晓晶	周慧玲	张　璐	耿文凤	申志强	
康　俊	李建清	周奇衡	吴国庆	唐建强	段晓霞	叶小菊	厉骁英	蒙萌光子	
唐晨光	王　军	胡徐胜	张　林	朱宏安	袁剑霖	和　健	李　坤	王梦林	
高贺云	叶　政	李　冰	陈金山	赵玉田	许　建	张　利	杨　丽	宋建跃	
陈勇强	倪文彬	陈炳炎	樊　匀	陈　英	叶惠仙	王艺光	雷　玮	韩永胜	
李　芳	李　力	唐克岩	曹　浩	邹　涛	李新萌	边振兴	郭　涓	雷　芳	
黄　鹏	黄佳溶	周士印	郑　薇	赖华强	刘艳春	姜　蕾	许　琳	侯经文	
董小宝	符海青	蒋　伟	宋铁山	宋世坤	管　威	姚俊红	何杨英	任东峰	
谭吉玉	耿秀萍	王贵用	孙　俊	李传民	姜　健	刘　雯	李　云	赵　进	
孙道层	龚洁薇	陈乐群	王道乾	李建美	张　琦	孙炬仁	韩子刚	韩　阳	
朱　涛	李文胜	熊晓亮	尹君驰	李顺庆	朱海艳	陈勇平	伍建海	李　坤	
汤池明	赵　凯	蔡锦松	陈军民	周金羊	王东亮	鲍青山	武永宁	段　渊	
肖　炜	张建云	陈国华	李自强	林民山	张玉贤	何勇亭	王湘蓉	吴　静	
张　华	王永泰	赵　平	杨　颖	董新玲	杜玉霞	钟　舟	钱伶俐	邹巧燕	
庄英强	肖慧霞	曹志鹏	杨茜云	戴　霞	郑小平	翟　彤	闫铁成	刘映吟	
蒋　岚	谢　敏	李丛军	张　素	马莉丽	李希峰	贺维营	王　淼	赖茂涛	
史亚奇	徐　志	吴国华	李　杰	陈凤榕	胡大威	姜　营	蔡　友	张　兵	
葛君梅	张海玲	王　强	李　凯	陈　成	陈　青	汪欲胜	闫付海	罗　茜	
柯晶莹	杨雪飞	徐一楠	王　彪	张　萍	陈骏芳	邢博川	刘　焱	贾秀华	
刘雨涛	王粉清	刘作新	张国君	王廷章	易　坤	孔　丽	史安玲	袁学军	
徐田蓉	郑春晓	李青阳	范玲俐	张　波	刘　军	刘占军	周万才	谭　超	
黄志东	柯春媛	黄开兴	王　哲	汪志祥	刘　文	刘丽鸿	陈　滨	付　蕾	
王艳芹	张焕琪	肖　杨	张朝昌	肖凤华	孙宗耀	刘　岩	沈树明	刘纯超	
余　燕	孙文琳	宋　娟	罗晓双	张慧慧	刘银连	韩　超	李珊珊	任春茹	
韩东红	吴可灿	张运平	王晓莉	张瑞锋	汤　澜	曹　晖	许康平	高德昊	
宋汪洋	张　勤	吴佩飞	王财莉	王　锋		李承高	唐建忠		

前　言

　　近年来，出版了不少法学教材，包括《行政法学》教材，这些教材虽然各有优点，但在注重学生技能训练、强化学生实务操作方面多有不足。理论与实际往往有较大的距离，对法学教学来说，理论尤其应该更多地面向实际，增强其实用性或应用性，这也是由高等法学教育要造就实用型技能型应用人才的培养目标所决定的。

　　本书结合教学实践，并参考了众多行政法学教材建设成果编写而成。这本教材主要有以下一些特点：

　　一、全书以行政行为理论为主线，分为12章。这样的体系安排为行政诉讼法的教学打下了良好的基础。因为在我国，抽象行政行为不可诉，只有具体行政行为才是可诉的。事实上，在学生已学习过《民事诉讼法与仲裁法律实务》和《刑事诉讼理论与实务》之后，行政诉讼法的教学是可以较为简略的。所以，本课程的主要任务是向学生介绍行政法学基础理论与实务。

　　二、全部教学内容分为12章19讲，如果加上课程介绍1讲，共20讲。每讲的安排是一次课（2学时，1学时45分钟），老师讲授1学时，课内实践环节1学时。保留每讲的脉络是为了方便使用本教材的老师安排教学。当然，教材中的安排是编写者的经验，仅供应用本教材的老师们参考。

　　三、每讲的理论讲授，先设置了一个回顾上次内容的课前提问环节，这样做的好处是引导学生回忆上次学习的主要内容，起到复习强化的作用，也考查学习的学习效果，记录平时成绩；同时，为开始本次讲课做准备，还可以起到点名的作用。这样的安排，包括课堂实务训练环节的巩固提高题，使行政法学的全部教学内容处在一个前后联系、循环往复的有机整体之中，可以让学生在衔接与回顾复习的过程中，达到掌握好行政法学基础理论和运用基础理论解决实际问题的目的。

　　四、每讲的理论讲授，首先以法律文化体认与领悟开始，法律文化体现法律精神，必须让学生有所认知。再以一个案例来引发学生的思考，引起学生的兴趣，我们称之为情景导入案例。选用的案例是从各种案例集中精选出来的，全部都是真实的，具有较好的趣味性和较高的研究价值。当然，有些案例经过了作者处理，以适应教学的需要。

　　在教学实践中，我们深知学生对法学教科书传统编排体系的厌倦。编写一部能启发和引导学生思考并提升其学习兴趣的教科书，是编写者编写本教材的初衷。本教材尽可能注重知识性和启发性，培养学生的自学能力和创造性思维。本教材在进行理论阐述时，讲究适度，力求避免以往教科书连篇累牍长篇大论的老套。这也是编写这部行政法学教材的大胆尝试。编者非常同意武汉大学叶必丰教授的观点：对本、专科生的行政法学教育应侧重规范分析，对研究生的行政法学教育应侧重理性分析。当然，规范分析离不开总的理论指导，理论分析又要以实体法规范为基础。这一思想贯穿本教材编写的全过程。

　　理论讲授在以小结作结后，老师可引导学生讨论情景导入案例，也可由老师对此案例进行评析。教材中引入的表主要是让学生在自学时更好地理解基础理论作参考的，老师一般不用作细致说明。

五、每讲均安排有复习前面相连部分内容的巩固提高题，题型分填空题和判断题两种，选这两种题型的主要考虑是填空题可以考查学生知识掌握的精确性和准确性，判断题可以考查学生知识运用的可靠性和灵活性。这两种题型能够答好的话，单项选择题、多项选择题、简答题等标准化试题应该都能答得好。

巩固提高题可以让学生在课堂上（在实务训练课时内）完成，也可以作为作业让学生在课下完成，教师以适当的方式进行检查。

八、每讲均安排有阅读材料，这些材料原则上要求学生在课外阅读。教师可以以适当的方式进行检查。阅读材料主要是与行政法学教学内容密切相关的法律、法规以及其他重要参考资料。限于篇幅，有些阅读材料只列了篇名，只有极为重要的阅读材料才全文照录。好在这些材料很容易在互联网等处获得，学生可充分利用网络进行阅读学习。

本教材由刘砺和荆素芳共同编写，蒋韶寒老师负责一些资料的收集。

编写者虽对本教材的谋篇布局、材料遴选、实务训练等思之再三，但因学力、水平所限，遗憾自当在所难免。此书在出版过程中得到了北京市当代律师事务所高级合伙人、法律总顾问李雪冬律师的大力支持，在此表示衷心的感谢，本教材尚有不妥之处，恳请使用者批评指正。

本教材配套课件和教师参考手册，使用者可向湖南师范大学出版社索取，也可向本书编著者索取。

编　者

目录 Contents

第1章　行政法概念与行政法关系

🎯 **法律文化体认与领悟**

　　四项基本原则是立国之本，改革开放是强国之路，依法治国是治国基本方略。建设法治政府是依法治国的重点和关键。

🎯 **本章主要内容**

　　行政与行政法的概念；行政法关系。

‑‑

案例导入 ◀●

长春亚泰足球俱乐部诉中国足协案

　　长春亚泰足球队在 2001 年 10 月 6 日第 22 轮与浙江绿城足球队的比赛中，净胜 6 球，在整个赛季中排名甲 B 第二。按照中国足协发布的《全国足球队甲级联赛规则》第 9 条关于"获得全国足球甲级队 B 组联赛前两名的队，次年参加全国足球甲级 A 组联赛"的规定，长春亚泰足球队应升入甲 A 足球队之列。

　　但是，中国足协在联赛结束后的 2001 年 10 月 16 日，以足纪字（2001）14 号"关于对四川绵阳、成都五牛、长春亚泰、江苏舜天和浙江绿城俱乐部足球队处理的决定"，取消了长春亚泰升入甲 A 的资格和 2002 年、2003 年甲乙级足球联赛引进国内球员的资格，并限长春亚泰在 3 个月内进行内部调整，同时对教练员和球员作出停止转会资格的处罚。据称这是中国足协为严肃足球联赛纪律，打击"假球"、"黑哨"现象而采取的重要措施。

　　而长春亚泰足球俱乐部不服足协的处理决定，于 2002 年 1 月 7 日向北京市第二中级人民法院提起行政诉讼。法院在同年 1 月 23 日以书面答复，作出不予受理的裁定，认为本案不符合我国《行政诉讼法》规定的受理条件。

　　几乎与此同时，北京召开了有十多位行政法学家参加的"行业协会管理权之司法审查研讨会"。专家们普遍认为，足协不仅是社团法人，还是法律授权的具有行政管理职能的组织，其实施的管理行为具有行政行为的性质，足协具有行政诉讼被告的主体资格。

　　问题：中国足协作为一个社会团体，其管理活动是否也属于行政法上的"行政"？

1.1 行政法的概念

要理解行政法的概念，必须先理解行政的概念。

1.1.1 行政（administration）的概念

行政是行政法的一个重要概念，也是行政法学的核心概念。行政法学研究的行政是为实现国家目的，执行国家法律及立法机关意志的活动。

学习行政法学，首先必须明确什么是行政。关于"行政"，学界有很多观点，但始终未能达成共识。我们认为最具代表性的定义是：

行政是指国家行政机关和其他公共行政组织对国家及公共事务的决策、组织、管理、调控和服务的一系列活动的总称。这个定义包含以下几层意思：（1）行政活动的主体是国家行政机关；（2）行政活动的范围逐步扩大，现代行政已不限于管理国家事务，还越来越广泛地管理公共事务；（3）行政活动的目的是为了实现对国家事务和公共事务的组织与管理；（4）行政活动的方法和手段是决策、组织、管理和调控，这些过程必须贯彻服务的理念。

行政包括公共行政（public administration）和私人行政。公共行政包括国家行政机关从事的执行、管理国家行政事务的行为和非国家的公共组织所从事的与行政权相关的行政活动。私人行政又称非国家行政，它是指私法主体包括企业、事业、社团等组织的执行和管理活动。

权力分立（或职能分工）和受法律制约，是现代行政赖以建立的两个基点，也是其两大特征。

分类是科学研究的基本方法之一。按照不同的划分标准，行政就有了不同的分类。行政的分类较多，主要有：

（1）以行政权力行使的主动与被动为标准，行政活动分为积极行政和消极行政。对相对方的权利、义务不产生直接影响，要求行政机关在法定权限内积极作为的行政，称之为积极行政。对相对方的权利、义务产生直接影响，受到严格的法律制约的行政，称之为消极行政。消极地维持秩序，积极地增进公益，这是任何社会里国家存在的基本职责。

（2）现代行政可分为规制行政和给付行政两大类。规制行政是通过对相对人的权利和自由予以限制达到社会规制效果的行政。给付行政是通过向相对人提供精神或物质的利益达到对社会施加影响的行政。

规制作为具体的制度安排，是"政府对经济行为的管理或制约"，是在市场经济体制下，以矫正和改善市场机制内在的问题为目的，政府干预和干涉经济主体（特别是企业）活动的行为，"包容了市场经济条件下政府几乎所有的旨在克服广义市场失败现象的法律制度以及以法律为基础的对微观经济活动进行某种干预、限制或约束的行为"。

给付行政是指政府通过给予公民法人利益和便利等方式实现行政目的的活动。是行政主体在特定情况下，依法向符合条件的申请人提供物质利益或赋予其与物质利益有关的权益的行为。其中，"物质权益"主要表现为给付相对人一定数量的金钱或实物；"与物质有关的权益"的表现形式很多，如让相对人免费入学接受教育、给予相对人享受公费医疗待遇等。

（3）根据行政权力可能对公民产生的影响，行政活动分为负担行政和授益行政。所谓负担行政即对公民设定义务、增加负担、带来不利影响的行政活动。所谓授益行政即对公民赋予权利、增进福利，带来某种利益的行政活动。

（4）以受法律规范拘束的程度为标准，行政可分为羁束行政与裁量行政。羁束行政是指法律明确规定了行政行为的范围、条件、程度、方法等，行政机关没有自由选择的余地，只能严格依照法律作出的行政。羁束行政行为的作出以羁束裁量权为前提。羁束裁量权的行使，其权限范围、幅度、行为方式、数量界限等都由法律、法规明确规定，行政机关只能严格依法裁量、判断。裁量行政指行政主体依据法律规定所享有的，在法律规定的范围、方式或数额等限度内根据其合理性的判断，自由选择所为的行政。也就是说裁量行政行为是指法律规范仅对行为目的、行为范围等作一原则性规定，而将行为的具体条件、标准、幅度、方式等留给行政主体自行选择决定的行政行为。

（5）以行政行为影响范围为标准，行政可分为内部行政和外部行政。所谓内部行政是指行政主体在内部行政组织管理过程中所作的只对行政组织内部产生法律效力的行政。内部行政行为发生于行政组织内部，基于行政隶属关系，只影响行政组织内部，其对象是组织内部人员。如行政首长对工作的指挥，对机关内部的组织和管理以及对下级公务员发布的命令和指示等。所谓外部行政是指行政机关针对行政管理相对人实施的行为，对行政系统以外被管理的人、组织所作的行为，即行政主体在对社会实施行政管理活动过程中针对公民、法人或其他组织所作出的行政行为。行政许可，行政处罚等均属外部行政行为。

（6）根据国家行政管理的领域，行政可被划分为以下种类：①组织行政；②人事行政；③公安行政；④司法行政；⑤民政行政；⑥经济行政；⑦科技行政；⑧教育行政，等等。

行政法学所研究的行政是现代国家权力分工的产物，没有立法、司法与行政职能的适当分工，就不存在执行法律和立法机关意志的行政。行政法学研究的行政是执行国家法律和权力机关意志的活动，相对于立法而言，处于从属地位。行政与立法的本质区别在于，行政是执行法律的活动，而立法是创造法律的活动；行政与司法的区别在于行政是为实现国家目的而主动执行适用法律的活动，而司法是追诉犯罪、裁判纠纷的被动适用法律的活动。没有现代意义上的法治原则为背景，也不存在行政法学所研究的行政。法治原则是现代行政所必须遵循的原则。

国家行政与公共行政也能进行区分。国家行政，是指国家行政机关对国家事务的组织与管理活动。国家产生后，部分社会事务的管理脱离社会而形成国家行政，国家行政源于社会但却凌驾于社会之上。国家行政是公共行政的主角。在社会生活中，国家行政居于绝对主导地位。公共行政就是国家行政机构依法管理社会公共事务的有效活动。公共行政的功能是提供公共产品，实现社会公平，实施管制和宏观调控。

行政国家（the administrative state）的兴起与发展是20世纪中叶以来最显著的政治特征。行政国家作为一种学术研究的概念和理论最早由美国行政管理学家德怀特·沃尔多于1948年发表、1984年再版的《行政国家：美国行政学的政治理论研究》一书中提出，经过弗里茨·马克斯于 1957 年发表的《行政国家：科层体制概论》等研究成果的发展，已成为一种确认的理论和公共行政的研究领域。

行政国家是指人类社会发展到这么一个阶段——国家行政权渗透到人们社会生活的各个领域，人们在其生命的整个过程中离不开行政机关，行政机关的行为成为影响人们生命、财产、自由和国家安全、稳定、发展的一种几乎无所不能之物。

行政国家的主要标志是：（1）行政权（executive powers）的扩大，政府行政权已超出了传统执行权的范围，而进入到立法和司法领域；（2）行政职能的扩张，行政活动已波及社会生活的各个领域，"从摇篮到坟墓"形象地说明了行政职能扩张的情形；（3）行政规模的不断增长，主要表现在政府财政支出的规模不断扩大，政府雇佣人数的扩大和增长。

1.1.2　行政权力与公民权利

行政权力，亦称行政权，是由国家宪法、法律赋予或认可的、国家行政机关和其他公共行政组织执行法律规范、对国家和公共事务实施行政管理活动的权力。行政权力是国家政权和社会治理权的组成部分。

行政权力不完全等同于行政职权（第二章会专门论述行政职权）。行政职权是行政权力的具体配置和转化形式。

行政权力的内容从理论上划分主要有：①行政立法权；②行政命令权；③行政决定权；④行政监督检查权；⑤行政制裁权；⑥行政强制执行权；⑦行政裁决权。等等。

行政权力有下列几种特点：①主动性；②广泛性；③优益性；④裁量性；⑤强制性；⑥单方性。掌握和理解这些特点，有助于我们深刻地理解行政行为的特点，有助于我们深刻理解行政法上的一般原则和具体规则。

公民权利（citizen right），是指国家通过宪法、法律确认的，由相应的义务所保证的公民的资格、利益、自由和权能。公民权利的行使要受到法律的制约，不得损害公共利益和他人利益。

一切国家权力都直接或间接来源于公民权利，权力是权利的一种特殊形式。行政权力与公民权利是一种既互相依存，又相互对立的关系。行政主体与相对方的关系极其复杂，正是这些关系以及调整这些关系的原则、规则和制度构成了行政法学的基本内容。行政法的追求是行政主体与相对方的权利义务在总体上的平衡。

1.1.3　行政法（Adminstrative Law）的概念

人类已从刑法时代、民法时代发展到了行政法时代。

根据一定的标准和原则划分的同类法律规范的总和，称之为法律部门。在法学上，一般认为，划分法律部门的主要依据是法律调整的对象和方法。行政法作为一个独立的法律部门产生于 18 世纪末的欧洲国家。行政法是重要的部门法之一。

行政法是调整行政关系以及在此基础上产生的监督行政关系的法律规范和原则的总称，或者说是调整因行政主体行使其职权而发生的各种社会关系的法律规范和原则的总称。行政法简单地说就是有关行政（以及与行政有关）的法律规范的总称，具体言之，行政法是有关行政的主体、职权、行为及程序、违法及责任和救济关系等的法律规范的总称。由此可见，行政法是公法。

现代意义的行政法是近代资本主义商品经济的产物。资本主义商品经济的发展是行政法产生的经济基础，法治观念是行政法产生的思想基础，资产阶级民主政治是行政法产生的政治基础。

1799 年拿破仑设立的法国国家参事院，即最高行政法院，是行政法产生的标志。

行政法的调整对象，是行政关系和监督行政关系。所谓行政关系是指行政主体行使行政职权和接受行政法制监督而与行政相对人、行政法制监督主体发生的各种关系，以及在行政主体内部发生的各种关系。行政关系是行政法的调整对象，行政法律关系是行政法的调整结果。行政关系的核心是行政权，行政关系得以产生的前提是行政职权的行使。

我国行政法的目的是保护国家社会公共利益和公民个人合法权益的统一。行政法的主要任务是规范国家的行政权力。行政法在一般情况下没有溯及力。我国行政法对人的适用方面对本国公民实行属人主义原则，对外国人则实行属地主义原则。

我国行政法的理论研究中主要有下列学说：①服务论；②公共权力论；③公共利益论；④管理论；⑤控权论；⑥平衡论。其中，管理论、控权论和平衡论论述充分，也有相当的深度。

1.1.4 行政法的渊源（Sources of Administrative Law）

行政法由一系列行政法规范和原则组成，这些规范和原则是通过丰富的法律形式表现出来的。行政法的渊源是指行政法的外部表现形式，即行政法规范和原则的载体。

行政法的一般渊源包括宪法、法律、行政法规、地方性法规、部门规章与地方政府规章、自治条例与单行条例，行政法的特殊渊源包括法律解释、国际条约。（见表 1-1 所示）其中，行政法规、地方性法规、自治条例与单行条例、部门规章与地方政府规章属于法律以外的行政法的渊源。（见表 1-2 所示）

表 1-1　行政法的法律渊源

宪法	具有最高法律效力，但很少在司法活动中得到适用
法律	分为基本法律与普通法律，但实际上效力没有差别
行政法规	由国务院制定，在我国目前往往能起到法律的作用
地方性法规	由省级或者设区的市的人大及其常委会制定，以及由经济特区所在地的市的人大及其常委会根据全国人大授权制定
自治条例与单行条例	由民族自治地方（区、州、县、旗）的人大制定并报批后施行
部门规章	由国务院组成部门（部、委、人民银行、审计署）或国务院直属机构制定
地方政府规章	由省级政府或者设区的市、自治州政府以及经济特区所在地的市政府制定
国际条约	原则上需转化成国内法方能成为法律渊源，但存在例外
法律解释	属于全国人大常委会职权，其效力同等于法律
司法解释	属于国家最高法和最高检职权，不是正式法律渊源，但实际作用巨大

表 1-2　法律以外的行政法的渊源

规范	权限	提示
行政法规	执行具体法律	据《行政处罚法》第 63 条制定《罚款决定与罚款收缴分离实施办法》
	实施宪法规定职权	《宪法》第 89 条
	全国人大授权事项	有关犯罪和刑罚、剥夺公民政治权利、限制人身自由的强制措施和处罚、司法制度等事项不得授权。
地方性法规	执行法律、行政法规规定	根据本区域实际情况作具体规定
	地方性事务	需要制定地方性法规
	尚未制定法律或行政法规	根据本地具体情况和实际需要；法律或行政法规生效后，与之相抵触的规定无效，应及时修改或废止。
自治条例 单行条例	可对法律、行政法规作变通规定	不得违背法律、行政法规的基本原则；不得变通宪法、区域自治法等专门规定
部门规章	规定的事项应当属于执行法律或者国务院行政法规、决定、命令的事项。	没有法律或者国务院行政法规、决定、命令依据，不得设定减损公民、法人和其他组织权利或者增加其义务的规范，不得增加本部门权力或者减少本部门法定职责。
地方政府规章	为执行法律、行政法规、地方性法规的规定需要制定规章的事项；属于本行政区域具体行政管理事项。	没有法律、行政法规、地方性法规依据，不得设定减损公民、法人和其他组织权利或者增加其义务的规范。

行政法的渊源举例：

宪法——中华人民共和国宪法（1982 年 12 月 4 日第五届全国人民代表大会第五次会议通过，1982 年 12 月 4 日全国人民代表大会公告公布施行。1988 年 4 月 12 日第七届全国人民代表大会第一次会议通过《中华人民共和国宪法修正案》，1993 年 3 月 29 日第八届全国人民代表大会第一次会议通过《中华人民共和国宪法修正案》，1999 年 3 月 15 日第九届全国人民代表大会第二次会议通过《中华人民共和国宪法修正案》，2004 年 3 月 14 日第十届全国人民代表大会第二次会议通过《中华人民共和国宪法修正案》，2018 年 3 月 11 日第十三届全国人民代表大会第一次会议通过《中华人民共和国宪法修正案》修正。）

基本法律——中华人民共和国民法总则（2017 年 3 月 15 日第十二届全国人民代表大会第五次会议通过，2017 年 10 月 1 日起施行。）

普通法律——中华人民共和国社区矫正法（2019 年 12 月 28 日第十三届全国人民代表大会常务委员会第十五次会议通过，自 2020 年 7 月 1 日起施行。）

行政法规——保障农民工工资支付条例（2019 年 12 月 4 日国务院第 73 次常务会议通过，自 2020 年 5 月 1 日起施行。）

地方性法规——陕西省秦岭生态环境保护条例（2007 年 11 月 24 日陕西省第十届人民

代表大会常务委员会第三十四次会议通过。)

自治条例——云南省孟连傣族拉祜族佤族自治县自治条例（1990 年 3 月 27 日云南省孟连傣族拉祜族佤族自治县第九届人民代表大会第一次会议通过，1990 年 8 月 25 日云南省第七届人民代表大会常务委员会第十三次会议批准。2005 年 3 月 5 日云南省孟连傣族拉祜族佤族自治县第十二届人民代表大会第三次会议修订，2005 年 5 月 27 日云南省第十届人民代表大会常务委员会第十六次会议批准。)

单行条例——三都水族自治县乡村公路条例（2005 年 3 月 12 日三都水族自治县第十三届人民代表大会第三次会议通过，2005 年 5 月 27 日贵州省第十届人民代表大会常务委员会第十五次会议批准。)

部门规章——农业行政处罚程序规定（农业农村部令 2020 年第 1 号，农业农村部 2019 年第 12 次常务会议修订通过，自 2020 年 3 月 1 日起施行，农业部 2006 年 4 月 25 日发布的《农业行政处罚程序规定》同时废止。)

地方政府规章——天津市人民政府重大事项决策程序规则（天津市人民政府令第 5 号，2008 年 5 月 12 日经市人民政府第 7 次常务会议通过，自 2008 年 7 月 1 日起施行。)

法律解释——全国人民代表大会常务委员会关于《中华人民共和国香港特别行政区基本法》第十三条第一款和第十九条的解释（2011 年 8 月 26 日第十一届全国人民代表大会常务委员会第二十二次会议通过。)

国际条约——　条约在广义上是指两个或两个以上国家之间，或国家组成的国际组织之间，或国家与国际组织之间，共同议定的在政治、经济、科技、文化、军事等方面，按照国际法规定它们相互间权利和义务关系的国际法律文件的总称，包括条约、专约、公约、协定、议定书、换文以及宪章、规约等（见 1-3 所示）。附国际宣言一览表（见表 1-4 所示）。

表 1-3　国际条约一览表

国际法	生物多样性公约	东南亚友好合作条约
中立条约	渥太华禁雷公约	维也纳宣言和行动纲领
罗马公约	联合国反腐败公约	保护工业产权的巴黎公约
反导条约	联合国海洋法公约	制止核恐怖行为国际公约
南极条约	特定常规武器公约	公民权利和政治权利国际公约
湿地公约	不扩散核武器条约	消除对妇女一切形式歧视公约
上海公约	禁止化学武器公约	经济、社会、文化权利国际公约
巴塞尔公约	禁止生物武器公约	经济、社会、文化权利国际公约任择议定书
日内瓦公约	烟草控制框架公约	保护文学和艺术作品伯尔尼公约
联合国宪章	全面禁止核试验条约	濒危野生动植物种国际贸易公约
国际法院规约	非洲无核武器区条约	关于防止劫持飞机的三个国际公约
世界版权公约	维也纳外交关系公约	联合国打击跨国有组织犯罪公约

儿童权利公约	维也纳领事关系公约	制止向恐怖主义提供资助的国际公约
京都议定书	联合国气候变化框架公约	保护文化内容和艺术表现形式多样性公约
战争遗留爆炸物议定书	水下文化遗产保护公约	保护世界文化和自然遗产公约
欧洲常规武装力量条约	世界知识产权组织版权条约	世界知识产权组织表演和录音制品条约
残疾人权利公约 中国批准公约	里斯本条约	儿童权利公约关于儿童卷入武装冲突问题的任择议定书
妇女与科学承诺宪章	关于月球的两个国际间文件	

表1-4 国际宣言一览表

吉隆坡宣言
世界人权宣言
德黑兰宣言
土著人民权利宣言
消除对妇女歧视宣言
里约环境与发展宣言
联合国消除一切形式种族歧视宣言
消除基于宗教或信仰原因的一切形式的不容忍和歧视宣言
保护人人不受酷刑和其他残刑和其他残忍、不人道或有辱人格待遇或处罚宣言
上海合作组织成立宣言
公民权利和政治权利国际公约任择议定书
北美自由贸易协定　　科托努协定　　关贸总协定
二十一世纪行动议程
波茨坦公告

　　国际惯例是指各国在长期交往的实践中逐步形成的具有法律拘束力的默示行为规则。在国际法性质的领域，包括国际公法、国际私法、国际经济法、海商法、海关法等，都有大量的国际惯例存在。国际惯例通常是不成文的，但又是国际法的主要来源之一。国际惯例可分为国际外交惯例和国际贸易惯例。在国际私法中的国际惯例包括国际习惯或国际贸易惯例。还可将国际惯例分为强制性国际惯例和任意性国际惯例两类。国际习惯一般是不成文的有强制力的，国际贸易惯例一般是成文的没有强制性的。

　　奥运会历史上有个惯例，开幕式各代表团入场次序的排定，大多根据举办国的文字进行排序，例如1988年汉城奥运会是按照韩语排序，而2004年雅典奥运会则是按照希腊语来排序的。北京奥运会上，代表团名字的中文笔画多少，成为排定次序的标准。

　　《巴塞尔协议》规定银行的资本充足率应当在8%以上。世界十大银行在1999年的资本充足率为11.5%，中国国有商业银行资本充足率只有4.5%，这不符合国际惯例。

1.1.5 行政法的分类（Sorts of Administrative Law）

行政法最重要最有价值的有以下三种分类：

（1）一般行政法与特别行政法。这是以行政法调整对象的范围为标准对行政法所作的划分。一般行政法是对一般的行政关系和监督行政关系加以调整的法律规范与原则的总称，如行政处罚法、行政程序法等。特别行政法是对特别的行政关系和监督行政关系加以调整的法律规范与原则的总称，如教育行政法、公安行政法等。

（2）实体行政法与程序行政法。这是以行政法规范的性质为标准对行政法所作的划分。实体行政法是规范当事人在某种法律关系中的存在、地位或资格和权能等实体性权利义务的行政法规范的总称。程序行政法则是规定实施实体性行政法规范所必需的当事人程序性权利义务的行政法规范的总称，如行政诉讼法、行政程序法等。

（3）行政组织法、行政行为法和监督行政行为法。这是以行政法的作用为标准对行政法所作的划分。行政组织法，主要是关于行政组织的设置权、编制权、行政权限、国家公务员录用权和管理权的规则，即有关行政组织的规范。行政组织法的表现形式，一是规定行政组织基本制度和基本职权的行政组织基本法；二是规定具体行政机关组织事项和具体职权的单行法。行政行为法，又称行政活动法，指规定行政主体行使行政职权，实施各种行政行为的实体和程序规则，调整行政主体和行政相对人各种行政关系的法律规范的总称，即有关行政行为的规范。监督行政行为法，即关于监督行政行为的规范。这类规范在行政法上的数量不多，但至为重要，被认为是行政法学研究的重点之一和行政法制建设的重点之一。

1.1.6 行政法的特点

行政法无论在形式上还是在内容上都有区别于其他部门法的特点。

行政法在形式上的特点：

（1）行政法没有统一完整的法典。行政法所涉及的领域十分广泛，内容纷繁复杂，加之行政关系变动较快，制定一部系统、完整的行政法典几乎是不可能的。

（2）行政法规范赖以存在的法律文件数量特别多。据权威统计（截至 2008 年 7 月 7 日），我国现行有效的法律共 229 件，涵盖宪法及宪法相关法、民商法、行政法、经济法、社会法、刑法、诉讼与非诉讼程序法共 7 个法律部门。全国人大及其常委会制定的法律和作出的有关法律问题的决定共计 430 多个。新中国成立以来至 2006 年年底，我国现行行政法规共有 655 件，国务院部门规章 3031 件，地方性法规 7000 多件和地方政府规章 9664 件。

行政法在内容上的特点：

（1）行政法的内容广泛。现代行政几乎涉及所有的社会生活领域，触及社会的每一个角落。

（2）行政法规范易于变动。行政法规、规章中的行政法规范涉及的内容太多、太具体，面对日新月异、快速变化的社会生活，必须及时调整，所以具体的行政法规范易于变动。

（3）实体性规范与程序性规范往往并存于一个法律文件之中。在行政关系中，出于公平、公正的要求，效益、效力的需要，有必要对行政机关行使职权的步骤、次序、方式、时限予以规定。因而，行政活动的实体性规范与程序性规范总是相互交织的。

1.1.7 法源位阶与法律冲突适用

法源位阶：不同位阶的法律规范构成一个整体，称为这个国家的法律秩序，它是一个金字塔形的结构。这是法治原则的机构模式。我国现行的法源理论只承认法律、法规和规章的法源地位。其位阶可以作如下总结：

（1）宪法高于其他法。宪法是国家的根本大法，具有最高的法律地位和法律效力，是所有立法的依据。

（2）中央法高于地方法。中央与地方是领导与被领导的关系，体现在立法上，地方法的效力低于中央法。

（3）人大法高于政府法。人大是权力机关、立法机关，政府是执行机关，政府法的效力低于人大法。

由于行政法的层级性和数量性特点显著，行政法律冲突就在所难免。法律冲突，又称法律抵触，指对同一法律关系因不同的法律规定不同且都有可能对它进行管辖而发生的法律适用上的冲突。对于规则之间发生的冲突，我国《立法法》提供了一套解决办法。法律冲突规则是这样规定的：

（1）上位法优于下位法。这个法律跟另一个法律发生冲突的时候首先要看它们的位阶如何，位阶高的优于位阶低的。

（2）特别法优于一般法。这是处于同一位阶的法律所适用的规则。

（3）新法优于旧法。如果都是特别法，就看立法时间，新法优于旧法。因为新法体现了立法者的最新意见，它和旧法发生冲突，可以理解为是立法者已经作出了修改。

（4）法不溯及既往。法律原则上没有溯及力。

1.2 行政法关系

行政法关系是指经过行政法调整后，具备了权利义务内容的社会关系。行政法关系主要有行政法律关系和监督行政法律关系两类。

1.2.1 行政法律关系（Administrative Law Relations）

行政法律关系是指经过行政法调整后，具备了权利义务内容的行政管理关系。行政机关和被授权组织参加是行政关系产生与存在的前提。行政法律关系本源于行政关系。大多数行政关系应转化为行政法律关系，也有一些行政关系不是行政法律关系或不需要上升为行政法律关系。

1. 行政法律关系的分类（Sorts of Administrative Law Relations）

行政法律关系主要有以下两种分类：

（1）内部行政法律关系和外部行政法律关系。内部行政法律关系，指上下级行政机关之间、行政机关内部组成机构之间、行政机关与其工作人员之间发生的受行政法调整的行政关系。外部行政法律关系，指行政机关或其他公共行政组织与公民、法人或其他组织之间发生的受行政法调整的行政关系。

（2）行政实体法律关系和行政程序法律关系。实体和程序是同一行政主体的行为的两个方面。前者是行为的内容，后者是行为的形式。行政行为同时要受行政实体规范和行政程序规范的制约，从而形成两种不同的法律关系。

2. 行政法律关系的构成要素（Essential Factors of Administrative Law Relations）

行政法律关系由行政法律关系的主体、客体、内容三要素构成。

行政法律关系主体包括行政主体和行政相对人（也称行政相对方）。我们称行政法律关系双方当事人为行政法律关系主体。关于行政法律关系主体，我们将在第 2 章专门研究，在此先不做详细介绍。

行政法律关系的客体（Object of Administrative Legal Relation）是行政法律关系当事人的权利义务所指向的对象。行政法律关系客体可以概括为以下三种：

（1）物质财富；

（2）精神财富；

（3）行为（最主要的客体）。

行政法律关系内容，是指行政主体和相对方在行政法律关系中享有的权利和承担的义务。行政法律关系主体的权利义务一般是法定的。行政主体实体上的权利义务是重合的。

行政法律关系争议往往由行政机关或行政裁决机构先行解决，就是说我国法律赋予行政机关一定的调解权、裁决权和复议权。这方面的具体内容在以后的章节中有详细论述。

3. 行政法律关系的产生、变更与消灭（Change of Administrative Law Relations）

引起行政法律关系产生、变更、消灭的是法律事实，包括行为和事件。事件是不以人的意志为转移的客观现象，如战争、天灾等。事件的发生与人们的行为都可能导致行政法律关系的产生、变更和消灭。

1.2.2 监督行政法律关系

行政权力是国家权力的核心部分。监督行政法律关系的形成是基于对行政权力控制的需要。

监督行政法律关系的监督主体是国家立法机关、国家司法机关、国家监察机关、审计机关以及行政复议机关等。监督对象是行政主体。

选举权、任命决定权是对政府组成人员的事前监督，罢免权、免职决定权是对政府组成人员的事后监督，这是国家权力机关人事监督的两个方面。国家权力机关对行政机关的活动进行全面的监督，其监督权限有法律监督、工作监督、人事监督三个方面。人民法院对行政的监督主要是通过审判行政案件来进行。现代社会，审计对行政的监督有很重要的作用。依据《审计法》的规定，我国已形成了以审计机关为核心，以内部审计机构为基础，以社会审计组织为必要补充的较为完备的审计体系。

监督行政法律关系的客体主要是行政主体的行政行为。监督行政法律关系主体的权利和义务的内容十分庞杂。从理论上讲，行政主体与监督主体之间总是存在着一种抽象的监督与被监督关系。

监督行政法律关系的产生，是指主体之间抽象的监督与被监督关系变成具体的监督与被监督关系。监督行政法律关系的变更是指这种关系的内容发生了变化。监督行政法律关系的消灭是指已形成的权利义务关系不再存在。

小 结

围绕行政法的概念，阐述了行政、行政权力与公民权利的具体内容，介绍了行政法的渊源和分类以及行政法的特点。围绕行政法律关系这一概念，介绍了其分类、构成要素及其产生、变更与消灭。围绕监督行政法律关系这一概念，介绍了其主体、客体和内容。

思考题

1. 什么是行政？
2. 什么是行政法？它有何特点？
3. 行政法律关系的构成要素是什么？
4. 监督行政法律关系的主体、客体和内容各是什么？

实务训练一

一、任务布置

学生两人一组，分别用PowerPoint制作课件，在课堂上每组用10分钟左右时间介绍我国主要的行政机关。

我国主要的行政机关包括国务院及其下属的国家发改委、教育部、科学技术部、工业和信息化部、公安部、民政部、司法部、财政部、人力资源和社会保障部、自然资源部、生态环境部、住房和城乡建设部、交通运输部、水利部、农业农村部、商务部、文化和旅游部、国家卫生健康委、应急管理部、人民银行、海关总署等部门，以及省级、地市级、县市级政府设置的与上述部门对应的行政机关。

讲演内容应包括该行政机关的领导体制、机构设置、机构网络、人员编制、主要职责、典型制度及部级机关的办公地址、联系方式、主要领导等情况。

二、真实案例

今日说法——歪倒的大楼（行政职责）

视频播放后，教师引导学生运用行政法学基础理论对此案例进行讨论，必要时，教师对此案例作总结评析。

三、阅读以下材料，并理解其重点内容。

法治政府建设实施纲要（2015—2020年）

（中共中央、国务院于 **2015 年 12 月 27 日**印发并实施）

党的十八大把法治政府基本建成确立为到 2020 年全面建成小康社会的重要目标之一，意义重大、影响深远、任务艰巨。为深入推进依法行政，加快建设法治政府，如期实现法治政府基本建成的奋斗目标，针对当前法治政府建设实际，制定本纲要。

一、总体要求

（一）指导思想

高举中国特色社会主义伟大旗帜，全面贯彻党的十八大和十八届二中、三中、四中、五中全会精神，以马克思列宁主义、毛泽东思想、邓小平理论、"三个代表"重要思想、科学发展观为指导，深入贯彻习近平总书记系列重要讲话精神，根据全面建成小康社会、全面深化改革、全面依法治国、全面从严治党的战略布局，围绕建设中国特色社会主义法治体系、建设社会主义法治国家的全面推进依法治国总目标，坚持依法治国、依法执政、依法行政共同推进，坚持法治国家、法治政府、法治社会一体建设，深入推进依法行政，加快建设法治政府，培育和践行社会主义核心价值观，弘扬社会主义法治精神，推进国家治理体系和治理能力现代化，为实现"两个一百年"奋斗目标、实现中华民族伟大复兴的中国梦提供有力法治保障。

（二）总体目标

经过坚持不懈的努力，到 2020 年基本建成职能科学、权责法定、执法严明、公开公正、廉洁高效、守法诚信的法治政府。

（三）基本原则

建设法治政府必须坚持中国共产党的领导，坚持人民主体地位，坚持法律面前人人平等，坚持依法治国和以德治国相结合，坚持从中国实际出发，坚持依宪施政、依法行政、简政放权，把政府工作全面纳入法治轨道，实行法治政府建设与创新政府、廉洁政府、服务型政府建设相结合。

（四）衡量标准

政府职能依法全面履行，依法行政制度体系完备，行政决策科学民主合法，宪法法律严格公正实施，行政权力规范透明运行，人民权益切实有效保障，依法行政能力普遍提高。

二、主要任务和具体措施

（一）依法全面履行政府职能

目标：牢固树立创新、协调、绿色、开放、共享的发展理念，坚持政企分开、政资分开、政事分开、政社分开，简政放权、放管结合、优化服务，政府与市场、政府与社会的关系基本理顺，政府职能切实转变，宏观调控、市场监管、社会管理、公共服务、环境保护等职责依法全面履行。

措施：

1. 深化行政审批制度改革。全面清理行政审批事项，全部取消非行政许可审批事项。最大程度减少对生产经营活动的许可，最大限度缩小投资项目审批、核准的范围，最大幅度减少对各类机构及其活动的认定。取消不符合行政许可法规定的资质资格准入许可，研究建立国家职业资格目录清单管理制度。直接面向基层、量大面广、由地方实施更方便有效的行政审批事项，一律下放地方和基层管理。加大取消和下放束缚企业生产经营、影响群众就业创业行政许可事项的力度，做好已取消和下放行政审批事项的落实和衔接，鼓励大众创业、万众创新。严格控制新设行政许可，加强合法性、必要性、合理性审查论证。对增加企业和公民负担的证照进行清理规范。对保留的行政审批事项，探索目录化、编码化管理，全面推行一个窗口办理、并联办理、限时办理、规范办理、透明办理、网上办理，提高行政效能，激发社会活力。加快投资项目在线审批监管平台建设，实施在线监测并向社会公开，2015年实现部门间的横向联通及中央和地方的纵向贯通。加快推进相对集中行政许可权工作，支持地方开展相对集中行政许可权改革试点。全面清理规范行政审批中介服务，对保留的行政审批中介服务实行清单管理并向社会公布，坚决整治"红顶中介"，切断行政机关与中介服务机构之间的利益链，推进中介服务行业公平竞争。

2. 大力推行权力清单、责任清单、负面清单制度并实行动态管理。在全面梳理、清理调整、审核确认、优化流程的基础上，将政府职能、法律依据、实施主体、职责权限、管理流程、监督方式等事项以权力清单的形式向社会公开，逐一厘清与行政权力相对应的责任事项、责任主体、责任方式。省级政府2015年年底前、市县两级政府2016年年底前基本完成政府工作部门、依法承担行政职能的事业单位权力清单的公布工作。开展编制国务院部门权力和责任清单试点。实行统一的市场准入制度，在制定负面清单基础上，各类市场主体可依法平等进入清单之外领域。建立行政事业性收费和政府性基金清单制度，清理取消不合法、不合规、不合理的收费基金项目，公布全国性、中央部门和单位及省级收费目录清单，减轻企业和公民负担。2015年年底前，没有法律法规依据且未按规定批准、越权设立的收费基金项目，政府提供普遍公共服务或体现一般性管理职能的行政事业性收费，没有法定依据的行政审批中介服务项目及收费，一律取消；擅自提高征收标准、扩大征收范围的，一律停止执行。

3. 优化政府组织结构。完善行政组织和行政程序法律制度，推进机构、职能、权限、程序、责任法定化。深化行政体制改革，优化政府机构设置、职能配置、工作流程，理顺部门职责关系，积极稳妥实施大部门制。创新行政管理方式，完善政府绩效管理。推进各级政府事权规范化、法律化，完善不同层级政府特别是中央和地方政府事权法律制度，强化中央政府宏观管理、制度设定职责和必要的执法权，强化省级政府统筹推进区域内基本公共服务均等化职责，强化市县政府执行职责。

4. 完善宏观调控。健全发展规划、投资管理、财政税收、金融等方面法律制度，加强发展战略、规划、政策、标准等制定和实施。切实转变政府投资管理职能，确立企业投资主体地位，制定并公开企业投资项目核准目录清单。完善主要由市场决定价格的机制，大幅缩减政府定价种类和项目，制定并公布政府定价目录，全面放开竞争性领域商品和服务价格。

5. 加强市场监管。清理、废除妨碍全国统一市场和公平竞争的各种规定和做法，破除部门保护、地区封锁和行业垄断。深化商事制度改革，继续清理工商登记前置审批，加快工商登记后置审批改革。进一步推进工商注册登记制度便利化，2015 年年底前实现工商营业执照、组织机构代码证、税务登记证"三证合一"、"一照一码"。推行电子营业执照和全程电子化登记，实行"一址多照"和"一照多址"。加强事中事后监管，创新市场监管方式，完善市场监管体系，建立透明、规范、高效的投资项目纵横联动、协同监管机制，实行综合监管，推广随机抽查，探索"智能"监管。加强社会信用体系建设，建立健全全国统一的社会信用代码制度和信用信息共享交换平台，推进企业信用信息公示"全国一张网"建设，依法保护企业和个人信息安全。完善外资管理法律法规，保持外资政策稳定、透明、可预期。健全对外投资促进制度和服务体系，支持企业扩大对外投资，推动装备、技术、标准、服务走出去。

6. 创新社会治理。加强社会治理法律、体制机制、能力、人才队伍和信息化建设，提高社会治理科学化和法治化水平。完善社会组织登记管理制度。适合由社会组织提供的公共服务和解决的事项，交由社会组织承担。支持和发展社会工作服务机构和志愿服务组织。规范和引导网络社团社群健康发展，加强监督管理。深入推进社会治安综合治理，健全落实领导责任制。完善立体化社会治安防控体系，有效防范管控影响社会安定的问题，保护人民生命财产安全。提高公共突发事件防范处置和防灾救灾减灾能力。全方位强化安全生产，全过程保障食品药品安全。推进社会自治，发挥市民公约、乡规民约、行业规章、团体章程等社会规范在社会治理中的积极作用。

7. 优化公共服务。着力促进教育、卫生、文化等社会事业健康发展，强化政府促进就业、调节收入分配和完善社会保障职能，加快形成政府主导、覆盖城乡、可持续的基本公共服务体系，实现基本公共服务标准化、均等化、法定化。建立健全政府购买公共服务制度，公开政府购买公共服务目录，加强政府购买公共服务质量监管。推进公共服务提供主体和提供方式多元化，凡属事务性管理服务，原则上都要引入竞争机制向社会购买；确需政府参与的，实行政府和社会资本合作模式。

8. 强化生态环境保护。加快建立和完善有效约束开发行为和促进绿色发展、循环发展、低碳发展的生态文明法律制度。深化资源型产品价格和税费改革，实行资源有偿使用制度和生态补偿制度。改革生态环境保护管理体制，完善并严格实行环境信息公开制度、环境影响评价制度和污染物排放总量控制制度。健全生态环境保护责任追究制度和生态环境损害赔偿制度。对领导干部实行自然资源资产离任审计。

（二）完善依法行政制度体系

目标：提高政府立法质量，构建系统完备、科学规范、运行有效的依法行政制度体系，使政府管理各方面制度更加成熟更加定型，为建设社会主义市场经济、民主政治、先进文化、和谐社会、生态文明，促进人的全面发展，提供有力制度保障。

措施：

9. 完善政府立法体制机制。严格落实立法法规定，坚持立改废释并举，完善行政法规、规章制定程序，健全政府立法立项、起草、论证、协调、审议机制，推进政府立法精细化，增强政府立法的及时性、系统性、针对性、有效性。完善立法项目向社会公开征集制度。通过开展立法前评估等方式，健全立法项目论证制度。重要行政管理法律法规由政府法制机构组织起草，有效防止部门利益和地方保护主义法律化。对部门间争议较大的重要立法事项，由决策机关引入第三方评估，充分听取各方意见，协调决定，不能久拖不决。探索委托第三方起草法律法规规章草案。定期开展法规规章立法后评估，提高政府立法科学性。对不适应改革和经济社会发展要求的法律法规规章，要及时修改和废止。加强行政法规、规章解释工作。

10. 加强重点领域政府立法。围绕党和国家中心工作，加快推进完善社会主义市场经济体制，发展社会主义民主政治，建设社会主义先进文化，创新社会治理，保障公民权利和改善民生，维护国家安全，保护生态环境和加强政府自身建设等领域的政府立法。坚持在法治下推进改革、在改革中完善法治，实现立法和改革决策相统一、相衔接，做到重大改革于法有据、立法主动适应改革和经济社会发展需要。对实践证明已经比较成熟的改革经验和行之有效的改革举措，要及时上升为法律法规规章。

11. 提高政府立法公众参与度。拓展社会各方有序参与政府立法的途径和方式。健全法律法规规章起草征求人大代表意见制度，充分发挥政协委员、民主党派、工商联、无党派人士、人民团体、社会组织在立法协商中的作用。建立有关国家机关、社会团体、专家学者等对政府立法中涉及的重大利益调整论证咨询机制。拟设定的制度涉及群众切身利益或各方面存在较大意见分歧的，要采取座谈会、论证会、听证会、问卷调查等形式广泛听取意见。除依法需要保密的外，法律法规规章草案要通过网络、报纸等媒体向社会公开征求意见，期限一般不少于30日。加强与社会公众的沟通，健全公众意见采纳情况反馈机制，广泛凝聚社会共识。

12. 加强规范性文件监督管理。完善规范性文件制定程序，落实合法性审查、集体讨论决定等制度，实行制定机关对规范性文件统一登记、统一编号、统一印发制度。规范性文件不得设定行政许可、行政处罚、行政强制等事项，不得减损公民、法人和其他组织合法权益或者增加其义务。涉及公民、法人和其他组织权利义务的规范性文件，应当按照法定要求和程序予以公布，未经公布的不得作为行政管理依据。加强备案审查制度和能力建设，把所有规范性文件纳入备案审查范围，健全公民、法人和其他组织对规范性文件的建议审查制度，加大备案审查力度，做到有件必备、有错必纠。

13. 建立行政法规、规章和规范性文件清理长效机制。根据全面深化改革、经济社会发展需要，以及上位法制定、修改、废止情况，及时清理有关行政法规、规章、规范性文件。自2015年起用3年时间，对国务院文件进行全面清理，清理结果向社会公布。2017年年底前，有关部门和地方政府要完成对现行行政法规、规章、规范性文件的清理工作，清理结果向社会公布。实行行政法规、规章、规范性文件目录和文本动态化、信息化管理，各级政府及其部门要根据规范性文件立改废情况及时作出调整并向社会公布。

(三) 推进行政决策科学化、民主化、法治化

目标：行政决策制度科学、程序正当、过程公开、责任明确，决策法定程序严格落实，决策质量显著提高，决策效率切实保证，违法决策、不当决策、拖延决策明显减少并得到及时纠正，行政决策公信力和执行力大幅提升。

措施：

14. 健全依法决策机制。完善重大行政决策程序制度，明确决策主体、事项范围、法定程序、法律责任，规范决策流程，强化决策法定程序的刚性约束。

15. 增强公众参与实效。事关经济社会发展全局和涉及群众切身利益的重大行政决策事项，应当广泛听取意见，与利害关系人进行充分沟通，并注重听取有关人大代表、政协

委员、人民团体、基层组织、社会组织的意见。各级行政机关特别是市县两级政府要加强公众参与平台建设，对社会关注度高的决策事项，应当公开信息、解释说明，及时反馈意见采纳情况和理由。推行文化教育、医疗卫生、资源开发、环境保护、公用事业等重大民生决策事项民意调查制度。

16. 提高专家论证和风险评估质量。加强中国特色新型智库建设，建立行政决策咨询论证专家库。对专业性、技术性较强的决策事项，应当组织专家、专业机构进行论证。选择论证专家要注重专业性、代表性、均衡性，支持其独立开展工作，逐步实行专家信息和论证意见公开。落实重大决策社会稳定风险评估机制。

17. 加强合法性审查。建立行政机关内部重大决策合法性审查机制，未经合法性审查或经审查不合法的，不得提交讨论。建立政府法制机构人员为主体、吸收专家和律师参加的法律顾问队伍，保证法律顾问在制定重大行政决策、推进依法行政中发挥积极作用。

18. 坚持集体讨论决定。重大行政决策应当经政府常务会议或者全体会议、部门领导班子会议讨论，由行政首长在集体讨论基础上作出决定。行政首长拟作出的决定与会议组成人员多数人的意见不一致的，应当在会上说明理由。集体讨论情况和决定要如实记录、完整存档。

19. 严格决策责任追究。决策机关应当跟踪决策执行情况和实施效果，根据实际需要进行重大行政决策后评估。健全并严格实施重大决策终身责任追究制度及责任倒查机制，对决策严重失误或者依法应该及时作出决策但久拖不决造成重大损失、恶劣影响的，严格追究行政首长、负有责任的其他领导人员和相关责任人员的党纪政纪和法律责任。

（四）坚持严格规范公正文明执法

目标：权责统一、权威高效的行政执法体制建立健全，法律法规规章得到严格实施，各类违法行为得到及时查处和制裁，公民、法人和其他组织的合法权益得到切实保障，经济社会秩序得到有效维护，行政违法或不当行为明显减少，对行政执法的社会满意度显著提高。

措施：

20. 改革行政执法体制。根据不同层级政府的事权和职能，按照减少层次、整合队伍、提高效率的原则，合理配置执法力量。推进执法重心向市县两级政府下移，把机构改革、政府职能转变调整出来的人员编制重点用于充实基层执法力量。完善市县两级政府行政执法管理，加强统一领导和协调。大幅减少市县两级政府执法队伍种类，重点在食品药品安全、工商质检、公共卫生、安全生产、文化旅游、资源环境、农林水利、交通运输、城乡建设、海洋渔业、商务等领域内推行综合执法，支持有条件的领域推行跨部门综合执法。加大关系群众切身利益的重点领域执法力度。理顺城管执法体制，加强城市管理综合执法机构和队伍建设，提高执法和服务水平。理顺行政强制执行体制，科学配置行政强制执行权，提高行政强制执行效率。健全行政执法和刑事司法衔接机制，完善案件移送标准和程序，建立健全行政执法机关、公安机关、检察机关、审判机关信息共享、案情通报、案件移送制度。

21. 完善行政执法程序。建立健全行政裁量权基准制度，细化、量化行政裁量标准，规范裁量范围、种类、幅度。建立执法全过程记录制度，制定行政执法程序规范，明确具体操作流程，重点规范行政许可、行政处罚、行政强制、行政征收、行政收费、行政检查等执法行为。健全行政执法调查取证、告知、罚没收入管理等制度，明确听证、集体讨论决定的适用条件。完善行政执法权限协调机制，及时解决执法机关之间的权限争议，建立异地行政执法协助制度。严格执行重大行政执法决定法制审核制度，未经法制审核或者审核未通过的，不得作出决定。

22. 创新行政执法方式。推行行政执法公示制度。加强行政执法信息化建设和信息共享，有条件的地方和部门2016年年底前要建立统一的行政执法信息平台，完善网上执法办案及信息查询系统。强化科技、装备在行政执法中的应用。推广运用说服教育、劝导示范、行政指导、行政奖励等非强制性执法手段。健全公民和组织守法信用记录，完善守法诚信褒奖机制和违法失信行为惩戒机制。

23. 全面落实行政执法责任制。严格确定不同部门及机构、岗位执法人员的执法责任，建立健全常态化的责任追究机制。加强执法监督，加快建立统一的行政执法监督网络平台，建立健全投诉举报、情况通报等制度，坚决排除对执法活动的干预，防止和克服部门利益和地方保护主义，防止和克服执法工作中的利益驱动，惩治执法腐败现象。

24. 健全行政执法人员管理制度。2016年年底前，各地区各部门对行政执法人员进行一次严格清理，全面实行行政执法人员持证上岗和资格管理制度，未经执法资格考试合格，不得授予执法资格，不得从事执法活动。健全纪律约束机制，加强职业道德教育，全面提高执法人员素质。逐步推行行政执法人员平时考核制度，科学合理设计考核指标体系，考核结果作为执法人员职务级别调整、交流轮岗、教育培训、奖励惩戒的重要依据。规范执法辅助人员管理，明确其适用岗位、身份性质、职责权限、权利义务、聘用条件和程序等。

25. 加强行政执法保障。推动形成全社会支持行政执法机关依法履职的氛围。对妨碍行政机关正常工作秩序、阻碍行政执法人员依法履责的违法行为，坚决依法处理。各级党政机关和领导干部要支持行政执法机关依法公正行使职权，不得让行政执法人员做不符合法律规定的事情。行政机关履行执法职责所需经费，由各级政府纳入本级政府预算，保证执法经费足额拨付。改善执法条件，合理安排执法装备配备、科技建设方面的投入。严格执行罚缴分离和收支两条线管理制度，严禁下达或者变相下达罚没指标，严禁将行政事业性收费、罚没收入同部门利益直接或者变相挂钩。

(五) 强化对行政权力的制约和监督

目标：科学有效的行政权力运行制约和监督体系基本形成，惩治和预防腐败体系进一步健全，各方面监督形成合力，人民群众的知情权、参与权、表达权、监督权得到切实保障，损害公民、法人和其他组织合法权益的违法行政行为得到及时纠正，违法行政责任人依法依纪受到严肃追究。

措施：

26. 健全行政权力运行制约和监督体系。坚持用制度管权管事管人，坚持决策权、执行权、监督权既相互制约又相互协调，完善各方面监督制度，确保行政机关按照法定权限和程序行使权力。起草法律法规规章和规范性文件，要有效落实公开行政权力运行流程、惩治和预防腐败、防控廉政风险、防止利益冲突等要求，切实把权力关进制度的笼子。加强行政程序制度建设，严格规范作出各类行政行为的主体、权限、方式、步骤和时限。发挥政府诚信建设示范作用，加快政府守信践诺机制建设。加强公务员诚信管理，建立公务员诚信档案。

27. 自觉接受党内监督、人大监督、民主监督、司法监督。在党委对党风廉政建设和反腐败工作的统一领导下，各级政府及其部门党组（党委）要切实履行主体责任，主要负责人是第一责任人，对本级政府本部门党风廉政建设负总责。认真执行向本级人大及其常委会报告工作制度，接受询问和质询制度，报备行政法规、规章制度。认真研究处理人大及其常委会组成人员对政府工作提出的有关审议意见，及时研究办理人大代表和政协委员提出的意见和建议，切实改进工作。健全知情明政机制，政府相关部门向政协定期通报有关情况，为政协委员履职提供便利、创造条件。支持人民法院依法受理行政案件，健全行政机关依法出庭应诉制度，尊重并执行人民法院生效裁判。检察机关对在履行职责中发现的行政违法行为进行监督，行政机关应当积极配合。

28. 加强行政监督和审计监督。完善政府内部层级监督，改进上级行政机关对下级行政机关的监督，建立健全常态化、长效化监督制度。加强对政府内部权力的制约，对财政资金分配使用、国有资产监管、政府投资、政府采购、公共资源转让、公共工程建设等权力集中的部门和岗位实行分事行权、分岗设权、分级授权，定期轮岗，强化内部流程控制，防止权力滥用。各级监察机关要切实履行监督责任，确保廉政建设各项任务落实。完善审计制度，健全有利于依法独立行使审计监督权的审计管理体制，建立具有审计职业特点的审计人员管理制度，基本形成与国家治理体系和治理能力现代化相适应的审计监督机制。对公共资金、国有资产、国有资源和领导干部履行经济责任情况实行审计全覆盖。强化上级审计机关对下级审计机关的领导。

29. 完善社会监督和舆论监督机制。建立对行政机关违法行政行为投诉举报登记制度，畅通举报箱、电子信箱、热线电话等监督渠道，方便群众投诉举报、反映问题，依法及时调查处理违法行政行为。发挥报刊、广播、电视等传统媒体监督作用，加强与互联网等新兴媒体的互动，重视运用和规范网络监督，建立健全网络舆情监测、收集、研判、处置机制，推动网络监督规范化、法治化。

30. 全面推进政务公开。坚持以公开为常态、不公开为例外原则，推进决策公开、执行公开、管理公开、服务公开、结果公开。完善政府信息公开制度，拓宽政府信息公开渠道，进一步明确政府信息公开范围和内容。重点推进财政预算、公共资源配置、重大建设项目批准和实施、社会公益事业建设等领域的政府信息公开。完善政府新闻发言人、突发事件信息发布等制度，做好对热点敏感问题的舆论引导，及时回应人民群众关切。创新政务公开方式，加强互联网政务信息数据服务平台和便民服务平台建设，提高政务公开信息化、集中化水平。

31. 完善纠错问责机制。加强行政问责规范化、制度化建设，增强行政问责的针对性和时效性。加大问责力度，坚决纠正行政不作为、乱作为，坚决克服懒政、庸政、怠政，坚决惩处失职、渎职。认真落实党风廉政建设责任制，坚持有错必纠、有责必问，对"四风"问题突出、发生顶风违纪问题或者出现区域性、系统性腐败案件的地方、部门和单位，既要追究主体责任、监督责任，又要严肃追究领导责任。

（六）依法有效化解社会矛盾纠纷

目标：公民、法人和其他组织的合法权益得到切实维护，公正、高效、便捷、成本低廉的多元化矛盾纠纷解决机制全面形成，行政机关在预防、解决行政争议和民事纠纷中的作用充分发挥，通过法定渠道解决矛盾纠纷的比率大幅提升。

措施：

32. 健全依法化解纠纷机制。构建对维护群众利益具有重大作用的制度体系，建立健全社会矛盾预警机制、利益表达机制、协商沟通机制、救济救助机制。及时收集分析热点、敏感、复杂矛盾纠纷信息，加强群体性、突发性事件预警监测。强化依法应对和处置群体性事件机制和能力。依法加强对影响或危害食品药品安全、安全生产、生态环境、网络安全、社会安全等方面重点问题的治理。加大普法力度，引导和支持公民、法人和其他组织依法表达诉求和维护权益。

33. 加强行政复议工作。完善行政复议制度，改革行政复议体制，积极探索整合地方行政复议职责。健全行政复议案件审理机制，加大公开听证审理力度，纠正违法或不当行政行为。提高行政复议办案质量，增强行政复议的专业性、透明度和公信力。县级以上地方政府要依法加强行政复议能力建设，推动相关机构设置、人员配备与所承担的工作任务相适应，充分发挥行政复议在解决行政争议中的重要作用。切实提高行政复议人员素质，落实办案场所和有关装备保障，行政复议经费列入本级政府预算。

34. 完善行政调解、行政裁决、仲裁制度。健全行政调解制度，进一步明确行政调解范围，完善行政调解机制，规范行政调解程序。健全行政裁决制度，强化行政机关解决同行政管理活动密切相关的民事纠纷功能。有关行政机关要依法开展行政调解、行政裁决工作，及时有效化解矛盾纠纷。完善仲裁制度，提高仲裁公信力，充分发挥仲裁解决经济纠纷、化解社会矛盾、促进社会和谐的作用。

35. 加强人民调解工作。贯彻落实人民调解法，健全人民调解组织网络，实现村委会、居委会人民调解组织全覆盖，推进企事业单位、乡镇街道、社会团体、行业组织中人民调解组织建设。重点协调解决消费者权益、劳动关系、医患关系、物业管理等方面的矛盾纠纷，促进当事人平等协商、公平公正解决矛盾纠纷。完善人民调解、行政调解、司法调解联动工作体系。

36. 改革信访工作制度。把信访纳入法治化轨道，保障合理合法诉求依照法律规定和程序就能得到合理合法的结果。规范信访工作程序，畅通群众诉求表达、利益协调和权益保障渠道，维护信访秩序。优化传统信访途径，实行网上受理信访制度，健全及时就地解决群众合理诉求机制。严格实行诉访分离，推进通过法定途径分类处理信访投诉请求，引导群众在法治框架内解决矛盾纠纷，完善涉法涉诉信访依法终结制度。

（七）全面提高政府工作人员法治思维和依法行政能力

目标：政府工作人员特别是领导干部牢固树立宪法法律至上、法律面前人人平等、权由法定、权依法使等基本法治理念，恪守合法行政、合理行政、程序正当、高效便民、诚实守信、权责统一等依法行政基本要求，做尊法学法守法用法的模范，法治思维和依法行政能力明显提高，在法治轨道上全面推进政府各项工作。

措施：

37. 树立重视法治素养和法治能力的用人导向。抓住领导干部这个全面依法治国的"关键少数"，把法治观念强不强、法治素养好不好作为衡量干部德才的重要标准，把能不能遵守法律、依法办事作为考察干部的重要内容，把严守党纪、恪守国法的干部用起来。在相同条件下，优先提拔使用法治素养好、依法办事能力强的干部。对特权思想严重、法治观念淡薄的干部要批评教育、督促整改，问题严重或违法违纪的，依法依纪严肃处理。

38. 加强对政府工作人员的法治教育培训。政府工作人员特别是领导干部要系统学习中国特色社会主义法治理论，学好宪法以及与自己所承担工作密切相关的法律法规。完善学法制度，国务院各部门、县级以上地方各级政府每年至少举办一期领导干部法治专题培训班，地方各级政府领导班子每年应当举办两期以上法治专题讲座。各级党校、行政学院、干部学院等要把宪法法律列为干部教育的必修课。健全行政执法人员岗位培训制度，每年组织开展行政执法人员通用法律知识、专门法律知识、新法律法规等专题培训。加大对公务员初任培训、任职培训中法律知识的培训力度。

39. 完善政府工作人员法治能力考查测试制度。加强对领导干部任职前法律知识考查和依法行政能力测试，将考查和测试结果作为领导干部任职的重要参考，促进政府及其部门负责人严格履行法治建设职责。优化公务员录用考试测查内容，增加公务员录用考试中法律知识的比重。实行公务员晋升依法行政考核制度。

40. 注重通过法治实践提高政府工作人员法治思维和依法行政能力。政府工作人员特别是领导干部想问题、作决策、办事情必须守法律、重程序、受监督，牢记职权法定，切实保护人民权益。要自觉运用法治思维和法治方式深化改革、推动发展、化解矛盾、维护稳定，依法治理经济，依法协调和处理各种利益问题，避免埋钉子、留尾巴，努力营造办事依法、遇事找法、解决问题用法、化解矛盾靠法的良好法治环境。注重发挥法律顾问和法律专家的咨询论证、审核把关作用。落实"谁执法谁普法"的普法责任制，建立行政执法人员以案释法制度，使执法人员在执法普法的同时不断提高自身法治素养和依法行政能力。

三、组织保障和落实机制

党的领导是全面推进依法治国、加快建设法治政府最根本的保证，必须坚持党总揽全局、协调各方，发挥各级党委领导核心作用，把党的领导贯彻到法治政府建设各方面。各级政府及其部门要自觉接受党的领导，切实增强建设法治政府的使命感、紧迫感和责任感，加强组织领导，强化工作责任，一级抓一级，层层抓落实。

41. 加强党对法治政府建设的领导。各级政府要在党委统一领导下，谋划和落实好法治政府建设的各项任务，主动向党委报告法治政府建设中的重大问题，及时消除制约法治政府建设的体制机制障碍。各级政府及其部门要结合本地区本部门实际，每年部署法治政府建设年度重点工作，发挥牵引和突破作用，带动法治政府建设各项工作全面深入开展。加强各级政府及其部门法制力量建设，不断提高工作人员的思想政治素质和业务工作能力。

42. 落实第一责任人责任。党政主要负责人要履行推进法治建设第一责任人职责，将建设法治政府摆在工作全局的重要位置。对不认真履行第一责任人职责，本地区本部门一年内发生多起重大违法行政案件、造成严重社会后果的，依法追究主要负责人的责任。县级以上地方各级政府每年第一季度要向同级党委、人大常委会和上一级政府报告上一年度法治政府建设情况，政府部门每年第一季度要向本级政府和上一级政府有关部门报告上一年度法治政府建设情况，报告要通过报刊、政府网站等向社会公开。

43. 强化考核评价和督促检查。各级党委要把法治建设成效作为衡量各级领导班子和领导干部工作实绩的重要内容，纳入政绩考核指标体系，充分发挥考核评价对法治政府建设的重要推动作用。各级政府及其部门的党组织要领导和监督本单位模范遵守宪法法律，坚决查处执法犯法、违法用权等行为。要加强对法治政府建设进展情况的督促检查，结合法治政府建设年度重点工作，开展定期检查和专项督查。对工作不力、问题较多的，要及时约谈、责令整改、通报批评。

44. 加强理论研究、典型示范和宣传引导。加强中国特色社会主义法治政府理论研究，坚持从中国实际出发，解决中国实际问题，为法治政府建设提供理论支撑和决策参考。积极开展建设法治政府示范创建活动，大力培育建设法治政府先进典型。通过召开现场会、经验交流会等形式及时总结、交流和推广经验，充分发挥先进典型的示范带动作用。定期通报和曝光违法行政典型案例，分析原因、吸取教训、改进工作。大力开展推进依法行政、建设法治政府宣传工作。加强正面宣传引导，以报刊、广播、电视、网络等多种媒体形式，广泛宣传法治政府建设目标、工作部署、先进经验、典型做法，正确引导舆论、凝聚社会共识，营造全社会关心、支持和参与法治政府建设的良好社会氛围。

各地区各部门要结合实际制定实施方案，明确提出时间进度安排和可检验的成果形式，党政主要负责人要亲自抓落实，各项工作任务除本纲要有明确时间要求外，原则上应当在2019年年底前完成。中央和国家机关有关部门要根据部门职责承担并履行好本纲要确定的相关任务，并做好统筹协调，及时沟通协商，形成工作合力。作为牵头单位和负责单位的中央和国家机关有关部门和省级政府要建立法治政府建设年度进展报告制度，及时向党中央、国务院报告工作进展情况。国务院法制办要牵头做好督促检查。各地区各部门在实施本纲要的过程中，要注意研究法治政府建设的新情况新问题，解放思想、大胆实践、开拓进取、久久为功，运用法治思维和法治方式引领改革发展破障闯关、推动民生改善和社会公正，以更加奋发有为的精神状态，推动法治政府建设一步一个脚印向前迈进，为全面推进依法治国、建设社会主义法治国家作出扎扎实实的贡献。

第2章 行政法基本原则与行政法地位和作用

回顾1.1行政法的概念、1.2行政法关系内容

1. 关于行政的定义是什么？
2. 行政权的内容有哪些？
3. 行政法的含义是什么？
4. 行政法的渊源有哪些？
5. 行政法律关系的构成要素是什么？
6. 监督行政法律关系的主体、客体和内容各是什么？

法律文化体认与领悟

依法治国，首要的是依宪治国，核心理念在于坚持和保障人民主体地位。

本章主要内容

行政法的基本原则；行政法在法律体系中的地位和作用。

案例导入

骆某诉某市烟草专卖局案

原告骆某系某市城东区个体工商户，持有个体烟草专卖零售许可证，2007年在换证的时候，被告某市烟草专卖局以其有违法经营卷烟行为为由，未给其换发新的个体烟草专卖零售许可证。2007年4月7日，某市工商行政管理局城东分局给原告颁发了有效期为1年的有经营卷烟项目的个体营业执照，因而原告仍然与持有烟草专卖零售许可证而无工商营业执照的李某在同一商店里继续经营卷烟等商品。2008年12月20日下午4时许，被告所属的烟草专卖稽查大队在本市东风路路段查获原告所购运的本地产金蝶牌卷烟30件，当即将卷烟予以扣留。其后，被告进行了调查，查明原告所购运的30件金蝶牌卷烟并非从城区烟草公司（批发部）购进，遂以其不按规定渠道为由作出处罚决定。骆某不服提起诉讼。

法院经审理认为，原告骆某持有的工商营业执照虽赋予其卷烟零售经营权，但未取得烟草专卖零售许可证，却与持有烟草专卖零售许可证而无工商营业执照的非家庭成员在同

一商店经营卷烟的行为，违反了《中华人民共和国烟草专卖法》（以下简称《烟草专卖法》）和《城乡个体工商户管理暂行条例》的规定。被告某市烟草专卖局虽然认定原告与他人合伙应视为有证经营，但未提供证实原告骆某符合《民法通则》个人合伙法定条件的证据，不足以认定原告具有合法经营卷烟的主体资格。因此，原告骆某的行为实质上违反了《烟草专卖法》第35条的规定，已构成无烟草专卖零售许可证而经营卷烟的违法行为，依法应由工商行政管理机关处理。被告某市烟草专卖局对原告骆某以不按规定渠道为由进行处罚，定性不准，属超越职权的行为，其处罚决定应予以撤销。

问题：法院的撤销判决是否正确？

2.1 行政法的基本原则

行政法的基本原则是行政法基本问题之一，是指体现行政法的根本价值，指导行政法的制定、执行、遵守以及解决行政争议的基本准则，它贯穿于行政立法、行政执法、行政司法和行政法制监督的各个环节之中。行政法的基本原则可概括为行政法治原则，旨在要求行政主体依法行政，是指行政权力的设立、行使必须依据法律，不得与法律相抵触。依法行政原则起源于英国。我国在 1993 年第八届全国人大第一次会议上的政府工作报告里宣告实行依法行政原则。依法行政的基础是什么？行政权力的取得必须具有法律根据是行政机关依法行政的基础。依法行政的核心是什么？行政权力的应用必须遵守法律是依法行政的核心。依法行政的保障是什么？追究行政机关违法行政法律责任是依法行政的保障。依法行政观念的确立，行政与法律才产生了必然联系。行政法治原则具体可分解为行政责任性原则（responsible administrative principle）、行政合法性原则（administrative legilimacy principle）和行政合理性原则（administrative rationality principle）。（见表 2-1 所示）

表 2-1 行政法的基本原则

分类	基本原则	具体要求
责任性要求	责任行政	责任约束（每一种行政活动都要确定相应责任）；活动和责任相适应（行为性质不同，承担的责任不同）
	明确主体	每一种行政活动都要有承担责任的明确主体。行政组织和人员必须权限清晰、职责分明。
	责任保障	要建立健全责任落实和兑现的法律制度。
合法性要求	合法行政	法律优先（行政活动不得违背现有法律）；法律保留（行政活动应当依照法律的授权进行）
	程序正当	行政公开（保障知情权）；公众参与（表达意见陈述申辩）；公务回避（实体回避与程序回避）
	权责统一	行政效能（赋予执法手段、保证政令有效）；行政责任（行政违法或不当应承担法律责任）

分类	基本原则	具体要求
合理性要求	合理行政	符合正常理智；公平公正对待；考虑相关因素、不考虑无关因素；符合比例原则
	高效便民	行政效率（积极履行职责、及时履行职责）；便利当事人（减轻当事人程序负担）
	诚实信用	行政信息真实（行政机关对信息真实性负责）；保护信赖利益（行政行为不得随意变更）

2.1.1 行政责任性原则

行政责任性原则，也称责任行政原则，是指国家行政机关必须对自己所实施的行政活动承担责任，整个行政活动应处于一种负责任的状态，不允许行政机关只实施行政活动，而可以对自己的行为不承担责任。最早完整而且明确提出责任行政原则的是张树义教授，他认为责任行政原则是全部行政法产生的基础，是贯穿所有行政法规范的核心和基本精神。

行政责任性原则的具体内容是：（1）基本目标是实现行政活动有责任状态。行政活动并非毫无拘束，可以任意所为。要求行使行政权力的行政机关及其公务人员都必须对自己行为负责，根据行为性质的不同承担不同的责任。（2）要求必须有明确的主体。行政组织是一个庞大的系统，这些组织和人员必须权限划清、职责分明。所有的行政组织法规范都是为了明确行政组织在法律上的主体地位，为判明责任奠定基础，否则责任行政无法实现。（3）要求行政机关各种活动与责任相连。行政行为需要权力，但也应当承担责任，权力与责任必须一致。（4）要求建立实现责任的法律制度。责任行政原则不仅要有法定的责任形式，而且要有实现这些责任的法律制度，如行政诉讼制度、行政复议制度、行政赔偿制度等。

2.1.2 行政合法性原则

行政合法性原则，也称依法行政原则，是指行政权的存在、行使必须依据法律，符合法律，不得与法律相抵触。合法性原则的具体内容是：（1）行政职权必须基于法律的授予才能存在；（2）行政职权必须依据法律行使；（3）行政授权、行政委托必须有法律依据，符合法律要旨。

行政合法性原则的例外原则是行政应急性原则，即指在某些特殊的情况下，出于国家安全、社会秩序或公共利益的需要，行政机关可以采取没有法律依据的或与法律相抵触的措施。（见表 2-2 所示）行政应急权力的行使应符合以下几个条件：（1）存在明确无误的紧急危险；（2）非法定机关行使了紧急权力，事后应由有权机关予以确认；（3）行政机关作出应急行为应受有权机关的监督；（4）应急权力的行使应该适当；（5）应急权力的行使造成个人或组织正当权益受损的，应在事后予以一定的补偿。

表2-2 行政应急措施

措施类型	授益性	负担性	限制性
行政机关	负有义务	设定义务	可加限制
相对人	获得权利	负有义务	减少权利
举例说明	提供住宿、饮食、钱物	征调人员、场地、设备	强制隔离、禁止示威游行

2.1.3 行政合理性原则

行政合理性原则，也称行政适当原则，是指行政行为的内容要客观、适度、合乎理性。当代行政最大的特点就是行政自由裁量权广泛存在。合理性原则产生的主要原因是由于行政自由裁量权的存在。行政合理性原则的主要目标就在于限制和约束行政裁量权的行使，它要求行政行为做到客观、公正和符合理性。

行政机关不仅要在法律、法规范围内作出行政决定，而且要求这种决定要符合法律的意图和精神。合理性原则的具体内容有：（1）行政行为应符合立法目的；（2）行政行为应建立在正当考虑的基础上；（3）平等适用法律规范；（4）符合自然规律；（5）符合社会道德。

法律不可能规范全部行政活动，法律对行政活动的规范，应留出一定的余地，以便使行政机关根据具体情况灵活处理，否则最终可能导致行政机关无所适从，无法适应行政管理的客观要求。

2.2 行政法在法律体系中的地位和作用

2.2.1 行政法在法律体系中的地位

法的体系是由多层次的、门类齐全的法的部门组成的有机联系的统一整体。关于法律体系的法律部门划分，法学界迄今尚无统一的认识。比较一致的观点是我国法律体系可以分为宪法、行政法、民法、刑法、诉讼法等几大部门法。现代法律体系中三大部门法（民事法律、刑事法律和行政法律）之一是行政法。

学界几乎一致认为，行政法是宪法的重要的实施法，是仅次于宪法的部门法（或者说是最重要的部门法之一）。这就决定了行政法在法律体系中的重要地位。西方学者霍兰德甚至把宪法典叫作"静态的宪法"，而把行政法叫作"动态的宪法"。

2.2.2 行政法的作用

行政法作为一个独特的法律部门，具有如下两方面的独特作用：一方面，行政法具有保障行政管理有效实施的作用；另一方面，行政法具有保护公民个人、组织的合法权益的作用。这两方面的作用是有机统一的。

有的学者概括出行政法的基本作用包括：(1) 维护社会秩序和行政权力运行秩序；(2) 保障私益与公益的实现；(3) 为行政主体提供行动指南；(4) 预防和解决行政纷争；(5) 推进和保障社会改革。

小 结

行政法的基本原则是行政法治原则。行政法治原则对行政主体的要求可概括为依法行政，具体可分解为行政责任性原则、行政合法性原则和行政合理性原则。行政应急性原则是合法性原则的例外。在法律体系中，行政法是仅次于宪法的部门法，是宪法的重要的实施法。西方学者霍兰德把宪法典叫做"静态的宪法"，而把行政法叫做"动态的宪法"。行政法对保障行政管理有效实施和保护公民个人、组织的合法权益都有重要作用。

思考题

1. 行政法的基本原则是什么？其基本含义与具体要求又是什么？
2. 行政责任性原则的具体内容是什么？
3. 行政合法性原则的具体内容是什么？
4. 行政合理性原则的具体内容是什么？
5. 行政法在法律体系中的地位如何？

实务训练二

一、**真实案例**：大家看法——兰州城管伤人事件调查（行政管理）

视频播放后，教师引导学生运用行政法学基础理论对此案例进行讨论，必要时，教师对此案例作总结评析。

二、**讨论**：谈谈你所了解的行政与行政法。

三、**完成复习1.1 行政法的概念、1.2 行政法关系内容**

(一) 填空题

1. ＿＿＿＿＿（或职能分工）和＿＿＿＿＿，这是现代行政赖以建立的两个基点，也是其两大特征。

2. 羁束行政行为的作出是以＿＿＿＿＿为前提。

3. ＿＿＿＿＿是行政关系产生与存在的前提，＿＿＿＿＿是行政关系的核心。

4. ＿＿＿＿＿是行政法产生的经济基础，＿＿＿＿＿是行政法产生的思想基础，＿＿＿＿＿是行政法产生的政治基础。

5. ＿＿＿＿＿的建立作为行政法产生的标志。

6. ＿＿＿＿＿是行政法的调整对象，＿＿＿＿＿是行政法的调整结果。

7. 我国行政法的目的是保护＿＿＿＿＿和＿＿＿＿＿的统一。

8. 从行政法总体结构来说，行政法有＿＿＿＿＿、＿＿＿＿＿和＿＿＿＿＿之分。

9. 行政法作为一个独立的法律部门产生于_____世纪末_____国家。

10. 行政监督的对象包括_____和_____以及_____。

11. 一切国家权力都直接或间接来源于公民权利，权力是_____的一种特殊形式。

（二）判断题

1. 行政法领域的行政不仅指国家与公共事务的行政，也指社会组织、企业的行政。
（　　）

2. 本·迪斯雷尼说："政府是公共利益不眠的看守。" （　　）

3. 行政是行政法的一个重要概念。 （　　）

4. 行政权与行政职权是一回事。 （　　）

5. 一切国家权力都直接或间接来源于公民权利。 （　　）

6. 行政法的调整对象是行政关系，不包括监督行政关系。 （　　）

7. 行政实体法与行政程序法的关系是，前者是行政行为的内容，后者是行政行为的表现形式。
（　　）

8. 行政法的法典化不太可行。 （　　）

9. 行政法律关系由行政法律关系的主体、客体和内容构成。 （　　）

10. 立法权是国家权力的核心部分。 （　　）

四、阅读以下材料，并理解其重点内容

阅读材料二

中华人民共和国监察法

（2018 年 3 月 20 日第十三届全国人民代表大会第一次会议通过　本法自公布之日起施行）

（全文略）

中华人民共和国各级人民代表大会常务委员会监督法

（2006 年 8 月 27 日第十届全国人民代表大会常务委员会第二十三次会议通过　2006 年 8 月 27 日中华人民共和国主席令第 53 号公布 自 2007 年 1 月 1 日起施行）

（全文略）

第3章　行政法律关系主体：行政机关

🎯 **回顾 2.1 行政法的基本原则；2.2 行政法在法律体系中的地位与作用内容**

1. 行政法的基本原则是什么？
2. 行政法治原则具体分解为什么原则？
3. 行政责任性原则的内容有哪些？
4. 行政合法性原则的内容有哪些？
5. 行政合理性原则产生的主要原因是什么？
6. 行政法在法律体系中的地位如何？

🎯 **法律文化体认与领悟**

政府的本质就是要"为人民服务"；公务员应当是"人民的公仆"。

🎯 **本章主要内容**

了解行政主体的概念；掌握我国中央行政机关和地方行政机关的基本组成；明确公务员的法律地位和行政相对方的法律地位；掌握有关行政主体的基本知识。

案例导入

某天然气公司江湾路气站诉某市环境保护检查大队案

本案原告为某天然气公司江湾路气站，被告为某市环境保护局环境保护检查大队。2008年5月19日至25日期间，某天然气公司江湾路气站发生了天然气泄漏，使周围农村受到了不同程度的污染。5月28日上午，农民丛某向某市环境保护局环境保护大队提出申请，要求天然气公司赔偿遭受污染的损失。经查证后，被告以"某市环境保护局环境保护检查大队"的名义，依据《中华人民共和国大气污染防治法》，作出"关于某市天然气公司江湾路气站泄露天然气事故的处理决定"，对天然气公司罚款5000元，并赔偿丛某损失24000元。江湾路气站不服环境保护检查大队的行政处理决定，向某市市中区人民法院提起行政诉讼。

法院受理了此案。经审理认为，该行政处理决定，是以环境保护检查大队的名义作出的，而该环境保护大队仅属环境保护局的一个职能部门，无处罚违法者的行为能力。据此，市中区人民法院于2008年12月12日作出判决，撤销被告的行政处理决定。

问题：人民法院作出的撤销被告的行政处理决定是否正确？

3.1 行政主体概述

3.1.1 行政主体（Administrative Subject）的概念

在第1章行政法关系（1.2）一节中，我们学习了行政法律关系，知道行政法律关系主体包括行政主体和行政相对方。在本章中，我们将重点研究行政主体和行政相对方。

行政主体是指享有国家行政权，能以自己的名义行使行政权，并能独立地承担因此而产生的相应法律责任的组织。行政主体是与行政相对方相对应的概念。行政主体有其内涵与标准。（见表3-1所示）

行政主体可以分为职权性行政主体、授权性行政主体；单独行政主体、共同行政主体；行政机关、行政机构、公务组织、社会组织等类别。行政主体对既存法律关系的认定，具有溯及既往的效力。

享有国家行政权的国家行政机关（administrative organ）是行政主体，而且是最重要的行政主体。但行政机关并不等于行政主体，除行政机关外，一定的行政机构和其他社会组织，依照法定授权，也可以成为行政主体。行政主体只能是国家行政机关和接受授权的组织（authorized organization），因为只有国家行政机关和接受授权的组织才能享有国家行政权力。

有关国家行政的权限被委托给组织或者个人行使时，受委托的组织或者个人虽然也行使国家行政权，但是，由于该权限的行使只能以委托机关的名义进行，它所为的委托事项的法律后果，均归属于委托机关。所以，接受委托的组织或者个人不具有行政主体的资格，在行政法律关系中不能成为行政主体。被授权组织能以自己名义行使行政职权，其行为后果由自己承担，而被委托组织须以委托机关名义行使行政职权，其行为后果由委托机关承担。在我国，行政主体只能是组织不可能是个人。

行政机关或被授权组织在任何一个行政法律关系中都是其主体之一。

从行政法的角度确立行政主体这一行政法学上的基本概念，对于明确行政权的归属，保障行政权的公正行使，确保行政相对人的合法权益得到充分救济具有重大意义。

表3-1　行政主体的内涵与标准

标准	具体含义
权	自己享有并行使行政职权；否则可能是民事主体
名	以自己的名义实施行政活动；从签名盖章上体现
责	必须能够独立承担因行政活动而产生的法律责任

3.1.2 行政职权（administrative power）与行政职责（administrative responsibilities）

1. 行政职权

行政职权是国家行政权的转化形式，是行政主体实施国家行政管理活动的资格及其权能。行政职权是行政主体所享有的行政权的具体表现。行政权是行政关系的核心。行政权力的取得必须具有法律根据是行政机关依法行政的基础，我国行政权力是通过宪法、法律、法规、规章赋予的。行政职权可以有很多种分类，一般可分为固有职权和授予职权两大类。行政职权不同于一般的权力，具有强制性、单方性、优先性、与职责的统一性等特点。

按照行政职权在实践中的逻辑规律，大致归类的行政职权内容如下：①行政立法权；②行政决策权；③行政决定权；④行政命令权；⑤行政执行权；⑥行政制裁权；⑦行政强制执行权；⑧行政委托、监督权；⑨行政司法权；⑩行政组织法上的其他行政职权。

2. 行政优益权

行政职权具有优先性的特点，即行政主体在行使行政职权时，依法享有一定的行政优益权。行政优益权是国家为了确保行政主体有效地行使职权，切实地履行职责，圆满地实现公共利益的目标，而以法律、法规等形式赋予行政主体享有各种职务上或者物质上优益条件的资格。行政优益权包括行政优先权和行政受益权，二者都是行政职权有效行使的保障条件。

职务上的优益条件属于行政优先权。所谓行政优先权，是指国家为保障行政主体有效地行使行政职权而赋予行政主体许多职务上的优先条件，即行政权与其他社会组织及公民个人的权利在同一领域或同一范围内相遇时，行政权具有优先行使和实现的效力。行政优先权包括：①行政先行处置权；②获得社会协助权；③行政行为的推定有效（公定力）。

物质上的优益条件属于行政受益权。行政受益权，是指行政主体享受国家所提供的各种物质优益条件。如财政经费、办公条件、交通工具等等。

3. 行政职责

行政职责是指行政主体在行使国家所赋予的行政职权，实施国家行政管理活动的过程中，所必须承担的法定义务。

行政职责是行政主体必须履行的义务，因此不能放弃和违反，否则将追究法律责任。行政职责的核心是"依法行政"，主要内容包括：①依法履行职务，遵守权限规定；②符合法定目的；③遵循法定程序。

有行政职权就必有行政职责，但不一定发生行政责任，只有不履行职责时才发生行政责任。

4. 行政权限

行政权限是指法律规范所规定的行政主体行使职权所不能逾越的范围或者界限。该权限是法律赋予行政主体完成行政管理任务时在事务、地域、层级方面的范围界限。行政权限实际上就是管辖权，它包括三方面的内容：第一，事务管辖权。第二，地域管辖权。第三，层级管辖权。

行政权限可分为纵横两大类。纵向行政权限指有隶属关系的上下级行政主体之间权力行使范围的划分。横向权限指无隶属关系的行政主体之间权力行使范围的划分，这种权限又可分为区域管辖权限和公务管辖权限。

行政机关必须在自己的权限范围内活动，否则可能构成越权。一般情况下，行政越权将被视为无效。

3.2　国家行政机关

3.2.1　国家行政机关的概念

我国的国家机关包括国家权力机关、国家监察机关、国家审判机关、国家检察机关、国家行政机关和国家军事机关。各级国家权力机关实行合议制，各级行政机关一般实行首长负责制。在国家机关中，国家行政机关最为庞大。我国国家行政机关由国家权力机关产生，是国家权力机关的执行机关。

国家行政机关，又称国家行政管理机关，即狭义上的人民政府，是指国家根据其统治意志，按照宪法和有关组织法的规定而设立的，依法享有并运用国家行政权，负责对国家各项行政事务以及相应的社会公共事务进行组织、管理、指挥和监督的国家机关。具体指从中央到地方的各级人民政府及其他具有法人资格、能以自己名义行使行政权并承担因此而产生的法律责任的行政单位。

我国国家行政机关包括中央行政机关和地方各级行政机关。中央行政机关为国务院，即中央人民政府。地方行政机关即地方各级人民政府，包括省级人民政府、地市级人民政府、县级人民政府和乡级人民政府四级。我国是单一制国家，从中央到地方，形成了一个自上而下的统一的行政系统。

3.2.2　中央行政机关

所辖区域及事务涉及全国的行政机关，称为中央行政机关。中央行政机关在我国是国务院及其下属机构。

1. 国务院（State Department）

中华人民共和国国务院，即中央人民政府，是最高国家权力机关的执行机关，是最高国家行政机关。

国务院由总理、副总理若干人、国务委员若干人、各部部长、各委员会主任、审计长和秘书长组成。每届任期 5 年。国务院工作中的重大问题，必须经国务院常务会议或全体会议讨论决定，总理召集和主持国务院常务会议和国务院全体会议。

国务院的基本职权由宪法、国务院组织法规定，特别授予职权一般通过全国人大的专门决定取得。根据现行《宪法》第 89 条的规定，国务院共享有 18 项行政管理职权。

国务院主要通过文、会、事三种方式履行职能，实现对全国的行政领导。

2. 国务院组成部门（Organizational Units Of State Department）

国务院各部、委员会是国务院的组成部门。国务院各部委根据宪法的规定设置。

按照 2018 年 3 月 22 日《国务院关于机构设置的通知》，国务院组织部门有 26 个：

（1）外交部；（2）国防部；（3）国家发展和改革委员会；（4）教育部；（5）科学技术部；（6）工业和信息化部；（7）国家民族事务委员会；（8）公安部；（9 国家安全部；（10）民政部；（11）司法部；（12 财政部；（13）人力资源和社会保障部；（14）自然资源部；（15）生态环境部；（16）住房和城乡建设部；（17）交通运输部；（18）水利部；（19）农业农村部；（20）商务部；（21）文化和旅游部；（22）国家卫生健康委员会；（23）退役军人事务部；（24）应急管理部；（25）中国人民银行；（26）审计署。

3. 国务院的直属机构（Department directly under State Department）

国务院可以根据工作需要设立直属特设机构和直属机构。直属机构的行政首长不是国务院的组成人员，其法律地位低于各部、委员会。国务院直属机构根据国务院组织法规定而设置。

国务院直属特设机构有一个，即国有资产监督管理委员会。

国务院直属机构主管各项专门业务。国务院现有 10 个直属机构：（1）中华人民共和国海关总署（正部级）；（2）国家税务总局（正部级）；（3）国家市场监督管理总局（正部级）；（4）国家广播电视总局（正部级）；（5）国家体育总局（正部级）；（6）国家统计局（副部级）；（7）国家国际发展合作署（副部级）；（8）国家医疗保障局（副部级）；（9）国务院参事室（正部级）；（10）国家机关事务管理局（副部级）。

4. 国务院部委管理的国家局

国务院可以根据国家行政事务的需要，设立若干行政主管职能部门。由于其行政事务与一些部、委职能有关，因此由相应的部、委实施管理。

国务院现有 16 个各部、委管理的国家局：（1）国家信访局（由国务院办公厅管理）；（2）国家粮食和物资储备局（由国家发展和改革委员会管理）；（3）国家能源局（由国家发展和改革委员会管理）；（4）国家烟草专卖局（由工业和信息化部管理）；（5）国家国防科技工业局（由工业和信息化部管理）；（6）国家移民管理局（由公安部管理）；（7）国家林业和草原局（由自然资源部管理）；（8）国家铁路局（由交通运输部管理）；（9）中国民用航空局（由交通运输部管理）；（10）国家邮政局（由交通运输部管理）；（11）国家文物局（由文化和旅游部管理）；（12）国家中医药管理局（由国家卫生健康委员会管理）；（13）国家煤矿安全监察局（由应急管理部管理）；（14）国家外汇管理局（由中国人民银行管理）；（15）国家药品监督管理局（由国家市场监督管理总局管理）；（16）国家知识产权局（由国家市场监督管理总局管理）。

5. 国务院办公和办事机构

国务院的办公和办事机构主要职能是协助总理办理专门事项。

国务院的办公机构是国务院办公厅，由国务院秘书长领导。

国务院办事机构（Administrative body Of State Department）协助总理办理专门事项。国务院办事机构有：（1）国务院港澳事务办公室；（2）国务院研究室。国务院侨务办公室在中央统战部加挂牌子，由中央统战部承担相关职责。国务院台湾事务办公室与中共中央台湾工作办公室、国家互联网信息办公室与中央网络安全和信息化委员会办公室，一个机构两块牌子，列入中共中央直属机构序列。国务院新闻办公室在中央宣传部加挂牌子。

6. 国务院直属事业单位

国务院现有直属事业单位包括：（1）新华通讯社（正部级）；（2）中国科学院（正部级）；（3）中国社会科学院（正部级）；（4）中国工程院（正部级）；（5）国务院发展研究中心（正部级）；（6）中央广播电视总台（正部级）；（7）中国气象局（副部级）；（8）中国银行保险监督管理委员会（正部级）；（9）中国证券监督管理委员会（正部级）。国家行政学院与中央党校，一个机构两块牌子，作为党中央直属事业单位。

各类机关、机构、组织的行政主体资格见下表。（见表3-2所示）

表3-2　各类机关、机构、组织的行政主体资格

	中央机关与机构	地方机关与机构	非政府组织与个人
主体	①国务院 ②国务院组成部门 ③国务院直属单位和特设机构 ④国务院组成部门管理的机构 ⑤经授权的内设机构 ⑥经授权的议事协调机构	①各级人民政府 ②县以上政府工作部门、直属机构、特设机构 ③三种派出机关（行署、区公所、街道办事处） ④中央机关或机构依法设立的分支机构 ⑤经授权的派出机构、内设机构 ⑥特定条件下的综合执法机构	①被授权的企业组织 ②被授权的事业单位 ③被授权的社会团体 ④被授权的村居委会
非主体	①国务院办公机构、办事机构 ②未经授权的内设机构 ③未经授权的议事协调机构	①地方政府办公机构、办事机构 ②未经授权的内设机构、派出机构 ③未经授权的议事协调机构	受委托的组织和个人

3.2.3　地方国家行政机关

我国地方各级人民政府（Local People's Governments at Different Levers）分为四级：

（1）省（自治区、直辖市）；

（2）市（自治州、直辖市的区）；

（3）县（县级市）；

（4）乡（镇）。

乡（镇）人民政府是最基层的人民政府。四级政府架构，比国际通行的三级惯例多出一层。

我国的行政区划是：全国分为34个省（包括台湾省）、自治区、直辖市、特别行政区；省、自治区、直辖市又分为市、自治州、直辖市的区；市、自治州又分为县、县级市；县、县级市再分为乡、镇。

行政区划所包含的核心内容是各级政府的行政权，包括事权、财权、资源配置权等和行政责任的界定。从最本质上讲，行政区划是调整或界定中央与地方、地方与地方以及区

域内地方各层级之间的关系。

地方各级人民政府是地方各级权力机关的执行机关，在与同级检察机关、审判机关的关系中处于平等地位。上级人民政府领导下级人民政府。

地方各级人民政府实行首长负责制。县级以上地方各级人民政府会议分为常务会议和全体会议，政府工作中的重大问题，需经政府常务会议或者全体会议讨论决定。

政府工作部门是代表政府具体管理某一专门事务的机关。各级政府工作部门受本级人民政府统一领导，并受上级人民政府主管部门的领导或者业务指导。上一级人民政府工作部门对下一级人民政府既没有业务指导关系，更没有领导关系，无权改变或撤销下一级人民政府的具体行政行为。

县级以上地方各级人民政府的职能部门都具有行政主体资格。

我国地方人民政府的派出机关（Expedite Department of Local People's）有三种类型：行政公署、区公所、街道办事处。政府的派出机关具有行政主体资格，派出机关不是一级政府，但可以成为行政主体，以自己的名义作出行政行为。

地方各级政府根据宪法、地方组织法而设置，地方政府的各工作部门及地方政府的派出机关根据地方组织法而设置。地方各级政府的基本职权由宪法、地方组织法规定，还享有法律、法规授予的专门职权。中央与地方行政机关、行政机构的设定见下表。（见表3-3所示）

表3-3 中央与地方行政机关、行政机构的设定

	部门的设、增、减、并	派出机关的设立
国务院	组成部门须经全国人大或其常委会决定，其他可自主决定	大区制度已废除
省级政府		设地区行署须经国务院批准
市级政府	报上一级政府批准，本级人大常委会备案	无派出机关
县级政府		县级政府设区公所须经省批准，市辖区或县级市设街道办须经上一级政府批准

小结

本章首先围绕行政主体的概念，介绍了行政职权、行政优益权、行政职责、行政权限的具体内容。围绕国家行政机关的概念，介绍了中央行政机关和地方行政机关的具体内容。

思考题

1. 行政主体的概念和特征是什么？
2. 行政职权包括哪些权利？

3. 行政优益权的内容为哪些?

4. 行政职责的内容是什么?

5. 中央行政机关的概念及其内容各是什么?

6. 地方行政机关的设置是怎样的?

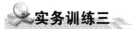 **实务训练三**

一、任务布置

模拟政府系列活动之一——模拟国务院召开国务院常务会议

实施方案:由 11 名同学扮演国务院常务会议组成人员。其他人是工作人员。

国务院常务会议由总理、副总理、国务委员、秘书长组成,由总理召集和主持。国务院常务会议的主要任务是:(一) 讨论决定国务院工作中的重要事项;(二) 讨论法律草案、审议行政法规草案;(三) 通报和讨论其他重要事项。国务院常务会议一般每周召开一次。根据需要可安排有关部门、单位负责人列席会议。

———《国务院工作规则》

模拟国务院常务会议

国务院常务会议是中华人民共和国国务院现行的法定会议之一,由总理、副总理、国务委员、国务院秘书长组成,由总理召集和主持。讨论决定国务院工作中的重大问题。一般每周召开一次。根据需要可安排有关部门、单位负责人列席会议。

国务院总理李克强 2015 年 6 月 24 日主持召开国务院常务会议,部署推进"互联网+"行动,促进形成经济发展新动能;决定降低工伤和生育保险费率,进一步减轻企业负担;确定设立中国保险投资基金,以金融创新更好地服务实体经济;通过《中华人民共和国商业银行法修正案(草案)》。

二、真实案例:今日说法——歪倒的大楼(广州)(行政职责)

视频播放后,教师引导学生运用行政法学基础理论对此案例进行讨论,必要时,教师对此案例作总结评析。

三、讨论:谈谈你对我国行政机关的认识。

四、完成复习 2.1 行政法的基本原则、2.2 行政法在法律体系中的地位和作用内容

(一) 填空题

1. 依法行政原则起源于_____。

2. 在 1993 年_____会议上的政府工作报告里宣告实行依法行政原则。

3. 行政法治原则具体包括_____原则、_____原则和_____原则。

4、行政责任性原则的基本目标是实现行政活动_____状态。

5. 行政合理性原则的主要目标就在于_____,它要求行政行为做到_____、_____和_____。

6. 监督行政法律关系的形成是基于对_____控制的需要。

7. _____、_____是对政府组成人员的事前监督,_____、_____是对政府组成人员的事后监督,这是国家权力机关人事监督的两个方面。

8. 监督行政法律关系的监督主体是_____、_____、_____、_____以及行政复议机关等。监督对象是_____。

9. 行政权力的取得必须_____是行政机关依法行政的基础，行政权力的应用必须_____是依法行政的核心，追究行政机关_____是依法行政的保障。

10. 行政法在法律体系中的地位仅次于_____，其作用也要比其他部门法大得多。

（二）判断题

1. 依法行政观念的确立，行政与法律才产生了必然联系。　　　　　　（　　）

2. 行政法的主要任务是规范国家的行政权力。　　　　　　　　　　（　　）

3. 自由裁量行为是行政机关不受法律约束自由作出决定的行为。　　（　　）

4. 行政主体作出自由裁量行政行为必定是合法的，故在自由裁量行为中只适用行政合理性原则，不适用行政合法性原则。　　　　　　　　　　（　　）

5. 行政法领域的行政是指国家行政。　　　　　　　　　　　　　　（　　）

6. 我国行政法对人的适用方面对本国公民实行属人主义原则，对外国人则实行属地主义原则。　　　　　　　　　　　　　　　　　　　　　　（　　）

7. 行政法在一般情况下没有溯及力。　　　　　　　　　　　　　　（　　）

8. 现代意义的行政法是近代资本主义商品经济的产物。　　　　　　（　　）

9. 在行政监督系统内，下级无权监督上级。　　　　　　　　　　　（　　）

10. 监察机关所监察的对象之一的国家行政机关是所有的国家行政机关。（　　）

11、行政法和刑法、民法一样，有一部系统、完整、统一的法典。　　（　　）

五、阅读以下材料，并理解其重点内容

 阅读材料三

中华人民共和国国务院组织法

（1982 年 12 月 10 日第五届全国人民代表大会第五次会议通过　1982 年 12 月 10 日全国人民代表大会常务委员会委员长令第十四号公布施行）

第一条　根据中华人民共和国宪法有关国务院的规定，制定本组织法。

第二条　国务院由总理、副总理、国务委员、各部部长、各委员会主任、审计长、秘书长组成。

国务院实行总理负责制。总理领导国务院的工作。副总理、国务委员协助总理工作。

第三条　国务院行使宪法第八十九条规定的职权。

第四条　国务院会议分为国务院全体会议和国务院常务会议。国务院全体会议由国务院全体成员组成。国务院常务会议由总理、副总理、国务委员、秘书长组成。总理召集和主持国务院全体会议和国务院常务会议。国务院工作中的重大问题，必须经国务院常务会议或者国务院全体会议讨论决定。

第五条　国务院发布的决定、命令和行政法规，向全国人民代表大会或者全国人民代表大会常务委员会提出的议案，任免人员，由总理签署。

第六条　国务委员受总理委托，负责某些方面的工作或者专项任务，并且可以代表国

务院进行外事活动。

第七条　国务院秘书长在总理领导下，负责处理国务院的日常工作。

国务院设副秘书长若干人，协助秘书长工作。

国务院设立办公厅，由秘书长领导。

第八条　国务院各部、各委员会的设立、撤销或者合并，经总理提出，由全国人民代表大会决定；在全国人民代表大会闭会期间，由全国人民代表大会常务委员会决定。

第九条　各部设部长一人，副部长二至四人。各委员会设主任一人，副主任二至四人，委员五至十人。

各部、各委员会实行部长、主任负责制。各部部长、各委员会主任领导本部门的工作，召集和主持部务会议或者委员会会议、委务会议，签署上报国务院的重要请示、报告和下达的命令、指示。副部长、副主任协助部长、主任工作。

第十条　各部、各委员会工作中的方针、政策、计划和重大行政措施，应向国务院请示报告，由国务院决定。根据法律和国务院的决定，主管部、委员会可以在本部门的权限内发布命令、指示和规章。

第十一条　国务院可以根据工作需要和精简的原则，设立若干直属机构主管各项专门业务，设立若干办事机构协助总理办理专门事项。每个机构设负责人二至五人。

中华人民共和国地方各级人民代表大会和地方各级人民政府组织法

（1979 年 7 月 1 日第五届全国人民代表大会第二次会议通过。根据 1982 年 12 月 10 日第五届全国人民代表大会第五次会议《关于修改〈中华人民共和国地方各级人民代表大会和地方各级人民政府组织法〉的若干规定的决议》第一次修正。根据 1986 年 12 月 2 日第六届全国人民代表大会常务委员会第十八次会议《关于修改〈中华人民共和国地方各级人民代表大会和地方各级人民政府组织法〉的决定》第二次修正。根据 1995 年 2 月 28 日第八届全国人民代表大会常务委员会第十二次会议《关于修改〈中华人民共和国地方各级人民代表大会和地方各级人民政府组织法〉的决定》第三次修正。根据 2004 年 10 月 27 日第十届全国人民代表大会常务委员会第十二次会议《关于修改〈中华人民共和国地方各级人民代表大会和地方各级人民政府组织法〉的决定》第四次修正。根据 2015 年 8 月 29 日第十二届全国人民代表大会常务委员会第十六次会议《关于修改〈中华人民共和国地方各级人民代表大会和地方各级人民政府组织法〉、〈中华人民共和国全国人民代表大会和地方各级人民代表大会选举法〉、〈中华人民共和国全国人民代表大会和地方各级人民代表大会代表法〉的决定》第五次修正。）

（全文略）

附：中共中央机构设置，见表3-4所示。

表3-4　附：中共中央机构设置

中共中央纪律检查委员会		
中央直属部委、办事、议事机构		
中共中央办公厅	中共中央组织部	中共中央宣传部
中共中央统战部	中共中央对外联络部	中央政法委员会
中共中央政策研究室	中共中央台湾工作办公室	中共中央对外宣传办公室
中央外事办公室	中央机构编制委员会办公室	中央社会治安综合治理委员会
中央保密委员会办公室（国家保密局）	中央警卫局	
中央派出机构		
中共中央直属机关工作委员会	中共中央国家机关工作委员会	
中央直属事业单位、社会团体		
中共中央党校	《人民日报》社	中共中央文献研究室
中共中央党史研究室	求是杂志社	中华全国总工会
共青团中央	中共中央编译局	中华全国妇女联合会
中国文学艺术界联合会	中国作家协会	中国科学技术协会
中国侨联	国家广播电影电视总局	新华社
光明日报社	经济日报社	中央档案馆（国家档案局）
中国外文局	中国法学会	中国记者协会
中华全国台湾同胞联谊会	中国出版集团	

☆　国务院台湾事务办公室与中共中央台湾工作办公室、国务院新闻办公室与中共中央对外宣传办公室，一个机构两块牌子，列入中共中央直属机构序列。国家档案局与中央档案馆、国家保密局与中央保密委员会办公室，一个机构两块牌子，列入中共中央直属机关的下属机构。

第4章 行政法律关系主体：其他主体

回顾 3.1 行政主体概述、3.2 国家行政机关内容

1. 最重要的行政主体是什么？
2. 接受委托的组织是不是行政主体？
3. 行政主体是与什么相对应的概念？
4. 行政职权的内容有哪些？
5. 行政优益权包括哪两个方面？
6. 行政职责的内容有哪些？
7. 如何理解行政权限？

法律文化体认与领悟

行政管理要做到公开、公平、公正、便民、高效、诚信。

本章主要内容

了解被授权组织、受委托组织和个人的具体内容；掌握行政主体的具体形态；明确公务员和行政对方的法律地位；熟悉公务员法律关系的产生、变更和消灭的各种情况。

案例导入

因英语四级考试作弊被学校开除　大学生状告母校

2011 年 6 月 18 日，正值全国大学英语四级考试。郑州某管理学院 2011 届工商管理专业学生晓某为了考试过关，此前花钱购置了电子橡皮信息传输作弊工具。考试中，当他打开橡皮状接收器欲查看答案信息时（有英文相关内容），被监考老师抓了个正着。当天，学院在校园内张贴通告，称要给予晓某开除学籍的处分。6 月 20 日，学院向晓某送达了《学生违规处理告知书》。22 日，学校作出《关于给予晓某开除学籍处分的决定》，对晓某开除学籍。6 月 24 日，晓某向学院学生申诉处理委员会提出申诉。学生申诉处理委员会于 9 月 19 日向晓某送达《学生申诉处理结果送达书》，告知晓某，经学校学生申诉处理委员会调查（听证），并经校长办公会于 9 月 15 日研究决定，他们维持学院决定。9 月 27 日，晓某向河南省教育厅提出申诉，请求依法撤销郑州某管理学院对他作出的开除学籍的处分

决定。10 月 27 日，省教育厅作出《复查意见》，维持郑州某管理学院给予晓某开除学籍处分的决定。

几番申诉失利后，2011 年 11 月，晓某依法向郑州市二七区法院提起了行政诉讼。法院经审理认为，高等学校的学生应当遵守法律、法规，遵守学生行为规范和学校的各项管理制度。而原告却在学校组织的考试中携带橡皮状接收器进入考场，违反考场纪律。且在考试过程中，其橡皮状接收器显示了英文相关内容，故可以认定原告晓某考试作弊。法院认为，虽然依照相关规定，对有违法、违规、违纪的学生，学校应当给予批评教育或者纪律处分；但是，根据《普通高等学校学生管理规定》相关规定，被告在发现原告考试作弊的当日即在其校园张贴通告，给予原告开除学籍处分，虽然此后履行了听取学生陈述和申辩等程序，但被告的行为系先作出开除决定，后履行相关程序，属程序违法。本案审理过程中，被告未提交其作出的《关于给予晓某开除学籍处分的决定》之前经校长会议研究决定的相关证据，属于程序违法。2011 年 12 月 26 日，郑州市二七区法院作出一审判决：撤销被告郑州某管理学院作出的《关于给予晓某开除学籍处分的决定》；被告郑州某管理学院于本判决生效之日起 10 日内恢复原告晓某的学籍。(河南法制报 何永刚)

高等学校被自己的学生告上法庭，成为行政诉讼的被告，使许多人觉得疑惑。行政诉讼法不是"民告官"的法吗？高校是事业单位，而不是行政机关，高校能成为行政诉讼的被告吗？

问题：高校的法律性质是什么？高校能成为行政诉讼的被告吗？

4.1 被授权的组织与受委托的组织和个人

4.1.1 被授权的组织

行政授权（delegation of administrative power），是指法律、法规或者规章直接规定将某项或者某一方面的行政职权的一部分或者全部授予某个组织，或者法律、法规规定由特定的行政主体，通过法定方式，将某项或者某一方面的行政职权的一部分或者全部授予某个组织的法律行为。行政授权必须有法律、法规或者规章的明文授权规定为依据。只有法律、法规或者规章直接规定，而有关行政主体依据法律、法规或者规章的授权规定，才能赋予某一组织以某项法律上的行政权力。行政授权必须符合法定的方式，但具体方式又不能一概而论。

行政授权的法律后果，会使某一原本无行政主体资格的组织取得行政主体资格，或者使其原有行政主体的职权范围扩大，职权内容增加。被授权组织能以自己名义行使行政职权，其行为后果由自己承担。

4.1.2 受委托的组织和个人

行政委托（Administrative Commission），是指行政主体将其职权的一部分，依法委托给其他组织或个人的法律行为。行政委托也必须依法进行，不过，这里的"依法"，不如行政授权那么严格。行政委托的方式，是行政主体在行政管理活动中以较具体的委托决定来进行的。

委托者与委托对象之间是一种专项代理关系。行政委托的对象是：接受委托的组织（bailed organization）和个人，具体为行政机关、其他行政组织、社会组织、个人。行政委托不发生职权职责、法律后果及行政主体资格的转移。被委托组织须以委托机关名义行使行政职权，其行为后果由委托机关承担。如《税收征收管理法实施细则》第四十四条规定，"税务机关根据有利于税收控管和方便纳税的原则，可以按照国家有关规定委托有关单位和人员代征零星分散和异地缴纳的税收，并发给委托代征证书。受托单位和人员按照代征证书的要求，以税务机关的名义依法征收税款，纳税人不得拒绝；纳税人拒绝的，受托代征单位和人员应当及时报告税务机关。"被委托的组织不是行政主体。在我国，个人也不能成为行政主体。（见表4-1、表4-2所示）

表4-1　行政授权与行政委托

	行政授权	行政委托
对象	机构、组织	机关、机构、组织、个人
依据	法律、法规或规章的授予	没有明确依据，不违背特别规定即可
方式	直接授权；间接授权	实际委托；推定委托
后果	获得行政主体资格	没有行政主体资格

表4-2　行政授权与行政委托的区别

区别	行政授权	行政委托
行为名义	被授权方	委托方
效果归属	被授权方	委托方
承受对象	组织	组织、个人
创设结果	新行政主体	新行为主体
诉讼地位	被授权方	委托方
条件程序	相对严格	相对宽松

4.1.3　行政机关以外的行政主体的具体形态

行政组织体制，指的是一个国家的行政组织系统内有关上下左右各种机构的地位、权限、领导关系和组织程序的法律制度。它侧重于对行政组织现象进行宏观的研究。不同的行政权力的分配形式及其归属常与一定的组织体制相联系。以行政权力的归属为核心的行政组织体制，根据不同划分标准，常有以下划分方式：① 集权制和分权制；② 首长制和委员会制；③ 层级制与职能制。我国中央政府对地方政府的领导体制实行的是民主制的中央集权制，在各级行政机关和政府工作部门内部均实行行政首长负责制。

行政机关与行政组织、行政机构，是一组既有密切联系，又有一定区别的概念。国家行政组织包括国家行政机关和国家行政机构。行政法上所谓的行政组织，是指一切行政机关与行政机构的综合体，包括各机关与机构相互间的横向联系和纵向结构。行政机构，是指构成国家行政机关的内部各单位，它是为行政机关行使行政权服务的，对外不能以自己的名义发布决定和命令，其行为的一切法律后果皆归属于其所属的行政机关。行政机关是联结各行政机构的综合体。

除行政机关外，行政机构及其他社会组织，在符合法定条件时，依照法定授权也可取得行政主体资格。

1. 行政机构

（2）行政机关的内部机构。又分为两种，一种是各级人民政府直属的内部机构，一种是政府职能部门的内部机构。目前，依法得到授权而成为行政主体的，主要是后者。如根据《食品安全法》（2018年修正），作为内部机构的"出入境检验检疫机构"，依法获得对"进口的食品、食品添加剂"进行检验的权力，因而具有行政主体资格。

（3）政府职能部门的派出机构。职能部门设立的派出机构种类较多，如审计署驻各地办事处，公安局设立的派出所、税务局设立的税务所、市场监督管理局设立的市场监督管理所等。如《治安管理处罚法》第九十一条规定"治安管理处罚由县级以上人民政府公安机关决定；其中警告、五百元以下的罚款可以由公安派出所决定。"因而，"警告、五百元以下的罚款"事项上赋予公安派出所以行政主体资格。

2. 其它社会组织

国家行政组织系统以外的社会组织，叫其它社会组织。作为一个组合概念，其它社会组织可以是企业单位、事业单位，也可以是社会团体或者群众性组织。经过国家政企体制改革，因行政授权使企业单位成为行政主体的情况已经基本成为历史，但一些企业单位可以接受行政委托而行使一定的行政职权。根据法律、法规和规章规定，可以通过行政授权成为行政主体的其它社会组织主要有事业单位、社会团体、群众性组织等。

（1）根据行政授权从事一定行政职能的事业单位。如《普通高等学校学生管理规定》（教育部2017年2月4日发布）第三十条授予了高等学校对学生的"退学处理"行政职权。

（2）被授予一定行政职权的社会团体、群众性组织等。主要有工会、妇联、村民（居民）委员会、律师协会、注册会计师协会等。如《国注册会计师法》第七条规定，"国家实行注册会计师全国统一考试制度。注册会计师全国统一考试办法，由国务院财政部门制定，由中国注册会计师协会组织实施。"这授予了中国注册会计师协会注册会计师全国统一考试组织实施职权。

需要注意的，法律、法规、规章赋予行业协会等其它社会组织的奖惩等管理职责是否属于行政职权，是判断其能否成为行政主体、是否属于行政诉讼受案范围的关键，如果仅仅属于这些组织内部自律性职责事项就不能成为行政主体。

4.2 公务员

4.2.1 我国公务员的概念和范围

我国所称公务员（national civil servant），是指依法履行公职、纳入国家行政编制、由国家财政负担工资福利的工作人员。

根据中共中央组织部2019年12月23日《公务员范围规定》，下列机关中除工勤人员以外的工作人员列入公务员范围：（1）中国共产党各级机关；（2）各级人民代表大会及其常务委员会机关；（3）各级行政机关；（4）中国人民政治协商会议各级委员会机关；（5）各级监察机关；（6）各级审判机关；（7）各级检察机关；（8）各民主党派和工商联的各级机关。

4.2.2 公务员法律关系

公务员法律关系，是指一般公民经过一定的法定程序成为公务员，基于其所担任的职务而与国家之间构成的权利义务关系。

公务员法律关系的实质是职务关系。行政职务关系，指行政公务员基于一定的行政职务而在任职期间与行政主体（代表国家）之间所形成的权利义务关系。

公务员代表国家，以国家的名义实施行政权。行政主体与行政公务人员之间实质上是一种委托代理关系。

国家赋予公务员以优益权（包括优先权和受益权），以法律形式对公务员的职予以特殊保障。当然，公务员必须忠诚地服务于国家。

在我国，考任、选任、委任、聘任、调任是公务员法律关系发生的原因。其中考任形式是行政系统生命力的最基本源泉的保障。

在我国，担任领导职务的公务员法律关系的发生，主要有三种形式：

（1）选任，即由权力机关通过选举任命公务员。

（2）委任，即有权机关不通过选举方式而直接任命公民担任行政公职。

（3）调任，包括国家行政机关以外的工作人员调入国家行政机关任职以及公务员调出国家行政机关任职两种情形。

公务员法律关系的变更，主要包括以下五种情形：

（1）晋升，指公务员由低层级职位上升到高层级职位。

（2）降职，指公务员由高层级职位下降到低层级职位。

（3）交流，交流包括调任、转任和挂职锻炼三种。而引起公务员法律关系变更的，只有转任一种。转任是机关内部的平级调动。

（4）撤职，指取消公务员现任职务和责任关系，但仍保留其作为公务员的最基本的权利和义务的法律关系。

（5）辞职（限于领导成员），可分为因工作变动的辞职、自愿辞职和引咎辞职三种。

公务员法律关系的消灭，有法定原因和事实原因两种。

法定原因，包括：

（1）开除公职，因严重违法失职、违反纪律受到的最为严厉的行政处分是开除。受开除处分者，其职务关系也随之消灭。

（2）辞职，公务员因主观和客观原因，可自愿解除公务员法律关系，即辞去公职。

（3）辞退，指由于公务员不履行应尽的职责，由相应机关按照管理权限决定，强行解除公务员法律关系的行为。

（4）退休，指公务员由于年龄、工龄或者身体方面的原因而消除公务员法律关系的行为。公务员退休后享受国家规定的退休金和其他待遇，但他与国家之间构成的公务员法律关系则随退休而消灭。

（5）离休，即离职休养。根据1982年4月10日《国务院关于老干部离职休养的几项规定》，建国前参加工作的老干部，达到一定年龄的，可以离职休养。老干部离休后，其政治待遇保持不变，生活待遇从优。

（6）判处刑罚，公务员若触犯了刑法，被人民法院判处刑罚，则公务员法律关系便告消灭。

事实原因，包括死亡和丧失国籍两种。公务员生命终结，其职务与责任关系便自然消灭。丧失国籍，标志着其公民资格的丧失，其公务员法律关系也必然消灭。

4.2.3 公务员的责任与救济

（1）公务员的责任

公务员的责任一般包括接受处分、引咎辞职、承担行政赔偿责任和刑事责任四种。

处分，是指公务员因违法违纪所应当承担的纪律责任的一种形式。从行政法学的角度看，处分应当包括身份处分和惩戒处分两种类型。所谓身份处分，是指公务员不能胜任所担任的公务或者拒不接受工作安排时所引起的法律后果，即公务员身份的丧失。如新录用公务员，试用期满不合格的，取消录用。另外，惩戒处分中的"开除"或者"开除公职"，引起公务员丧失身份的法律后果，当然也属身份处分的范畴。所谓惩戒处分，是指公务员由于违反其法定义务的约束而引起的惩处性法律责任形式。行政法学上的惩戒处分即行政处分，相当于《公务员法》所规定的处分。

公务员的处分为警告、记过、记大过、降级、撤职和开除六种。前三种是较轻的行政处分；后三种是较严厉的行政处分。行政处分是一种内部行政行为。处分国家公务员，必须依照法定程序，在规定的时间内作出处理决定。对公务员的处分，应当事实清楚、证据确凿、定性准确、处理恰当、程序合法、手续完备。

（2）公务员责任的救济

公务员责任的救济途径有两种：

其一是申诉制度。公务员对涉及本人的人事处理不服的，可以自知道该人事处理之日起三十日内向原处理机关申请复核；对复核结果不服的，可以自接到复核决定之日起十五日内，按照规定向同级公务员主管部门或者作出该人事处理的机关的上一级机关提出申诉；也可以不经复核，自知道该人事处理之日起三十日内直接提出申诉。对省级以下机关作出的申诉处理决定不服的，可以向作出处理决定的上一级机关提出再申诉。受理公务员申诉的机关应当组成公务员申诉公正委员会，负责受理和审理公务员的申诉案件。

其二是控告制度。公务员认为机关及其领导人员侵犯其合法权益的，可以依法向上级机关或者监察机关提出控告。受理控告的机关应当按照规定及时处理。

公务员提出申诉、控告，应当尊重事实，不得捏造事实，诬告、陷害他人。对捏造事实，诬告、陷害他人的，依法追究法律责任。

4.2.4　公务员的职位

（1）公务员的职位类别

职位分类是在确定行政机关职能、机构、编制的基础上，进行职位设置和职位分析评价。根据《公务员法》规定，公务员职位类别按照公务员职位的性质、特点和管理需要，划分为综合管理类、专业技术类和行政执法类等类别。对于具有职位特殊性，需要单独管理的，可以增设其他职位类别。

（2）公务员的职务职级

我国实行公务员职务与职级并行制度，设置公务员领导职务和职级序列。

领导职务层次分为：国家级正职、国家级副职、省部级正职、省部级副职、厅局级正职、厅局级副职、县处级正职、县处级副职、乡科级正职、乡科级副职。

公务员职级在厅局级以下设置。综合管理类公务员职级序列分为：一级巡视员、二级巡视员、一级调研员、二级调研员、三级调研员、四级调研员、一级主任科员、二级主任科员、三级主任科员、四级主任科员、一级科员、二级科员。综合管理类以外其他职位类别公务员的职级序列由国家另行规定。

国家根据人民警察、消防救援人员以及海关、驻外外交机构等公务员的工作特点，设置与其领导职务、职级相对应的衔级。

4.3　行政相对人

行政相对人，或称行政相对方，是指行政主体行使行政权所指向的一方当事人。行政相对人是行政法律关系中与行政主体相对应的一方主体。

行政相对人是行政法律关系中的一方主体。行政相对人参加行政法律关系，享有一定的权利，并承担一定的义务。

行政相对人可以是公民、法人或者其他组织以及外国人、无国籍人、外国组织。公民、法人我们在学习宪法和民法的时候已经涉及。其他组织显然是指没有取得法人资格的社会组织。合法成立、有一定的组织机构和财产，但又不具备法人资格的组织是其他组织。具体包括：

（1）依法登记领取营业执照的私营独资企业、合伙组织、合伙型联营企业，其中，合伙企业申请赔偿的，应当以核准登记的字号为申请人；

（2）依法登记领取我国营业执照的中外合作经营企业、外资企业；

（3）经民政部门核准登记领取社会团体登记证的社会团体；

（4）法人依法设立并领取营业执照的分支机构，包括中国人民银行、各专业银行设在各地的分支机构，中国人民保险公司设在各地的分支机构；

（5）经核准登记领取营业执照的乡镇、街道、村办企业。

行政主体所享有的权利，称为国家公权。行政相对人所享有的公法上的权利，包括参政权、受益权和自由权三种，称为相对人公权。国家公权，具有鲜明的自行强制性。相对人公权，从公权的角度看是权利，而从另一角度看则更具义务的性质，其放弃和转让往往要受到一定的限制。

与公权恰好相对的是公义务，是指为了他人的利益，在公法上要受一定的意思拘束。以公义务的主体为标准，可分为行政主体的公义务和相对人的公义务。相对人的公义务，是要广泛承认行政权的自行强制力。公义务大多是人身专属性质的，除纳税义务等可以继承外，一般不允许转让。

行政相对人以公法效果的发生为目的，以相对人的资格所为的行为，称为相对人的公法行为。相对人的公法行为中的意思能力和行为能力，原则上可以类推适用民法上的关于无能力者的规定。一般说来，在基于相对人的公法行为而完成某种法律效果以前，相对人的公法行为可以自由撤回。

小结

介绍了被授权组织、受委托组织和个人的具体内容。介绍了行政机构和其他社会组织成为行政主体的具体形态。围绕公务员的概念，介绍了公务员法律关系的产生、变更和消灭的各种情况。最后阐述了行政相对人的相关内容。

思考题

1. 什么是行政授权？它有什么特征？
2. 什么是行政委托？它有什么特征？
3. 简述我国公务员的概念与范围。
4. 简述追究公务员责任的种类。
5. 公务员的处分分为哪几种？
6. 简述公务员法律关系的含义及其内容。
7. 如何理解行政相对人？

实务训练四

一、任务布置

模拟政府系列活动之二——模拟召开国务院全体会议

国务院全体会议由总理、副总理、国务委员、各部部长、各委员会主任、人民银行行长、审计长、秘书长组成，由总理召集和主持。国务院全体会议的主要任务是：（一）讨论决定国务院工作中的重大事项；（二）部署国务院的重要工作。国务院全体会议一般每半年召开一次，根据需要可安排有关部门、单位负责人列席会议。

——《国务院工作规则》

模拟召开国务院全体会议

国务院会议分为国务院全体会议和国务院常务会议。国务院全体会议由国务院全体成员组成。国务院常务会议由总理、副总理、国务委员、秘书长组成。总理召集和主持国务院全体会议和国务院常务会议。国务院工作中的重大问题，必须经国务院常务会议或者国务院全体会议讨论决定。

国务院总理李克强 2015 年 1 月 19 日主持召开国务院第四次全体会议，讨论即将提请十二届全国人大三次会议审议的政府工作报告，决定将《政府工作报告（征求意见稿）》发往各省（区、市）和中央有关单位征求意见。

二、模拟召开国务院常务会议。

三、讨论：谈谈你对我国公务员的认识。（具体点：全国、全省（市）、全市的公务员人数、职级划分、福利待遇、违纪违法等情况）

四、完成复习 3.1 行政主体概述、3.2 国家行政机关内容

（一）填空题

1. 行政主体是与_____相对应的概念。

2. 被授权组织能以_____名义行使行政职权，其行为后果由_____承担。

3. 被委托组织须以_____名义行使行政职权，其行为后果由_____承担。

4. 行政权是行政关系的_____。

5. 行政权力的取得必须具有_____是行政机关依法行政的基础，我国行政权力是通过_____、法律、_____、规章赋予的。

6. 职务上的优益条件属于_____。

7. 国务院的基本职权由_____、_____规定，特别授予职权一般通过全国人大的专门决定取得。

8. 国务院可以根据工作需要设立直属特设机构、_____、办事机构、_____以及议事机构和临时机构等。

9. 国务院主要通过_____、_____、_____三种方式履行职能，实现对全国的行政领导。

10. 政府工作部门受本级人民政府统一领导，并受上级人民政府_____的领导或者业务指导。

（二）判断题

1. 行政法的重心是控制和规范行政权，保护行政相对人的合法权益。　　（　　）

2. 作为行政法律关系调节器的行政法律规范具有很强的稳定性。　　（　　）

3. 公务员在上班期间的行为是公务行为。　　（　　）

4. 公民、法人或者其他组织对行政机关所给予的行政处罚，享有陈述权、申辩权。

　　（　　）

5. 公务员的范围是指依法履行公职、纳入国家行政编制、由地方财政负担工资福利的工作人员。　　（　　）

6. 公务员的职务与级别是确定公务员工资及其他待遇的依据。　　　　（　　　）

7. 考录制度是整个公务制度的基本内容。　　　　　　　　　　　　（　　　）

8. 领导成员职务按照国家规定实行委任制。　　　　　　　　　　　（　　　）

9. 公务员担任乡级机关、县级机关及其有关部门主要领导职务的，应当实行任职回避，法律另有规定的除外。　　　　　　　　　　　　　　　　　　（　　　）

10. 公务员在挂职锻炼期间，不改变与原机关的人事关系。　　　　（　　　）

五、阅读以下材料，并理解其重点内容

中华人民共和国公务员法

（2005 年 4 月 27 日第十届全国人民代表大会常务委员会第十五次会议通过 2018 年 12 月 29 日第十三届全国人民代表大会常务委员会第七次会议修订）

（全文略）

第5章 行政行为概述

🎯 回顾第2章行政主体与行政相对人内容

1. 行政法律关系主体包括什么？
2. 行政主体只能是什么？
3. 国务院的下属部门有哪些？
4. 我国地方行政机关分为哪几级？
5. 行政授权与行政委托在法律后果上的区别是什么？
6. 导致公务员法律关系消灭的法定原因是什么？
7. 对公务员的处分分为哪六种？
8. 行政相对人具体包括什么？

🎯 法律文化体认与领悟

"良法之治"是法治的精髓。

🎯 本章主要内容

行政行为的含义、特征与分类；行政行为的效力、内容；行政行为的成立要件与合法要件；行政行为的无效、撤销与废止。

案例导入

张某诉某工商行政管理局案

原告张某，住某市A区建设路15号附1号。

原告诉称：自己是某市A区公安分局民警，住某市A区建设路15号附1号。该15号房系被告某工商行政管理局自管公房，共有房屋12间，由张某、李某、王某3户居住。2009年3月，被告以上述房屋不好管理，同时为了落实私房政策为由，将12间房屋全部卖给马某，收款18万元，并办理了房屋过户手续。在买卖上述房屋之前，被告未将出售房屋一事告知3住户，也未公开卖房价款和征求原告是否购买住房的意见。

后原告获悉房屋买卖一事，遂向人民法院提起诉讼，请求宣告该房产买卖协议无效。某区人民法院受理了此案。

被告辩称：自己是为了落实私房政策而处理自管公房，其行为属于行政行为，不应该适用民事法律规范的规定，作为行政机关实施行政行为是无需征得相对方同意的，故请求人民法院驳回原告的诉请。

问题：行政机关对自管公房的处分行为属何种性质？该行为是行政行为还是民事行为？

5.1 行政行为的含义与特征

行政行为理论，在行政法学体系和具体的行政法制度中具有十分重要的地位和作用。行政行为理论是各种行政法制度得以建立的基础。行政机关所作出的行为是否为行政行为，是否为合法有效的行政行为，无论对行政主体还是行政相对方都具有十分重要的意义。

行政行为，是行政法学的一个重要概念。行政行为（administrative activities），是指行政主体在实施行政管理活动、行使行政职权过程中所作出的具有法律意义的行为。行政行为是行政主体行使行政职权的行为。由此可以看出，行政行为包含下列几层含义：

（1）行政行为是行政主体所作出的行为。这是行政行为的主体要素。行政行为只能由行政主体作出，至于是行政主体直接作出，还是行政主体通过公务员或其他工作人员或依法委托其他社会组织作出，均不影响行政行为的性质。

（2）行政行为是行政主体行使行政职权、履行行政职责的行为。这是行政行为的职能、职责要素。能够成为行政主体的社会组织，并非任何情况下所从事的活动或行为都是行政行为，如行政机关购买办公用品或租用办公用房的行为，就不是行政行为。

（3）行政行为是具有法律意义的行为。这是行政行为的法律要素。行政行为是法律概念，具有行政法律意义，产生行政法律效果。在行政主体所从事的行政活动中，有些就不具有行政法律意义，如气象预报、发布统计数字等。行政行为的法律要素，在于强调行政主体要为自己的行为承担法律责任。

行政行为与民事行为和其他国家机关的行为相比较，具有如下特征：

（1）公共服务性。行政行为的服务性是民主行政的体现和要求。从整体上讲，行政行为的公共服务性决定了其无偿性。民事法律行为是以等价交易、有偿服务为原则的。

（2）从属法律性。国家机关的行为可分为立法行为、行政行为、司法行为、国防行为、外交行为等。一般说来，立法行为是创制法律规范，行政行为是执行法律规范。司法行为是适用法律规范解决争议。行政立法并不是严格意义上的立法行为，它只是一种"准立法"行为，是从属性的立法行为。

（3）裁量性。行政行为的自由裁量性与从属法律性不是截然对立的，而是矛盾的对立统一。自由裁量不是无限制的，应在法律、法规规定的范围内进行。

（4）单方意志性。行政主体实施行政行为，不必与行政相对方协商并征得相对方的同意。但也有些行政行为有双方性，如行政合同。另外，越来越强调行政相对方的参与性，也就是其意志应当一定程度地反映到行政行为当中去。

（5）效力先定性。所谓效力先定，是指行政行为一经作出后，就事先假定其符合法律规定，在没有被有权机关宣布为违法无效之前，对行政机关本身和相对方以及其他国家机关都具有拘束力，任何个人和团体都必须遵守和服从。为了公共秩序和公共利益，行政行为需要有这种特权。

（6）强制性。行政主体代表国家，以国家名义实施的行为，以国家强制力作为实施的保障。具体的行政行为，其强制性有强有弱，有的强制性特点非常明显，有的不很明显。

5.2　行政行为的内容与效力

5.2.1　行政行为的内容

行政行为的内容，是指一个行政行为对相对方在权利、义务上产生的具体影响，亦即对相对方的权利、义务作出某种具体处理和决定。可将行政行为的内容归纳和概括如下：

（1）赋予权益或剥夺权益。赋予权益，具体表现为赋予行为对象人一种法律上的权能或权利和利益。(权能，指能够从事某种活动或行为的一种资格，如给予律师资格、医师资格）权益，指能够从事某种活动或要求他人不为某种行为，或指基于某种权利所得到的利益。如颁发医师资格证，企业进出口许可证，发奖金等。

剥夺权益，是使行政相对人原有的法律上的权能、权利或利益的一种丧失。如吊销执照，既是对权利的剥夺，也是对权能的剥夺；如暂扣执照，则是对权利的暂时剥夺。剥夺利益的内容，多表现在行政处罚行为之中。

（2）设定义务或免除义务。设定义务，是指行政主体通过行政行为命令行政相对人为一定的行为或不为一定的行为。设定行政相对人不为一定行为称为行政禁令，如无驾驶证不能开车等。设定行政相对人为一定行为称为行政命令，具体包括单纯行为上的义务，如纳税义务等；还包括人身义务，如对行政相对人作出拘留的决定等。

（3）变更法律地位。这是行政主体对行政相对人原来存在的法律地位予以改变。具体表现为对其原来所享有权利或所负担的义务范围的缩小或扩大，批准营业执照扩大或缩小经营范围，减少或增加纳税税种、税率等。

（4）确认法律事实与法律地位。医疗事故鉴定结论，就是对医疗事故的事实加以确认。交通事故责任认定，将影响各方当事人责任的承担。确认法律地位，如国土局发房产证，民政部门发结婚证等。

5.2.2　行政行为的效力

行政行为成立，便对相对方和行政主体都产生法律上的效力。这种效力通常是公定力、确定力、拘束力、执行力，是根据行政行为的性质对其作出的理论上的概括。分述如下：

（1）所谓公定力，是指行政主体的行政行为一经作出，不论其实质上是否合法，都具有被推定为合法而要求所有机关、组织和个人予以尊重的一种法律效力。行政行为一经作出，除非有重大、明显的违法情形，即假定其合法有效，任何人未经法定程序，均不得否定其法律效力。

（2）所谓确定力，是指有效成立的行政行为，具有不可变更（改变）力，即非依法不得随意变更或撤销和不可争辩力。

（3）所谓拘束力，是指行政行为成立后，其内容对有关人员或组织所产生的法律上的约束效力，有关人员和组织必须遵守、服从。

（4）所谓执行力，是指行政行为生效后，行政相对人必须自觉履行相应行政行为所确定的义务，如拒绝履行或者拖延履行，有关行政主体可以依法采取强制措施，或者依法申请人民法院强制执行行政行为内容。

5.3　行政行为的分类

行政行为内容庞杂，种类繁多，对其分类进行研究可以更深入地理解、把握行政行为的特点。行政行为主要有以下一些分类：

（1）内部行政行为与外部行政行为（internal activities and outside activities）。所谓内部行政行为，是指行政主体在内部行政组织管理过程中所作的只对行政组织内部产生法律效力的行政行为。例如：行政处分等。所谓外部行政行为，是指行政主体在对社会实施行政管理活动过程中针对公民、法人或其他组织所作出的行政行为。例如：行政许可、行政处罚等。采取内部具体行政行为的行政主体与相对人之间必须存在隶属关系，同样采取外部具体行政行为的行政主体与相对人间必然不存在隶属关系。

（2）抽象行政行为与具体行政行为（abstract administrative act and concrete administrative act）。行政行为以其对象是否特定为标准进行的划分，是最有价值的一种分类。本书第4章将详细讨论抽象行政行为；第5章将详细讨论具体行政行为。抽象行政行为包括行政立法行为和其他抽象行政行为。具体行政行为一般包括：行政命令；行政许可；行政确认；行政奖励；行政给付；行政征收；行政处罚；行政强制；行政监查；行政裁决。抽象行政行为与具体行政行为的划分决定了人民法院监督行政行为的范围。

（3）羁束行政行为与自由裁量行政行为（Restrict activities and Freedom activities）。羁束行政行为，是指法律规范对其范围、条件、标准、形式、程序等作了较详细、具体、明确规定的行政行为。例如：《个人所得税法》第三条规定，"个人所得税的税率：（一）综合所得，适用百分之三至百分之四十五的超额累进税率（税率表附后）"。自由裁量行政行为，是指法律规范仅对行为目的、行为范围等作一原则性规定，而将行为的具体条件、标准、幅度、方式等留给行政机关自行选择、决定的行政行为。例如：《道路交通安全法》第八十九条规定"行人、乘车人、非机动车驾驶人违反道路交通安全法律、法规关于道路通行规定的，处警告或者5元以上50元以下罚款。"

（4）依职权的行政行为与依申请的行政行为（activities according to power and activities according to apply）。依职权的行政行为，指行政机关依据法律赋予的职权，无须相对方的请求而主动实施的行政行为。例如：行政命令；行政征收；行政处罚；行政强制；行政监查；行政规划。依申请的行政行为，是指行政机关必须有相对方的申请才能实施的行政行为。例如：行政许可；行政确认；行政审批；行政裁决；行政复议。对依职权和依申请的行政行为进行分类研究，有助于法院对行政行为的审查判断。

（5）授益行政行为与不利行政行为。授益行政行为，是指行政主体为行政相对方设定权益或免除义务的行政行为。例如：行政许可；行政奖励；行政给付等。不利行政行为，是指行政主体为行政相对方设定义务或限制、剥夺其权益的行政行为。例如：行政征收；行政处罚；行政强制等。

（6）单方行政行为与双方行政行为（unilateral activities、duplex activities and multilateral activities）。单方行政行为指依行政机关单方意思表示，无须征得相对方同意即可成立的行政行为。例如：行政处罚、行政监督检查等。双方行政行为指行政机关为实现公务目的，与相对方协商达成一致而成立的行政行为。例如：行合同行为。行政机关实施的行政行为大多数是单方行政行为，是依行政机关单方意思表示，无须征得相对方同意即可成立的行政行为。

（7）要式行政行为与非要式行政行为。所谓要式行政行为，是指必须具备某种法定的形式或遵守法定的程序才能成立生效的行政行为。如行政处罚决定必须以书面形式作出并加盖单位公章才能有效，行政许可也应当以书面形式作出并加盖单位公章。所谓非要式行政行为，是指不需一定方式和程序，无论采取何种形式都可以成立的行政行为。如公安机关对醉酒的人采取强制约束的行为。行政行为绝大多数都是要式行政行为，必须具备某种法定的形式或遵守法定的程序。

（8）作为行政行为与不作为行政行为。所谓作为行政行为，是指以积极作为的方式表现出来的行政行为。例如：行政奖励；行政强制等。所谓不作为行政行为是指以消极不作为方式表现出来的行政行为。例如：110接警不出警。行政行为作为与不作为的划分，有利于行政职责的履行和对相对方权益的保护，真正体现行政法的精神。

（9）行政立法行为、行政执法行为与行政司法行为。所谓行政立法行为，是指行政主体依法定职权和程序制定具有普遍约束力的规范性文件的行为。行政立法行为包括制定行政法规、部门规章和其他规范性文件。所谓行政执法行为，是指行政主体依法实施的直接影响相对方权利义务的行为，或者对个人、组织的权利义务的行使和履行情况进行监督检查的行为。行政执法行为包括行政许可、行政确认、行政检查、行政处罚、行政强制等。所谓行政司法行为，是指行政机关作为争议双方之外的第三者，按照准司法程序（特别的行政程序），审理特定的民事争议和行政争议案件并作出裁决决定的行为。行政司法行为主要包括行政复议、行政裁决、行政裁判、行政仲裁等。

（10）自为的行为、授权的行为和委托的行为。自为的行为指行政机关根据法律规定的职权，自己作出的行政行为。例如：《行政处罚法》第15条规定：行政处罚由具有行政处罚权的行政机关在法定职权范围内实施。授权的行为指由法律等规范性文件授权给非行政机关性质的组织从事行政管理活动而实施的行政行为。例如：《行政许可法》第23条规定：法律、法规授权的具有管理公共事务职能的组织，在法定授权范围内，以自己的名义实施行政许可。委托的行为是指由行政机关委托的其他行政机关或非行政机关组织或公民个人从事行政管理活动而实施的行政行为。例如：《行政处罚法》第18条规定：行政机关依照法律、法规或者规章的规定，可以在其法定权限范围内委托符合本法第 19 条规定条件的组织实施行政处罚。委托行政机关对受委托行政机关实施行政许可的行为应当负责监督，并对该行为的后果承担法律责任。这种分类的意义在于明确授权、委托行为的规则，便于明确行为责任的归属。

5.4　行政行为的成立与合法要件

行政行为是行政主体行使行政职权的行为。行政行为一旦成立，即被推定为有效，对相对方产生约束效力。

5.4.1　行政行为的成立要件

行政行为的成立，是指行政行为的作出或者形成。行政行为的生效以其成立为前提。行政行为的作出，可分为两种情况：一种是在会议上讨论形成决定，会议的决定或者会议纪要等形式，就是行政行为正式作出的标志。另一种是由行政机关工作人员代表行政主体直接作出，这是行政管理活动中经常采用的方式。在个人具备了行政职务关系并以执行公务的身份进行活动的条件下，个人的明确意思表示和作出的具有行政法律意义的行为，即可认为行政行为已经形成或成立。

行政行为的成立要件包括：

（1）主体要件。行为的主体必须是拥有行政职权或有一定行政职责的国家行政机关，或者法律、法规授权的组织，或者行政机关委托的组织和个人。

（2）主观要件。行为主体有凭借国家行政权力产生、变更或消灭某种行政法律关系的意图，并有追求这一效果的意思表示。

（3）客观要件。行为主体在客观上有行使行政职权或者履行（或应当履行）行政职责的行为。

（4）功能要件。即行为主体实施的行为能直接或间接导致行政法律关系的产生、变更和消灭。

5.4.2　行政行为的生效规则与行政行为的失效

1. 行政行为的生效规则

行政行为的成立只是为了确定行政行为在何种情况下已经完成。对行政机关来说，行政行为一旦作出就立即生效。对相对方来说，只有在知晓了行政行为之后才能开始生效。因行政行为的对象、环境及法律规定等因素的不同，相对方知晓行政行为在时间上有一定的差异性，这种差异便催生了行政行为的生效规则。对相对方而言，行政行为的生效规则主要有以下几种：

（1）即时生效。指行政行为一经作出即具有效力，对相对方立即生效。即作出行政行为和行政行为开始效力的时间是一致的。如警察对醉酒的人强制进行人身约束的行为、行政机关按照简易程序作出的当场处罚行为等。即时生效的行为因为是当场作出，立即生效，因而其适用范围相对较窄，一般适用于以下两种情况：一是紧急情况下所作出的需要立即实施的行为；二是情况简单，无需采取传唤、询问、调查取证等较为繁琐程序的行为。

（2）受领生效。指行政行为须为相对方受领才开始生效。受领即接受、领会，指行政机关将行政行为告知相对方，并为相对方所接受。只要行政主体告知行政相对人即开始生效，受领之时就是生效之时。受领一般采用送达的方式，多适用于明确、具体的特定人。

（3）告知生效。指行政机关将行政行为的内容采取公告或宣告等有效形式，使相对方知悉、明了行政行为的内容，该行政行为对行政相对人才能开始效力。有效的公告形式主要有公告、布告、通告、无线广播、电视播放等等。适用对象为难以具体确定的相对方，包括不特定的多数人和住所地不明确的具体相对方。

（4）附条件生效。指在所附期限到来或条件消除时，行政行为才开始生效。行政法规、行政规章的生效，往往都附有一定的期限。如《规章制定程序条例》第 32 条规定：规章应当自公布之日起 30 日后施行。

2. 行政行为的失效

所谓行政行为的失效，是指行政行为的效力因某些法定因素而不再向后发生效力，但对行为以前的效力不予否认。失效的原因主要有下列几种：

（1）期限届满。行政行为往往附有期限，或规定有存在期限，期限可能是明示的，也可能是默示的，但无论何种情况，期限届满则行政行为的效力终止。

（2）当事人死亡或对象消灭。行政行为所针对的行政相对人死亡，行政行为的效力终止；行政行为所针对的对象消灭时，行政行为的执行成为不可能，其效力当然终止。

（3）条件具备。附有一定解除条件的行政行为，当该条件具备时，行政行为的效力因而终止。

（4）撤销和废止。行政行为的效力可因有权机关撤销和废止而消灭。其具体情形将在本章第 5 节中介绍。

5.4.3 行政行为的合法要件

行政行为的合法要件，指行政行为合法成立生效所应具备的基本要素，或者说是应当符合的条件。行政行为一般合法要件是：

1. 行政行为的主体应当合法

这是行政行为合法有效的主体要件。所谓主体合法，指实施行政行为的组织必须具有行政主体资格，能以自己的名义独立承担法律责任。行为主体合法应包括以下几项具体要求：

（1）行政机关合法。行政行为因其实施者失去合法的行为主体资格而不能合法有效成立。

（2）人员合法。实施行政行为的人员必须是在行政机关具有法定职务、法定的资格，并能代表行政机关对外行使职权的工作人员。

（3）委托合法。一般情况下，行政活动应由行政机关自己独立实施，但在某些情况下，行政机关可以委托他人实施。主体合法要求行政机关的委托必须合法，所为的行政行为才能有效。委托的合法性表现在以下三个方面：一是委托的行政机关必须具有合法的委托权限；二是接受委托者必须具备从事某项行政活动的能力；三是受委托者必须在委托权限内实施行政行为。

2. 行政行为应当符合行政主体的权限（administrative authority）范围

这是行政行为合法有效的权限要件。行政主体只能依据法定职权实施行政行为，否则无效。行政主体的权限原则上是不能超越的。行政职权的限制表现在以下几个方面：

（1）行政事项管辖权的限制。行政机关只能就其管辖范围内的行政事项实施行政行为，所实施的行政行为才能合法成立。否则，就构成事项上的越权，该行政行为因越权而无效。

（2）行政地域管辖权限制。行政职权的运用都有着地域上的限制。行政机关在一定的地域范围内，对自身有管辖权的行政事务实施的行政行为，才能合法有效成立。否则，就构成地域上的越权，该行政行为因越权而无效。

（3）时间管辖权的限制。行政机关对自身有管辖权的行政事务，只有在法定的时间内所实施的行政行为，才能合法有效。否则，会因过期而不能行使对某些行政事务的管辖权。如《行政处罚法》第29条规定：违法行为在2年内未被发现的，不再给予行政处罚。

（4）手段上的限制。行政机关行使行政职权不得在法定手段外自设手段，否则即构成手段上的越权。超越手段上的权限使行政行为不合法。

（5）程度上的限制。行政职权的运用要受到程度上的约束。行政机关超越法定程度的限制运用行政职权，就构成程度上的越权，使行政行为不能合法有效成立。

（6）条件上的限制。行政机关必须按照法定条件运用行政职权，只有在符合法定条件的情况下行使行政职权所作出的行政行为才能合法有效。否则，即构成条件上的越权，使行政行为不能合法有效成立。

（7）委托权限的限制。受委托的非行政机关，只能在委托权限内对委托行政事项实施行政行为，而不能超越委托权限实施行政行为。否则，其行政行为是违法的、无效的。

3. 行政行为内容应当合法、适当

这是行政行为合法有效的内容要件。行政行为的内容合法，指行政行为所涉及的权利义务以及对这些权利义务的影响或处理，均应符合法律、法规的规定，符合社会公共利益。行政行为内容合法、适当包括以下几项要求：

（1）符合法律、法规的规定。对于受法律、法规羁束的行政行为来说，其内容必须完全符合法律、法规的规定，即无论是从目的、原则，还是从具体内容、条件上都不得与法律、法规的规定相违背，否则，其行政行为将不能合法有效成立。

（2）符合法定幅度、范围。对于自由裁量行政行为而言，行政行为的内容必须在法定的范围和幅度之内，不得超越法定的范围、幅度和特定的限制，否则，其行政行为将不能合法有效成立。

（3）行政行为的内容必须明确具体。这是行政行为内容应当合法、适当的具体体现。行政行为如果内容不明确具体，则这样的行政行为是很难执行或完成的，不能说这样的行政行为的内容是合法的，尤其不能说这样的行政行为的内容是适当的。

（4）行政行为的内容必须适当。指行政行为的内容必须符合实际，切实可行。

（5）行政行为必须公正、合理。公正、合理，是行政法治原则的基本追求。只有依法行政，只有合法的行政行为，才是行政行为公正、合理的保证。

4. 行政行为应当符合法定行政程序

所谓行政程序，是指行政主体实施行政行为时所采取的方式、方法和步骤、时限的总和。这是行政行为合法有效的程序要件。任何行政行为的实施都要经过一定的程序表现出来，没有脱离行政程序而存在的行政行为。行政主体实施行政行为，必须按照法定的程序进行，不得违反法定程序的规定。

行政行为应当符合法定程序有两项具体要求：其一，必须符合与该种行政行为性质相适应的程序要求；其二，必须符合程序的一般要求。如表明身份规则，说明理由规则，听取意见规则等涉及行政程序的最低标准。行政机关若违反法律、法规、规章明确规定的程序，其行为应属不合法，是无效的或应当予以撤销的。关于行政程序，我们将在第8章行政程序法中详细讨论。

5.5 行政行为的无效、撤销和废止

行政行为的效力是呈变化状态的，其变化状态可具体表现为：生效（开始有效）、撤销与变更、补正与转换以及失效与（确认）无效等。行政行为的无效、撤销与废止，是行政法学上三个相互联系而又有重要区别的概念。三者都导致行政行为效力的终止，但原因各有不同，效力终止的时间与情形也不一样。

5.5.1 行政行为的无效

一般说来，行政行为无效，是因为明显、重大违法而根本不能承认它具有法律效力，且该行为自始至终不产生法律效力。对于无效行政行为，行政相对人可以不提起诉讼而不遵守，也可以在任何时候向法院或其他有权机关主张其无效而不受起诉或复议期间的限制。

1. 行政行为无效的条件

如果行政行为具备下述情形，行政相对方可视之为无效行政行为，有权国家机关可宣布该行为无效：

（1）行政行为具有特别重大的违法情形或具有明显的违法情形；

（2）行政主体不明确或明显超越相应行政主体职权的行政行为；

（3）行政主体受胁迫作出的行政行为；

（4）无行政主体资格的主体所为的行政行为；

（5）行政行为的实施将导致犯罪；

（6）没有可能实施的行政行为。

2. 行政行为无效的法律后果

（1）行政相对人可以不受该行政行为的拘束，不履行它所规定的义务，亦不承担法律

责任；

（2）行政相对人可以在任何时候请求有权国家机关宣布该具体行政行为无效；

（3）有权国家机关可在任何时候宣布该具体行政行为无效，因为无效行政行为不具有确定力；

（4）行为主体应承担因此而产生的法律责任。行政行为被宣布无效后，行政主体通过相应行为从行政相对人处所获取的一切权益，均应返还相对人，所加予相对人的一切义务均应取消，对相对人所造成的一切损失均应赔偿。同时，相应无效行政行为所给予相对人的一切权益也应收回。

5.5.2　行政行为的撤销

行政行为的撤销，是指行政行为因违法或不当，在其具备可撤销的情形下，由有权国家机关作出撤销决定，使之失去法律效力。撤销方式是对行政行为效力的否定，原则上具有溯及既往的效力。当然，可撤销的行政行为，只有在被撤销之后才失去效力。

1. 行政行为撤销的条件

（1）行政行为合法要件缺损。合法的行政行为必须具备三个要件：主体合法、内容合法、程序合法。缺损一个以上合法要件，该行政行为就是可被撤销的行政行为。

（2）行政行为不适当。所谓"不适当"，是指相应行为具有不合理、不公正、不符合现行政策、不合时宜、不符合善良风俗习惯等情形。不适当的行政行为也是可撤销的行政行为。

2. 行政行为撤销的法律后果

（1）行政行为撤销使行为自开始就失去法律效力，撤销的效力可追溯到行政行为作出之日。撤销也可仅使行政行为自撤销之日起失效。

（2）行政行为的撤销是因行政主体过错而引起的，并且依社会公益的需要又必须使撤销效力追溯到行为作出之日，那么，由此造成相对方的一切实际损失应由行政主体予以赔偿。

（3）行政行为的撤销是因相对方的过错或行政主体与相对方的共同过错所引起的，撤销的效力通常应追溯到行为作出之日，过错方各依自己的过错程度承担相应法律责任（赔偿责任）。

5.5.3　行政行为的废止

行政行为的废止与行政行为撤销不同，行政行为的废止虽然也是取消原来的行政行为，但废止是使行政行为在废止后不再发生效力，并不否认行政行为废止以前所发生的效力，即废止不具有溯及既往的效力。

1. 行政行为废止的条件

行政行为具有确定力，一经作出即不得随意废止，只有在具有某些法定情形的条件下，才能依法定程序废止。（见表5-1所示）行政行为废止的条件通常有：

（1）行政行为所依据的法律、法规、规章、政策等经有权机关依法修改、废止或撤销，依此作出的相应行政行为如继续实施，则与新的法律、法规、规章、政策相抵触，或因失去其作出依据而自动废止。

（2）国际、国内或行政主体所在地区的形势发生重大变化（情势变迁），原行政行为的继续存在将有碍社会政治、经济、文化发展，甚至将会给国家和社会利益造成重大损失。

（3）行政行为已完成原定的目标、任务，实现了国家的行政管理目的，从而没有继续存在的必要。

2. 行政行为废止的法律后果

（1）行政行为废止后，其效力从行为废止之日起失效。行政主体在行为被废止之前通过相应行为已给予相对方的权益不再收回，也不再给予；相对方依原行政行为已履行的义务不能要求给予补偿，但可不再履行义务。

（2）行政行为的废止如果是因法律、法规、规章、政策的废除、修改、撤销或因形势变化而引起的，由此给相对方利益造成损失的，行政主体应予以适当补偿。

表 5-1　具体行政行为的无效、撤销与废止

	条件	效力	后果
无效	行为明显重大违法；如要求行政相对人去犯罪、行为毫无法律依据、毫无事实根据	自始不发生任何效力	可随时主张无效；随时宣告无效；可获国家赔偿
撤销	一般违法或明显不当	被撤销前推定为有效，撤销后溯及为自始无效	需依法定程序撤销；撤销后可获国家赔偿
废止	原有法律依据已改变；客观情况发生重大变化；行为目的已实现，无须继续存在	废止前有效；废止后无效	因信赖保护可获国家补偿

小结

本章以行政行为的概念为起点，对行政行为理论进行了全面的研究。阐述了行政行为的内容与效力、行政行为的分类、行政行为的成立与合法要件以及行政行为的无效、撤销与废止。

思考题

1. 简述行政行为的内容与效力。
2. 简述行政行为的分类。
3. 简述行政行为的生效规则。
4. 行政行为的合法要件有哪些？
5. 行政行为无效的条件是什么？
6. 哪些行政行为是可撤销的行政行为？

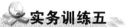

一、任务布置

《公务员法》知识竞赛。竞赛以书面形式进行。

二、模拟召开国务院全体会议。

三、真实案例： 今日说法——骑虎难下（上）（下）（陕西　周正龙　虎照）（行政作为）

真实案例： 今日说法——私车变警车（陕西　高海平）（行政不作为）

视频播放后，教师引导学生运用行政法学基础理论对此案例进行讨论，必要时，教师对此案例作总结评析。

四、复习4.1被授权的组织与受委托的组织和个人、4.2公务员、4.3行政相对人内容

（一）填空题

1. 录用担任一级主任科员以下及其他相当职级层次的公务员，采取_____、_____、_____、_____的办法。

2. 国家公务员的回避，包括_____、_____、_____三种。

3. 公务员职位类别按照公务员职位的性质、特点和管理需要，一般划分为_____、_____和_____等类别。

4. 地方各级人民政府是_____执行机关，在与同级检察机关、审判机关的关系中处于_____地位。上级人民政府_____下级人民政府。

5. 公务员的考核应当按照管理权限，全面考核公务员的_____、_____、_____、_____，重点考核政治素质和工作实绩。

6. 行政主体对既存法律关系的认定，具有_____的效力。

7. 国家实行公务员_____与_____并行制度，根据公务员职位类别和职责设置公务员_____职务、_____序列。

8. 公务员就职时应当依照法律规定公开进行_____宣誓。

9. 国家赋予公务员_____权和_____权，以法律形式对公务员的职务予以特殊保障。

10. 人民法院对行政的监督主要是通过_____来进行。

11. 我国公务员法律关系发生的原因有：_____、_____、_____、_____。

12. 地方各级政府的基本职权由_____、_____规定，其还享有_____、_____授予的专门职权。

13. 国务院及其各部委根据_____的规定设置，国务院直属机构根据_____规定设置；地方各级政府根据_____设置；地方政府的各工作部门及地方政府的派出机关根据_____设置。

14. 国家行政机关所属的内部机构、派出机构、办事机构、临时机构等组织可依行政机关的_____、_____、_____、_____而设置。

15. 行政组织法包括_____、_____、_____三大方面。

16. 国家权力机关对行政机关的活动进行全面监督，其监督权限有_____、_____、_____三个方面。

（二）判断题

1. 行政机关之间只能存在领导与被领导关系。（　　）

2. 如要进入公务员队伍，都必须经过考试这一程序。（　　）

3. 行政法律关系主体实际上就是行政主体。（　　）

4. 行政职权不同于一般的权力，具有强制性、单方性、优先性、与职责的统一性等特点。（　　）

5. 行政主体依据政策所采取的行为，不由行政法调整。（　　）

6. 派出机构一律不能成为行政主体。（　　）

7. 行政委托属于行政职权的转移。（　　）

8. 行政职权只能由国家行政机关才能行使。（　　）

9. 有行政职权就必有行政职责，但不一定发生行政责任，只有不履行职责时才发生行政责任。（　　）

10. 只要有行政机关参与的社会关系就是行政关系。（　　）

11. 没有行政机关参与的社会关系就不是行政关系。（　　）

12. 行政机关可成为行政主体，但不能成为行政相对人。（　　）

13. 行政机关内的工作人员就是国家公务员。（　　）

14. 所有担任县及以下地方政府领导职务的国家公务员都不得在原籍任职。（　　）

15. 行政主体变更存在的法律关系的具体行政行为，并不意味着设定新的权利义务或废除既存的权利义务。（　　）

16. 行政机关或被授权组织在任何一个行政法律关系中都是其主体之一。（　　）

17. 国务院及其组成部门的职权是由国务院设置的，国家行政机关可依据宪法、法律规定划分下属行政机关的职权。（　　）

18. 行政职权只能由国家行政机关独家行使，其他任何组织都不能行使。（　　）

19. 政府的派出机关、经济开发区的管理委员会都应具有行政主体资格。（　　）

20. 国家公务员不论担任何种职务，其法定的权利义务都是一样的。（　　）

21. 免职，就一定引起行政职务关系的消灭。（　　）

22. 国务院行使全国人大常委会的特别授权而立法，可不以法律为依据，但须以宪法为依据，不与特别授权决定的基本精神、原则、授权范围相抵触。（　　）

23. 采取内部具体行政行为的行政主体与相对人间必存在隶属关系，同样采取外部具体行政行为的行政主体与相对人间必不存在隶属关系。（　　）

24. 上一级政府工作部门对下一级人民政府既没有业务指导关系，更没有领导关系，无权改变或撤销下一级人民政府的具体行政行为。（　　）

25. 国务院不能以自己的名义作出具体行政行为。（　　）

26. 国家公职人员就是国家公务员。（　　）

27. 派出机关不是一级政府，但可以成为行政主体，以自己的名义作出行政行为。（　　）

28. 国家公务员被免于旧职，不任命新职，就引起行政职务关系的消灭。 （   ）

29. 行政机关为了保护公共利益除行政合同外给相对人造成的损害可不负责补救。

（   ）

30. 在我国，行政主体只能是组织不可能是个人。 （   ）

31. 公务员超越职权范围作出的行为，其行为后果应当由公务员所在的行政机关承担。

（   ）

32. 公务员因故意或重大过失侵犯公民的合法权益造成损害的行为，应由该公务员所在的行政机关承担行政赔偿责任。 （   ）

33. 公民行政法上的权利能力和行为能力并无统一的法律规定，必须依据个别具体行政法律规范的规定来判断。 （   ）

34、行政职责不能违反但可以放弃。 （   ）

35、行政法律关系双方当事人的权利、义务具有不对等性。 （   ）

36、外国人、无国籍人和在华外国企业也可以成为我国行政法律关系的主体。（   ）

五、阅读以下材料，并理解其重点内容

阅读材料五

行政法规制定程序条例

（2001 年 11 月 16 日中华人民共和国国务院令第 321 号公布　根据 2017 年 12 月 22 日《国务院关于修改〈行政法规制定程序条例〉的决定》修订）

（全文略）

规章制定程序条例

（2001 年 11 月 16 日中华人民共和国国务院令第 322 号公布　根据 2017 年 12 月 22 日《国务院关于修改〈规章制定程序条例〉的决定》修订）

（全文略）

第6章 抽象行政行为

📌 **回顾第5章行政行为概述内容**

1. 什么是行政行为？
2. 行政行为有哪些特征？
3. 行政行为的内容是什么？
4. 行政行为的效力是如何规定的？
5. 行政行为的重要分类有哪些？
6. 行政行为的生效规则有几种？分别是什么？
7. 行政行为合法要件有哪些？
8. 什么样的行政行为无效？
9. 行政行为撤销的条件是什么？
10. 行政行为废止的条件是什么？

📌 **法律文化体认与领悟**

市场经济是法治经济。

📌 **本章主要内容**

抽象行政行为的概念、特征和分类；抽象行政行为有效成立的要件；行政立法的概念、分类、特点，行政立法的主体、权限、原则和程序；其他规范性文件的概念、特征和作用等。

‖·▪▪·◆·▪▪·◆·▪▪·◆·▪▪·◆·▪▪·◆·▪▪·◆·▪▪·◆·▪▪·◆·▪▪·◆·▪▪·◆·▪▪·◆·▪▪·◆·▪▪·◆·▪▪·◆·▪▪·◆·▪▪·◆·▪▪·‖

案例导入 ▶

某省人大撤销某市人民政府规章案

1997年11月25日，某市（较大市）人民政府发布了《公路养路费征收管理办法》，对于某市公路费养路费的征收管理事项作了全面的规定，该办法共39条，规定的有关内容非常详细，如第10条规定："除本章另有规定外，下列机动车辆应缴纳养路费：（一）领有统一牌证（包括临时牌证、试车牌证）的各种客货汽车、特种车、牵引车、简易汽车（含农用运输车）、挂车、拖带的平板车、轮式拖拉机、摩托车（包括二轮、侧三轮）等，以及领有企业内部牌证上公路行驶的车辆；（二）军队、公安、武警系统参加地方营业运输、承包民用工程及包租给地方单位和个人的车辆；（三）军队、公安、武警系统内企业的车辆；（四）外资企业、中外合资企业、中外合作企业的车辆；（五）驻华国际组织和外国办事机构的车辆；（六）外国个人在华使用的车辆；（七）临时入境的各种外籍车辆。"

该《办法》在实施后引起了强烈的反响，问题主要集中在以下两个方面：（1）依《中华人民共和国公路法》的规定，公路养路费征收管理的规定是不应当由市人民政府制定的；（2）《办法》中的一些规定缺乏法律依据，其中一些内容不符合市场经济的要求，带有明显的计划经济色彩，如第11条关于养路费免征的规定，"由国家财政部门直接核发行政经费的县级以上（含县级）党政机关、人民团体的小客车、二轮、侧三轮摩托车"；"由教育部门或党政机关举办并由国家预算内教育经费直接开支的学校的小客车、二轮、侧三轮摩托车"。1998年5月某省人民代表大会与某市人大常委会经共同审查，认为该《办法》作为一个地方政府制定的行政规章既超越了有关的行政立法权限，又在内容上缺乏充分的法律依据，尤其是关于公路养路费的征收与减免的规定缺乏充分的法律依据；于2001年5月16日根据《宪法》和《立法法》的规定，撤销了某市人民政府制定的《公路养路费征收管理办法》。

问题：某省人民代表大会撤销了某市人民政府制定的《公路养路费征收管理办法》是否正确？

前面我们讲到，行政行为分类中最有价值的一种分类是抽象行政行为与具体行政行为。本章我们专门研究抽象行政行为的有关理论与实践问题。

6.1 抽象行政行为概述

6.1.1 抽象行政行为的概念与特征

抽象行政行为（abstract administrative act），是指以不特定的人或事为管理对象，制定普遍约束力的规范性文件的行为，是指国家行政机关制定法规、规章和有普遍约束力的决定、命令（有的学者称之为行政规定）等行政规则的行为。或者简略地说，抽象行政行为是制定行政规则的行为。行政规则是抽象行政行为的活动结果。抽象行政行为的核心特征在于行为对象的不特定性或普遍性，即行为对象具有抽象性，属于不确定的某一类人或某一类事项并具有反复适用的效力。

抽象行政行为是具体行政行为的对称，它可以反复适用，且对象具有普遍性，故又有学者称之为普遍行政行为。抽象行政行为具有以下特征：

（1）对象普遍性。以普遍的、不特定的人或事为对象，具有对象的普遍适用性。

（2）效力的普遍性和持续性。具有普遍的效力和具有后及力。即抽象行政行为的内容对于同一对象或者同类对象可以多次地、反复地适用并产生效力。

（3）准立法性。是行政性的立法行为，具有普遍性、规范性和强制性等法律特征，并须经过立项、起草、审查、决定、公布、备案等一系列程序。

（4）不可诉性。根据我国目前的法律制度，抽象行政行为是不可诉的。

6.1.2 抽象行政行为的分类

最常见的是以抽象行政行为的规范程度与效力等级为标准所作的分类，即：

（1）行政立法行为（Administrative legislation activities）。行政立法行为是指国家行政机关制定发布行政法规和行政规章的行为。这是一种最重要的抽象行政行为。该类抽象行政行为只能由法定的较高层级的国家行政机关实施，其中包括国务院制定、发布的行政法规，国务院各部委制定、发布的部门规章，省、自治区、直辖市和设区的市、自治州的人民政府制定、发布的地方政府规章的活动。目前法律规定最低一级享有行政规章制定权的国家行政机关是设区的市、自治州的人民政府，它以下级别的行政机关无权实施这类抽象行政行为。

（2）行政立法行为以外的其他抽象行政行为。主要指行政机关针对广泛的、不特定的对象规定行政措施，发布决定、命令的行为。具有普遍约束力，并能反复适用，虽不属于行政立法行为，但属于抽象行政行为。这类抽象行政行为的主体极为广泛，依照宪法和法律的规定，我国各级行政机关都有权对本行政区域内的行政事务发布决定和命令。

6.1.3 抽象行政行为有效成立的要件

抽象行政行为的有效成立，是指抽象行政行为在完成其法定程序，具备相应的法定要件后正式对外发生法律效力。

1. 行政立法（administrative legislation）有效成立的要件

行政立法有效成立的要件主要有以下三个方面：

（1）须经相应行政机关集体讨论决定。《国务院组织法》第4条规定："国务院工作中的重大问题，必须经国务院常务会议或者国务院全体会议讨论决定。"制定行政法规当属国务院的重大问题，因此，行政法规依法应经国务院常务会议或全体会议讨论决定。《立法法》第83条规定："部门规章应当经部务会议或者委员会会议决定。地方政府规章应当经政府常务会议或者全体会议决定。"授权立法有些特殊注意事项。（见表6-1所示）

表6-1　授权立法中的特殊问题

法律绝对保留事项	犯罪与刑罚、剥夺公民政治权利、限制人身自由的强制措施与处罚、司法制度
授权立法的义务	严格按照授权目的和范围行使该权力；权力不得转授；立法须报授权规定机关备案
授权立法的终止	条件成熟时国务院应报请全国人大及其常委会立法，立法后原授权立法及授权终止

（2）行政首长签署。《国务院组织法》第5条规定："国务院发布行政法规，由总理签署。"《立法法》第84条规定："地方政府规章由省长、自治区主席、市长或者自治州州长签署命令予以公布。"没有行政首长的签署，行政法规、规章就不能对外发生法律效力。

（3）公开发布。这是行政立法成立的最后一个要件。让所有受该行政法规、规章拘束的人知晓。按照《立法法》第71条的要求："行政法规签署公布后，及时在国务院公报和中国政府法制信息网以及在全国范围内发行的报纸上刊登。"在国务院公报上刊登的是标准文本。

《立法法》第86条要求："部门规章签署公布后，及时在国务院公报或者部门公报和中国政府法制信息网以及在全国范围内发行的报纸上刊登。地方政府规章签署公布后，及时在本级人民政府公报和中国政府法制信息网以及在本行政区域范围内发行的报纸上刊登。"国务院公报或者部门公报上刊登的是部门规章的标准文本；在本级人民政府公报上刊登的是地方政府规章的标准文本。（见表6-2，表6-3所示）

表6-2　行政法规制定的权限与程序

机关	国务院
权限	执行法律规定的事项②宪法规定的国务院行政职权事项③全国人大及其常委会授权的事项
立项	由国务院有关部门报请立项②由国务院法制机构拟订年度立法工作计划报国务院审批
起草	由有关部门起草或法制机构起草、组织起草②由起草部门主要负责人签署后送审
审查	国务院法制机构负责审查②送审稿涉及重大利益调整或者存在重大意见分歧，对公民、法人或者其他组织的权利义务有较大影响，人民群众普遍关注的，法制机构可以举行听证会，听取有关机关、组织和公民意见。③法制机构主要负责人提请国务院常务会议审议，对调整范围单一、各方面意见一致或者依据法律制定的配套行政法规草案可以传批。
决定	①国务院常务会议审议，法制机构或起草部门做说明，或直接由国务院审批②总理签署国务院令公布施行
公布	标准文本为国务院公报文本②公布后30日后施行，涉及国家安全、外汇汇率、货币政策确定及公布后不立即施行将有碍法规施行的，可以自公布之日起施行③公布后30日内由办公厅报请全国人大常委会备案
解释	行政法规的规定需要进一步明确具体含义，或者行政法规制定后出现新情况需要明确适用行政法规依据的，由国务院解释；②属具体应用行政法规问题的，国务院各部门与省级政府的法制机构可请求解释，由国务院法制机构解释答复；涉及重大问题的由其提出意见报国务院同意后答复

表6-3　规章与其它抽象行政行为中的问题

	制定机关	报请立项	决定	公布	备案
部门规早	国务院组成部门、直属机构、直属事业单位	部门工作机构	部务会议或委员会会议决定	标准文本为本部门或国务院公报	公布后30日内法制机构报请备案
地方性规早	省级政府和设区的市级政府	政府工作部门或其下级政府	政府常务会议或全体会议决定	标准文本为地方政府公报	公布后30日内法制机构报请备案
其它	其它规范性文件制定权限仅限于执行：①上位法；②本级人大或其常委会决议；③上级行政机关决定和命令				

2. 其他抽象行政行为的成立要件

对于其他抽象行政行为有两种理解。第一种理解，认为它是指各级各类国家行政机关，为实施法律，执行政策，在法定权限内制定的除行政法规和规章以外的具有普遍约束力的决定、命令及行政措施等。第二种理解，认为它是指没有行政法规和规章制定权的国家行政机关为实施法律、法规和规章而制定的具有普遍约束力的决定、命令、行政措施等。我们主张第一种观点。其他抽象行政行为我们将在本章第3节中集中讨论。

其他抽象行政行为的成立要件大体与行政立法相同，只是不及行政立法的成立要件严格。

（1）决定。不以正式会议讨论决定为必要要件。可以是正式会议（如政府常务会议）决定，也可以是非正式会议（如办公会议）决定，还可以不经任何会议，直接由行政首长决定。

（2）行政首长签署。既可由正职行政首长签署，也可由主管相应行政事务的副职行政首长签署。

（3）公开发布。行政立法必须以行政首长令发布，并在法定刊物上登载，而一般抽象行政行为则可以以一般行政公文的形式发布，它既可在正式出版物上登载，也可以以布告、公告、通告等形式在一定的公共场所或行政办公场所张贴，或者通过当地广播、电视等播放。

6.2 行政立法行为

6.2.1 行政立法（administrative legislation）的概念

行政立法是指有权行政机关依照法定程序，在自己的职权范围内制定并颁行有关行政管理事项普遍应用的规则的活动。具体指立法机关通过法定形式将某些立法权授予行政机关，行政机关依据授权法（含宪法）创制行政法规、行政规章的抽象行政行为。行政立法所制定的行为规则属于法的范畴，具有法的基本特征。

行政立法通常具有两方面的内容：①国家行政机关接受国家立法机关的委托，依照法定程序制定具有法律效力的规范性文件的活动；②国家行政机关依照法定程序制定有关行政管理规范性文件的活动。

行政立法的具体内容包括：行政机关和公务人员的法律规范；行政机关管理国家事务的法律规范；对行政机关的活动进行监督的法律规范。

我国的行政立法，是行政性质和立法性质的有机结合。它既有行政的性质，是一种抽象行政行为；又有立法的性质，是一种准立法行为。

行政立法的行政性质主要表现在：（1）行政立法的主体是具有一定权限的国家行政机关；（2）行政立法所调整的对象主要是行政管理事务及与行政管理密切关联的事务；（3）行政立法的根本目的是实施和执行权力机关制定的法律，实现行政管理职能。

行政立法的立法性质主要表现在：（1）行政立法是有权行政机关代表国家以国家名义创制法律规范的活动；（2）行政立法所制定的行为规则属于法的范畴，具有法的基本特征，即普遍性、规范性、强制性。（3）行政立法必须遵循相应的立法程序。

行政立法属于从属性立法，它不得与法律相抵触。权力机关立法权直接来源于人民的授权。法律优位原则，是行政立法中重要的原则，是指其他国家机关制定的一切规范，都必须与全国人大制定的法律保持一致，不得抵触。这在我国宪法和有关组织法中有明确规定：国务院根据宪法、法律制定行政法规，国务院各部、委根据法律、行政法规制定规章，地方政府根据法律、行政法规和地方性法规制定规章。

6.2.2 行政立法的分类（classify of administrative legislate）

行政立法的不同分类，具有不同的意义和作用。

1. 一般授权立法和特别授权立法

这是依立法权力来源不同所作的分类。所谓一般授权立法，是指国家行政机关直接依照宪法和有关组织法规定的职权制定行政法规和行政规章的活动。我国《宪法》第89条规定，国务院可以根据宪法和法律，规定行政措施，制定行政法规，发布决定和命令。《宪法》第90条第2款规定，国务院各部、各委员会根据法律和国务院的行政法规、决定、命令，在本部门的权限内，发布命令、指示和规章。《地方政府组织法》第60条规定，"省、自治区、直辖市的人民政府可以根据法律、行政法规和本省、自治区、直辖市的地方性法规，制定规章，报国务院和本级人民代表大会常务委员会备案。设区的市的人民政府可以根据法律、行政法规和本省、自治区的地方性法规，制定规章，报国务院和省、自治区的人民代表大会常务委员会、人民政府以及本级人民代表大会常务委员会备案。"行政立法仅限于行政法规和行政规章。

所谓特别授权立法，是指依据特定法律、法规授权或者依据国家权力机关或上级国家行政机关通过专门决议的委托，制定规范性法律文件的行为。上下级行政机关的关系是领导与被领导、监督与被监督的关系。国务院行使全国人大常委会的特别授权而立法，可不以法律为依据，但须以宪法为依据，不与特别授权决定的基本精神、原则、授权范围相抵触。如《著作权法》规定："计算机软件、信息网络传播权保护办法由国务院另行规定。国务院发布的《中华人民共和国个人所得税法实施条例》第27条规定："纳税人办理纳税申报的地点以及其他有关事项的具体办法，由国务院税务主管部门制定。"

所有行政立法都应是授权立法（delegated legislation）。

2. 中央行政立法和地方行政立法

中央行政立法是指国务院及其所属部、委制定行政法规、规章和其他规范性文件的活动。中央行政立法调整全国范围内普遍性问题和由中央作出统一规定的重大问题。地方行政立法，是指拥有行政立法权的地方人民政府依法制定在本行政区域范围内有效的地方性规章和其他规范性文件的活动。

中央行政立法与地方行政立法不仅在效力层级上存在差异，而且在地域效力上也有所不同。原则上，中央行政立法在全国领域内均有效力，而地方行政立法只能在其行政区域管辖范围内有效。

3. 执行性立法、补充性立法和试验性立法

这是根据行政立法的功能，对行政立法所作的划分。

（1）执行性立法，是指行政主体为了执行或实施特定法律、法规的规定而进行的立法。执行性立法不得任意增加或减少所要执行的法律、法规的内容。通过执行性立法所制定的行政法规和规章，一般称为"实施条例"、"实施细则"、"实施办法"。

（2）补充性立法，为了补充法律、法规的规定而进行的创制性立法，称为补充性立法。补充性立法必须得到法律、法规或有权机关的明确授权。通过这类立法活动所制定的法规、规定，通常叫做"补充规定"、"补充办法"。

（3）试验性立法，是指行政机关基于有权机关或法律的特别授权，对本应由法律规定的事项，在条件尚不充分、经验尚未成熟、社会关系尚未定型的情况下，先由行政机关作出规定，经过一段试验期以后，再总结经验，由法律正式规定下来。这种立法多属于特别授权立法，需要法律或有权机关的特别授权。通过这种立法制定的法规，通常称为"暂行条例"或"暂行规定"。

6.2.3 我国行政立法的主体及其权限

1. 我国行政立法的主体

根据我国宪法、组织法以及有关法律、法规的规定，我国行政立法的主体有：

（1）国务院。

（2）国务院各部、各委员会。

（3）国务院直属机构。

（4）省、自治区、直辖市人民政府。

（5）省、自治区人民政府所在地的市人民政府（省会城市）。

（6）经济特区的市人民政府。如深圳、汕头、珠海、厦门等。

（7）经国务院批准的较大的市的人民政府。目前为止这类市有齐齐哈尔、大连、鞍山、抚顺、吉林、唐山、包头、大同、邯郸、青岛、淄博、无锡、淮南、宁波、洛阳、苏州、徐州、本溪共18个。

（8）设区的市、自治州的人民政府。设区的市、自治州开始制定地方政府规章的具体步骤和时间，由省、自治区的人民代表大会常务委员会综合考虑本省、自治区所辖的设区的市的人口数量、地域面积、经济社会发展情况以及立法需求、立法能力等因素确定，并报全国人民代表大会常务委员会和国务院备案。

2. 行政立法权限的划分

行政立法权限，是指行政立法主体行使相应立法权力的范围和程度。它是行政立法的核心问题。

（1）国务院的立法权限。国务院是我国最高的行政立法机关，既有依职权立法的权力，又有依最高国家权力机关和法律授权立法的权力。国务院有权制定行政法规，行政法规的制定要以宪法和法律为依据，在内容上不得与宪法、法律相抵触。

（2）国务院各部门的行政立法权限。国务院各部、各委员会是国务院的职能部门，是中央有关主管业务的机构，可以根据法律和国务院行政法规、决议、命令，在本部门的权

限内，发布命令、指示和规章。部门规章在本部门内有效。根据《立法法》第71条的规定，国务院的直属机构，可以根据法律和国务院的行政法规、决定、命令，在本部门的权限范围内，制定规章。

（3）有关地方人民政府的行政立法权限。省、自治区、直辖市和设区的市、自治州的人民政府，可以根据法律、行政法规和本省、自治区、直辖市的地方性法规，制定地方政府规章。地方政府规章只能在当地有效。

6.2.4 行政立法的程序

行政立法程序，是指行政立法主体依法定权限制定行政法规和行政规章所应遵循的步骤、方式和顺序。国务院制定的《行政法规制定程序条例》、《规章制定程序条例》和《法规规章备案条例》，对行政立法的程序作了如下规定：

1. 立项

立项，是指各级人民政府的法制机构或者各级人民政府所属工作部门，根据国民经济和社会发展五年计划所规定的任务，编制有指导性的行政立法的五年计划和年度计划。

2. 起草

起草，是指对列入计划的需要制定的行政法规和规章，由人民政府各主管部门分别草拟法案。行政法规由国务院组织起草。重要的行政法规和规章，主要内容涉及几个部门业务的，由政府法制机构或主要的部门负责，组成起草小组。不涉及其他业务部门的，由主管部门负责起草。部门规章由国务院部门组织起草。地方政府规章由省、自治区、直辖市和较大的市的人民政府组织起草。

3. 审查

审查是指行政法规、规章草案拟定之后，送交政府主管机构进行审议、核查的制度。承担法规、规章审查职能的是政府的法制机构。报送国务院的行政法规送审稿，由国务院法制机构负责审查。重要的行政法规送审稿，经报国务院同意，向社会公布，征求意见。规章送审稿由法制机构负责统一审查。法制机构应当将规章送审稿或者规章送审稿涉及的主要问题发送有关机关、组织和专家征求意见。

制定行政法规、规章最具有实质意义的程序是征求意见。

4. 决定

这里的决定，又称"通过"，是指行政法规、规章在起草、审查完毕后，交由主管机关的正式会议讨论表决的制度。国务院制定的行政法规要经过国务院全体会议或常务会议审议通过。国务院常务会议审议通过行政法规，是制定行政法规的通常方式。各部委制定的规章要提交部委常务会议审议通过。地方政府规章应当经政府常务会议或者全体会议决定。

5. 签署与公布

行政法规、规章通过后，还须经制定机关的行政首长签署。凡是未经公布的行政法规、规章都不能认为已发生效力。签署与公布是行政法规、规章生效的必经程序和必要条件。

行政法规应当自公布之日起30日后施行。特殊的可以自公布之日起施行。

行政规章应当自公布之日起30日后施行。特殊的可以自公布之日起施行。

6. 备案

备案是指将已经公布的行政法规、规章上报法定的机关，使其知晓，并在必要时备查的程序。备案本身只是立法程序的一个后续阶段，而不是立法本身。行政法规在公布后的30日内由国务院办公厅报全国人大常务会备案。部门规章由本部门报国务院备案；地方政府规章，由省（市、区）人民政府统一报国务院备案。规章应于发布之日起30日内报国务院备案。

6.2.5 对行政立法的监督

根据监督机关的不同，可将对行政立法的监督分为立法机关的监督、司法机关的监督和行政机关的监督：

1. 立法机关的监督

在我国，对行政法规和规章的立法监督，既可以是事前监督，也可以是事后监督。事前监督主要是针对授权立法。事后监督主要是审查和撤销。（见表6-4所示）大致有以下几条途径：

（1）撤销。《宪法》第67条第6项规定全国人民代表大会常务委员会监督国务院的工作。第67条第7项则规定全国人民代表大会常务委员会可以撤销国务院制定的同宪法、法律相抵触的行政法规、决定和命令。

（2）备案。根据《立法法》的规定，行政法规公布三十日内，报全国人民代表大会常务委员会备案；地方政府规章应同时报本级人民代表大会常务委员会备案；较大的市的人民政府制定的规章应当同时报省、自治区的人民代表大会常务委员会和人民政府备案。

（3）质询。《中华人民共和国全国人民代表大会组织法》第33条规定"在常务委员会会议期间，常务委员会组成人员十人以上，可以向常务委员会书面提出对国务院和国务院各部、各委员会的质询案，由委员长会议决定交受质询机关书面答复，或者由受质询机关的领导人在常务委员会会议上或者有关的专门委员会会议上口头答复。在专门委员会会议上答复的，提质询案的常务委员会组成人员可以出席会议，发表意见。"据此，全国人大常委会可以就行政法规、部门规章的内容和实施情况对国务院及下属部门进行质询。

2. 司法机关的监督

根据《中华人民共和国行政诉讼法》第63条规定，行政法规和法律、地方性法规都是人民法院审理案件的依据，审理民族自治地方行政案件，并以该民族自治地方的自治条例和单行条例为依据，人民法院审理行政案件参照规章。《行政诉讼法》第53条则规定，公民、法人或者其他组织认为行政行为所依据的国务院部门和地方人民政府及其部门制定的规范性文件不合法，在对行政行为提起诉讼时，可以一并请求对该规范性文件进行审查，但该规定的规范性文件不含规章。该法第64条进一步规定"人民法院在审理行政案件中，经审查认为本法第五十三条规定的规范性文件不合法的，不作为认定行政行为合法的依据，并向制定机关提出处理建议。"

3. 对行政立法的行政监督

（1）改变或撤销。《立法法》第97条第3项规定："国务院有权改变或者撤销不适当的部门规章和地方政府规章"；第97条第6项则规定："省、自治区的人民政府有权改变或者撤销下一级人民政府制定的不适当的规章。"

（2）备案。《立法法》第98条第4项规定，部门规章和地方政府规章报国务院备案；

地方政府规章应当同时报本级人民代表大会常务委员会备案；设区的市、自治州的人民政府制定的规章应当同时报省、自治区的人民代表大会常务委员会和人民政府备案。

表6-4 抽象行政行为的效力与监督

立法	效力	批准与备案	审查与撤销	冲突与适用
法律	低于宪法	无须备案	①全国人大可改变或撤销其常委会立法，或撤销其批准的条例②全国人大常委会可撤销下级人大及其常委会的立法或其批准的条例③省级人大可改变或撤销其常委会立法或其批准的法规④各级人大常委会可撤销本级政府立法⑤国务院改变或撤销规章⑥上级政府可改变或撤销下一级政府立法⑦授权机关可撤销被授权机关的立法乃至撤销授权⑧国务院、中央军委、高法、高检、省级人大常委会认为法规、条例同宪法法律抵触，可以向全国人大常委会书面提出审查要求，其他主体只能提出审查建议	①特别规定优先②新规定优先③有利溯及既往④新一般规定与旧特别规定冲突的，法律由全国人大常委会裁决，其他由制定机关裁决	授权立法与法律冲突的，由全国人大常委会裁决
行政法规	低于宪法、法律	报全国人大常委会备案			
地方性法规	低于宪法、法律、行政法规、上级地方法规	市级法规须经省级人大常委会批准			①地方性法规与部门规章冲突，国务院可决定适用地方性法规，应适用部门规章的应提请全国人大常委会裁决②部门规章之间、部门规章与地方政府规章之间冲突的由国务院裁决③省级规章与市级法规冲突的由省级人大常委会处理
部门规章	低于宪法、法律、行政法规	报国务院备案			
地方性规章	低于宪法、法律、行政法规、本级以上地方法规、上级地方规章	省级规章报国务院和本级人大常委会；市级规章报国务院、省级与本级人大常委会、省级政府备案			
自治条例单行条例与经济特区法规	类似本级地方法规，但可做变通规定在本区域内优先适用	自治区条例由全国人大常委会批准；州县条例由省级人大常委会批准；经济特区法规根据全国人大授权制定			经济特区根据授权做出的变通规定与法律冲突难以决定适用的，由全国人大常委会裁决

6.3 其他抽象行政行为（other abstractive administrative activities）

行政立法行为是一种最重要的抽象行政行为。但在行政立法之外还存在着与之密切联系的另一种抽象行政行为，也就是制定行政法规、规章以外的其他规范性文件的行为，这就是其他抽象行政行为。有的学者把它叫做行政规定。无权制定规章的有关国家行政机关制定的文件，都属其他规范性文件的范畴。包括地级市、县（市）、乡（镇）人民政府所发布的所有红头文件，也包括国务院、各部委、省级政府、省会市和较大的市的人民政府所发布的除法规、规章以外的所有红头文件。

制定其他规范性文件的活动在实践中大量存在，从加强和健全行政管理和行政法制的角度看有其合理性和必然性。无论是过去还是现在，行政机关制定的这种其他规范性文件都已经和正在发挥着不可忽视的作用，未来也将是如此。

其他规范性文件在各自的权限和地域范围内发生法律效力。按照行政层级，下级规范性文件不能同上级规范性文件的内容相抵触。由于其他规范性文件法律层级较低，因此无权作出涉及公民、法人或其他组织权利、义务的规定。

其他规范性文件，对于加强行政管理，提高行政效率，意义重大，但这些文件，尤其是地市级以下的政府的文件，有些存在严重的内容违法、超越权限、制定草率等问题。

对其他规范性文件的监督：一是行政监督。如备案制度和复议制度。二是司法监督。人民法院行政审判以法律法规为依据，参照部门规章，不以其他规范性文件为依据。

小 结

本章围绕抽象行政行为的概念，阐述了行政立法行为和其他抽象行政行为。具体介绍了行政立法行为的概念、分类、主体和程序、监督等内容。介绍了其他规范性文件的概念及其主要内容。

思考题

1. 简述抽象行政行为的特征。
2. 简述我国的行政立法主体。
3. 试述行政立法的行政性质。
4. 试述行政立法的立法性质。
5. 简述行政立法的内容。
6. 简述行政立法的程序。

实务训练六

一、真实案例：央视论坛：《规定：暂行是多久?》
走近新时代第五集　民主法制
视频播放后，教师引导学生运用行政法学基础理论对此案例进行讨论，必要时，教师对此案例作总结评析。
二、课堂讨论：被曝光的问题红头文件（学生课前进行必要的准备）
三、复习第5章行政行为概述内容
(一) 填空题
1. 行政行为的效力包括_____、_____、_____和执行力。
2. 合法的具体行政行为应当具备_____、_____、_____和符合法定权限这四个要件。

    3. 行政行为的三个基本要素是＿＿＿＿＿、＿＿＿＿＿和＿＿＿＿＿。

    4. 以行政行为的对象划分可将其分为＿＿＿＿＿和＿＿＿＿＿。

    5. 行政行为是指＿＿＿＿＿行使＿＿＿＿＿作出的能产生法律效果的行为。

    6. 以行政行为是否必须具备一定的法定形式为标准，行政行为可以分为＿＿＿＿＿和＿＿＿＿＿。

    7. 行政行为的撤销主要是由于行政行为的＿＿＿＿＿或＿＿＿＿＿。

    8. 行政行为一经作出，若非无效行政行为，就具有被假定为合法而要求所有组织和个人予以尊重的法律效力，这是行政行为的＿＿＿＿＿。

    9. 已经生效的行政行为由于情况变化不宜再继续存在的，有关机关可以＿＿＿＿＿该行为使其往后失效。

    10. 依据实施行政行为时所形成的法律关系的不同，可以将行政行为分为＿＿＿＿＿、＿＿＿＿＿和＿＿＿＿＿三类。

    （二）判断题

    1. 行政行为只能产生行政法律效果，不能产生其他法律效果。   （   ）

    2. 行政行为只能适用行政法律规范，不能适用其他性质的法律规范。   （   ）

    3. 行政行为大多是单方行为。   （   ）

    4. 行政管理行为就一定是行政行为。   （   ）

    5. 滥用职权属于不当的行政行为，而非违法的行政行为。   （   ）

    6. 行政行为并非行政机关的全部活动。   （   ）

    7. 非要式行政行为就是不要任何形式的行政行为。   （   ）

    8. 行政行为的内容是由宪法、法律规定的，行政机关不能为相对人设定权利和义务。   （   ）

    9. 行政机关与行政相对人签订行政合同是双方行政行为。   （   ）

    10. 自由裁量行政行为是行政主体自由作出选择的行为，可以不受法律的约束。   （   ）

    11. 市场监督管理机关给某企业颁发营业执照的行为属依申请行政行为。   （   ）

    12. 行政行为需与行政相对方协商和征得同意，方可实施。   （   ）

四、阅读以下材料，并理解其重点内容。

阅读材料六

中华人民共和国立法法

    （2000 年 3 月 15 日第九届全国人民代表大会第三次会议通过 根据 2015 年 3 月 15 日第十二届全国人民代表大会第三次会议《关于修改<中华人民共和国立法法>的决定》修正）

    （全文略）

第7章 具体行政行为：行政命令、行政征收

 回顾第6章抽象行政行为内容

1. 抽象行政行为一般分为哪两类？
2. 我国行政立法的主体有哪些？
3. 行政立法的程序是如何规定的？
4. 最重要的抽象行政行为是什么？
5. 制定行政法规的通常方式是什么？
6. 地方政府规章应当如何决定？

 法律文化体认与领悟

现代政府是法治政府。现代政府必然走向法治政府。

 本章主要内容

具体行政行为最突出的特点，就是行为对象的特定性和具体化。最常见的具体行政行为主要有行政命令、行政征收、行政许可、行政确认、行政监督、行政处罚、行政强制、行政给付、行政奖励和行政裁决等。本章主要介绍行政命令和行政征收的特征、分类及主要程序。

案例导入

F镇花木园艺场诉F镇人民政府案

原告F镇花木园艺场是2005年10月经某县工商行政管理局核准登记并取得法人资格的村办集体企业。其经营范围主要是花草苗木，兼营绿化工程。有20余名从业人员。2008年9月5日，F镇人民政府发布了F政发〔2008〕第12号《关于园林绿化工程管理体制规定》的文件。该文件规定，为了加强全镇园林绿化管理，对经营绿化的园艺场、工程队共12个单位的营业执照予以注销或限制经营范围。花木园艺场虽未作注销处理，但其经营范围和其他权利却受到多方面的限制，致使其经济损失达12万多元。花木园艺场要求镇政府对其损失予以解决被拒绝，遂以F镇政府侵犯其合法经营自主权为由，向人民法院提起诉讼。

在法院审理案件的过程中，就F镇政府的行为究竟属于何种性质，有两种不同的意见：第一种意见认为，被告发布的第12号文件是抽象行政行为，不属人民法院的受案范

围。因为抽象行政行为是指行政机关针对不特定的公民、组织而制定的法规、规章或其他具有普遍约束力的决定、命令、规定等规范性文件。被告F镇人民政府从有利于发展集体经济出发，积极发挥行政权在经济管理中的保证和促进作用，该文件不是针对某一特定的对象，而是对全镇10多个单位起普遍的限制作用。因此是抽象行政行为，不能提起行政诉讼。第二种意见认为，被告发布的第12号文件是具体行政行为，符合人民法院的受案范围。其主要理由是：（1）被告发布的第12号文件并非具有普遍约束力，其针对的对象却十分特定，就是全镇园艺场、工程队中的12个园艺场和工程队。（2）被告的第12号文件所规定的条款不是事前的行政行为，而是事后的、直接影响相对人实体权利的行政行为。因为文件中涉及包括原告在内的12个单位的组织机构要予以调整和保留；对上述单位的经营范围管理形式有的扩大，有的则要限制。被告的12号文件直接影响到原告的经营自主权。（3）原告是经某县工商管理部门依法核准、登记、验审的企业法人，具有合法的经营自主权。综上所述，被告的行为应当属于具体行政行为，在行政诉讼受案范围之内，人民法院应当受理。

问题：F镇政府发布的文件在行政法上究竟属于抽象行政行为还是具体行政行为？

7.1 具体行政行为概述

7.1.1 具体行政行为的概念与特征

具体行政行为（concrete administrative act），是指行政主体及其工作人员针对特定的人或事所采取具体措施的行政行为，其行为的内容和结果将直接影响特定人或组织的权益。如《行政诉讼法》第二条规定："公民、法人或者其他组织认为行政机关和行政机关工作人员的行政行为侵犯其合法权益，有权依照本法向人民法院提起诉讼。该行政行为包括法律、法规、规章授权的组织作出的行政行为。"

具体行政行为最突出的特点，就是行为对象的特定性和具体化。具体行政行为与行政立法等其他行政行为的不同在于它可以单方面、直接改变相对人的权利、义务。直接性是行政管理活动的主要特点，采取直接手段实施管理是行政活动的主要方式，这使得具体行政行为在行政活动中成为应用最广泛的行为方式。（见表7-1所示）

表7-1 具体行政行为的特征

突出特征	处分性	特定性	单方性	外部性
具体表现	建立、变更或消灭行政法上的权利义务关系	针对特定事项或特定人做出的行为	基于行政主体单方意志便可做出	行政主体对外而非对内实施职权
区别对象	行政事实行为、行政指导行为等	行政立法及其它抽象行政行为	行政合同等	内部行政行为等

7.1.2 具体行政行为的成立与效力

最常见并且最重要的具体行政行为一般包括：行政命令、行政征收、行政许可、行政确认、行政检查、行政处罚、行政强制、行政给付、行政奖励、行政裁决等。

具体行政行为成立有其主体上、程序上和内容上的要求（见表7-2所示）。具体行政行为一旦做出未经法定程序不得撤销，满足一定条件后即会产生拘束力、确定力、执行力等法律效力（见表7-3所示）。

表7-2 具体行政行为的成立

主体上	内容上	程序上
行为主体有权，工作人员意志健全	向对方当事人表达效果意思	依照法定时间和方式送达

表7-3 具体行政行为的效力

效力	针对方	产生条件	后果
拘束力	所有人	一经生效立即产生	当事人应履行；行政主体不得随意更改；他人不得随意干预
确定力	所有人	争议期过后产生	具体行政行为确定的权利义务关系不再争议，不得更改
执行力	当事人	法定或合理期限后	使用国家强制力实现具体行政行为确定的权利义务安排

7.2 行政命令

 案例导入

康乐公司不执行市规划局拆除命令案

2002年8月初，某市联合康乐公司（简称康乐公司）欲在该市主干道市中北路南端西侧修建一幢儿童乐园大楼，向市城市管理委员会和区城市管理委员会提出申请。市、区城管会分别签署了"原则同意，请规划局给予支持，审定方案，办理手续"的意见。康乐公司将修建计划报送市城市规划局审批的同时就于8月23日动工。同年12月9日，市城市规划局和市、区城管会的有关责任人到施工现场，责令康乐公司立即停工，并写出书面检查。康乐公司于当日向城市规划局作出书面检查，表示愿意停止施工，接受处理。但事实上并未停止施工。

2003年2月20日，城市规划局根据《城市规划法》第32、40条和某省《关于〈城市规划法〉实施办法》第 23、24 条的规定，作出违法建筑拆除的决定书，限令康乐公司在 2003 年 3 月 7 日前自行拆除未完工的违法修建的儿童乐园大楼。康乐公司不服，向省城乡建设环境保护厅申请复议。省城乡建设环境保护厅于 2003 年 4 月 7 日作出维持市城市规划局的违法建筑拆除决定。在复议期间，康乐公司仍继续施工，致使建筑面积为 1730 平方米的六层大楼主体工程基本完工。康乐公司不服复议决定，诉至法院。

本案的一个焦点问题就是市城市规划局作出的拆除违章建筑决定的性质。一种意见认为，该拆除决定是一种行政处罚行为。因为康乐公司在尚未取得建筑工程规划许可证的情况下即动工修建儿童乐园，违反了《城市规划法》的规定，因此属于违法建筑。城市规划局对此违法建筑责令拆除，属于行政处罚的一种。另一种意见认为，该责令拆除违法建筑的决定属于行政命令的一种，而非行政处罚。因责令拆除违法建筑不是对违法行为人的惩戒，不是科处新的义务，而是命令违法行为人履行既有的义务，纠正违法，恢复原状。因此，该拆除决定属于行政命令而不是行政处罚。

问题：某市城市规划局作出的拆除违章建筑的决定是行政处罚还是行政命令？

7.2.1 具体行政行为的概念与特征

行政法上的行政命令（administrative order）专指行政主体依法要求行政相对方"为"或"不为"一定行为（不包括作为抽象行政行为形式的"命令"）的意思表示，是行政行为中一种极为普遍的行为形式。其中要求行政相对方为一定行为的意思表示，被称为"令"；要求行政相对方不为一定行为的意思表示，被称为"禁令"。行政命令是现代国家实行行政管理的重要手段和方式。

行政命令有如下特征：

（1）行政命令的主体是行政主体。行政命令由行政主体作出，国家权力机关、司法机关等其他国家机关作出的命令不是行政命令。

（2）行政命令是一种意思表示行为，通常表现为通过指令行政相对方履行一定的作为义务或不作为义务来实现行政目的，而非由自己进行一定的作为或不作为。行政命令以意思表示为基本成立要件。因此行政命令既可以通过书面形式、口头形式作出，还可以通过形体动作形式作出，如最为常见的交通警察在指挥交通中的各种手势动作。

（3）行政命令是一种设定义务的具体行政行为，而非赋予行政相对方权利的行为。行政命令一经作出，便为行政相对方设定了一定的义务。行政相对方必须按照行政命令的要求进行一定的作为或不作为，否则将承受行政主体因此所给予的行政处罚或其他不利后果。

（4）行政命令的实质是为行政相对方设定行为规则，但这种规则属于具体规则，表现为在特定时间内对特定人或特定事所作的特定规范。

（5）行政命令以行政处罚或行政强制作为保障。行政相对方违反行政命令，行政主体可以依法对其进行制裁（行政处罚），有时还可依法采取行政强制措施，如我们常见的违章停车，强制拖走。

（6）行政命令是一种依职权的行政行为。行政命令无需以行政相对方的申请为前提，而是由行政主体依职权直接作出。依职权作出的行政命令包括两种情形：其一是有明确法律依据的行政命令；其二是由行政主体基于宪法或组织法所赋予的职权作出的行政命令。

大量的行政命令属于后一种情形。这一特征决定了行政命令是直接实现行政目的的有效手段（这里强调的就是合目的性）。

7.2.2 行政命令的分类

1. 形式意义上的行政命令

指一切使用"令"作为形式或名称的命令，如授权令、执行令、禁止令等。

2. 实质意义上的行政命令

指行政主体依法要求行政相对方为或不为一定行为的意思表示。这种意义上的行政命令，不拘泥于形式和名称。实质意义上的行政命令，其内容只涉及行政相对方的义务，而不涉及行政相对方的权利。行政命令所规定的义务包括作为义务和不作为义务。因此，实质意义上的行政命令又可分为：

（1）作为命令。表现为行政相对方必须进行某种行为。如责令限期缴纳税款等。

（2）不作为命令。表现为行政相对方的某些行为受到限制或禁止。如禁止某特定路段通行等。

3. 行政命令的典型代表

行政命令的典型代表主要有：责令改正、责令其限期补办校验手续、责令其限期改正、责令限期停业整顿、责令停止违法行为、责令限期治理、责令停止作业、责令立即停止违法行为等。

需要指出的是，行政命令与行政处罚有时非常近似。如对外国人的限期出境，从法律规定来看，有的是一种行政处罚形式，如《中华人民共和国出境入境管理法》第81条第二款规定："外国人违反本法规定，情节严重，尚不构成犯罪的，公安部可以处驱逐出境。公安部的处罚决定为最终决定。"而《中华人民共和国出境入境管理法》第81条第一款规定："外国人从事与停留居留事由不相符的活动，或者有其他违反中国法律、法规规定，不适宜在中国境内继续停留居留情形的，可以处限期出境。"此处的对外国人处"限期出境"的行政行为，可以视为一种具有较强强制色彩的行政命令行为。

7.3 行政征收

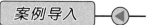
案例导入

某特钢厂诉某市水利局行政乱收费案

原告某特钢厂位于某镇东北部，按河道水系划分，属某河主要支流泓清河的支流小铜孔河（现在该河已成为1.5至2米的水沟）流域。离该厂北部约0.5公里的小铜孔村中有两座蓄水量约 15000 立方米的塘坝（当地老百姓称湾或大坑），二级分干工程从原告的厂区和宿舍区内穿过约 1.72 公里。

根据有关部门提供的统计资料，原告 2007 年度产值为 41196.60 万元。2008 年 4 月被告某市水利局根据该厂去年产值的 1%征收河道工程维护管理费 411.96 万元。某特钢厂认为市水利局的行政征收行为属于无法律规定的乱收费，遂向法院提起行政诉讼。

问题：某市水利局对河道工程维护管理费的征收是否属于乱收费？

背景资料：2019 年我国税收收入 14 万亿元

据央视新闻客户端消息，记者今天（6 日）从全国税务工作会议上了解到，2019 年，全国税务部门组织税收收入（已扣减出口退税）14 万亿元，同比增长 1.8%。2019 年全年累计新增减税降费超过 2 万亿元，占 GDP 的比重超过 2%。据测算，减税降费拉动全年 GDP 增长约 0.8 个百分点。

7.3.1 行政征收的概念与特征

行政征收是近几年行政法学上广泛使用的概念。行政征收（administrative collection），是指行政主体依法以强制方式无偿取得相对人财产所有权的一种具体行政行为。行政征收是行政主体为了取得国家的财政收入及宏观调节经济活动的需要，根据国家法律、法规规定，依法向负有法定义务的行政相对方强制地、无偿地征集一定数额金钱的具体行政行为。行政征收是国家凭借其权力参与国民收入分配和再分配的过程。行政征收直接指向行政相对方的经济利益。行政征收是行政处理的表现形式。行政征收的行为主体是行政主体。

行政征收的特征有：

（1）法定性。行政征收直接指向行政相对方的经济利益，直接指向行政相对方的财产权益，为了确保行政相对方的合法权益不受违法行政征收行为的侵害，必须确立行政征收法定的原则。

（2）强制性。行政机关实施的行政征收行为，实质上是履行国家赋予的征收权，这种权力具有强制他人服从的效力，否则行政相对方将承担一定的不利法律后果。

（3）无偿性。国家为了完成其职能，维护其统治，必须耗费一定的金钱和财产，这些资财只有凭借国家行政权力，通过行政征收而得到。

与行政征收行为相类似的有行政征用、行政征购，应当注意区分。征收是对财产的永久占有，征用是对财产暂时性地使用，征购属于行政合同行为，是双方行政行为，而征收是典型的单方行政行为，无须同相对人协商。行政征购关系是一种特殊的买卖关系。（见表 7-4 所示）

表 7-4　行政征用与行政征收

	是否有偿	可否预见	对象	举例说明
行政征收	无偿	一般可以	较窄，多为财物	收税、收费
行政征用	有偿	一般不能	较宽，包括财物、劳务、智力成果	征用土地、房屋、场所、车船

7.3.2 行政征收的分类

目前我国行政征收的种类主要由税收征收和行政收费组成。

1. 税收征收

即征税主体依法确定税款额、征缴税款并将纳税人的应纳税款征收入库的各种活动。税收征收是行政征收中最主要的方面，是国家财政收入的重要保障。我国开征的税种主要有：

（1）商品税类，包括消费税、增值税等；

（2）所得税类，包括个人所得税、企业所得税等；

（3）财产税类，包括房产税、土地税等。

税收征收的方式主要有：

（1）查账征收。由税务机关对财务资料进行审核，填开纳税缴款书，并由纳税人自行缴纳税款的征收方式。这是应用得最为普遍的一种征收方式。

（2）查定征收。由税务机关对纳税人的生产经营情况予以查实，并据以核定其应纳税额的一种征收方式。

（3）查验征收。即由税务机关经实地查验，确定应纳税种税额，并由纳税人据此缴纳税款的方式。

（4）定期定额征收。由税务机关定期对纳税予以核定，并定期进行相关税种合并征收的一种征收方式。

（5）代扣代缴、代收代缴。扣缴义务人在向纳税人支付或收取款项时，对纳税人的应纳税额依法代为扣缴或收缴的征收方式。

（6）委托代征。由税务机关委托有关单位代为征收税款的一种方式，通常适用于征收少量零星、分散的税收。

2. 行政收费

行政收费，是指国家行政机关或者依法履行行政职能的其他组织，为满足特别的行政支出，向与特别支出存在特定关系的行政相对人收取货币的行为。实物不能成为行政收费的标的，行政收费的正当性在于它的特别交易性。我国目前收费体制下行政收费分为行政性收费和事业性收费两类，但具体行政收费名目繁多，分类困难。根据现行法律规定，行政收费主要有：

（1）资源费征收。在我国，城市土地、矿藏、水流、山岭、草原等自然资源属于国家所有。单位或个人在开采、使用国有自然资源时须依法向国家缴纳资源费，如土地使用费、水资源费等。

（2）建设资金费征收。这是为了确保国家重点建设，解决重点建设资金不足而向公民、法人和其他组织实施的收费。如机场建设费等。

（3）排污费征收。根据环境保护法的有关规定，对于超过国家规定的排放标准排放污染物的行政相对人，按照污染物的数量和浓度，征收排污费。

（4）管理费用征收。这是行政主体向与某项行政管理的特别支出存在特定关系的行政相对人收取的费用。如工商管理费、登记费、手续费、考试费等。

（5）社会抚养费征收。根据《人口与计划生育法》以及《社会抚养费征收管理办法》的规定，这是计划生育行政部门对违反计划生育法的公民所征收的一种费用。

行政收费的方式主要有：

（1）上门收取。即收费主体主动到缴费义务人的经营活动场所收费，如工商执法人员到集贸市场收取工商管理费等。

（2）定点收取。即收费主体在某一固定地点设立长期的收费场所来收取费用，如收取通行费、过桥费等。

（3）"附带收取"。即收费主体在从事其他行政管理活动时附带收取费用。如证照工本费在发放许可证时附带收取。

（4）代征代收。委托其他组织代为征收费用。如港口建设费的征收由交通部负责，而有关港务管理局或装卸单位则为代征或代收单位。

（5）专门收取。即指收费主体是特定的，而且收费事项具有反复性、经常性，如对排污费、水费的收取等。

2005年全国行政事业性收费总额达4000多亿元，加上各种基金征收总额2000多亿元，人头均摊约为500元。在一些地方，越权立项、无证收费、收费不公示、任意扩大收费范围、随意提高收费标准、搭车收费、坐收坐支、只收费不服务等现象时有发生，行政乱收费反映对公民财产权的漠视。"行政机关是为人民服务？还是为人民币服务？"有老百姓质疑"难道管理就是收费？"。行政法学者普遍认为，行政行为应以无偿为原则，以收费为例外。行政机关为全体公民、法人和其他组织提供一般服务，不得收取任何费用。行政机关只有为特定相对人提供特定服务，方可收费。比如给予特定相对人开发利用自然资源或公共资源的行政许可等。按照我国税费改革要求，行政收费已呈现出缩减和规范的发展趋势。

如《财政部、国家发展改革委关于清理规范一批行政事业性收费有关政策的通知》（财税〔2017〕20号）指出："一、自2017年4月1日起，取消或停征41项中央设立的行政事业性收费（具体项目见附件），将商标注册收费标准降低50%。二、有关部门和单位应当到财政部门办理财政票据缴销手续。以前年度欠缴的上述行政事业性收费，有关部门和单位应当足额征收，并按照财政部门规定的渠道全额上缴国库。三、取消、停征或减免上述行政事业性收费后，有关部门和单位依法履行管理职能所需相关经费，由同级财政预算予以保障，不得影响依法履行职责。其中，行政单位和财政补助事业单位有关经费支出，纳入相关单位预算予以保障；经费自理事业单位有关经费支出，通过安排其上级主管部门项目支出的方式予以解决。中央财政通过一般性转移支付妥善解决财政困难地区的经费保障问题。四、各省、自治区、直辖市财政部门会同有关部门要对本地区出台的行政事业性收费政策进行全面清理，并于2017年4月30日前，将清理规范情况报送财政部。对确需保留的行政事业性收费项目，要实施目录清单管理，主动接受社会监督。对中央设立的行政事业性收费，要严格按照国家规定执行，不得擅自改变征收范围、征收标准或另行加收任何费用。……"

7.3.3　行政征收的原则

行政征收的法治、平等、人权等理念将逻辑地演绎出行政征收的六项基本原则。行政征收的主要原则是：

1. 征收法定原则

我们要建立"租税是法律的创造物"、"无法律则无课税"等法治理念。

行政征收作为依靠国家强制力无偿取得公民、法人或者其他组织的合法财产的行为，应遵循法律保留原则，使得行政征收项目、行政征收范围额度、行政征收机关、行政征收相对人、行政征收程序都有法律上的明确依据，这是现代行政特别是侵害行政行为所应该遵循的原则。征收法定原则又可以具体体现为税收法定主义和行政收费法定。行政征收应当贯彻法律主义。所有行政征收权限应当由法律明定，所有行政征收行为都必须有明确的法律根据并遵循法定程序。

2. 公平负担与受益者负担原则

要承认社会成员具有平等的国民身份或公民资格。行政征收特别是税收领域的平等不是绝对平等，税负应当分担但不是均担，经济能力或纳税能力相同应当同等纳税，经济能力或纳税能力不同应当区别纳税。收入多的人多纳税，收入少的人少纳税；谁使用谁缴费，谁受益谁缴费。公共征收平等主义原则意味着税负的公平分担。

3. 公开、公平、公正原则

公开、公平、公正不仅是行政征收的基本原则，也是现代行政法的基本原则。"公开、公平、公正"是一个相互联系、不可分割的统一整体。"公开"是对政府的要求，其最重要的价值是建立透明政府、廉洁政府，保障相对人和社会公众的知情权，防止腐败。"公平"是对行政相对人而言的，公平最重要的价值是保障法律面前人人平等和机会均等，避免歧视对待。公平强调实质正义和实体正义，核心是平等。"公正"是相对于行政机关而言的，它维护正义和中立，防止徇私舞弊。公正强调形式正义和程序正义，核心是无私和中立。

4. 效率原则

效率原则也是行政征收的基本原则。就税收来说，效率原则包含两方面的内容：一是指税收征收过程本身的效率，二是税收作用于社会政治经济的效率。公平和效率作为行政征收的原则，应力求兼顾。在处理问题时既要坚持原则，又要灵活多样，不可死板教条，要具体问题具体分析。公平和效率在每一具体问题上不可强求等量齐观，应是一种在本质上、总体上的把握和追求。

5. 确保财政收入原则

古今中外，征收都是国家财政的主要来源。行政征收是国家财政的主要来源，国家财政支持整个国家机器的正常运转，并调控着国民经济的发展。通过税收和收费，确保国家财政收入，以实现国家职能和公共利益的需要这一公共目的。

6. 尊重个人和组织财产权原则

行政机关的行政征收若没有法律规范加以控制，则个人或者组织的非国有财产安全就没有法律保障。必须在行政征收领域确立和张扬法治理念：未经人民或其代表同意，不得征税、收费或以其他形式剥夺公民、法人和其他组织的合法财产。行政征收要以法治姿态面对公民、法人和其他组织的财产权，在行政征收领域认同私人财产不受侵犯。

7.3.4 行政征收的计算方式与程序

1. 行政征收的计算方式

行政征收的计算方式是行政征收的核心要素，直接关系到国家的财政收入和应征人的负担。一般来说，行政征收的计算方式大多为法律、法规所明确规定。如《中华人民共和国个人所得税法（2018 年修正本）》明确规定了个人所得税的税率：综合所得适用百分之三至百分之四十五的超额累进税率；经营所得适用百分之五至百分之三十五的超额累进税率；利息、股息、红利所得，财产租赁所得，财产转让所得和偶然所得，适用比例税率，税率为百分之二十。

现以个人所得税（综合所得）的计算方法为例来说明：

计算公式为：应纳税所得额＝月度收入－5000 元（起征点）－专项扣除（三险一金等）－专项附加扣除－依法确定的其他扣除

个人所得税率：（见 7-5 所示）。

表 7-5　个人所得税税率表一（综合所得适用）

级数	全年应纳税所得额	税率（%）
1	不超过 36000 元的	3
2	超过 36000 元至 144000 元的部分	10
3	超过 144000 元至 300000 元的部分	20
4	超过 300000 元至 420000 元的部分	25
5	超过 420000 元至 660000 元的部分	30
6	超过 660000 元至 960000 元的部分	35
7	超过 960000 元的部分	45

注 1：居民个人的综合所得，以每一纳税年度的收入额减除费用六万元以及专项扣除、专项附加扣除和依法确定的其他扣除后的余额，为应纳税所得额。注 2：非居民个人的工资、薪金所得，以每月收入额减除费用五千元后的余额为应纳税所得额；劳务报酬所得、稿酬所得、特许权使用费所得，以每次收入额为应纳税所得额。

例：大学生小李毕业后在北京上班，月收入 1 万元，"三险一金"专项扣除为 2000 元，每月租金 4000 元（根据政策小李可以享受住房租金 1500 元扣除）。其每月需缴纳个人所得税为：应纳税所得额×3%＝（10000－5000－2000－1500）×3%＝45 元

2. 行政征收程序

行政征收的程序是指行政征收行为应采取何种步骤，按照何种顺序进行。建立和完善行政征收程序是行政征收制度建设的核心问题。行政征收程序一般包括下列过程：

（1）行政征收事项登记。这是行政征收的事前程序或称准备程序。主要由被征收主体登记、账簿凭证管理、征收申报等几项制度构成。

（2）行政征收费用核算。计算方式不仅应合理、科学，而且应当规范化、法律化，避免主观随意性。

（3）行政征收的实现。行政征收的实现方式可分为自愿缴纳和强制缴纳两种。当行政

相对方按照法律、法规规定的期限或行政主体确定的期限全部主动履行了缴纳义务时，行政征收即告结束。当行政相对方未能按照法律、法规的规定履行缴纳义务时，行政征收即进入强制征收阶段。目前，税收征收和社会抚养费征收对行政强制征收作了较详细的规定，其他种类的行政征收还缺少对强制征收程序的明确规定。

小 结

介绍了行政命令和行政征收两种具体行政行为。介绍了行政命令的概念、特征及种类。对行政征收的概念及特征、分类、原则、计算方式与程序进行了阐述。

思考题

1. 具体行政行为一般包括哪些？
2. 什么是行政命令？其特征有哪些？
3. 行政命令是如何分类的？
4. 什么是行政征收？其特征有哪些？
5. 行政征收与行政征用、行政征购有何区别？
6. 行政征收的原则是什么？
7. 行政征收的计算方式与程序是怎样的？

实务训练七

一、任务布置

社会调查：本市个体工商户行政征收情况调查。5人为一组，调查时间为两周，要求设计调查问卷，实地走访20个以上个体工商户，提交一份调查报告。

二、用 PowerPoint 课件在班上讲演我国主要的行政机关。(一次最多讲三组)

三、真实案例：今日说法——无法竣工的房子（商丘市　张保安）（行政征用）

视频播放后，教师引导学生运用行政法学基础理论对此案例进行讨论，必要时，教师对此案例作总结评析。

四、讨论：你的生活中碰到了行政乱收费吗？谈我国行政征收中存在的问题及应采取的有效对策。

五、完成复习第6章抽象行政行为内容

（一）填空题

1. 在我国，行政立法的权力来源有三种：一是_____，二是_____，三是_____。

2. 抽象行政行为合法的一般要件是_____、_____、_____。

3. 规章从立法角度看，是_____，具有法的属性，从执法角度看，它又是_____行政行为，具有执法属性。

4. 对行政法规、规章条文含义的行政解释具有与_____同等的效力。

5. 行政法规的制定程序包括：_____、_____、_____、_____、_____。

6. 行政法规的整理是指国务院对制定的行政法规进行_____、_____和_____，整理的日常工作由_____负责。

7. 抽象行政行为是指_____针对_____的人和_____的事制定_____的行为规则的行为。

8. 行政立法依其权力来源不同，可以分为_____与_____。

9. 从法律意义上讲，行政立法程序必须遵循的两个原则是：_____，_____。

10. 行政立法是国家行政机关制定发布_____和_____的行为。

（二）判断题

1. 抽象行政行为仅指行政立法行为。（   ）

2. 行政法规、规章经制定机关审查通过后即生效。（   ）

3. 行政法规的立法名称可使用"条例"，而规章的立法名称则不能使用"条例"。（   ）

4. 政府的办事机构能以自己名义作出抽象行政行为，而政府部门的办事机构则不能以自己名义作出行政行为。（   ）

5. 行政法规的空间效力必及于全国，而地方政府的规章的空间效力在本辖区。（   ）

6. 抽象行政行为既是行政立法行为，又是行政执法行为。（   ）

7. 法律、行政法规明文授权国务院部门制定规章的情况与最高权力机关特别授权国务院立法不一样，后者的授权可以授予超越国务院职权范围本来应由法律规定的事项。（   ）

8. 行政法规中只能存在行政法律规范，不可能存在其他性质的法律规范。（   ）

9. 国务院批准的较大的市的人大及其常委会有权制定行政规章。（   ）

10. 征求意见是行政立法应当遵守的一个重要程序。（   ）

六、阅读以下材料，并理解其重点内容

阅读材料七

中华人民共和国税收征收管理法

（2015 年 4 月 24 日第十二届全国人民代表大会常务委员会第十四次会议修订）

（全文略）

第8章 具体行政行为：行政许可

回顾7.1 行政命令、7.2 行政征收内容

1. 什么是行政命令？它有何特征？
2. 行政命令有何分类？
3. 行政命令的表现形式主要有哪些？
4. 什么是行政征收？它有什么特征？
5. 行政征收的原则是什么？
6. 行政征收的行为方式有哪些？
7. 行政征收的核心要素是什么？

法律文化体认与领悟

"阳光是最好的防腐剂，路灯是最有效的警察。"
——路易斯·布兰狄西

本章主要内容

行政许可概述，行政许可的作用，行政许可的种类和形式，行政许可设定应遵循的基本原则，行政许可的范围和设定依据，行政许可的主体，行政许可的程序，行政许可的监督检查。

案例导入

刘某超出经营范围被处罚案

2007年3月，刘某租用某县城关镇服务大楼一间空房作为门面房，从事副食品经营，并申请办理了营业执照，经营范围为副食、百货、日杂。2008年3月，刘某发现经营香烟批发生意有利可图，随即着手调整柜台，在百货柜旁专设一柜台，从事香烟批发零售，生意红火。后刘某又将该服务大楼的后面几间空房租用过来，稍加装修，将其改成住宿处，对外经营旅馆业务。春节期间，因旅馆生意较差，刘某便经常在后面的一间住宿处聚众赌博。

一日刘某正在赌博时被举报查获。公安机关在调查讯问过程中，发现了刘某非法从事

旅馆和烟草买卖的事实，遂对刘某作出罚款 3000 元，拘留 15 日的处罚决定，并没收库存香烟 20 条。刘某不服处罚决定，向市公安局提出申诉。

问题： 1. 刘某经营副食品是否合法？其营业执照属于哪一类的行政许可？

2. 是否可以不经申请即经营烟草批发零售业务以及旅馆业务？

背景资料

中华人民共和国第十届全国人民代表大会常务委员会第四次会议于 2003 年 8 月 27 日通过，自 2004 年 7 月 1 日起施行的《行政许可法》适应了有效约束行政机关行为，保护行政相对人合法权益的现实需要。

但是，一项许可，往往仍要经过几十、上百道手续。如某省要开办一批发市场，需盖 112 个章，即使三天盖一章，至少也得一年时间才能办好。某市出租车上路，要同时备 26 个证件。多一项许可就多一次收费。过多、过滥、繁琐、不规范、暗箱操作、缺乏监督、随意改变的行政许可与审批事项，已成为经济与社会发展的桎梏。

近年来，国家不断加大行政许可审批制度精简改革力度。2016 年 8 月 25 日，国务院出台了《关于修改<国务院对确需保留的行政审批项目设定行政许可的决定>的决定》。依照《中华人民共和国行政许可法》和行政审批制度改革的有关规定，国务院对所属各部门的行政审批项目进行了全面清理。由法律、行政法规设定的行政许可项目，依法继续实施；对法律、行政法规以外的规范性文件设定，但确需保留且符合《中华人民共和国行政许可法》第十二条规定事项的行政审批项目，根据《中华人民共和国行政许可法》第十四条第二款的规定，现决定予以保留并设定行政许可，共 500 项。

8.1　行政许可概述

行政许可（administrative permission）是指在法律一般禁止的情况下，行政主体根据行政相对方的申请，通过颁发许可证或执照等形式，依法赋予特定的行政相对方从事某种活动或实施某种行为的权利或资格的行政行为。

这一概念包含三层含义：一是存在法律上的一般禁止；二是行政主体对相对人予以一般禁止的解除；三是行政相对人因此获得了从事某种活动或实施某种行为的资格或权利。

行政许可的特征主要有：

（1）行政许可的主体为特定主体。行政许可的行为主体是行政主体。只有基于行政管辖职权，行使对行政相对方申请的审核与批准权的行政机关或法律、法规授权的组织，才是行政许可的主体。

（2）行政许可是一种依申请的具体行政行为。一般来说，行政许可只能依当事人的申请而发生，行政主体不能主动作出。无申请，即无行政许可。

（3）行政许可原则上是一种授益性行政行为。行政许可准予申请人从事特定活动，申请人获得了从事特定活动的权利或资格，从而可以并获得相关的利益。

（4）行政许可决定具有多样性。行政许可既可能表现为肯定性的行为，也可能表现为否定性的行为。对于行政主体既不作肯定表示也不作否定表示的，则表现为不作为的形态。在有法律明文规定的情况下，还可允许有默示许可的存在，如我国《集会游行示威法》第9条第1款规定，逾期不通知的视为许可。

（5）行政许可一般为要式行政行为。行政许可应遵循相应的法定程序，并应以正规的文书、格式、日期、印章等形式予以批准、认可和证明，必要时还应附加相应的辅助性文件。这种明示的书面许可是行政许可在形式上的特点。

（6）行政许可作为一种法律制度，是指行政许可的申请、审查、批准以及监督管理等一系列制度的总和。

行政许可是极为重要的一项行政法律制度。从性质上说，许可是对限制或禁止的解除。行政许可是行政处理的表现形式。

许可的前提是对一般人的普遍禁止。禁止必须有法律明确规定。行政许可的内容是赋予相对人某种权利或资格。要注意其与行政确认的区别，行政许可属于赋权行为，行政确认则属于确权行为，即对公民已有的权利的确认，并不因此取得新的或原来所不具有的权利。（见表8-1所示）

表8-1　行政许可与行政确认

	主要含义	行为效力	举例说明
行政许可	赋予相对人从事特定活动的权利	后及性	采矿权许可、驾驶许可、持枪许可
行政确认	对已有的权利义务关系进行确定或认可	前溯性	身份确认、责任事故认定、合同备案登记

行政强制、行政处罚、行政许可被认为是主要的三种政府行政行为。

为什么要有行政许可制度？以机动车驾驶为例说明。开车是一件具有危险性的事情，因此一般人不得开车；但开车又是具有利益性的事情，因而又应该允许符合条件的人开车。为了利用其有利方面，防止损害他人和公共利益的事情发生，国家就需要实行驾驶机动车的许可制度，一般人都禁止开车，但会驾驶汽车、懂得驾驶规则者可以被许可。有利有害的事情，为能达到趋利避害的目的，这才需要设置许可制度。

我国《行政许可法》要求在设置行政许可时体现市场经济的基本精神：即公民、法人或其他组织自主决定优先；市场竞争机制优先；行业组织、中介机构自律优先；事后监督优先。建立市场经济首先需要我们知道政府的职能是有限的。

8.2　行政许可的作用

从行政许可制度存在的原因来看，行政许可的作用主要有三：

（1）控制危险。这是行政许可最主要、最基本的作用。行政监督方式通常分为事前监督和事后监督，行政许可属于事前监督管理方式。作为一种具体行政行为，行政许可的直接目的，是将那些对社会及公民来说是必要的或者是有益的，但同时又可能对社会或者公民个人带来某些不利甚至危害性的活动纳入规范化的管理，置于行政部门的直接监控之下。行政许可具有审查与监督两方面的内容，行政机关可以通过对自然人、法人或者其他组织的条件进行严格审查，监督可能对社会、个人带来危险的活动，维护社会秩序和自然人、法人或者其他组织的合法权益。

（2）配置资源。在市场经济条件下，市场在配置资源方面发挥着基础作用。但是，在有限资源领域，完全靠市场自发调节来配置资源，有可能导致资源配置严重不公以及资源配置低效率。因此，由政府通过行政许可的方式配置有限资源，已成为世界各国的通行做法。

（3）提供公信力。在经济社会生活中，为了使社会公众有效地获取信息，需要政府以许可的方式，确立相对人的特定主体资格或者特定的身份，使相对人获得合法从事涉及公众利益的经济社会活动的某种能力，同时向社会提供信誉信息和证明。公众通过对登记信息的查询便能获知相关信息，这实际上是利用政府的公信力为社会提供的服务。例如，持有律师资格证、律师执照的人，公众就当然相信他有从事律师工作的资格和能力。

8.3　行政许可的种类与形式

行政许可大致可分为特许、一般许可、认可与核准、登记等种类。特许针对那些控制较严，只给少数符合条件者以许可的事项。绝大部分许可属于一般许可，并无数量上的限制，只要符合条件就可申请。认可和核准则更加宽松，行政机关的任务只是审查是否符合条件。登记是否可列入许可范围，理论上尚有争论。

1. 行政许可的种类

行政许可可以根据不同的标准进行多种归类。理论上对行政许可一般概括为如下几种主要的类型：

（1）行为许可与资格许可。这是按许可内容进行的分类。行为许可指允许符合条件的人或组织从事某种活动。如开业、生产、经营许可。这类许可一般仅限于某种行为或活动，不含有资格权能的特别证明，申请该许可无须经过严格考试。资格许可则是行政机关应申请，经过考核程序核发一定证明文书，允许持证人享有某种资格，从事某一职业，如律师证、建筑师证、导游证书、引航员证书以及各种技术等级证书等。有时，行为许可可能同时包含了资格许可，而资格许可也可能意味着行为获得许可。（关于资格许可，是否可归为行政许可的一种类型，学界有争议，有学者认为，这种许可实则是一种资格认定，应属行政确认。）

（2）一般许可与特殊许可。这是按许可范围进行的分类。一般许可是指对申请人无特殊限制、特定要求，符合法定条件有关许可机关即可发放许可证。特殊许可指除了符合一般的法定条件外，还对申请人有特别限制的许可，又称特许。如营业许可是一般许可，而持枪许可则是特殊许可。

（3）排他性许可与非排他性许可。这是按许可的享有程度进行的分类。排他性许可是指某个人或组织获得许可后，其他任何人不得再申请或获得，如专利许可、商标许可。非排他性许可是指许可机关对凡是符合法定条件的申请人，均可给予的许可。如营业许可、驾驶证等。排他性许可有数额限制，一旦额满，行政许可机关即不得准许申请人的申请；非排他性许可则不受任何数额的限制。因此，这类许可也可称为有数额限制的许可与无数额限制的许可。

（4）独立的许可与附文件的许可。这是按许可书面文件的形式进行的分类。独立的许可是指单独的许可证便已包含了所有许可内容而无须其他文件加以补充说明的许可。如持枪证已经规定了枪支的种类、型号，要求持枪人遵守的全部事项均已写在持枪证上。附文件的许可是指除有许可证存在外还需要附加文件予以说明的许可。如营业执照需要附经营章程作为执照的附件，说明经营范围、方式等；专利及商标证书，需要附专利、商标的详细设计图纸。

（5）权利性许可与附义务性许可。这是按是否附加义务进行的分类。（有人称之为可放弃的许可和不可放弃的许可。）权利性许可，是指被许可人可以自由放弃行使所许可的权利且并不为此承担责任的许可。如执照，权利行使人可以放弃，但一般不可转让（对不具有可转让性来说）。附义务许可是指许可证持有人在获得被许可的权利的同时也承担了在一定期限内必须行使该项权利的义务。如果被许可人在规定期限内没有从事被许可的活动（或行使权利），便会为此承担一定的不利后果。如《商标法》第 30 条规定，连续三年停止使用注册商标的，由商标局撤销其注册商标。

（6）按照许可的目的，我国的行政许可分为如下几类：

①保障公共安全的许可，如公共娱乐场所营业许可；

②维护人们健康的许可，如食品卫生许可；

③保证交通安全的许可，如驾驶许可；

④保护重要资源和生态活动的许可，如采矿许可、狩猎许可；

⑤调控进出口贸易的许可，如进出口货物与额度的许可；

⑥加强城市管理的许可，如特种行业许可；

⑦发展国民经济的许可，如工业产品生产许可；等等。

（7）根据许可所适用的行政管理领域，行政许可主要分为如下几类：

①治安许可；②工商许可；③环保许可；④卫生许可；⑤资源许可；⑥交通运输许可；⑦城建许可；等等。

2. 行政许可的形式

行政许可的表现形式繁多，但总的说来不外乎两种：一种是证照形式，另一种是非证照形式，其中大部分以证照形式出现。因此，常常把许可机关核发的允许行政相对人从事某种行为的书面文书称为许可证。

我国许可行为的表现形式主要有：许可证、执照、注册登记、准（购、生、印）证、取水证、运输证、适航证、通行证、携运证、驾驶证、特许证（特许猎获证）、护照以及其他证照形式等。

8.4 行政许可设定应遵循的基本原则

行政许可原则是行政许可机关履行行政许可职能所必须遵循的准则，它贯穿于整个行政许可的全过程，对行政机关设定行政许可、受理行政许可申请、作出行政许可决定活动提出了总体和普遍性要求，是具有约束力的法律规范。

设定行政许可，应遵循的基本原则是：

1. 依法设定原则

这是行政许可设定的根本性原则。由于行政许可制度直接关系公民、法人和其他组织的权利，因此，许可的设定、实施机关的权限和义务、获得许可的条件和程序等，都必须依据法律，由法律规定。实施许可的机关必须依法行政。

2. 公开、透明原则

许可的设定过程，设定许可的法律文件，许可的条件、程序，都必须公开、透明。行政法律制度上的公开是指国家行政机关某种活动或者行为过程和结果的公开。行政许可机关在进行重要的、与公民权利义务直接相关的行政许可行为时，要通过一定制度让相对一方当事人或其他关系人了解有关情况，即行政许可的条件、依据和过程是公开的。

行政许可的公开应当包含以下几个方面的内容：行政许可依据公开，也即有关行政许可的规定应当公布；未经公布的，不得作为实施行政许可的依据。行政许可的实施与许可结果公开。行政许可的实施和结果，除涉及国家秘密、商业秘密或者个人隐私外，应当公开。行政许可公开原则的保障制度，各国通常采用表明身份制度、告知制度、说明理由制度、咨询制度、听证制度、公告制度等来规范行政许可活动。

3. 公正、公平原则

行政法律制度上的公正、公平原则是指行政机关在履行职责、行使权力时，不仅在实体和程序上都要合法，而且合乎常理。设定和实施行政许可，必须平等对待同等条件的个人和组织，不得歧视。符合法定条件、标准的，申请人有依法取得行政许可的平等权利，行政机关不得歧视。

公正强调对待双方当事人和适用法律或社会正义时所应具有的不偏不倚、公正无私的品质。公正的核心是无私、中立。公正原则是合法原则的必要补充。遵守公正原则，要把握以下几个方面：（1）行政许可必须符合法定目的；（2）行政许可必须出于正当的动机和相关的考虑；（3）行政许可应当客观、公正、适度。

西方著名法学家哈特认为，"同等情况同等对待"和"不同情况不同对待"是公平的核心要素。行政许可法中的公平原则，是指在行政许可的设定和实施过程中，公民、法人以及其他组织作为行政许可申请人的法律地位平等，平等地接受行政机关的审查，公平地展开竞争，其合法权益受到公平保护。公平原则有程序和实体两方面的含义，主要是指程序上的公平，包括许可的申请、行政机关的监督、权利受到侵犯时的法律救济等方面的公平。

4. 便民、效率原则

行政许可在程序设置上必须体现方便申请人、提高行政效率的要求。行政许可是一种依申请的行政行为，如果环节过多、手续繁琐、时限过长，不仅会影响到行政相对人的权益，也会使行政成本加大、行政效率低下。行政许可是一种授益行政行为，它对行政相对人不应故意设置障碍，因而必须在许可机关、许可条件和程序等方面为申请人提供便利。

所谓便民就是要使公民、法人和其他组织在行使申请行政许可权时便利，即使他们节省费用、时间、精力。行政许可机关实施许可行为应当按照法定程序在规定时间内积极审查办理，不能久拖不决，注意保证行政效率。行政机关不仅应当按照法定程序在规定的时限内及时办理行政许可事项，不得无故拖延，而且必须以较小的许可管制成本（即用最短的时间、最少的人力、财力和物力、最少的损害等）来实现既定的行政管理目标，使社会效益最大化。

效率原则不仅体现许可申请人的利益，也体现国家的利益，节约了双方的程序成本、时间成本。效率原则要求行政许可机关在实施行政许可行为的各个阶段须严格遵守法律关于许可期限的规定，及时受理、审查、答复申请人的各项申请。首先行政机关应严格遵守法律规定的受理期限和条件，及时受理行政相对人提出的许可申请，不得无故或巧立名目拖延受理。其次，行政机关应当严格遵守法律规定的审查处理期限和条件，及时对受理的许可申请进行审查。

5. 救济原则

在实施许可时，申请人有权陈述、申辩、依法请求听证；实施许可过程中发生争议时，当事人有申请复议和提起诉讼的权利。

对合法权益受到行政机关侵害的公民、法人和其他组织给予救济，这是现代法治的核心，也是保障公民、法人和其他组织合法权益的根本要求。公民、法人或者其他组织对行政机关实施行政许可，享有陈述权、申辩权；有权依法申请行政复议或者提起行政诉讼；其合法权益因行政机关违法实施行政许可受到损害时，有权依法要求赔偿。

6. 诚实信用、信赖保护原则

诚实信用是民事行为中最重要的原则，也是行政行为中尤为重要的原则。

信赖保护原则的基本涵义是行政机关对自己的行为或承诺应守信用，不得随意变更，不得反复无常。公民、法人或者其他组织依法取得的行政许可受法律保护，行政机关不得擅自改变已经生效的行政许可。信赖保护原则存在的基础，最具影响力和说服力并被较为普遍接受的理由是法的安定性。这是行政行为法律效果不受瑕疵影响和存续力的根据，并且给行政行为赋予自己的特性。

信赖保护原则的要求是：（1）行政行为具有确定力，行为一经作出，没有法定事由和经法定程序不得随意撤销、废止或改变；（2）对行政相对人的授益性行政行为作出后，事后即使发现违法或者对政府不利，只要行为不是因为相对人过错所造成，亦不得撤销、废止或改变；（3）行政行为作出后，如事后发现有较严重违法情形或可能给国家、社会公共利益造成重大损失，必须撤销或改变此种行为时，行政机关对撤销或改变此种行为给无过错的相对人造成的损失应给予补偿。

7. 监督与责任原则

许可机关既应是许可职权的主体，同时又应是责任主体，而且还应是监督主体，应做到职权、职责与监督的统一。许可要与行政机关的利益脱钩，与责任挂钩。许可机关对被许可人及其活动要进行有效的监督，对未被许可的活动或者被许可人的违法行为，不得听之任之。行政机关不履行监督责任或监督不力，甚至滥用职权、以权谋私的，都必须承担法律责任。

县级以上人民政府应当建立健全对行政机关实施行政许可的监督制度，加强对行政机关实施行政许可的监督检查。行政机关应当对公民、法人或者其他组织从事行政许可事项的活动实施有效监督。

行政许可最重要的两项原则：一是公开、透明原则；二是信赖保护原则。

8.5 行政许可的范围和设定依据

1. 行政许可的范围

行政许可的范围，换言之，就是指哪些事项可以设定行政许可，哪些事项不可以设定行政许可，是行政许可调整的事项范围。

我国《行政许可法》将可以设定行政许可的事项概括为下列六项：

（1）直接涉及国家安全、公共安全、经济宏观调控、生态环境保护以及直接关系人身健康、生命财产安全等特定活动，需要按照法定条件予以批准的事项；

（2）有限自然资源开发利用、公共资源配置以及直接关系公共利益的特定行业的市场准入等，需要赋予特定权利的事项；

（3）提供公共服务并且直接关系公共利益的职业、行业，需要确定具备特殊信誉、特殊条件或者特殊技能等资格、资质的事项；

（4）直接关系公共安全、人身健康、生命财产安全的重要设备、设施、产品、物品，需要按照技术标准、技术规范，通过检验、检测、检疫等方式进行审定的事项；

（5）企业或其他组织的设立等，需要确定主体资格的事项；

（6）法律、行政法规规定可以设定行政许可的其他事项。

这些行政许可事项实际上主要涵盖了五类性质不同的事项，包括安全事项、特许事项、认可事项、核准事项、登记事项。其他事项则包括在最后的开放性规定中。（见表8-2所示）

表 8-2 行政许可的设定范围

可以设定许可的事项	直接涉及公共利益或个人重大利益的特殊活动（安全）；有限自然资源的开发利用、公共资源的配置或特定行业的市场准入（特许）；特定职业行业资格、资质的确定（资格）；特定设备、设施、产品、物品的检验、检测、检疫（技术）；企业或者其他组织的设立（主体）。
可不设定许可的标准	能够自主决定的；市场能够调节的；能够自律管理的；能够事后监督的。
停止实施许可的标准	省级政府对行政法规设定的有关经济事务的许可，认为符合可以不设定许可的标准的，报国务院批准后可在本区域内停止实施。

2. 行政许可的设定依据

在我国，行政许可设定的性质是一种立法性行为。

行政许可权设定的主体，原则上为全国人大及其常委会与国务院。

行政许可的正式设定依据包括：法律、行政法规、地方性法规。行政许可是对公民权利的一种限制，因此，行政许可的设定权理应是国家专属立法权，这是世界通例。

行政许可的临时设定依据：包括国务院决定、省级地方人民政府规章。（见表8-3所示）

表8-3 行政许可的设定权限与形式

	经常性许可	非经常性许可	制定具体规定	禁止设定许可
法律	可立法设定	无此情况	无此情况	无特殊禁止
行政法规	法律未设定	法律未设定的，必要时可以决定方式设定；实施后除临时性许可外，应及时提请全国人大及其常委会立法或自行制定行政法规	行政法规、地方性法规、行政规章可在上位法范围内作出具体规定，但不得增设许可，不得增设违反上位法的其他条件	无特殊禁止
地方法规	上位法未设定	无此情况		①由国家统一确定资格资质的许可②企业或其他组织的设立登记及其前置性许可③限制外地生产、经营、服务、商品进入的许可
省级地方规章	无权设定	上位法未设定许可的，必要时可设定临时性许可；实施满1年需继续实施的应当提请本级人大及其常委会制定地方性法规		

8.6 行政许可的主体（实施机关）

1. 行政机关

行政机关是行政许可主体主要的一种类型。行政机关成为行政许可主体需要具备的条件是：（1）必须是履行外部行政管理职能的行政机关；（2）必须有法律明确授予一定的行政许可权；（3）法律授予的行政许可职权应当小于或者等于其外部行政管理职权及范围。

2. 法律、法规授权组织

被授权组织应当具有"公共事务职能"。除此之外，其他从事经济、社会活动的组织，尤其是从事营利性活动的组织，不能经由法律法规授权，成为行政许可的实施主体。目前，在我国的行政许可制度中最常见的被授权组织主要是行政机构，包括行政机关内部所属的行政机构以及派出机构两种。

3. 行政机关委托的组织

行政机关在其法定职权范围内，依照法律、法规、规章的规定，可以委托其他行政机关实施行政许可。但一般说来，行政机关委托的组织，其主体性质应为非行政机关以及其他非国家机关。（见表8-4所示）

表8-4　行政许可的实施机关

	授权实施	委托实施	集中实施	统一办理、联合办理
权力归属者	被授权组织	委托机关	多个机关	多个机关或个部门
实际实施者	被授权组织	受委托机关	一个机关	多个机关或个部门
须注意问题	以自己名义	委托应公告；以委托机关名义实施；不得转委托	国务院批准，省级政府决定	统一受理、统一送达、联合办理、集中办理；但分别决定

8.7　行政许可的程序

程序是许可制度中最重要的组成部分之一。指行政许可的实施机关从受理行政许可申请到作出准予、拒绝、中止、变更、撤回、撤销、注销等行政许可决定的步骤、方式和时限的总和。

行政许可程序一般规定有四个步骤：申请、受理、审查和决定。变更与延续是适用于获得许可之后的两个后续程序。（见表8-5所示）

1. 申请程序

行政许可的申请程序因申请人行使自己的申请权而开始。

2. 受理程序

合法有效的申请引起行政许可机关的受理义务。一般行政许可申请自行政机关收到之日即为受理。行政机关收到申请人提出的申请后，可以根据不同的情形分别作出如下处理：

（1）予以受理。形式和材料都没有问题。

（2）要求当场更正。申请材料存在可以当场更正的错误的，应当允许申请人当场更正。

（3）限期补正。申请材料不全或不符合法定形式的，一次告知需要补正的全部内容。

（4）不予受理。它主要有两种情况：一是申请事项依法不需要取得行政许可；二是申请事项依法不属于受理行政机关职权范围。

3. 审查程序

审查程序包括形式性审查和实质性审查。形式性审查的内容是提交的材料是否齐全、是否符合法定形式。实质性审查的内容是申请人是否具有相应的权利能力，是否具有相应的行为能力，是否符合法定的程序和形式，授予申请人许可证是否会损害公共利益和利害关系人的利益，申请人的申请是否符合法律、法规规定的其他条件。

4. 听证程序

听证的具体程序步骤一般分为：

（1）申请。由申请人或利害关系人要求听证并提出听证申请。

（2）组织听证。行政机关应在收到申请后一定期限内组织听证。

（3）通知有关事项。将举行听证的时间、地点通知申请人、利害关系人，必要时予以公告。

（4）举行听证。指定听证主持人；提供审查意见的证据、理由；进行申辩和质证。

（5）决定。在法定期限内决定。

5. 决定程序

行政许可通常有三种决定程序：

（1）当场决定程序。能够当场决定的，应当场作出书面的行政许可决定。

（2）上级机关决定程序。本级提出初步审查意见，报上级机关并由上级机关作出决定。

（3）限期作出决定程序。在法定期限内按照规定程序作出决定。

6. 期限

行政机关应当自受理行政许可申请之日起 20 日内作出行政许可决定。20 日内不能作出决定的，经本行政机关负责人批准，可以延长 10 日。

7. 变更和延续

是行政许可决定的后续程序。可以依法办理变更手续。可以提出申请，由行政机关决定是否予以延续。

表 8-5　行政许可的实施程序

程序	申请、受理、审查、决定	变更与延续	听证程序
申请人的权利义务	①可委托他人申请，特殊情况例外 ②可通过多种灵活方式申请许可 ③申请人、利害关系人有权陈述申辩	当事人要求变更或延续许可的，应当提出申请	申请人、利害关系人有权申请听证主持人回避
行政机关的权利义务	①行政机关有推行电子政务的义务 ②需核实申请材料实质内容的应有 2 名以上工作人员 ③须跨级上报的许可，下级机关应将有关材料直接上报，上级机关不得要求申请人重复提供材料 ④准予许可的决定应公开，公众有权查阅	符合法定条件标准的，应当依法准予变更或延续	①直接涉及申请人与他人间重大利益的，应告知听证权 ②应指定审查工作人员以外的人员作为听证主持人 ③根据听证笔录作出决定

程序	申请、受理、审查、决定	变更与延续	听证程序
重要时限	①补正告知应在5日内1次做出，否则视为受理申请 ②一般应当自受理之日起20日内决定，经本行政机关负责人批准可延长10日；统一、联合、集中办理不超过45日，经本级政府负责人批准可延长15日 ③跨级上报的，下级机关应在20日内审查完毕 ④准予许可的，自决定之日起10日内颁发送达许可证或加贴加盖 ⑤听证、招标、拍卖、检验、检测、检疫等时间不计	①需延续的应当在许可有效期届满30日前申请 ②行政机关应在许可有效期届满之前做出决定，逾期视为准予延续	①权利人应在被告知听证权利之日起5日内申请听证 ②行政机关应当在20日内组织听证 ③行政机关应于举行听证7日前告知听证时间与地点，必要时予以公告

行政许可的特别程序

行政许可的特别程序主要包括：招标、拍卖程序；认可程序；登记程序。（见表8-6所示）

招标、拍卖通常用于有限自然资源的开发利用（如对土地、森林、草原、水流、矿产资源等自然资源的开发、使用许可）、有限公共资源的配置（如电信频率执照、出租汽车营业许可）、直接关系公共利益的垄断性企业的市场准入（如电力、民航、通信等行业市场准入的许可）等。招标、拍卖的主要功能是分配稀缺资源，一般有数量控制。

认可一般是指赋予特定相对人从事一定活动的资格，确认其具备从事相应活动的能力。这类赋予公民、组织资格、资质的行政许可一般没有数量限制。认可主要通过以下三种形式进行：

（1）考试。主要适用于对公民赋予特定资格。

（2）考核。主要适用于对法人或者其他组织赋予资格、资质。

（3）核准。主要适用于直接关系公共安全、人身健康、生命财产安全的重要设备、设施的设计、建造、安装和使用，直接关系人身健康、生命财产安全的特定产品、物品的检验、检疫。核准机构通常包括行政许可机关和符合法定条件的专业技术组织。

登记是确定企业或其他组织主体资格的一种许可程序。行政机关对于登记的审查包括形式审查和实质审查。

表8-6　行政许可实施的特殊程序

国务院实施的许可	其程序适用有关法律、行政法规的特殊规定
特许事项的决定	应通过招标、拍卖等竞争性方式作出决定
资格资质的许可	对公民根据考试成绩等决定，对组织根据考核结果决定
有数量限制的许可	多人符合条件的，应当根据受理申请的顺序决定

8.8 行政许可的监督检查

行政许可监督检查是指有权行政机关对依法实施的行政许可事项进行了解、检查、监督以及纠正的活动。（见表8-7所示）

许可监督检查机关基于自身拥有的权力，可采取多种监管方式，并依据情况不同导致：（1）中止许可；（2）变更许可内容；（3）宣告许可无效；（4）撤销许可、注销许可等法律后果。

表8-7 行政许可的监督检查

	责令改正	撤销许可	注销许可
情况	①资源使用许可未履行开发利用义务 ②市场准入许可未履行收费与服务等义务 ③直接关系重要安全的设备设施存在隐患	①行政机关违法准予许可：滥用职权玩忽职守；超越职权；违反程序；授予不具备资格条件者等 ②申请人违法获得许可：欺骗贿赂等	①许可期满未续 ②主体丧失能力 ③撤销撤回吊销 ④不可抗力等等
后果	情况①②应责令限期改正 情况③应责令停建停用，并立即改正	情况①可获赔偿；情况②不能；可能对公共利益造成重大损害的不予撤销	许可终止

小结

介绍了行政许可的具体内容。围绕行政许可的概念，阐述了行政许可的特征、作用、原则、范围和设定以及行政许可的实施机关和程序等具体内容。

思考题

1. 什么是行政许可？其特征有哪些？
2. 行政许可的作用是什么？
3. 行政许可的范围和设定是怎样的？
4. 我国行政许可的一般程序如何？
5. 我国行政许可的特殊程序是怎样的？
6. 行政许可设定的基本原则有哪些？

一、任务布置

《行政许可法》知识竞赛。成立竞赛组委会，确定主持人，裁判组。竞赛由组委会负责组织。学生可以自由组合，三人为一队（可自定队名）参加比赛，最多有6队参加。通过比赛确定优胜者，凡参加者和获得名次者均可考虑在平时成绩中给予加分，以示鼓励。

二、行政许可实务

驾驶证的申领全过程。整理出程序与提交的书面材料。

三、真实案例：法律讲堂——劳动维权录：假证真博士（田伟）（行政许可）

今日说法：小区里的怪事（辽宁铁岭水污染）（许可证）

视频播放后，教师引导学生运用行政法学基础理论对此案例进行讨论，必要时，教师对此案例作总结评析。

四、复习第7章7.1行政命令、7.2行政征收内容

（一）填空题

1. 行政命令是一种设定_____的具体行政行为。

2. 行政命令以行政处罚或行政_____作为保障。

3. 行政命令是_____实行行政管理的重要手段和方式。

4. 行政征收是行政主体以强制方式_____取得相对方财产的一种具体行政行为。

5. 行政征收有_____、_____、_____等特征。

6. 行政征收设定的原则有依法设定原则；_____；公正、公平原则；_____；救济原则；_____和监督与责任原则。

7. 行政征收的方式包括行政征收的_____方式和_____方式。

8. 行政征收的_____方式，直接关系到国家的财政收入和应征人的负担。

9. 行政征收按其实现方式的不同，可以分为相对方_____和行政主体_____两种。

10. 行政征购关系是一种特殊的_____关系。

（二）判断题

1. 责令限期改正属于具体行政行为中的行政命令。 （   ）

2. 行政命令并不是行政行为中一种极为普遍的行为形式。 （   ）

3. 行政命令肯定是依职权的行政行为。 （   ）

4. 行政命令不执行，将引起行政处罚或行政赔偿的后果。 （   ）

5. 公用征收属于我国行政征收的范畴。 （   ）

6. 行政征用的后果是行政主体取得了相对方财产的所有权。 （   ）

7. 行政征购是行政主体以单方强制方式有偿取得相对方财产所有权的行政行为。 （   ）

8. 行政征收必须使用书面形式。 （   ）

9. 缺少相对方不服行政征收的法律救济是我国行政征收制度存在问题的集中表现之一。

（   ）

10. 税收征收是行政征收中最主要的方面。 （   ）

五、阅读以下材料，并理解其重点内容

《中华人民共和国行政许可法》

中华人民共和国主席令（第七号）

《中华人民共和国行政许可法》已由中华人民共和国第十届全国人民代表大会常务委员会第四次会议于 2003 年 8 月 27 日通过，现予公布，自 2004 年 7 月 1 日起施行。

中华人民共和国主席　胡锦涛
2003 年 8 月 27 日

目　录

第一章　总　则

第一条　为了规范行政许可的设定和实施，保护公民、法人和其他组织的合法权益，维护公共利益和社会秩序，保障和监督行政机关有效实施行政管理，根据宪法，制定本法。

第二条　本法所称行政许可，是指行政机关根据公民、法人或者其他组织的申请，经依法审查，准予其从事特定活动的行为。

第三条　行政许可的设定和实施，适用本法。

有关行政机关对其他机关或者对其直接管理的事业单位的人事、财务、外事等事项的审批，不适用本法。

第四条　设定和实施行政许可，应当依照法定的权限、范围、条件和程序。

第五条　设定和实施行政许可，应当遵循公开、公平、公正的原则。

有关行政许可的规定应当公布；未经公布的，不得作为实施行政许可的依据。行政许可的实施和结果，除涉及国家秘密、商业秘密或者个人隐私的外，应当公开。

符合法定条件、标准的，申请人有依法取得行政许可的平等权利，行政机关不得歧视。

第六条　实施行政许可，应当遵循便民的原则，提高办事效率，提供优质服务。

第七条　公民、法人或者其他组织对行政机关实施行政许可，享有陈述权、申辩权；有权依法申请行政复议或者提起行政诉讼；其合法权益因行政机关违法实施行政许可受到损害的，有权依法要求赔偿。

第八条　公民、法人或者其他组织依法取得的行政许可受法律保护，行政机关不得擅自改变已经生效的行政许可。

行政许可所依据的法律、法规、规章修改或者废止，或者准予行政许可所依据的客观情况发生重大变化的，为了公共利益的需要，行政机关可以依法变更或者撤回已经生效的行政许可。由此给公民、法人或者其他组织造成财产损失的，行政机关应当依法给予补偿。

第九条　依法取得的行政许可，除法律、法规规定依照法定条件和程序可以转让的外，不得转让。

第十条　县级以上人民政府应当建立健全对行政机关实施行政许可的监督制度，加强对行政机关实施行政许可的监督检查。

行政机关应当对公民、法人或者其他组织从事行政许可事项的活动实施有效监督。

第二章　行政许可的设定

第十一条　设定行政许可，应当遵循经济和社会发展规律，有利于发挥公民、法人或者其他组织的积极性、主动性，维护公共利益和社会秩序，促进经济、社会和生态环境协调发展。

第十二条　下列事项可以设定行政许可：

（一）直接涉及国家安全、公共安全、经济宏观调控、生态环境保护以及直接关系人身健康、生命财产安全等特定活动，需要按照法定条件予以批准的事项；

（二）有限自然资源开发利用、公共资源配置以及直接关系公共利益的特定行业的市场准入等，需要赋予特定权利的事项；

（三）提供公众服务并且直接关系公共利益的职业、行业，需要确定具备特殊信誉、特殊条件或者特殊技能等资格、资质的事项；

（四）直接关系公共安全、人身健康、生命财产安全的重要设备、设施、产品、物品，需要按照技术标准、技术规范，通过检验、检测、检疫等方式进行审定的事项；

（五）企业或者其他组织的设立等，需要确定主体资格的事项；

（六）法律、行政法规规定可以设定行政许可的其他事项。

第十三条　本法第十二条所列事项，通过下列方式能够予以规范的，可以不设行政许可：

（一）公民、法人或者其他组织能够自主决定的；

（二）市场竞争机制能够有效调节的；

（三）行业组织或者中介机构能够自律管理的；

（四）行政机关采用事后监督等其他行政管理方式能够解决的。

第十四条　本法第十二条所列事项，法律可以设定行政许可。尚未制定法律的，行政法规可以设定行政许可。

必要时，国务院可以采用发布决定的方式设定行政许可。实施后，除临时性行政许可事项外，国务院应当及时提请全国人民代表大会及其常务委员会制定法律，或者自行制定行政法规。

第十五条　本法第十二条所列事项，尚未制定法律、行政法规的，地方性法规可以设定行政许可；尚未制定法律、行政法规和地方性法规的，因行政管理的需要，确需立即实施行政许可的，省、自治区、直辖市人民政府规章可以设定临时性的行政许可。临时性的行政许可实施满一年需要继续实施的，应当提请本级人民代表大会及其常务委员会制定地方性法规。

地方性法规和省、自治区、直辖市人民政府规章，不得设定应当由国家统一确定的公民、法人或者其他组织的资格、资质的行政许可；不得设定企业或者其他组织的设立登记及其前置性行政许可。其设定的行政许可，不得限制其他地区的个人或者企业到本地区从事生产经营和提供服务，不得限制其他地区的商品进入本地区市场。

第十六条　行政法规可以在法律设定的行政许可事项范围内，对实施该行政许可作出具体规定。

地方性法规可以在法律、行政法规设定的行政许可事项范围内，对实施该行政许可作出具体规定。

规章可以在上位法设定的行政许可事项范围内，对实施该行政许可作出具体规定。

法规、规章对实施上位法设定的行政许可作出的具体规定，不得增设行政许可；对行政许可条件作出的具体规定，不得增设违反上位法的其他条件。

第十七条　除本法第十四条、第十五条规定的外，其他规范性文件一律不得设定行政许可。

第十八条　设定行政许可，应当规定行政许可的实施机关、条件、程序、期限。

第十九条　起草法律草案、法规草案和省、自治区、直辖市人民政府规章草案，拟设定行政许可的，起草单位应当采取听证会、论证会等形式听取意见，并向制定机关说明设定该行政许可的必要性、对经济和社会可能产生的影响以及听取和采纳意见的情况。

第二十条　行政许可的设定机关应当定期对其设定的行政许可进行评价；对已设定的行政许可，认为通过本法第十三条所列方式能够解决的，应当对设定该行政许可的规定及时予以修改或者废止。

行政许可的实施机关可以对已设定的行政许可的实施情况及存在的必要性适时进行评价，并将意见报告该行政许可的设定机关。

公民、法人或者其他组织可以向行政许可的设定机关和实施机关就行政许可的设定和实施提出意见和建议。

第二十一条　省、自治区、直辖市人民政府对行政法规设定的有关经济事务的行政许可，根据本行政区域经济和社会发展情况，认为通过本法第十三条所列方式能够解决的，报国务院批准后，可以在本行政区域内停止实施该行政许可。

第三章　行政许可的实施机关

第二十二条　行政许可由具有行政许可权的行政机关在其法定职权范围内实施。

第二十三条　法律、法规授权的具有管理公共事务职能的组织，在法定授权范围内，以自己的名义实施行政许可。被授权的组织适用本法有关行政机关的规定。

第二十四条　行政机关在其法定职权范围内，依照法律、法规、规章的规定，可以委托其他行政机关实施行政许可。委托机关应当将受委托行政机关和受委托实施行政许可的内容予以公告。

委托行政机关对受委托行政机关实施行政许可的行为应当负责监督，并对该行为的后果承担法律责任。

受委托行政机关在委托范围内，以委托行政机关名义实施行政许可；不得再委托其他组织或者个人实施行政许可。

第二十五条　经国务院批准，省、自治区、直辖市人民政府根据精简、统一、效能的原则，可以决定一个行政机关行使有关行政机关的行政许可权。

第二十六条　行政许可需要行政机关内设的多个机构办理的，该行政机关应当确定一个机构统一受理行政许可申请，统一送达行政许可决定。

行政许可依法由地方人民政府两个以上部门分别实施的，本级人民政府可以确定一个部门受理行政许可申请并转告有关部门分别提出意见后统一办理，或者组织有关部门联合办理、集中办理。

第二十七条　行政机关实施行政许可，不得向申请人提出购买指定商品、接受有偿服务等不正当要求。

行政机关工作人员办理行政许可，不得索取或者收受申请人的财物，不得谋取其他利益。

第二十八条　对直接关系公共安全、人身健康、生命财产安全的设备、设施、产品、物品的检验、检测、检疫，除法律、行政法规规定由行政机关实施的外，应当逐步由符合法定条件的专业技术组织实施。专业技术组织及其有关人员对所实施的检验、检测、检疫结论承担法律责任。

第四章　行政许可的实施程序

第一节　申请与受理

第二十九条　公民、法人或者其他组织从事特定活动，依法需要取得行政许可的，应当向行政机关提出申请。申请书需要采用格式文本的，行政机关应当向申请人提供行政许可申请书格式文本。申请书格式文本中不得包含与申请行政许可事项没有直接关系的内容。

申请人可以委托代理人提出行政许可申请。但是，依法应当由申请人到行政机关办公场所提出行政许可申请的除外。

行政许可申请可以通过信函、电报、电传、传真、电子数据交换和电子邮件等方式提出。

第三十条　行政机关应当将法律、法规、规章规定的有关行政许可的事项、依据、条件、数量、程序、期限以及需要提交的全部材料的目录和申请书示范文本等在办公场所公示。

申请人要求行政机关对公示内容予以说明、解释的，行政机关应当说明、解释，提供准确、可靠的信息。

第三十一条　申请人申请行政许可，应当如实向行政机关提交有关材料和反映真实情况，并对其申请材料实质内容的真实性负责。行政机关不得要求申请人提交与其申请的行政许可事项无关的技术资料和其他材料。

第三十二条　行政机关对申请人提出的行政许可申请，应当根据下列情况分别作出处理：

（一）申请事项依法不需要取得行政许可的，应当即时告知申请人不受理；

（二）申请事项依法不属于本行政机关职权范围的，应当即时作出不予受理的决定，并告知申请人向有关行政机关申请；

（三）申请材料存在可以当场更正的错误的，应当允许申请人当场更正；

（四）申请材料不齐全或者不符合法定形式的，应当当场或者在五日内一次告知申请人需要补正的全部内容，逾期不告知的，自收到申请材料之日起即为受理；

（五）申请事项属于本行政机关职权范围，申请材料齐全、符合法定形式，或者申请人按照本行政机关的要求提交全部补正申请材料的，应当受理行政许可申请。

行政机关受理或者不予受理行政许可申请，应当出具加盖本行政机关专用印章和注明日期的书面凭证。

第三十三条　行政机关应当建立和完善有关制度，推行电子政务，在行政机关的网站上公布行政许可事项，方便申请人采取数据电文等方式提出行政许可申请；应当与其他行政机关共享有关行政许可信息，提高办事效率。

第二节　审查与决定

第三十四条　行政机关应当对申请人提交的申请材料进行审查。

申请人提交的申请材料齐全、符合法定形式，行政机关能够当场作出决定的，应当当场作出书面的行政许可决定。

根据法定条件和程序，需要对申请材料的实质内容进行核实的，行政机关应当指派两名以上工作人员进行核查。

第三十五条　依法应当先经下级行政机关审查后报上级行政机关决定的行政许可，下级行政机关应当在法定期限内将初步审查意见和全部申请材料直接报送上级行政机关。上级行政机关不得要求申请人重复提供申请材料。

第三十六条　行政机关对行政许可申请进行审查时，发现行政许可事项直接关系他人重大利益的，应当告知该利害关系人。申请人、利害关系人有权进行陈述和申辩。行政机关应当听取申请人、利害关系人的意见。

第三十七条　行政机关对行政许可申请进行审查后，除当场作出行政许可决定的外，应当在法定期限内按照规定程序作出行政许可决定。

第三十八条　申请人的申请符合法定条件、标准的，行政机关应当依法作出准予行政许可的书面决定。

行政机关依法作出不予行政许可的书面决定的，应当说明理由，并告知申请人享有依法申请行政复议或者提起行政诉讼的权利。

第三十九条　行政机关作出准予行政许可的决定，需要颁发行政许可证件的，应当向申请人颁发加盖本行政机关印章的下列行政许可证件：

（一）许可证、执照或者其他许可证书；

（二）资格证、资质证或者其他合格证书；

（三）行政机关的批准文件或者证明文件；

（四）法律、法规规定的其他行政许可证件。

行政机关实施检验、检测、检疫的，可以在检验、检测、检疫合格的设备、设施、产品、物品上加贴标签或者加盖检验、检测、检疫印章。

第四十条　行政机关作出的准予行政许可决定，应当予以公开，公众有权查阅。

第四十一条　法律、行政法规设定的行政许可，其适用范围没有地域限制的，申请人取得的行政许可在全国范围内有效。

第三节　期　限

第四十二条　除可以当场作出行政许可决定的外，行政机关应当自受理行政许可申请之日起二十日内作出行政许可决定。二十日内不能作出决定的，经本行政机关负责人批准，可以延长十日，并应当将延长期限的理由告知申请人。但是，法律、法规另有规定的，依照其规定。

依照本法第二十六条的规定，行政许可采取统一办理或者联合办理、集中办理的，办理的时间不得超过四十五日；四十五日内不能办结的，经本级人民政府负责人批准，可以延长十五日，并应当将延长期限的理由告知申请人。

第四十三条　依法应当先经下级行政机关审查后报上级行政机关决定的行政许可，下级行政机关应当自其受理行政许可申请之日起二十日内审查完毕。但是，法律、法规另有规定的，依照其规定。

第四十四条　行政机关作出准予行政许可的决定，应当自作出决定之日起十日内向申请人颁发、送达行政许可证件，或者加贴标签、加盖检验、检测、检疫印章。

第四十五条　行政机关作出行政许可决定，依法需要听证、招标、拍卖、检验、检测、检疫、鉴定和专家评审的，所需时间不计算在本节规定的期限内。行政机关应当将所需时间书面告知申请人。

第四节　听　证

第四十六条　法律、法规、规章规定实施行政许可应当听证的事项，或者行政机关认为需要听证的其他涉及公共利益的重大行政许可事项，行政机关应当向社会公告，并举行听证。

第四十七条　行政许可直接涉及申请人与他人之间重大利益关系的，行政机关在作出行政许可决定前，应当告知申请人、利害关系人享有要求听证的权利；申请人、利害关系人在被告知听证权利之日起五日内提出听证申请的，行政机关应当在二十日内组织听证。

申请人、利害关系人不承担行政机关组织听证的费用。

第四十八条　听证按照下列程序进行：

（一）行政机关应当于举行听证的七日前将举行听证的时间、地点通知申请人、利害关系人，必要时予以公告；

（二）听证应当公开举行；

（三）行政机关应当指定审查该行政许可申请的工作人员以外的人员为听证主持人，申请人、利害关系人认为主持人与该行政许可事项有直接利害关系的，有权申请回避；

（四）举行听证时，审查该行政许可申请的工作人员应当提供审查意见的证据、理由，申请人、利害关系人可以提出证据，并进行申辩和质证；

（五）听证应当制作笔录，听证笔录应当交听证参加人确认无误后签字或者盖章。

行政机关应当根据听证笔录，作出行政许可决定。

第五节　变更与延续

第四十九条　被许可人要求变更行政许可事项的，应当向作出行政许可决定的行政机关提出申请；符合法定条件、标准的，行政机关应当依法办理变更手续。

第五十条　被许可人需要延续依法取得的行政许可的有效期的，应当在该行政许可有效期届满三十日前向作出行政许可决定的行政机关提出申请。但是，法律、法规、规章另有规定的，依照其规定。

行政机关应当根据被许可人的申请，在该行政许可有效期届满前作出是否准予延续的决定；逾期未作决定的，视为准予延续。

第六节　特别规定

第五十一条　实施行政许可的程序，本节有规定的，适用本节规定；本节没有规定的，适用本章其他有关规定。

第五十二条　国务院实施行政许可的程序，适用有关法律、行政法规的规定。

第五十三条　实施本法第十二条第二项所列事项的行政许可的，行政机关应当通过招标、拍卖等公平竞争的方式作出决定。但是，法律、行政法规另有规定的，依照其规定。

行政机关通过招标、拍卖等方式作出行政许可决定的具体程序，依照有关法律、行政法规的规定。

行政机关按照招标、拍卖程序确定中标人、买受人后，应当作出准予行政许可的决定，并依法向中标人、买受人颁发行政许可证件。

行政机关违反本条规定，不采用招标、拍卖方式，或者违反招标、拍卖程序，损害申请人合法权益的，申请人可以依法申请行政复议或者提起行政诉讼。

第五十四条　实施本法第十二条第三项所列事项的行政许可，赋予公民特定资格，依法应当举行国家考试的，行政机关根据考试成绩和其他法定条件作出行政许可决定；赋予法人或者其他组织特定的资格、资质的，行政机关根据申请人的专业人员构成、技术条件、经营业绩和管理水平等的考核结果作出行政许可决定。但是，法律、行政法规另有规定的，依照其规定。

公民特定资格的考试依法由行政机关或者行业组织实施，公开举行。行政机关或者行业组织应当事先公布资格考试的报名条件、报考办法、考试科目以及考试大纲。但是，不得组织强制性的资格考试的考前培训，不得指定教材或者其他助考材料。

第五十五条　实施本法第十二条第四项所列事项的行政许可的，应当按照技术标准、技术规范依法进行检验、检测、检疫，行政机关根据检验、检测、检疫的结果作出行政许可决定。

行政机关实施检验、检测、检疫，应当自受理申请之日起五日内指派两名以上工作人员按照技术标准、技术规范进行检验、检测、检疫。不需要对检验、检测、检疫结果作进一步技术分析即可认定设备、设施、产品、物品是否符合技术标准、技术规范的，行政机关应当当场作出行政许可决定。

行政机关根据检验、检测、检疫结果，作出不予行政许可决定的，应当书面说明不予行政许可所依据的技术标准、技术规范。

第五十六条　实施本法第十二条第五项所列事项的行政许可，申请人提交的申请材料齐全、符合法定形式的，行政机关应当当场予以登记。需要对申请材料的实质内容进行核实的，行政机关依照本法第三十四条第三款的规定办理。

第五十七条　有数量限制的行政许可，两个或者两个以上申请人的申请均符合法定条件、标准的，行政机关应当根据受理行政许可申请的先后顺序作出准予行政许可的决定。但是，法律、行政法规另有规定的，依照其规定。

第五章　行政许可的费用

第五十八条　行政机关实施行政许可和对行政许可事项进行监督检查，不得收取任何费用。但是，法律、行政法规另有规定的，依照其规定。

行政机关提供行政许可申请书格式文本，不得收费。

行政机关实施行政许可所需经费应当列入本行政机关的预算，由本级财政予以保障，按照批准的预算予以核拨。

第五十九条　行政机关实施行政许可，依照法律、行政法规收取费用的，应当按照公布的法定项目和标准收费；所收取的费用必须全部上缴国库，任何机关或者个人不得以任何形式截留、挪用、私分或者变相私分。财政部门不得以任何形式向行政机关返还或者变相返还实施行政许可所收取的费用。

第六章　监督检查

第六十条　上级行政机关应当加强对下级行政机关实施行政许可的监督检查，及时纠正行政许可实施中的违法行为。

第六十一条　行政机关应当建立健全监督制度，通过核查反映被许可人从事行政许可事项活动情况的有关材料，履行监督责任。

行政机关依法对被许可人从事行政许可事项的活动进行监督检查时，应当将监督检查的情况和处理结果予以记录，由监督检查人员签字后归档。公众有权查阅行政机关监督检查记录。

行政机关应当创造条件，实现与被许可人、其他有关行政机关的计算机档案系统互联，核查被许可人从事行政许可事项活动情况。

第六十二条　行政机关可以对被许可人生产经营的产品依法进行抽样检查、检验、检测，对其生产经营场所依法进行实地检查。检查时，行政机关可以依法查阅或者要求被许可人报送有关材料；被许可人应当如实提供有关情况和材料。

行政机关根据法律、行政法规的规定，对直接关系公共安全、人身健康、生命财产安全的重要设备、设施进行定期检验。对检验合格的，行政机关应当发给相应的证明文件。

第六十三条　行政机关实施监督检查，不得妨碍被许可人正常的生产经营活动，不得索取或者收受被许可人的财物，不得谋取其他利益。

第六十四条　被许可人在作出行政许可决定的行政机关管辖区域外违法从事行政许可事项活动的，违法行为发生地的行政机关应当依法将被许可人的违法事实、处理结果抄告作出行政许可决定的行政机关。

第六十五条　个人和组织发现违法从事行政许可事项的活动，有权向行政机关举报，行政机关应当及时核实、处理。

第六十六条　被许可人未依法履行开发利用自然资源义务或者未依法履行利用公共资源义务的，行政机关应当责令限期改正；被许可人在规定期限内不改正的，行政机关应当依照有关法律、行政法规的规定予以处理。

第六十七条　取得直接关系公共利益的特定行业的市场准入行政许可的被许可人，应当按照国家规定的服务标准、资费标准和行政机关依法规定的条件，向用户提供安全、方便、稳定和价格合理的服务，并履行普遍服务的义务；未经作出行政许可决定的行政机关批准，不得擅自停业、歇业。

被许可人不履行前款规定的义务的，行政机关应当责令限期改正，或者依法采取有效措施督促其履行义务。

第六十八条　对直接关系公共安全、人身健康、生命财产安全的重要设备、设施，行政机关应当督促设计、建造、安装和使用单位建立相应的自检制度。

行政机关在监督检查时，发现直接关系公共安全、人身健康、生命财产安全的重要设备、设施存在安全隐患的，应当责令停止建造、安装和使用，并责令设计、建造、安装和使用单位立即改正。

第六十九条　有下列情形之一的，作出行政许可决定的行政机关或者其上级行政机关，根据利害关系人的请求或者依据职权，可以撤销行政许可：

（一）行政机关工作人员滥用职权、玩忽职守作出准予行政许可决定的；

（二）超越法定职权作出准予行政许可决定的；

（三）违反法定程序作出准予行政许可决定的；

（四）对不具备申请资格或者不符合法定条件的申请人准予行政许可的；

（五）依法可以撤销行政许可的其他情形。

被许可人以欺骗、贿赂等不正当手段取得行政许可的，应当予以撤销。

依照前两款的规定撤销行政许可，可能对公共利益造成重大损害的，不予撤销。

依照本条第一款的规定撤销行政许可，被许可人的合法权益受到损害的，行政机关应当依法给予赔偿。依照本条第二款的规定撤销行政许可的，被许可人基于行政许可取得的利益不受保护。

第七十条　有下列情形之一的，行政机关应当依法办理有关行政许可的注销手续：

（一）行政许可有效期届满未延续的；

（二）赋予公民特定资格的行政许可，该公民死亡或者丧失行为能力的；

（三）法人或者其他组织依法终止的；

（四）行政许可依法被撤销、撤回，或者行政许可证件依法被吊销的；

（五）因不可抗力导致行政许可事项无法实施的；

（六）法律、法规规定的应当注销行政许可的其他情形。

第七章　法律责任

第七十一条　违反本法第十七条规定设定的行政许可，有关机关应当责令设定该行政许可的机关改正，或者依法予以撤销。

第七十二条　行政机关及其工作人员违反本法的规定，有下列情形之一的，由其上级行政机关或者监察机关责令改正；情节严重的，对直接负责的主管人员和其他直接责任人员依法给予行政处分：

（一）对符合法定条件的行政许可申请不予受理的；

（二）不在办公场所公示依法应当公示的材料的；

（三）在受理、审查、决定行政许可过程中，未向申请人、利害关系人履行法定告知义务的；

（四）申请人提交的申请材料不齐全、不符合法定形式，不一次告知申请人必须补正的全部内容的；

（五）未依法说明不受理行政许可申请或者不予行政许可的理由的；

（六）依法应当举行听证而不举行听证的。

第七十三条　行政机关工作人员办理行政许可、实施监督检查，索取或者收受他人财物或者谋取其他利益，构成犯罪的，依法追究刑事责任；尚不构成犯罪的，依法给予行政处分。

第七十四条　行政机关实施行政许可，有下列情形之一的，由其上级行政机关或者监察机关责令改正，对直接负责的主管人员和其他直接责任人员依法给予行政处分；构成犯罪的，依法追究刑事责任：

（一）对不符合法定条件的申请人准予行政许可或者超越法定职权作出准予行政许可决定的；

（二）对符合法定条件的申请人不予行政许可或者不在法定期限内作出准予行政许可决定的；

（三）依法应当根据招标、拍卖结果或者考试成绩择优作出准予行政许可决定，未经招标、拍卖或者考试，或者不根据招标、拍卖结果或者考试成绩择优作出准予行政许可决定的。

第七十五条　行政机关实施行政许可，擅自收费或者不按照法定项目和标准收费的，由其上级行政机关或者监察机关责令退还非法收取的费用；对直接负责的主管人员和其他直接责任人员依法给予行政处分。

截留、挪用、私分或者变相私分实施行政许可依法收取的费用的，予以追缴；对直接负责的主管人员和其他直接责任人员依法给予行政处分；构成犯罪的，依法追究刑事责任。

第七十六条　行政机关违法实施行政许可，给当事人的合法权益造成损害的，应当依照国家赔偿法的规定给予赔偿。

第七十七条　行政机关不依法履行监督职责或者监督不力，造成严重后果的，由其上级行政机关或者监察机关责令改正，对直接负责的主管人员和其他直接责任人员依法给予行政处分；构成犯罪的，依法追究刑事责任。

第七十八条　行政许可申请人隐瞒有关情况或者提供虚假材料申请行政许可的，行政机关不予受理或者不予行政许可，并给予警告；行政许可申请属于直接关系公共安全、人身健康、生命财产安全事项的，申请人在一年内不得再次申请该行政许可。

第七十九条　被许可人以欺骗、贿赂等不正当手段取得行政许可的，行政机关应当依法给予行政处罚；取得的行政许可属于直接关系公共安全、人身健康、生命财产安全事项的，申请人在三年内不得再次申请该行政许可；构成犯罪的，依法追究刑事责任。

第八十条　被许可人有下列行为之一的，行政机关应当依法给予行政处罚；构成犯罪的，依法追究刑事责任：

（一）涂改、倒卖、出租、出借行政许可证件，或者以其他形式非法转让行政许可的；

（二）超越行政许可范围进行活动的；

（三）向负责监督检查的行政机关隐瞒有关情况、提供虚假材料或者拒绝提供反映其活动情况的真实材料的；

（四）法律、法规、规章规定的其他违法行为。

第八十一条　公民、法人或者其他组织未经行政许可，擅自从事依法应当取得行政许可的活动的，行政机关应当依法采取措施予以制止，并依法给予行政处罚；构成犯罪的，依法追究刑事责任。

第八章　附　则

第八十二条　本法规定的行政机关实施行政许可的期限以工作日计算，不含法定节假日。

第八十三条本法自 2004 年 7 月 1 日起施行。

本法施行前有关行政许可的规定，制定机关应当依照本法规定予以清理；不符合本法规定的，自本法施行之日起停止执行。

第9章　具体行政行为：行政确认、行政监督检查

🎯 回顾第8章行政许可内容

1. 行政许可的前提是什么？
2. 行政许可有哪些作用？
3. 行政许可的事项概括为哪六项？
4. 不能设定行政许可的事项有哪些？
5. 行政许可权设定的主体是什么？
6. 行政许可的正式设定依据是什么？
7. 我国实施行政许可的主体有哪些？

🎯 **法律文化体认与领悟**

法治应成为我们的核心价值观。

🎯 **本章主要内容**

主要介绍一些最常见且极为重要的具体行政行为形式，如行政命令、行政征收、行政许可、行政确认、行政监督、行政处罚、行政强制、行政给付、行政奖励和行政裁决。明确这些具体行政行为形式的作用，掌握这些具体行政行为的实施程序。

◆■

 案例导入

赵某等诉县公安消防大队行政确认越权案

2007 年 10 月 30 日下午 2 时，四川省某县 5 岁儿童刘某在家中揣了两盒火柴，准备到邻居杨某的私营纸厂内玩耍。刚走进纸厂门口便碰到邻居赵某（5 岁）。赵某发现刘某揣有火柴，急忙跑去告诉纸厂业主杨某，杨即叫其女儿杨某玲（10 岁）把刘某的火柴收了，但刘某坚持不交。杨某便喊刘某回家去，刘某不但没回家，反而径直往纸厂走去。赵某也跟随其后。二人走到纸厂晾草纸的地方，捡了些草纸放在地上，用火柴点燃草纸取乐。玩了一会儿，两个小孩未将火熄灭，便各自回到自己家中。他们走后大约 10 分钟，晾晒草纸的厂房便燃烧起来。纸厂的工人和闻讯赶来的村民将火扑灭。但由于纸厂周围未砌围

· 113 ·

墙，又没配置灭火器，仍造成3间房屋、20吨草纸全部烧毁和制浆设备、主机、电动机毁损等共计7万余元损失。

次日，某县公安局消防大队接到报案后，立即赶赴火灾现场，对火灾现场进行了勘查，并向有关知情人员询问调查后，于同年11月1日分别作出火灾原因认定书和火灾事故责任书。认定火灾原因系刘某、赵某两儿童玩火引起，其监护人赵某兰、刘某全对造成火灾损失负直接责任，业主杨某负次要责任。赵某兰、刘某全不服某县公安消防大队作出的火灾原因和责任认定，向其上级部门某市公安消防支队申请重新认定。某市公安消防支队维持了某县公安消防大队的认定。赵某兰、刘某全遂以某县公安消防大队为被告，向法院提起行政诉讼。

法院受理案件后，因该案与业主杨某具有法律上的利害关系，遂依法追加其为本案第三人参加诉讼。

原告赵某兰、刘某全认为被告作出的火灾原因和火灾事故责任认定事实不清，主要证据不足，请求予以撤销。

被告某县公安消防大队认为火灾原因和火灾事故责任认定只是鉴定结论，不是具体行政行为，也不属于行政诉讼法明确规定的受案范围，故不是可诉行政行为，请求法院裁定驳回原告起诉。

原告代理人认为，公安部2000年3月20日的公复字（2000）3号批复虽然确认消防机构的认定不是一种独立的具体行政行为，不属于人民法院的受案范围，但该批复实则是对人民法院受案范围作出的限制，系超越职权行为，不能作为有效的规范性文件采用。

被告及其委托人则认为，消防部门的火灾原因和火灾事故责任认定不属行政诉讼受案范围。理由有四点：（1）火灾原因、火灾事故责任认定不直接确定当事人的权利义务，因此不是具体行政行为。公安消防机构作出的火灾原因认定和责任事故认定，是公安消防机构运用自己的专业知识，利用专门的仪器、设备，就与火灾原因和责任有关的专门问题所作的技术性结论，属于证据。当事人对此有异议，只能申请重新鉴定，且重新鉴定是终局鉴定。因此，火灾原因、事故责任认定是一种鉴定结论。（2）火灾原因、火灾事故责任认定不具有强制执行力，不能直接申请法院强制执行，与行政行为特有的效力特征不符，故不是具体行政行为。（3）公安部公复字（2000）3号批复明确规定，火灾事故责任认定不属于《行政诉讼法》第11条规定的受案范围。该批复已编入最高人民法院《司法文件选》，表明得到了最高人民法院的认可，不存在超越职权和无法律依据问题。（4）公安部《火灾事故调查规定》第4条明确规定"火灾原因、火灾事故责任的重新认定为最终决定"，当事人对重新认定不能再提起诉讼。

问题：本案中，原、被告争论的焦点是公安消防部门作出的火灾原因和火灾事故责任认定，是鉴定行为还是具体行政行为？其认定书是行政确认还是鉴定结论？

9.1 行政确认

9.1.1 行政确认的概念与特征

行政确认（Affirmance Activities）是指行政主体依法对行政相对人的法律地位、法律关系和法律事实进行甄别，给予确定、认可、证明并予以宣告的具体行政行为。行政确认是行政处理的表现形式。行政确认的概念包含三层含义：

（1）行政确认的主体是特定的国家行政机关和法律、法规授权的组织。行政主体的行政确认行为是针对法律规范规定的需确认的事项，是根据法定的条件、依照一定的程序作出的。

（2）行政确认的内容是确定或否定相对方的法律地位和权利义务。其直接对象为与这些权利义务、法律地位紧密相关的特定的法律事实或法律关系。行政主体通过确定特定的法律事实或法律关系是否存在，来达到确定或否定相对方的法律地位或权利义务的目的。

（3）行政确认的性质是行政主体所为的具体行政行为，其确认权属于国家行政权的组成部分。因此，行政确认行为不同于行政机关的调解行为和仲裁行为。行政确认行为一般都是具有强制力的行政行为，有关当事人必须服从，否则会受到相应的处理。

与其他行政行为相比，行政确认主要具有如下特征：

（1）行政确认是要式行政行为。由于行政确认是对特定法律事实或法律关系是否存在的甄别和宣告，所以，行政主体在作出确认行为时，必须以书面的形式，并按照一定的技术规范要求作出。参加确认的有关人员还应签署自己的姓名并由进行确认的行政主体加盖印鉴。

（2）行政确认是羁束行政行为。行政确认的目的是确定管理相对方的法律地位和权利义务，是严肃的法律行为，具有严格的规范性。行政确认所宣告是否存在的法律事实或法律关系也是由客观事实和法律规定决定的，并受到各种技术规范的制约。

（3）行政确认外在表现形式多样化。由于行政确认的内容是特定法律事实或法律关系，基于法律事实和法律关系的复杂多样，决定了行政确认法律文书的多样化，如权利证书、法证明文书、认证书、登记证书、批注文书、签证书、鉴定书、认定书等。

（4）行政确认往往会成为行政、司法等处理的前提或者依据。行政主体通常以行政确认作为作出行政处理决定的前提，规定管理相对方的法律地位和权利义务。有些行政确认不会对行政相对人的权利义务产生实际影响，只是对后续行政处理、司法裁判起到证据作用。确认与许可也常常是同一行政行为的两个步骤，一般是确认在前，许可在后。行政确认还是行政裁决和行政处罚的依据。

9.1.2 行政确认的主要形式与基本分类

1. 行政确认的主要形式

根据法律规范和行政活动的实际情况，行政确认的形式主要有以下几种：

（1）确定。即对个人、组织法律地位和权利义务的确认。如颁发专利证书、商标专用权证书中确认专利权、商标权等。

（2）认可。又称认证。是行政主体对个人、组织已有法律地位和权利义务以及确认事项是否符合法律要求的承认和肯定。如对企业性质的判定，产品质量是否合格的认证等。

（3）证明。即行政主体向其他人明确肯定被证明对象的法律地位、权利义务或某种情况。如公安机关开具的无犯罪记录证明。

（4）登记。即行政主体应申请人申请，在政府有关登记簿册中记载行政相对人的某种情况或事实，并依法予以正式确认的行为。如工商企业登记、房屋产权登记、户口登记、社团登记、婚姻登记等。

（5）批准。即行政主体对相对人申请事项或某种法律行为，经审查后对符合条件者予以认可或同意的行为。如开办"三资"企业须先经国家对外贸易主管部门审查批准后才能办理企业登记手续。

（6）鉴证。即对某种法律关系的合法性予以审查后确认或证明其效力的行为。如工商管理机关对经济合同的鉴证等。

（7）行政鉴定。即行政主体对特定的法律事实或客体的性质、状态、质量等进行的客观评价。如纳税鉴定、审计鉴定、会计鉴定等。

2. 行政确认的基本分类

依据不同的标准可以对行政确认作出不同的分类。

（1）按行为的动因不同可以分为依申请的行政确认和依职权的行政确认。前者是指必须由相对方提出申请，行政主体才能进行的确认。如工商企业登记、婚姻登记等。后者是指行政主体依据法定职权而主动实施的行政确认，又称主动的行政确认。如纳税鉴定、审计鉴定等。

（2）按行政确认对他种行为的关系的不同，可以分为独立的行政确认和附属的行政确认。前者是指不依赖他种行政行为而独立存在的行政确认行为。如各种证明行为。后者是指他种行政行为依赖于该行为而存在，该行为的完成是他种行为成立的必要前提，是他种行政行为的补充，该行为的法律效果归属于他种行政行为。如自然资源所有权、使用权发生争议后，当事人申请主管行政机关解决，处理机关就必须在确认权属之后才能进行裁决。

（3）按行政确认的对象不同可划分为：①对身份的确认；②对能力的确认；③对事实的确认；④对法律关系的确认；⑤对权利归属的确认。这是行政确认最重要的分类。对身份的行政确认，如颁发居民身份证。对能力或资格的行政确认，如授予各种技术职业资格。对事实的行政确认，如对各种商品质量的检验认证、货物原产地证明等。对法律关系的行政确认，如对经济合同的鉴证就是对法律关系的行政确认。对权利归属的行政确认，包括对不动产所有权的行政确认，如房屋所有权证书；对不动产使用权的行政确认，如土地使用权证书；对经营权的行政确认，如核发营业执照等；对工业产权的行政确认，如颁发专利证书等。

9.1.3 行政确认的作用

行政确认的作用，主要体现在以下几个方面：

（1）为行政管理和法院审判活动提供准确、客观的处理依据。对合法行为的肯定、相对方法律地位的明确、行为性质的承认、法律关系的维护，为处理和解决当事人之间的争议和纠纷，提供了准确、可靠的客观依据。而且，依法处理行政违法行为，首先要确定其行为性质和状态，判明事故等级，分清当事人的责任大小，否则就谈不到法律的适用。

（2）有利于预防各种纠纷的发生。通过行政确认，可以明确当事人的法律地位、法律关系和法律事实，不致因含糊不清或处于不稳定状态而发生争议，将有利于预防纠纷的发生。事实证明，当事人及时向行政机关申请，取得行政确认，对预防和减少纠纷起到了较大的作用。

（3）有利于保护相对方的合法权益。确认可以是事先对既有法律关系的确认，也可以是对权利之争的确定，两者都和个人、组织的合法权益有关。事先确认，将使个人、组织的权益得到法律的承认，任何人不得侵犯。如对企业性质的认定，就是一种事先保护。在权利争议中，行政机关依法确定权利的归属，如对土地所有权的确认，则是一种事后对个人、组织合法权益的保护。

（4）有利于行政机关进行科学管理。现代行政管理几乎离不开行政确认。行政确认的本质在于使个人、组织的法律地位和权利义务取得法律上的承认，这样，个人和组织才能申请各种需要取得的权利，才能保护各种已经存在或已经取得的权利，并且通过证明等手段使其权利为他人所公认。可见，行政确认是国家行政管理和维护经济秩序、社会秩序的一种重要手段。

9.2　行政监督检查

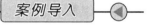
案例导入

内外串通，混淆税种

2008年10月某市国税局稽查局检查人员在对本辖区纳税户进行检查时发现，市酿造公司下属独立核算的白酒厂自该年1月以来，月应纳税额明显下降，尤其消费税应纳税额下降较大。遂决定对该企业纳税情况进行重点检查。

检查人员进驻企业后，首先审查了企业的财务报表，注意到企业2007年销售成本无多大变化。通过核查"产品销售收入"账户，发现在包装、质量、数量都没有变动的情况下，企业粮食酒类产品销售额2007年8月比7月平均下降30%多。检查人员从企业采购原材料开始，对企业生产环节、销售环节逐部门进行检查，在对销售部检查时发现客户在购货时要到两个窗口交完款后，才能办好提货单。对此，财务人员解释：一个窗口是收酒款的，另一个窗口是收运杂费的。当检查人员提出白酒厂账面未记载运杂费收入时，财务人员解释说本厂在销售过程中一切装卸和运输业务均由某运输队承包，客户买酒由该运输队运送。检查人员对这个窗口进行了检查，发现该运输队在收取运费时通过有意加大运输里程等手段，超额收取运杂费。针对这一不合理现象，检查人员采取到运输队取证的办法进行调查。原来该运输队也是市酿酒公司下属的独立核算单位，自 2007 年 8 月通过多收运杂费的方式，将市白酒厂的部分销售收入转移出来，多收的部分，交完营业税后以上交管理费的形式交给市酿酒公司，市酿酒公司再以借款的方式拨给白酒厂。这样白酒厂通过外部配合，以只缴 3% 营业税的极少代价，偷逃了 17% 的增值税和 25% 的消费税。

问题：某市国税局稽查局的检查是不是合法的？

9.2.1　行政监督检查的概念与特征

行政监督检查（Examination Activities）有时又称行政调查，指行政主体依法定职权，对相对方遵守法律、法规、规章，执行行政命令、决定的情况进行检查、了解、监督的行政行为。其特征有：

（1）其主体是享有某项行政监督检查权的国家行政机关和法律法规授权的组织。前者如实施税务检查的税务机关，后者如实施食品卫生监督检查的卫生防疫站。国家行政主体为实现行政管理职能，依法对公民、法人或其他组织是否遵照执行行政命令或决定所进行的监督检查活动，这是外部行政监督（outer administrative supervision）。

（2）其对象是作为行政相对方的公民、法人或其他组织。不过当行政机关以被管理者的身份，从事某项活动时，也可以成为相关行政机关行政监督检查的对象。

（3）其内容是相对方遵守法律、法规、规章，执行行政机关的决定、命令的情况。

（4）其性质是一种依职权的单方具体行政行为，是一种独立的法律行为。行政监督检查的法律意义就在于它虽然不直接改变相对方的实体权利与义务，但它可以对相对方设定某些程序性义务和对其权利进行一定的限制。它与行政立法、行政许可、行政处罚、行政强制措施等行为密切相联，成为行政职能管理过程中不可或缺的环节。行政监督检查的实施，可能会引起行政处罚，也可能引起行政奖励，还可能不引起任何其他行政行为，但均不影响行政监督检查行为的独立存在，也不影响其法律后果的产生。

（5）其目的是为了防止和纠正相对方的违法行为，保障法律、法规、规章的执行和行政目标的实现。

9.2.2　行政监督检查的作用

行政监督检查作为一种间接的管理手段，在行政法治建设中有十分重要的作用。

（1）可及时反馈法律、法规实施的效果，为法律、法规的制定、修改、废止提供实践依据。行政法律、法规制定以后，能否产生积极的社会效果，其执行是否有困难、有阻力，是否切实可行，哪些地方有欠缺，通过行政监督检查都能直接地反映出来，从而为下一步的改进与完善提供依据。

（2）可预防和及时纠正相对方的违法行为。建立行政监督检查机制，对相对方有一种外在的具有威慑力的约束作用，可预防其实施违法行为，督促其执行行政机关的决定和命令。通过监督检查，行政机关能及时了解相对方守法的情况，及时发现问题，纠正相对方的违法行为。

（3）保证行政法律、法规的执行，以实现行政管理目标。行政机关对社会的管理有规范、指导、监督、处罚、奖励等手段，监督检查成为实现行政目标的必不可少的手段，通过对相对方执行、遵守法律、法规情况的监督检查，从而保证法律、法规、规章的贯彻执行。

9.2.3 行政监督检查的分类

行政监督检查可根据不同的标准进行分类。通常的分类有：

（1）以行政监督检查的对象是否特定为标准，可分为一般监督与特殊监督。一般监督是针对不特定的相对方实施的监督，具有巡察、普查的性质，如工商管理人员对市场经营者有无营业执照实施的监督检查。特定监督是对具体的相对方进行的监督检查，如税务机关要求其管辖的某企业定期报送其报表及其他账册。

（2）以行政监督检查的内容为划分标准，可分为公安行政监督检查、工商行政监督检查、海关监督检查、环境保护监督检查，等等。每一管理部门的监督检查又包括许多具体内容，如公安行政监督检查包括户籍管理监督检查、治安管理监督检查、出入境管理监督检查等等。

（3）以实施行政监督检查的时期为划分标准，可分为事前监督、事中监督、事后监督。事前监督的特点是实施于相对方某一行为完成之前，如事先登记、注册、申报情况等。事中监督是指对相对方正在实施的行为进行监督检查，如对行政合同履行情况的检查。事后监督是对相对方已实施完的行为所进行的检查，如对已完成的工作进行的检查。事前监督可防患于未然。事中监督可及时发现问题。事后监督可对已发生的问题采取补救措施。

（4）以行政监督检查机构的任务为划分标准，可分为专门监督与业务监督。专门监督是指由专门从事监督检查，本身并无其他管理任务的国家行政机关实行的监督检查，如商检局、审计署等。业务监督是指担负管理与监督双重任务的行政机关所进行的监督检查，如工商、税务、卫生等有关行政机关都担负了这种双重任务。

（5）以行政监督检查与监督主体的职权关系为标准，可分为依职权的监督、依授权的监督、依委托的监督。依职权的监督是行政主体依据自身的行政职责权限所实施的监督检查，如税务机关的税务检查、物价机关的物价检查等。依授权的监督是指行政主体依照法律、法规授予的行政监督检查权所实施的监督检查，如渔政渔港监督管理机构根据《海洋环境保护法》的规定，取得对渔港船舶排污进行监督检查的权力。依委托的监督是指委托单位以被委托机关名义就受委托事项进行的监督检查，如水务管理部门委托物业公司对代收污水处理费的监督检查等。

除上述分类外，还存在其他分类，如将行政监督检查分为守法监督、执行监督和社会监督等。我国行政监督体系主要有司法监督，比如人民检察院的监督；行政监督，比如上级机关对下级机关的监督；社会监督，比如老百姓可以上访；舆论监督，比如报纸、广播电台、电视台的舆论监督。

9.2.4 行政监督检查的方法

行政监督检查的方法，又称行政监督检查的手段或方式。根据我国法律、法规的规定和行政管理的实践，我国行政监督检查的方法主要有：

（1）检查。检查是一种最常用的监督方法。检查有很多形式，如综合检查、专题检查；全面检查、抽样检查；定期检查、临时检查；现场检查、人身检查；等等。

（2）审查。审查是一种常见的书面监督检查方法。行政主体为查明和证实有关问题，对相对方的有关文件、证件、报表、账册等进行审查，以确定这些文件、证件、报表、账册本身的真伪和内容的真伪，进而从中发现问题。

（3）调查。调查是行政主体为证实和查明相应问题，以各种方式从相对方或其他个人、组织处收集信息，了解相关情况和问题的发生过程，以得出该问题的存在与否和问题大小、轻重等结论。调查有一般调查、专案调查、联合调查、专题调查、现场调查等。调查可以通过询问、讯问、鉴定、勘验以及审查文件、材料、账册等各种方式进行。

（4）查验。查验是行政主体对相对方某种证件或物品进行检查、核对，以确定相关证件、物品的真伪等情况，以实现行政监督检查的目的。如我国《居民身份证法》规定："公安机关在执行任务时，有权查验居民身份证，被查验的公民不得拒绝。"

（5）检验。检验是行政主体或行政主体委托其他技术性机构对相对方的某种物品进行检查、鉴别或化验，以确定相应物品的成分、构成要素是否符合标准等。如我国《标准化法》规定，县以上的政府标准化行政主管部门，可以根据需要设置检验机构，或者授权其他单位的检验机构对产品是否符合标准进行检验。

（6）鉴定。鉴定是指行政主体或行政主体委托其他技术性机构对相对方的某种物品或材料、证件等进行鉴别、评定，以确定真伪、优劣，或确定其性质成分等。如我国《母婴保健法》规定，县级以上地方人民政府可以设立医学技术鉴定组织，负责对婚前医学检查、遗传病诊断和产前诊断结果有异议的进行医学技术鉴定。

（7）勘验。勘验是行政主体或行政主体委托其他组织对行政相对方实施某种行为的场地进行实地查看，了解相应行为的现场情况，以确定有关个人、组织是否参与了相应行为以及参与者的责任情况。如我国《道路交通安全法》规定，公安机关交通管理部门接到交通事故报警后，应当立即派交通警察赶赴现场。交通警察应当对交通事故现场进行勘验、检查，收集证据。

（8）登记。登记是指行政主体要求相对方就某特定事项向其申报、说明，由行政主体记录在册的行为。登记作为一种行政监督检查方法，便于行政主体及时了解相对方的相关情况。如通过出生登记、户口登记，对人口情况进行监督。

（9）统计。这是行政主体通过统计数据了解相对方情况的一种监督方法。统计监督的方法种类繁多、应用广泛，如人口统计、劳务统计、物价统计、生产统计等。

上述监督检查方法中，最常见的有检查、审查、调查、检验、鉴定、勘验等。

9.2.5 行政监督检查的程序

行政监督检查是一种间接的管理手段，属于具体行政行为，要遵循一定的行政程序。实践中行政监督检查的程序主要有：

（1）表明身份。行政主体的工作人员在实施行政监督检查时，应佩带公务标志或出示相关证件，以表明自己有权执法的身份。目前我国在税务、公安、卫生、物价等有关法律、法规中，已明确规定了行政检查主体实施检查时应明示公务身份。

（2）对有关实物、场所实施监督检查时，通知当事人到场，进行公开检查。当事人无正当理由拒不到场的，不影响检查的进行。

（3）依照法定时间或正常时间及时进行。不得拖延而超过正常检查所需时间，应坚决杜绝变相拘禁或扣押。

（4）某些特别检查，必须有法律的明确授权，应当符合法定的特别要件和方式。如进入公民住宅内进行检查时，必须持有搜查证；对女性人身的检查，应当由女工作人员进行。

（5）说明理由。在作出不利于相对方的检查结论前要允许相对方陈述和申辩，并说明作出监督检查结论的理由。

（6）告知权利。行政主体应在作出不利于相对方的监督检查结论后，告知相对方相应的救济手段（补救手段）。

小结

介绍了行政确认和行政监督检查两种具体行政行为。阐述了行政确认的概念、特征、主要形式、基本分类及其作用。阐述了行政监督检查的概念、特征、作用、分类以及行政监督检查的方法和程序。

思考题

1. 什么是行政确认？它有何特征？
2. 行政确认的主要形式有哪些？
3. 行政确认的基本分类有哪些？
4. 什么是行政监督检查？它有何特征？
5. 最常见的行政监督检查方法有哪些？
6. 行政监督检查的程序是怎样的？

实务训练九

一、用 PowerPoint 课件在班上讲演我国主要的行政机关。（一次最多讲三组）

二、真实案例：今日说法——云阳 120 迷宫（重庆云阳县）（行政职责）

视频播放后，教师引导学生运用行政法学基础理论对此案例进行讨论，必要时，教师对此案例作总结评析。

三、主题交流：关于我国行政监督的现状、存在问题及对策的思考，国外行政监督制度及对我国的借鉴作用。（5 人或 5 组事先有准备的同学发言，其他同学可即兴参与）

四、复习第 8 章行政许可内容

（一）填空题

1. 由第十届全国人民代表大会常务委员会第四次会议于 2003 年 8 月 27 日通过的《中华人民共和国行政许可法》于_____施行。

2. 除可以当场作出行政许可决定的外，行政机关应当自受理行政许可申请之日起

_____日内作出行政许可决定。需要延长时间的，经_____批准，可以延长十日，并应当告知申请人。

3. 行政机关作出准予行政许可的决定，应当自作出决定之日起_____日内向申请人颁发、送达行政许可证件，或者加贴、加盖检验、检测、检疫印章。

4. 申请材料不齐全或者不符合法定形式的，应当当场或者在五日内一次告知申请人需要补正的全部内容，逾期不告知的，自收到申请材料之日起即视为_____。

5. 申请事项依法不需要取得行政许可的，应当_____告知申请人不受理。

6. 行政机关在审查申请人提交的申请材料时需要对实质内容进行核实的，应当指派_____名以上工作人员进行。

7. 法律、法规、规章规定实施行政许可应当听证的事项，或者行政机关认为需要听证的其他涉及_____的重大行政许可事项，应当举行听证。

8. 被许可人需要延续依法取得的行政许可的有效期的，应当在行政许可有效期届满_____日前向行政许可决定的行政机关提出申请。

9. 行政机关对于申请人申请延续行政许可的申请逾期未作决定的，视为_____。

10. 赋予公民特定资格的行政许可，该公民死亡或者丧失行为能力的、法人或者其他组织依法终止的，行政机关应当依法办理有关行政许可的_____。

11. 行政机关应当对公民、法人或者其他组织从事行政许可事项的活动实施_____。

12. 实施行政许可，应当遵循_____的原则，提高办事效率，提供优质服务。

13. 法律、法规授权的_____的组织在法定授权范围内以自己的名义实施行政许可。

14. 申请书需要采用格式文本的，行政机关应当向申请人提供行政许可申请书格式文本。但是，申请书格式文本不得包含与申请行政许可事项_____的内容。

15. 有数量限制的行政许可，两个或者两个以上申请人的申请均符合法定条件、标准的，行政机关应当根据受理行政许可申请的_____作出准予行政许可的决定。但是，法律、行政法规另有规定的，依照其规定。

16. 行政机关受理或者不受理行政许可申请，应当出具_____和_____的书面凭证。

17. 行政机关依法作出不予行政许可的书面决定的，应当_____，并告知申请人享有依法申请行政复议或者提起行政诉讼的权利。

18. 行政机关对行政许可申请进行审查时，发现行政许可事项直接关系他人重大利益的，应当_____该利害关系人。

19. 行政机关实施行政许可，依照法律、行政法规收取费用的，应当按照_____收费。

20. 在实施行政许可过程中，未向申请人、利害关系人履行法定告知义务，情节严重的，对_____依法给予处分。

21. 行政机关作出的准予行政许可决定，应当予以公开，_____有权查阅。

22. 公民的合法权益因行政机关违反实施行政许可受到损害的，有权依法要求行政机关_____。

23. 被许可人以欺骗、贿赂等不正当手段取得的行政许可，应当_____，但对公共利益可能造成重大损害的除外。

24. 《行政许可法》规定了听证程序，行政机关应当于举行听证的_____日前通知申请人、利害关系人听证的时间、地点等，听证应当制作笔录，最后行政机关应当根据_____作出行政许可决定。

25. 法律、行政法规设定的行政许可，其适用范围设有地域限制的，申请人取得的行政许可在_____有效。

26. 按照许可的内容，可以将行政许可分为_____和_____。

27. 行政机关不依法履行监督职责或监督不力，造成严重后果的，由其_____责令改正，对（直接负责的主管人员和其他直接责任人员）依法给予行政处分。

28. 行政机关应当将法律、法规、规章规定的有关行政许可的事项、依据、条件、数量、程序、期限以及需要提交的全部材料的目录和申请书示范文本等在_____公示。

29. 行政机关实施行政许可，擅自收费或者不按照法定基础上和标准收费的，由其上级行政机关_____；对直接责任的主管人员和其他直接责任人员依法给予_____。

30. 法律、法规、规章规定实施行政许可应当听证的事项，或者行政机关认为需要听证的其他_____的重大行政许可事项，行政机关应当向社会公告，并举行听证。

31. 违法设定的行政许可，有关机关应当责令设定该行政许可的机关改正，或者_____。

32. 行政许可需要行政机关内设的多个机构办理的，该行政机关应当_____统一受理行政许可申请，统一送达行政许可决定。

33. 根据《行政许可法》规定，行政许可的_____和_____，适用本法。

34. 根据《行政许可法》规定，公民、法人或者其他组织对行政机关实施行政许可，享有_____、_____。

35. 根据《行政许可法》规定，行政机关采用_____等其他行政管理方式能够解决的，可以不设行政许可。

36. 根据《行政许可法》规定，省、自治区、直辖市人民政府规章可以设定临时性的行政许可。临时性的行政许可实施满_____年需要继续实施的，应当提请本级人民代表大会及其常务委员会制定地方性法规。

37. 根据《行政许可法》规定，国务院对于尚未制定法律的，可用行政法规的形式设定行政许可。必要时，国务院可以采用发布_____的方式设定行政许可。

38. 根据《行政许可法》规定，省、自治区、直辖市人民政府对行政法规设定的有关_____的行政许可，根据本行政区域经济和社会发展情况，认为通过本法第十三条所列方式能够解决的，报国务院批准后，可以在本行政区域内停止实施该行政许可。

（二）判断题

1. 未经作出行政许可决定的行政机关批准，被许可人不得擅自停业、歇业。（　　）

2. 行政机关实施行政许可的期限含法定节假日。（　　）

3. 个人发现违法从事行政许可事项的活动，有权向行政机关举报。（　　）

4. 行政许可是指行政机关经依法审查，准予公民、法人或者其他组织从事特定活动的行为。（　　）

5. 各级人民代表大会及其常务委员会应当定期对行政许可进行评价、修改和废止。（　　）

6. 行政许可的听证只能依申请而举行。（　　）

7. 行政许可直接涉及申请人与他人之间重大利益关系的，行政机关在作出行政许可决定前，应当告知申请人、利害关系人享有要求听证的权利。（　　）

8. 行政许可的设定权和实施权做到了相对分离，有利于权力相互监督。（　　）

9. 行政机关对行政许可申请进行审查后，除当场作出行政许可决定外，应当在法定期限内按照规定程序作出行政许可决定。（　　）

10. 行政机关依法做出不予行政许可的书面决定的，可以不说明理由。（　　）

11. 被许可人以贿赂手段取得的行政许可一律应当撤销。（　　）

12. 行政许可的实施和结果应当一律公开。（　　）

13. 因不可抗力导致行政许可事项无法实施的，行政机关应当依法办理有关行政许可的注销手续。（　　）

14. 公民、法人或者其他组织对行政机关实施的行政许可结果不服的，有权依法申请行政复议或者提起行政诉讼。（　　）

15. 设定行政许可，应当遵循经济和社会发展规律，有利于发挥公民、法人或者其他组织的积极性、主动性，维护公共利益和社会秩序，促进经济、社会和生态环境协调发展。（　　）

16. 行政机关将法律、法规、规章规定的有关行政许可的事项、依据、条件、数量、程序、期限以及需要提交的全部材料的目录和申请书示范文本等必须在公共场所公示。（　　）

17. 申请人提交的申请材料齐全、符合法定形式，行政机关应当当场作出书面的行政许可决定。（　　）

18. 行政许可所收取的费用必须全部上缴国库，任何机关或者个人不得以任何形式截留、挪用、私分或者变相私分。（　　）

19. 上级行政机关有权纠正下级行政机关在实施行政许可过程中的违法行为。（　　）

20. 行政机关依法对被许可人从事行政许可事项的活动进行监督检查时，应当将监督检查的情况和处理结果予以记录，由监督检查人员签字后归档。公众有权查阅行政机关监督检查记录。（　　）

21. 行政机关可以对被许可人生产经营的产品依法进行抽样检查、检验、检测，对其生产经营场所依法进行实地检查。（　　）

22. 行政机关实施行政许可，擅自收费或者不按照法定项目和标准收费的，由其上级行政机关或者监察机关责令退还非法收取的费用；对直接负责的主管人员和其他直接责任人员依法给予行政处分。（　　）

23. 行政机关违法实施行政许可，给当事人的合法权益造成损害的，应当依照国家赔偿法的规定给予赔偿。（　　）

24. 全国人大及其常委会、国务院和省级地方人大及其常委会可以设定行政许可，省级人民政府可以依据法定条件设定临时性行政许可，其他国家机关一律不得设定行政许可。（　　）

25. 符合法定条件、标准的，申请人有依法取得行政许可的平等权利，行政机关不得歧视。　　　　　　　　　　　　　　　　　　　　　　　　　　（　　）

26. 实施行政许可，应遵循便民原则，提高办事效率，提供优质服务。　　（　　）

27. 行政机关不得擅自改变已经生效的行政许可。　　　　　　　　　　　（　　）

28. 行政机关应当对公民、法人或者其他组织从事行政许可事项的活动实施有效监督。
　　　　　　　　　　　　　　　　　　　　　　　　　　　　　　　　（　　）

29. 行政机关作出行政许可决定，依法需要听证、检测、鉴定和专家评审的，所需时间应计算在法定期限内。　　　　　　　　　　　　　　　　　　　　　　（　　）

30. 行政许可申请不可以通过传真和电子邮件等方式提出。　　　　　　　（　　）

31. 地方性法规和省、自治区、直辖市人民政府规章有权设定企业或者其他组织的设立登记及其前置性行政许可。　　　　　　　　　　　　　　　　　　　　　（　　）

32. 法规、规章对实施上位法设定的行政许可作出的具体规定时，可以增设其他行政许可。　　　　　　　　　　　　　　　　　　　　　　　　　　　　　　　（　　）

33. 行政机关应当自受理行政许可申请之日起二十日内作出行政许可决定。（　　）

34. 取得烟草专卖品批发企业许可证后，企业还想从事卷烟零售经营，应向作出行政许可的烟草专卖局提出变更申请。　　　　　　　　　　　　　　　　　　　（　　）

35. 市场竞争机制能够有效调节的有限自然资源的开发利用事项，可以不设定行政许可。　　　　　　　　　　　　　　　　　　　　　　　　　　　　　　　　（　　）

36. 应当先经下级行政机关审查后报上级行政机关决定的行政许可，上级行政机关可以要求申请人重复提出申请材料。　　　　　　　　　　　　　　　　　　　（　　）

37. 申请人不得委托代理人提出行政许可申请。　　　　　　　　　　　　（　　）

38. 行政许可证件依法被吊销的，行政机关不再办理该行政许可的注销手续。（　　）

39. 对符合法定条件申请人，不予行政许可，或不在法定期限内作出准予行政许可决定的，行政许可机关直接负责的主管人员和其他直接责任人员应依法受到行政处分；构成犯罪的，依法追究刑事责任。　　　　　　　　　　　　　　　　　　　（　　）

40. 法规规章对行政许可条件作出具体规定，不得增设违法上位法的其他条件。
　　　　　　　　　　　　　　　　　　　　　　　　　　　　　　　　（　　）

41. 有数量限制的行政许可，两个或者两个以上申请人的申请均符合法定条件、标准的，行政机关应当根据受理行政许可申请的条件作出准予行政许可的决定。但是，法律、行政法规另有规定的，依照其规定。　　　　　　　　　　　　　　　　　（　　）

42. 行政许可设定机关，对已设定的行政许可认为通过采用事后机关等其他行政管理方式能够解决的，应当对设定行政许可的规定及时予以修改或者废止。　　　（　　）

43. 《烟草专卖许可证管理办法》规定，烟草专卖发证机关应当在受理烟草专卖批发企业许可证申请之日起三十日内审批发证，而根据《行政许可法》规定，一般情况下，行政机关应当自受理行政许可申请之日起二十日内作出行政许可决定。当以上两个规范性文件规定不一致时，应以《行政许可法》的规定为准。　　　　　　　　（　　）

44. 申请人、利害关系人不承担行政机关组织听证的费用。　　　　　　　（　　）

45. 行政机关根据检验、检测、检疫结果，作出不予行政许可决定的，应当书面说明

不予行政许可所依据的技术标准、技术规范。（　　）

46. 行政许可只能由具有行政许可权的行政机关在其法定职权范围内实施。（　　）

47. 直接关系人身健康的特定活动，需要按照法定条件予以批准的事项，必须设定行政许可。（　　）

48. 行政机关依法变更或者撤回已经生效的行政许可，给公民造成财产损失的，行政机关不予补偿。（　　）

49. 受委托行政机关在委托范围内，以受委托行政机关名义实施行政许可。（　　）

50. 对直接关系人身健康的产品的检验、检测、检疫，除法律、行政法规规定由行政机关实施的外，应当逐步由符合法定条件的专业技术组织实施。（　　）

51. 申请材料不齐全的，应当当场或者在五日内一次告知申请人需要补正的全部内容。（　　）

52. 行政机关不予受理行政许可申请时，不必出具书面凭证。（　　）

53. 全国人大及其常委会和国务院有权设定有关行政许可的费用，其他任何机关均无权设定该收费项目。（　　）

54. 行政机关对提供的行政许可申请书格式文本，可以收取工本费。（　　）

55. 申请材料存在错误的，都应当让申请人取回去更正。（　　）

56. 行政许可法规定，存在可撤销情形的行政许可，行政机关可视情况不撤销该行政许可。（　　）

57. 行政许可法规定，撤销行政许可，可能对公共利益造成重大损害的，不予撤销。（　　）

58. 对违反法定程序作出的行政许可决定的，作出行政许可决定的行政机关可以依法撤回。（　　）

59. 有关行政机关对其直接管理的事业单位人事的审批，不属于行政许可法规定的行政许可。（　　）

60. 行政许可法规定：有关行政许可的规定应当公布。未经公布的，不得作为实施行政许可的依据。（　　）

61. 行政许可申请可以通过传真提出。（　　）

62. 依法取得的行政许可，不得转让。（　　）

63. 根据法定条件和程序，需要对申请材料的实质内容进行核实的，行政机关应当派1名工作人员进行核查。（　　）

64. 根据行政许可法，只有法律、法规或者规章有规定时，行政机关才可以在其法定职权范围内委托实施行政许可。（　　）

65. 根据行政许可法，被委托实施行政许可的主体应当是具有管理公共事务职能的组织。（　　）

66. 根据行政许可法，受委托机关可以再委托其他组织或者个人实施行政许可。（　　）

67. 行政机关实施行政许可和对行政许可事项进行监督检查，不得收取任何费用。但是，法律、地方性法规另有规定的，依照其规定。（　　）

68. 行政许可需要行政机关内设的多个机构办理的，该行政机关应当确定一个机构统

一受理行政许可申请，统一送达行政许可决定。 （　　）

69. 省级人民政府可以自行决定一个行政机关行使有关行政机关的行政许可权。

（　　）

70. 根据行政许可法，听证应当制作笔录，行政机关可以参照听证笔录作出行政许可决定。 （　　）

71. 行政机关工作人员滥用职权、玩忽职守作出准予行政许可决定的，依法不予撤销。

（　　）

72. 违法对不具备申请资格的申请人作出准予行政许可决定，撤销可能对公共利益造成重大损害的，依法不予撤销。 （　　）

73. 作出行政许可决定的行政机关或者其上级行政机关，都可以行使行政许可的撤销权。 （　　）

74. 行政许可有效期届满未延续的，行政机关可以撤回行政许可。 （　　）

75. 行政机关不得要求申请人提交与其申请的行政许可事项无关的技术资料和其他材料。 （　　）

76. 行政机关逾期未作延续行政许可决定的，视为准予延续。 （　　）

五、阅读以下材料，并理解其重点内容

阅读材料九

消防监督检查规定

（2012 年 7 月 17 日公安部令第 120 号公布 自 2012 年 11 月 1 日起施行）

（全文略）

中华人民共和国道路交通安全法（节选）

第六章　执法检查

（全文略）

中华人民共和国行政许可法（节选）

第六章　监督检查

（见第 8 章行政许可法相关内容）

中华人民共和国税收征收管理法（节选）

第四章　税务检查

（全文略）

第 10 章　具体行政行为：行政处罚

🎯 回顾 9.1 行政确认、9.2 行政监督检查内容

1. 行政确认的主体是什么？
2. 行政确认有哪些特征？
3. 行政确认的主要形式概括为哪七种？
4. 行政确权主要包括哪几个方面？
5. 行政监督检查的对象是什么？
6. 行政监督检查的方法主要是什么？
7. 行政监督检查的程序是怎样规定的？

🎯 法律文化体认与领悟

"法无禁止即自由""法无授权即禁止"

🎯 本章主要内容

主要介绍行政处罚的概念、特征，行政处罚的原则，行政处罚的种类与形式，以及行政处罚的管辖与实施程序。

━━

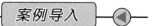

案例导入

祝某不服某县航运管理站处罚案

2007 年 5 月 11 日，祝某向某县郑某购买"黄河号"拖船一艘。某地区航运管理处所属某处所属某县航运管理站告知祝某，郑某欠养河费 4000 元，未交清养河费之前，该船不准买卖，不准出境。祝某不听，将船运走。2008 年 1 月 24 日，祝某向航运管理站申请，自愿代交郑某欠的养河费 4000 元，要求办理买船过户手续。2008 年 4 月，某地区航运管理处同意了祝某的要求，发给买船登记过户手续和营运证书。2008 年 4 月至 8 月，祝某用该船营运，应交养河费 1400 元，连同其代交的养河费 4000 元，共计 5400 元，祝某均未缴纳。

某县航运站根据上述情况，依据国务院发布的《中华人民共和国内河交通安全管理条例》（以下简称《条例》）第 21、49 条和某省政府发布的《乡镇船舶安全管理办法》（以

下简称《办法》）第 16 条的规定，对祝某给予罚款 200 元和扣留船舶的行政处罚。祝某不服，向某市人民法院起诉，要求撤销处罚。

问题：本案中，某省制定的地方政府规章是否违法？如果违法，根据该违法的行政规章实施的行政处罚行为是否违法？

10.1 行政处罚的概念及其特征

行政处罚（administrative punishment）是行政机关或其他行政主体依照法定权限和程序对违反行政法规范尚未构成犯罪的相对方给予行政制裁的具体行政行为。

行政处罚与行政强制、行政许可被认为是主要的三种政府行政行为。行政处罚作为国家行政管理的有效手段之一，被广泛运用于行政管理的各个领域。行政处罚为行政执法行为，是一种行政处理，对行政相对人具有十分重要的影响。为有效规范和保障监督行政处罚这种公权力，国家也专门出台了《中华人民共和国行政处罚法》。行政处罚的特征有：

（1）行政处罚的主体是行政机关或法律、法规授权的其他行政主体。某一特定行政机关是否拥有处罚权和拥有何种、多大范围内的处罚权，都由法律、法规予以明确的规定。虽然行政处罚权主要是属于行政机关的，但如果经由法律授权或行政机关委托，行政处罚权的实施权亦可由被授权、被委托的组织行使。

（2）行政处罚的对象是作为相对方的公民、法人或其他组织。行政机关基于行政隶属关系或监察机关依职权对其公务员所作出的行政处分，不是这里所讲的行政处罚，即是说，行政处罚是对外的具体行政行为。

（3）行政处罚的前提是相对方实施了违反行政法律规范的行为。也就是说，只有相对方实施了违反行政法律规范的行为，才能给予行政处罚。只有法律、法规规定必须处罚的行为才可以处罚，法律、法规没有规定的就不能处罚。

（4）行政处罚的性质是一种以惩戒违法为目的具有制裁性的具体行政行为。这种制裁性体现在：对违法相对方权益的限制、剥夺，或对其科以新的义务。这使之与刑事制裁、民事制裁相区别，也区别于行政奖励行为或赋权性的行政许可行为。

10.2 行政处罚的原则

行政处罚的原则是指对行政处罚的设定和实施具有普遍指导意义的准则。行政处罚应遵循以下原则：

1. 处罚法定原则

《行政处罚法》第二条明确规定，"行政处罚的设定和实施，适用本法"。这是行政合法性原则（或依法行政原则）在行政处罚中的具体体现和要求，指行政处罚必须依法进行。处罚法定原则包含：

（1）主体法定。设定和实施处罚的主体必须是法定的国家相关立法主体和行政主体。行政处罚基本由中央设定，即由法律、行政法规设定，地方性法规和规章作为补充。在地方，以地方性法规设定为主，地方政府的规章作补充。不具有法定职权的行政机关，不能实施特定的行政处罚。

（2）依据法定。处罚的依据是法定的，法无明确规定不得罚。"法定"中的"法"，从《行政处罚法》来看，包括法律、行政法规、地方性法规和规章，这些"法"是分层次的，效力有高低、大小之分。

（3）程序法定。行政处罚既要求实体合法，也要求程序合法，即应遵循法定程序。

2. 处罚与教育相结合原则

这是指行政处罚不仅是制裁行政违法行为的手段，也是教育人们遵守法律的一种形式。行政处罚的目的不仅是"惩"已然的违法行为，而且也"戒"未然的违法行为。通过惩罚，使人们认识到违法行为的危害，从而养成自觉守法的意识。对于已然的违法行为，必须以处罚作为教育的后盾，决不能以教育代替惩罚，否则达不到教育的目的。

3. 公正与公开原则

所谓公正，就是公平、正直，没有偏私。所谓公开，就是处罚过程要公开，要有相对方的参与和辩解。坚持处罚公正、公开原则，必须做到：

（1）实施处罚的动因符合行政目的；

（2）处罚决定要建立在正当考虑的基础上，即应该考虑的相关因素必须考虑，不应该考虑的因素不去考虑；

（3）处罚的轻重程度与违法事实、性质、情节及危害大小相适应；

（4）行政处罚行为还必须合乎理性，不能违背常理、常规，不能违背共同的道德。

4. 处罚救济原则（无救济即无处罚原则）

指行政主体对相对方实施行政处罚时，必须保证相对方取得救济途径，否则不能实施行政处罚。处罚救济原则是保证行政处罚合法、公正行使的事后补救措施。公民、法人或其他组织对行政处罚不服的有权依法申请行政复议或者提起行政诉讼，因行政机关违法给予行政处罚受到损害的，有权依法提出赔偿要求。

5. 一事不再罚原则

指对相对方的某一违法行为，不得给予两次以上同类处罚。或者说，相对方的一个行为违反一种行政法规范时，只能由一个行政机关作出一次处罚，不能多头处罚或者重复处罚。这里要注意：行为人的同一个违法行为，违反一个法律、法规规定，该法律、法规同时规定施罚机关可以并处两种处罚的，不违背一事不再罚原则；违法行为性质严重已构成犯罪的，依法追究其刑事责任的同时，应予行政处罚的当然适用。

6. 过罚相当原则

指行政主体对违法行为人适用行政处罚，所科罚种和处罚幅度要与违法行为人的违法过错程度相适应，既不轻过重罚，也不重过轻罚，避免畸轻畸重的不合理、不公正的情况。这一原则不仅是行政处罚适用或实施时所应遵循的原则，也是行政处罚设定时所应遵循的原则。

10.3 行政处罚的种类与形式

行政处罚可以根据不同的标准进行分类。以行政处罚的内容为标准，可分为以下几种类型（见表10-1所示）：

1. 人身自由罚

人身罚是指行政机关实施的在短期内限制或剥夺公民人身自由的行政处罚。它是行政处罚中最为严厉的处罚种类。目前，我国法律规定的人身自由罚是行政拘留。拘留分行政拘留、刑事拘留、司法拘留三种。行政拘留与其它拘留不同，也称治安拘留，是对违反治安管理的人，依法在短期内限制其人身自由的一种处罚。行政拘留的期限一般为1日以上15日以下，有两项以上违法行为"并处"的，不受此限。行政拘留决定由县、市公安局、公安分局或相当于县一级公安机关作出。

2. 行为罚

行为罚是限制和剥夺违法相对方某种行为能力或资格的处罚措施，有时也称能力罚。行为罚的主要形式有：责令停产停业、吊销许可证、执照等。

（1）责令停产停业。这是限制违法相对方从事生产、经营活动的处罚方式。如《食品卫生法》规定，主管机关对违法生产、经营食品的企业可责令其停业改进。责令停产停业一般常附有限期整顿的要求，如果受罚人在限期内纠正了违法行为，可恢复生产、营业。责令停产停业一般适用于下列违法行为：①生产经营者实施了比较严重的违法行为，其行为后果比较严重；②从事加工、生产与人的生命健康密切相关（如药品、食品等）的已经或可能威胁人的生命健康的商品，或者出版对人的精神生活产生不良影响的出版物、音像制品等违法行为。

（2）吊销、暂扣许可证和执照。吊销许可证和执照，是禁止相对方从事某种特许权或资格的处罚。它是指行政主体依法收回或暂扣违法者已获得的从事某种活动的权利或资格的证书，达到取消被处罚者的一定资格和剥夺、限制某种特许权利的目的。吊销、扣留许可证和执照适用的条件，是在对违法者实施其他形式的行政处罚不足以实现制裁目的时，还需要禁止其从事某种职业活动。如《道路交通安全法》第91条规定，饮酒后驾驶营运机动车的，处暂扣3个月机动车驾驶证，并处500元罚款。

（3）科以相对方某种作为义务。这类措施含有赔偿的性质，即要求相对方停止侵害，恢复到侵害前的状态，如责令违法相对方限期治理恢复植被等。

3. 财产罚

财产罚是指使被处罚人的财产权利和利益受到损害的行政处罚。这种处罚在于使违法者缴纳一定数额的金钱或者是没收一定的财物，并不影响其人身自由和进行其他活动的权利。财产罚适用范围广泛，也是一种行之有效的行政处罚。

（1）罚款。罚款是指行政主体强制违法相对方承担金钱给付义务的处罚形式。罚款在行政处罚形式中是适用最广泛的一种形式，也是存在问题最多的。我国已在执法中不断完善相关制度建设，以发挥罚款的有效作用，限制其不利因素。

（2）没收财物（没收非法所得，没收非法财物）。没收财物是由行政主体实施的将行政违法行为人的部分或全部违法收入、物品或其他非法占有的财物收归国家所有的处罚方式。没收财物的行政处罚又可具体包括没收非法所得和没收非法财物。没收可以视情节轻重而决定部分没收或全部没收。

（3）责令金钱或物资赔偿。是指行政主体要求违法相对方就其违法行为给其他个人、组织或国家造成的损害进行赔偿的处罚措施。如我国《海洋环境保护法》规定，"造成海洋环境污染损害的责任者，应当排除危害，并赔偿损失；完全由于第三者的故意或者过失，造成海洋环境污染损害的，由第三者排除危害，并承担赔偿责任。对破坏海洋生态、海洋水产资源、海洋保护区，给国家造成重大损失的，由依照本法规定行使海洋环境监督管理权的部门代表国家对责任者提出损害赔偿要求。"

4. 声誉罚

是指行政主体对违法者的名誉、荣誉、信誉或精神上的利益造成一定损害以示警戒的行政处罚，故又称申诫罚或精神罚。声誉罚既适用于个人也适用于组织，其主要形式有警告、通报批评等。

（1）警告。是指行政主体对违法者实施的一种谴责和告诫。一般适用于情节轻微或未构成实际危害结果的违法行为。既可单处也可并处。既可适用于自然人，也可适用于法人或其他组织。如我国《道路交通安全法》第88条规定，对道路交通安全违法行为的处罚种类包括：警告、罚款、暂扣或者吊销机动车驾驶证、拘留。

（2）通报批评。是指行政主体以公开、公布的方式，使被处罚人的名誉权受到损害，既教育违法者，又可广泛地教育他人的一种行政处罚形式。通报批评往往单独使用。

表 10-1　行政处罚的种类

理论分类	自由罚	行为罚	财产罚	声誉罚	其他处罚
立法分类	行政拘留	责令停产停业；暂扣或吊销许可证、执照	罚款；没收违法所得、没收非法财物	警告	可由法律、行政法规规定

10.4　行政处罚的管辖

1. 行政处罚的主体

行政处罚必须由享有法定权限的行政机关或法律、法规授权的组织实施。依照法律规定，行政机关可以将某些行政处罚实施权委托给其他机关或组织，但对于行政拘留等涉及人身自由的行政处罚权则只能由法定行政机关行使，不得委托其他机关、组织代行。（见表 10-2 所示）

表 10-2　行政处罚的设定

	可创设	可规定	注意问题
法律	各种处罚	各种处罚	限制人身自由的处罚由法律保留
行政法规	限制人身自由之外的	在上位法规定给予处罚的行为、种类和幅度范围内对已有处罚做出规定	可设定吊销企业营业执照的处罚
地方性法规	限制人身自由、吊销企业营业执照之外的		可设定暂扣企业营业执照的处罚
部门规章	警告；罚款		①罚款限额由国务院规定②直属机构规定处罚须经授权
地方性规章	警告；罚款		罚款限额由省级人大常委会规定

2. 行政处罚的管辖规则

（1）行政处罚案件由违法行为发生地的行政主体管辖。但如果由违法行为人住所地行政主体管辖更为方便的，经与行为发生地行政主体协商也可由违法行为人住所地行政主体管辖。

（2）两个以上行政主体都有管辖权的，或者违法行为地点难以查明的，由最先查处的行政主体管辖。

（3）管辖权发生争执的，应协商解决；协商不成，报其共同上级行政机关指定管辖。

（4）行政主体实施行政处罚，如果违法行为人、证人、关系人不在其管辖区域，应委托所在行政区域的行政机关讯问或调查取证。

（5）行政处罚的级别管辖由具体的法律、法规规定。但上一级行政机关有权管辖下一级行政主体管辖的行政处罚案件；下级行政主体对所管辖的处罚案件，如认为确有必要，可以报请上一级行政机关管辖。

（6）行政主体如认为自己所查处的违法行为已构成犯罪的，应将案件移送司法机关。（见表 10-3 所示）

行政处罚有其实施规则。（见表 10-4 所示）

表 10-3　行政处罚的实施机关

地域管辖机关	违法行为发生地，包括行为实施地与结果发生地等
级别管辖机关	县级以上政府的有权机关
指定管辖机关	对管辖权有争议的由共同的上一级机关指定
集中处罚机关	国务院或其授权的省级政府可以决定集中处罚，该综合执法机关在行政处罚领域具有主体资格；中央垂直领导机关的处罚权和限制人身自由的处罚权不得被集中行使

表 10-4　行政处罚的实施规则

一事不再罚	对一个行为，任何机关不得以同一事由（实施一个行为、违反一个规范）再次做出处罚；对一个行为，任何机关不得以多个事由（实施一个行为、违反多个规范）做出同一种类的处罚。
责任能力	不满 14 周岁不予处罚，已满 14 不满 18 周岁从轻或减轻处罚；精神病人在不能辨认或控制自己行为时违法不予处罚，间歇性精神病人在精神正常时违法应予处罚
处罚时效	违法行为发生之日起，或连续继续行为终了之日起 2 年后不再处罚

10.5　行政处罚的决定程序

1. 行政处罚的简易程序

行政处罚的简易程序又称当场处罚程序，指在具备某些条件的情况下，由执法人员当场作出行政处罚的决定，并且当场执行的步骤、方式、时限、形式等过程

适用简易程序的条件是：

（1）违法事实确凿；

（2）有法定依据；

（3）较小数额罚款或者警告的行政处罚。

较小数额的罚款，是指对公民处以 50 元以下，对法人或其他组织处以 1000 元以下罚款。通常属轻微的违法行为，这类案件简单，影响较小，社会危害性不大，故可以适用简易程序。

当场处罚时应遵循下列程序：

（1）表明身份。它是表明处罚主体是否合法的必要手续，执法人员应向当事人出示执法身份证件或委托书。

（2）说明处罚理由。执法人员应主动向当事人说明其违法行为的事实，说明其违反的法律规范和给予行政处罚的理由和依据。

（3）给予当事人陈述和申辩的机会。当事人可以口头申辩，执法人员要予以正确、全面的口头答辩，使当事人心服口服，而不得因当事人的申辩而加重处罚。

（4）制作笔录。执法人员对当事人的违法行为的客观状态当场制作笔录。

（5）制作当场处罚决定书。当场处罚决定书应是由有管辖权的行政机关或组织统一制作的有格式、有编号的两联处罚决定书，由执法人员填写。

（6）备案。执法人员当场作出的行政处罚决定，必须向所属行政机关备案，以便接受监督和检查。

2. 行政处罚的一般程序

行政机关实施行政处罚，必须有法定的依据并严格遵守法定程序。行政处罚的一般程序又称普通程序，是行政处罚中的一个基本程序，它具有内容最完善、适用最广泛的特

点。除法律、法规另有规定外，任何一个行政处罚决定必须适用一般处罚程序，否则，将直接影响到该决定的效力。

行政处罚的一般程序包括以下几个步骤：

（1）立案。行政主体通过行政检查监督发现行政相对方个人、组织实施了违法行为，或者通过受理公民的申诉、控告、举报，或由其他信息渠道知悉相对方实施了违法行为，应先予以立案。

立案是行政处罚的启动程序，应通过一定的法律形式表现出来。对于符合立案条件的，应当填写立案报告表或立案审批表（有的部门或机关可能是立案决定书），在经本机关主管负责人审查批准后即完成了法律上的立案程序。

（2）调查取证。行政相对方的违法行为立案后，行政主体即应客观全面公正地调查收集有关证据。必要时，依照法律、法规的规定可以进行检查。调查或检查时，执法人员不得少于两名。行政主体有权向社会调查和收集证据。在进行调查取证时，可依法暂扣违法行为嫌疑人的物证书证。在调查取证过程中，根据需要还可以进行鉴定、勘验。

（3）说明理由并告知权利。行政主体在作出行政处罚决定前，应告知当事人作出行政处罚决定的事实、理由与依据，并告知当事人应当享有的权利，说明理由告知权利的主要意义在于：给当事人以针对处罚理由、根据进行申辩的机会，以及保证当事人在行政处罚过后及时请求救济，防止错过救济时效。

（4）听取当事人陈述与申辩。行政主体在调查取证之后和作出行政处罚裁决之前，应给予被调查人以申辩的机会。被调查人依法陈述的，行政主体必须充分听取，制作申辩笔录。对其提出的事实理由和证据，应当进行复核；复核成立的，应当采纳。

（5）作出行政处罚决定。行政主体通过调查取证，且听取了被指控人的申辩后，如审查确认违法事实确实存在，且已事实清楚，证据确凿，即可依法根据情节轻重及具体情况作出处罚决定。

（6）制作行政处罚决定书。行政主体作出处罚决定时，应制作行政处罚决定书，并且载明：

①当事人的姓名（或名称）地址；

②违反法律、法规或规章的事实与证据；

③行政处罚的种类和依据；

④行政处罚的履行方式和期限；

⑤不服处罚决定申请复议或起诉的途径和期限；

⑥作出行政处罚决定的行政机关的名称和作出决定的日期。

此外，还必须加盖作出处罚决定的行政机关的印章。

（7）送达行政处罚决定书。行政处罚决定书的送达方式有三种：直接送达、留置送达和邮寄送达。行政处罚决定书一经送达，便产生一定的法律效果。当事人提起行政复议或行政诉讼的期限，从送达之日起计算。（见表10-5所示）

表 10-5　行政处罚的实施程序

	简易程序	一般程序	听证程序
适用条件	①事实确凿并有依据 ②对公民 50 元以下、对单位 1000 元以下罚款或警告	不适用简易或听证程序的情况	①责令停产停业、吊销许可证或执照、大额罚款 ②当事人要求
行政机关权利义务	①报所属机关备案 ②可由 1 人执法并签名盖章	①调查检查至少 2 人执法 ②行政机关负责人（集体）作出决定	①应告知听证权利 ②非本案调查人员主持
相对人权利义务	不服可复议或起诉	处罚时不告知事实理由依据，或拒听取陈述申辩的，可主张处罚不成立	①有权申请主持人回避 ②可委托 1 至 2 人代理
重要时限	处罚决定书须当场交付	①经批准可保存证据并在 7 日内处理 ②当事人不在场应在 7 日内送达处罚决定	①在被告知后 3 日内要求听证 ②行政机关应在听证 7 日前通知听证时间与地点

10.6　行政处罚的执行程序

行政处罚执行程序，是指确保行政处罚决定所确定的内容得以实现的程序。行政处罚决定中所确定的义务必须得到履行。行政处罚的执行程序有以下三项重要内容：

1. 实行处罚机关与收缴罚款机构相分离

《行政处罚法》确立了罚款决定机关与收缴罚款机构相分离的制度。作出罚款决定的行政机关及其工作人员不能自行收缴罚款，而由当事人到指定的银行交纳罚款，银行将收缴的罚款直接上缴国库。

但在以下情况下，可以当场收缴罚款：（1）依法给予 20 元以下罚款的；（2）不当场收缴以后难以执行的；（3）在边远、水上、交通不便地区，当事人向指定的银行缴纳罚款确有困难的，经当事人提出，行政机关及其执法人员可以当场收缴罚款。

2. 严格实行收支两条线

行政机关实施罚款、没收非法所得等处罚所收缴的款项，必须全部上缴国库，财政部门不得以任何形式向作出行政处罚的机关返还这些款项的全部或部分。

3. 行政处罚的强制实行

必要时，行政处罚可以强制实行。实行强制执行的三种措施：（1）到期不交纳罚款的，每日按罚款数额的 3% 加处罚款；（2）将查封、扣押的财物拍卖或者将冻结的存款划拨抵缴罚款；（3）申请人民法院强制执行。（见表 10-6 所示）

表 10-6　行政处罚的执行

罚缴分离	①罚缴机关分离、罚缴人员分离 ②当事人应自收到处罚决定书 15 日内到指定银行缴纳罚款
当场收缴	①适用简易程序处 20 元以下罚款或适用简易程序但不当场收缴事后难以执行的可当场收缴 ②执法人员当场收缴的罚款应当自收缴罚款之日起 2 日内交至行政机关
特殊地区	①边远水上或交通不便地区，当事人向银行缴款确有困难的经当事人提出可当场收缴 ②水上当场收缴的罚款应自抵岸起 2 日内交至行政机关，行政机关应在 2 日内交至指定银行
强制执行	①日处罚款数额 3% 的执行罚 ②直接强制 ③申请法院强制执行

小结

本节的内容以《行政处罚法》为基本依据，并结合行政管理实践而展开，重点分析了行政处罚的概念、特征，行政处罚的原则，行政处罚的种类与形式，行政处罚的管辖和行政处罚的程序。

思考题

1. 行政处罚的概念与特征是什么？
2. 行政处罚的原则有哪些？
3. 行政处罚的种类和形式各是什么？
4. 行政处罚简易程序的适用条件是什么？
5. 行政处罚的一般程序是怎样规定的？

实务训练十

一、真实案例：新闻调查——当超市面对行政执法（沈阳金丰超市）（行政处罚）

大家看法——中国禁毒报告 2007（歌手谢东在被药检证实确实吸食了毒品之后，被警方处以 10 天的拘留行政处罚。）（行政处罚）

视频播放后，教师引导学生运用行政法学基础理论对此案例进行讨论，必要时，教师对此案例作总结评析。

二、讨论：我国行政处罚的现状及其前景展望

三、复习 9.1 行政确认、9.2 行政监督检查内容

（一）填空题

1. 行政确认与行政许可的区别主要表现在二者的_____不同，_____不同。

2. 按照行政确认与行政许可的关系，确认是许可的＿＿＿＿＿＿＿＿，许可是确认的＿＿＿＿＿＿＿＿。

3. 按行政确认行为的＿＿＿＿＿＿＿不同，可以分为依申请的行政确认和依职权的行政确认。

4. 按行政确认对他种行为的关系，可以分为＿＿＿＿＿＿＿＿的行政确认和＿＿＿＿＿＿＿＿的行政确认。

5. ＿＿＿＿＿＿＿＿是指各类有权监督的主体对行政主体及其公务员是否依法进行行政管理活动所实施的监督。

6. 行政主体依法定职权对相对方遵守法律、法规、规章的情况进行检查、了解、监督的行政行为，被称为＿＿＿＿＿＿＿＿。

7. 以实施行政监督的时期为划分标准，行政监督可分为＿＿＿＿＿＿＿＿监督、＿＿＿＿＿＿＿＿监督和＿＿＿＿＿＿＿＿监督。

8. 最常见的行政监督检查方法有＿＿＿＿＿＿＿＿、审查、＿＿＿＿＿＿＿＿、检验、＿＿＿＿＿＿＿＿、勘验等。

9. 行政监督检查是一种＿＿＿＿＿＿＿＿行政管理手段。

10. 行政监督检查程序的第一步是＿＿＿＿＿＿＿＿。

（二）判断题

1. 行政确认是一种自由裁量行为。 （ ）

2. 确认与许可有时是一个行政行为的两个方面。 （ ）

3. 婚姻登记是一种依申请的行政确认。 （ ）

4. 行政监督是行政法制监督的一种方式。 （ ）

5. 检查是一种最常用的行政监督方法。 （ ）

6. 必须按照法定时间或正常时间及时进行检查是行政监督所应遵循的一个程序规则。

（ ）

7. 行政确认的法律效果既具有前溯性，也具有后及性。 （ ）

8. 行政确认是行政裁决和行政处罚的依据。 （ ）

9. 行政主体对自己行政职责的确认是行政确权。 （ ）

10. 行政监督检查是实现行政目标的重要环节。 （ ）

四、阅读以下材料，并理解其重点内容

阅读材料十

中华人民共和国行政处罚法

（1996 年 3 月 17 日第八届全国人民代表大会第四次会议通过 2017 年 9 月 1 日第十二届全国人民代表大会常务委员会第二十九次会议第二次修正）

目 录

第一章　总则

第一条　为了规范行政处罚的设定和实施，保障和监督行政机关有效实施行政管理，维护公共利益和社会秩序，保护公民、法人或者其他组织的合法权益，根据宪法，制定本法。

第二条　行政处罚的设定和实施，适用本法。

第三条　公民、法人或者其他组织违反行政管理秩序的行为，应当给予行政处罚的，依照本法由法律、法规或者规章规定，并由行政机关依照本法规定的程序实施。

没有法定依据或者不遵守法定程序的，行政处罚无效。

第四条　行政处罚遵循公正、公开的原则。

设定和实施行政处罚必须以事实为依据，与违法行为的事实、性质、情节以及社会危害程度相当。

对违法行为给予行政处罚的规定必须公布；未经公布的，不得作为行政处罚的依据。

第五条　实施行政处罚，纠正违法行为，应当坚持处罚与教育相结合，教育公民、法人或者其他组织自觉守法。

第六条　公民、法人或者其他组织对行政机关所给予的行政处罚，享有陈述权、申辩权；对行政处罚不服的，有权依法申请行政复议或者提起行政诉讼。

公民、法人或者其他组织因行政机关违法给予行政处罚受到损害的，有权依法提出赔偿要求。

第七条　公民、法人或者其他组织因违法受到行政处罚，其违法行为对他人造成损害的，应当依法承担民事责任。

违法行为构成犯罪，应当依法追究刑事责任，不得以行政处罚代替刑事处罚。

第二章　行政处罚的种类和设定

第八条　行政处罚的种类：

（一）警告；

（二）罚款；

（三）没收违法所得、没收非法财物；

（四）责令停产停业；

（五）暂扣或者吊销许可证、暂扣或者吊销执照；

（六）行政拘留；

（七）法律、行政法规规定的其他行政处罚。

第九条　法律可以设定各种行政处罚。

限制人身自由的行政处罚，只能由法律设定。

第十条　行政法规可以设定除限制人身自由以外的行政处罚。

法律对违法行为已经作出行政处罚规定，行政法规需要作出具体规定的，必须在法律规定的给予行政处罚的行为、种类和幅度的范围内规定。

第十一条　地方性法规可以设定除限制人身自由、吊销企业营业执照以外的行政处罚。

法律、行政法规对违法行为已经作出行政处罚规定，地方性法规需要作出具体规定的，必须在法律、行政法规规定的给予行政处罚的行为、种类和幅度的范围内规定。

第十二条　国务院部、委员会制定的规章可以在法律、行政法规规定的给予行政处罚的行为、种类和幅度的范围内作出具体规定。

尚未制定法律、行政法规的，前款规定的国务院部、委员会制定的规章对违反行政管理秩序的行为，可以设定警告或者一定数量罚款的行政处罚。罚款的限额由国务院规定。

国务院可以授权具有行政处罚权的直属机构依照本条第一款、第二款的规定，规定行政处罚。

第十三条　省、自治区、直辖市人民政府和省、自治区人民政府所在地的市人民政府以及经国务院批准的较大的市人民政府制定的规章可以在法律、法规规定的给予行政处罚的行为、种类和幅度的范围内作出具体规定。

尚未制定法律、法规的，前款规定的人民政府制定的规章对违反行政管理秩序的行为，可以设定警告或者一定数量罚款的行政处罚。罚款的限额由省、自治区、直辖市人民代表大会常务委员会规定。

第十四条　除本法第九条、第十条、第十一条、第十二条以及第十三条的规定外，其他规范性文件不得设定行政处罚。

第三章　行政处罚的实施机关

第十五条　行政处罚由具有行政处罚权的行政机关在法定职权范围内实施。

第十六条　国务院或者经国务院授权的省、自治区、直辖市人民政府可以决定一个行政机关行使有关行政机关的行政处罚权，但限制人身自由的行政处罚权只能由公安机关行使。

第十七条　法律、法规授权的具有管理公共事务职能的组织可以在法定授权范围内实施行政处罚。

第十八条　行政机关依照法律、法规或者规章的规定，可以在其法定权限内委托符合本法第十九条规定条件的组织实施行政处罚。行政机关不得委托其他组织或者个人实施行政处罚。

委托行政机关对受委托的组织实施行政处罚的行为应当负责监督，并对该行为的后果承担法律责任。

受委托组织在委托范围内，以委托行政机关名义实施行政处罚；不得再委托其他任何组织或者个人实施行政处罚。

第十九条　受委托组织必须符合以下条件：

（一）依法成立的管理公共事务的事业组织；

（二）具有熟悉有关法律、法规、规章和业务的工作人员；

（三）对违法行为需要进行技术检查或者技术鉴定的，应当有条件组织进行相应的技术检查或者技术鉴定。

第四章　行政处罚的管辖和适用

第二十条　行政处罚由违法行为发生地的县级以上地方人民政府具有行政处罚权的行政机关管辖。法律、行政法规另有规定的除外。

第二十一条　对管辖发生争议的，报请共同的上一级行政机关指定管辖。

第二十二条　违法行为构成犯罪的，行政机关必须将案件移送司法机关，依法追究刑事责任。

第二十三条　行政机关实施行政处罚时，应当责令当事人改正或者限期改正违法行为。

第二十四条　对当事人的同一个违法行为，不得给予两次以上罚款的行政处罚。

第二十五条　不满十四周岁的人有违法行为的，不予行政处罚，责令监护人加以管教；已满十四周岁不满十八周岁的人有违法行为的，从轻或者减轻行政处罚。

第二十六条　精神病人在不能辨认或者不能控制自己行为时有违法行为的，不予行政处罚，但应当责令其监护人严加看管和治疗。间歇性精神病人在精神正常时有违法行为的，应当给予行政处罚。

第二十七条　当事人有下列情形之一的，应当依法从轻或者减轻行政处罚：

（一）主动消除或者减轻违法行为危害后果的；

（二）受他人胁迫有违法行为的；

（三）配合行政机关查处违法行为有立功表现的；

（四）其他依法从轻或者减轻行政处罚的。

违法行为轻微并及时纠正，没有造成危害后果的，不予行政处罚。

第二十八条　违法行为构成犯罪，人民法院判处拘役或者有期徒刑时，行政机关已经给予当事人行政拘留的，应当依法折抵相应刑期。

违法行为构成犯罪，人民法院判处罚金时，行政机关已经给予当事人罚款的，应当折抵相应罚金。

第二十九条　违法行为在二年内未被发现的，不再给予行政处罚。法律另有规定的除外。

前款规定的期限，从违法行为发生之日起计算；违法行为有连续或者继续状态的，从行为终了之日起计算。

第五章　行政处罚的决定

第三十条　公民、法人或者其他组织违反行政管理秩序的行为，依法应当给予行政处罚的，行政机关必须查明事实；违法事实不清的，不得给予行政处罚。

第三十一条　行政机关在作出行政处罚决定之前，应当告知当事人作出行政处罚决定的事实、理由及依据，并告知当事人依法享有的权利。

第三十二条　当事人有权进行陈述和申辩。行政机关必须充分听取当事人的意见，对当事人提出的事实、理由和证据，应当进行复核；当事人提出的事实、理由或者证据成立的，行政机关应当采纳。

行政机关不得因当事人申辩而加重处罚。

第一节　简易程序

第三十三条　违法事实确凿并有法定依据，对公民处以五十元以下、对法人或者其他组织处以一千元以下罚款或者警告的行政处罚的，可以当场作出行政处罚决定。当事人应当依照本法第四十六条、第四十七条、第四十八条的规定履行行政处罚决定。

第三十四条　执法人员当场作出行政处罚决定的，应当向当事人出示执法身份证件，填写预定格式、编有号码的行政处罚决定书。行政处罚决定书应当当场交付当事人。

前款规定的行政处罚决定书应当载明当事人的违法行为、行政处罚依据、罚款数额、时间、地点以及行政机关名称，并由执法人员签名或者盖章。

执法人员当场作出的行政处罚决定，必须报所属行政机关备案。

第三十五条　当事人对当场作出的行政处罚决定不服的，可以依法申请行政复议或者提起行政诉讼。

第二节　一般程序

第三十六条　除本法第三十三条规定的可以当场作出的行政处罚外，行政机关发现公民、法人或者其他组织有依法应当给予行政处罚的行为的，必须全面、客观、公正地调查，收集有关证据；必要时，依照法律、法规的规定，可以进行检查。

第三十七条　行政机关在调查或者进行检查时，执法人员不得少于两人，并应当向当事人或者有关人员出示证件。当事人或者有关人员应当如实回答询问，并协助调查或者检查，不得阻挠。询问或者检查应当制作笔录。

行政机关在收集证据时，可以采取抽样取证的方法；在证据可能灭失或者以后难以取得的情况下，经行政机关负责人批准，可以先行登记保存，并应当在七日内及时作出处理决定，在此期间，当事人或者有关人员不得销毁或者转移证据。

执法人员与当事人有直接利害关系的，应当回避。

第三十八条　调查终结，行政机关负责人应当对调查结果进行审查，根据不同情况，分别作出如下决定：

（一）确有应受行政处罚的违法行为的，根据情节轻重及具体情况，作出行政处罚决定；

（二）违法行为轻微，依法可以不予行政处罚的，不予行政处罚；

（三）违法事实不能成立的，不得给予行政处罚；

（四）违法行为已构成犯罪的，移送司法机关。

对情节复杂或者重大违法行为给予较重的行政处罚，行政机关的负责人应当集体讨论决定。

在行政机关负责人作出决定之前，应当由从事行政处罚决定审核的人员进行审核。行政机关中初次从事行政处罚决定审核的人员，应当通过国家统一法律职业资格考试取得法律职业资格。

第三十九条　行政机关依照本法第三十八条的规定给予行政处罚，应当制作行政处罚决定书。行政处罚决定书应当载明下列事项：

（一）当事人的姓名或者名称、地址；

（二）违反法律、法规或者规章的事实和证据；

（三）行政处罚的种类和依据；

（四）行政处罚的履行方式和期限；

（五）不服行政处罚决定，申请行政复议或者提起行政诉讼的途径和期限；

（六）作出行政处罚决定的行政机关名称和作出决定的日期。

行政处罚决定书必须盖有作出行政处罚决定的行政机关的印章。

第四十条　行政处罚决定书应当在宣告后当场交付当事人；当事人不在场的，行政机关应当在七日内依照民事诉讼法的有关规定，将行政处罚决定书送达当事人。

第四十一条　行政机关及其执法人员在作出行政处罚决定之前，不依照本法第三十一条、第三十二条的规定向当事人告知给予行政处罚的事实、理由和依据，或者拒绝听取当事人的陈述、申辩，行政处罚决定不能成立；当事人放弃陈述或者申辩权利的除外。

第三节　听证程序

第四十二条　行政机关作出责令停产停业、吊销许可证或者执照、较大数额罚款等行政处罚决定之前，应当告知当事人有要求举行听证的权利；当事人要求听证的，行政机关应当组织听证。当事人不承担行政机关组织听证的费用。听证依照以下程序组织：

（一）当事人要求听证的，应当在行政机关告知后三日内提出；

（二）行政机关应当在听证的七日前，通知当事人举行听证的时间、地点；

（三）除涉及国家秘密、商业秘密或者个人隐私外，听证公开举行；

（四）听证由行政机关指定的非本案调查人员主持；当事人认为主持人与本案有直接利害关系的，有权申请回避；

（五）当事人可以亲自参加听证，也可以委托一至二人代理；

（六）举行听证时，调查人员提出当事人违法的事实、证据和行政处罚建议；当事人进行申辩和质证；

（七）听证应当制作笔录；笔录应当交当事人审核无误后签字或者盖章。

当事人对限制人身自由的行政处罚有异议的，依照治安管理处罚法有关规定执行。

第四十三条　听证结束后，行政机关依照本法第三十八条的规定，作出决定。

第六章　行政处罚的执行

第四十四条　行政处罚决定依法作出后，当事人应当在行政处罚决定的期限内，予以履行。

第四十五条　当事人对行政处罚决定不服申请行政复议或者提起行政诉讼的，行政处罚不停止执行，法律另有规定的除外。

第四十六条　作出罚款决定的行政机关应当与收缴罚款的机构分离。

除依照本法第四十七条、第四十八条的规定当场收缴的罚款外，作出行政处罚决定的行政机关及其执法人员不得自行收缴罚款。

当事人应当自收到行政处罚决定书之日起十五日内，到指定的银行缴纳罚款。银行应当收受罚款，并将罚款直接上缴国库。

第四十七条　依照本法第三十三条的规定当场作出行政处罚决定，有下列情形之一的，执法人员可以当场收缴罚款：

（一）依法给予二十元以下的罚款的；

（二）不当场收缴事后难以执行的。

第四十八条　在边远、水上、交通不便地区，行政机关及其执法人员依照本法第三十三条、第三十八条的规定作出罚款决定后，当事人向指定的银行缴纳罚款确有困难，经当事人提出，行政机关及其执法人员可以当场收缴罚款。

第四十九条　行政机关及其执法人员当场收缴罚款的，必须向当事人出具省、自治区、直辖市财政部门统一制发的罚款收据；不出具财政部门统一制发的罚款收据的，当事人有权拒绝缴纳罚款。

第五十条　执法人员当场收缴的罚款，应当自收缴罚款之日起二日内，交至行政机关；在水上当场收缴的罚款，应当自抵岸之日起二日内交至行政机关；行政机关应当在二日内将罚款缴付指定的银行。

第五十一条　当事人逾期不履行行政处罚决定的，作出行政处罚决定的行政机关可以采取下列措施：

（一）到期不缴纳罚款的，每日按罚款数额的百分之三加处罚款；

（二）根据法律规定，将查封、扣押的财物拍卖或者将冻结的存款划拨抵缴罚款；

（三）申请人民法院强制执行。

第五十二条　当事人确有经济困难，需要延期或者分期缴纳罚款的，经当事人申请和行政机关批准，可以暂缓或者分期缴纳。

第五十三条　除依法应当予以销毁的物品外，依法没收的非法财物必须按照国家规定公开拍卖或者按国家有关规定处理。

罚款、没收违法所得或者没收非法财物拍卖的款项，必须全部上缴国库，任何行政机关或者个人不得以任何形式截留、私分或者变相私分；财政部门不得以任何形式向作出行政处罚决定的行政机关返还罚款、没收的违法所得或者返还没收非法财物的拍卖款项。

第五十四条　行政机关应当建立健全对行政处罚的监督制度。县级以上人民政府应当加强对行政处罚的监督检查。

公民、法人或者其他组织对行政机关作出的行政处罚，有权申诉或者检举；行政机关应当认真审查，发现行政处罚有错误的，应当主动改正。

第七章　法律责任

第五十五条　行政机关实施行政处罚，有下列情形之一的，由上级行政机关或者有关部门责令改正，可以对直接负责的主管人员和其他直接责任人员依法给予行政处分：

（一）没有法定的行政处罚依据的；

（二）擅自改变行政处罚种类、幅度的；

（三）违反法定的行政处罚程序的；

（四）违反本法第十八条关于委托处罚的规定的。

第五十六条　行政机关对当事人进行处罚不使用罚款、没收财物单据或者使用非法定部门制发的罚款、没收财物单据的，当事人有权拒绝处罚，并有权予以检举。上级行政机关或者有关部门对使用的非法单据予以收缴销毁，对直接负责的主管人员和其他直接责任人员依法给予行政处分。

第五十七条 行政机关违反本法第四十六条的规定自行收缴罚款的，财政部门违反本法第五十三条的规定向行政机关返还罚款或者拍卖款项的，由上级行政机关或者有关部门责令改正，对直接负责的主管人员和其他直接责任人员依法给予行政处分。

第五十八条 行政机关将罚款、没收的违法所得或者财物截留、私分或者变相私分的，由财政部门或者有关部门予以追缴，对直接负责的主管人员和其他直接责任人员依法给予行政处分；情节严重构成犯罪的，依法追究刑事责任。

执法人员利用职务上的便利，索取或者收受他人财物、收缴罚款据为己有，构成犯罪的，依法追究刑事责任；情节轻微不构成犯罪的，依法给予行政处分。

第五十九条 行政机关使用或者损毁扣押的财物，对当事人造成损失的，应当依法予以赔偿，对直接负责的主管人员和其他直接责任人员依法给予行政处分。

第六十条 行政机关违法实行检查措施或者执行措施，给公民人身或者财产造成损害、给法人或者其他组织造成损失的，应当依法予以赔偿，对直接负责的主管人员和其他直接责任人员依法给予行政处分；情节严重构成犯罪的，依法追究刑事责任。

第六十一条 行政机关为牟取本单位私利，对应当依法移交司法机关追究刑事责任的不移交，以行政处罚代替刑罚，由上级行政机关或者有关部门责令纠正；拒不纠正的，对直接负责的主管人员给予行政处分；徇私舞弊、包庇纵容违法行为的，依照刑法有关规定追究刑事责任。

第六十二条 执法人员玩忽职守，对应当予以制止和处罚的违法行为不予制止、处罚，致使公民、法人或者其他组织的合法权益、公共利益和社会秩序遭受损害的，对直接负责的主管人员和其他直接责任人员依法给予行政处分；情节严重构成犯罪的，依法追究刑事责任。

第八章 附则

第六十三条 本法第四十六条罚款决定与罚款收缴分离的规定，由国务院制定具体实施办法。

第六十四条 本法自 1996 年 10 月 1 日起施行。

本法公布前制定的法规和规章关于行政处罚的规定与本法不符合的，应当自本法公布之日起，依照本法规定予以修订，在 1997 年 12 月 31 日前修订完毕。

第11章 具体行政行为：行政强制

🎯 回顾第10章行政处罚内容

1. 行政处罚的前提是什么？
2. 行政处罚的原则有哪些？
3. 行政处罚的种类有哪些？
4. 行政处罚中最严厉的一种是什么？
5. 适用行政处罚简易程序的条件是什么？
6. 行政处罚决定书送达有哪三种形式？

🎯 **法律文化体认与领悟**

党除了工人阶级和最广大人民群众的利益，没有自己特殊的利益。——《中国共产党党章》

🎯 **本章主要内容**

主要介绍行政强制的概念、特征、基本原则，以及行政强制措施和行政强制执行的实施程序与种类方式，并对相关制度进行了说明。

❖❖

案例导入

村民不服镇政府行政强制拆除案

原告夏某义等五人均系怀远县荆山镇梅郢社区村民，共同生活居住在一起。其在怀远县荆山镇梅郢社区梅郢大沟旁共建有房屋 67.68m²、养殖大棚 253.71m²、面积 3.15 亩的鱼塘 3 口，种植有桃树、石榴树、葡萄树、梨树、杂树等树木，养殖鸡和鹅，总占地面积 8.33 亩。

2014 年 12 月 30 日，安徽省人民政府颁发《关于怀远县 2014 年第 4 批次（增减挂钩）城镇建设用地的批复》，同意在该批次申报的怀远县荆芡乡猴洞村、城西村，城关镇梅郢社区（现更名为荆山镇梅郢社区），兰桥乡兰桥村用地范围内，征收挂钩项目区建新地块农民集体农用地 21.0048 公顷（其中耕地 20.2608 公顷）。2015 年 1 月 25 日，怀远县人民政府发布征收土地公告，因建怀远县毅德学校，需征收怀远县梅郢社区的土地，五原告的承包土地在征收范围内。

2015 年 8 月 11 日，怀远县荆山镇人民政府拟定的《怀远县毅德学校项目建设集体土地征迁补偿安置方案》被怀远县大建设办公室予以审查批复，征收安置实施单位为怀远县征地事务所，怀远县荆山镇人民政府负责具体事务。因五原告与被告未达成安置补偿协议，怀远县毅德学校项目征收工作组单方对五原告的房屋、养殖大棚、鱼塘、各种树木、围网、围墙、鸡和甲鱼的转运补偿费及土地进行了补偿计算，共计 601791 元，于 2018 年 5 月 16 日转入原告夏某义的账户。2018 年 5 月 30 日，被告组织人员对原告的房屋、土地、各项附属物、种植的果树和养殖的畜禽等进行了强制拆除与搬迁。为此，五原告起诉至安徽省怀远县人民法院法院。

一审法院认为，根据怀远县荆山镇人民政府拟定并通过的《怀远县毅德学校项目建设集体土地征迁补偿安置方案》第七条"征收安置实施单位，拆迁实施单位为怀远县征地事务所，城关镇人民政府负责具体事务。"的规定，怀远县荆山镇人民政府是实施单位。五原告的涉案房屋、土地、各项附属物、种植的果树和养殖的畜禽等被拆除征收，五原告主张系怀远县荆山镇人民政府实施，本案所涉房屋、土地等的征收、补偿及安置工作也确由怀远县荆山镇人民政府负责。按照"谁实施、谁负责"的原则，怀远县荆山镇人民政府虽然否认系其所为，但其未提供确凿证据证明上述行为不是其实施，故怀远县荆山镇人民政府系本案适格被告。根据《中华人民共和国行政强制法》的相关规定，对需要强制拆除的建筑物、构筑物、设施等，应当按照公告、决定、催告、陈述、申辩、复核、决定执行等程序逐步进行。只有当事人在法定期限内，既不申请行政复议，也不进行行政诉讼时，才能准备进行强制拆除。本案中，被告在实施拆除原告的房屋、土地、各项附属物、种植的果树和养殖的畜禽前，没有依法履行强制执行程序，在未履行公告、决定、催告、陈述、申辩、复核、决定执行等程序情况下就进行强制拆除和搬迁，其实施拆除和搬迁的具体行政行为程序违法。

经审理，一审法院判决确认被告怀远县荆山镇人民政府拆除和搬迁原告夏某义等五原告的房屋、土地、各项附属物、种植的果树和养殖的畜禽的行政行为违法。宣判后，怀远县荆山镇人民政府不服，提出上诉。安徽省蚌埠市中级人民法院经过审理，于 2020 年 4 月 2 日判决驳回上诉，维持原判。（来源于中国裁判文书网）

问题：行政强制的概念是什么？本案属于何类行政强制？为什么？

11.1 行政强制概述

11.1.1 行政强制的概念与特征

行政强制（administrative forcement）是指为了维护社会秩序、保护公民健康安全或者保障行政决定顺利实现，行政主体或其申请的人民法院对行政相对人的人身、财物依法采取的强制性的行为总称。

行政强制有以下几个主要特征：

（1）行政强制的主体是行政主体或者人民法院。按照我国《行政强制法》规定，能够实施行政强制的主体是行政机关、人民法院以及法律、行政法规授权的具有管理公共事务职能的组织。在有法律、法规、规章明确规定的情况下，由行政机关实施行政强制；在法律没有规定由行政机关强制执行的情况下，作出行政决定的行政机关应当申请人民法院强制执行。

（2）行政强制的前提是行政相对人拒不履行行政法义务，或对社会秩序及他人人身健康和安全可能构成危害，或行政相对方本身正处在或将处在某种危险状态之下。例如《警察法》规定，为制止严重违法犯罪活动的需要，公安机关的人民警察依照国家有关规定可以使用警械（包括警棍、警笛、手铐、警绳等）；遇有拒捕、暴乱、越狱、抢夺枪支或者其他暴力行为的紧急情况，公安机关的人民警察依照国家有关规定可以使用武器（包括手枪、步枪、催泪弹等）。

（3）行政强制的对象是行政相对人的财物和人身自由。例如《警察法》规定，公安机关的人民警察对严重危害公共安全或者他人人身安全的精神病人，可以采取保护性约束措施。

（4）行政强制的目的是保证法定义务的彻底实现，维护正常的社会秩序，保护公民的人身权、财产权免受侵害。行政管理秩序是一个社会最表面化的秩序，直接反映社会的文明程度和管理水平。

（5）行政强制具有单方强制性。行政强制由行政机关或人民法院单方面作出，无需相对方同意，强制性是行政强制的基本法律属性。对行政机关的行政强制行为，相对方享有陈述权、申辩权；有权依法申请行政复议或者提起行政诉讼；因行政机关违法实施行政强制受到损害的，有权依法要求赔偿。行政强制相对方因人民法院在强制执行中有违法行为或者扩大强制执行范围受到损害的，有权依法要求赔偿。

11.1.2 行政强制的种类与设定

（1）行政强制的种类

行政强制包括行政强制措施与行政强制执行。

行政强制措施，是指行政机关在行政管理过程中，为制止违法行为、防止证据损毁、避免危害发生、控制危险扩大等情形，依法对公民的人身自由实施暂时性限制，或者对公民、法人或者其他组织的财物实施暂时性控制的行为。行政强制执行，是指行政机关或者行政机关申请人民法院，对不履行行政决定的公民、法人或者其他组织，依法强制履行义务的行为。两者在目的、前提、实施主体及救济途径等方面存在明显不同，见表11-1）。

表 11-1　行政强制指施与行政强制执行的区别

	目的	前提	实施主体	救济途径
行政强制措施	制止违法行为、防止证据损毁、避免危害发生、控制危险扩大等	在行政管理过程中存在违法行为、损毁证据、发生危害、危险扩大等情形	行政机关及法律、行政法规授权的具有管理公共事务的组织	行政复议 行政诉讼 国家赔偿

	目的	前提	实施主体	救济途径
行政强制执行	实现行政决定所确定的义务	行政相对人不履行行政决定	原则上申请人民法院执行；法有明确规定时由行政机关及法律、行政法规授权的具有管理公共事务的组织执行	因实施主体不同而不同，针对行政主体可复议、可行诉、可申请国家赔偿；针对法院则可以申请国家赔偿

（2）行政强制的设定

按照《行政强制法》规定，行政强制执行由法律设定，法规、规章等其他规范性性文件无此设定权限。

行政强制措施由法律设定；尚未制定法律，且属于国务院行政管理职权事项的，行政法规可以设定除限制公民人身自由、冻结存款与汇款和应当由法律规定的行政强制措施以外的其他行政强制措施；尚未制定法律、行政法规，且属于地方性事务的，地方性法规可以设定查封场所、设施或者财物以及扣押财物的行政强制措施；法律、法规以外的其他规范性文件不得设定行政强制措施。法律对行政强制措施的对象、条件、种类作了规定的，行政法规、地方性法规不得作出扩大规定；法律中未设定行政强制措施的，行政法规、地方性法规不得设定行政强制措施；但是，法律规定特定事项由行政法规规定具体管理措施的，行政法规可以设定除限制公民人身自由、冻结存款与汇款和应当由法律规定的行政强制措施以外的其他行政强制措施。

11.1.3　行政强制的基本原则

（1）行政强制法定原则。行政强制的设定和实施，应当依照法定的权限、范围、条件和程序。没有法律依据，任何主体无权对行政强制进行设立，行政强制主体也必须按照法定的权限、程序、条件等实施行政强制。

（2）行政强制比例性原则，也称为最小损失原则、适当性原则。行政强制除要有法律根据外，行政主体还必须选择以最小损害行政管理相对人的方式进行。行政强制的设定和实施，应当适当。采用非强制手段可以达到行政管理目的的，不得设定和实施行政强制。

（3）效率与权利保障兼顾原则。效率是行使行政权力的核心价值取向。行政强制是行政权力行使的极端状态，如何实现行政效率和权利保障的平衡，是行政强制制度的核心问题。

（4）教育与强制相结合原则。实施行政强制，应当坚持教育与强制相结合。在实施行政强制过程中要对相对方进行积极的教育，能够以教育的方法达到行政管理目的的，不得以强制方法达到目的。

（5）救济原则。行政强制是行政强制主体单方对行政相对人的财产权利和人身权利的直接限制或者处分，它有可能产生违法行为，如超越权限、对不符合强制条件的行政相对人实施强制、程序违法等。行政强制后的救济途径包括行政复议、行政诉讼或者请求国家赔偿等。

11.2 行政强制措施

11.2.1 行政强制措施实施主体

行政强制措施由法律、法规规定的行政机关在法定职权范围内实施。行政强制措施权不得委托。依据《中华人民共和国行政处罚法》的规定行使相对集中行政处罚权的行政机关，可以实施法律、法规规定的与行政处罚权有关的行政强制措施。行政强制措施应当由行政机关具备资格的行政执法人员实施，其他人员不得实施。

11.2.2 行政强制措施实施程序

（1）一般程序

行政强制措施一般程序是指除法律特别规定外，在一般情况下行政机关实施行政强制措施应当遵循的法定步骤和要求。

按照《行政强制法》第十八条规定，一般程序包括：

①实施前须向行政机关负责人报告并经批准；

②由两名以上行政执法人员实施；

③出示执法身份证件；

④通知当事人到场；

⑤当场告知当事人采取行政强制措施的理由、依据以及当事人依法享有的权利、救济途径；

⑥听取当事人的陈述和申辩；

⑦制作现场笔录；

⑧现场笔录由当事人和行政执法人员签名或者盖章，当事人拒绝的，在笔录中予以注明；

⑨当事人不到场的，邀请见证人到场，由见证人和行政执法人员在现场笔录上签名或者盖章；

⑩法律、法规规定的其他程序。

（2）紧急程序

紧急程序也称即时性行政强制措施，这是法律赋予某些特定行政机关的一种紧急处置权，目的在于情况紧急情况下及时保护公共利益和公民权益。在该程序中，情况紧急需要当场实施行政强制措施的，行政执法人员应当在二十四小时内向行政机关负责人报告，并补办批准手续；行政机关负责人认为不应当采取行政强制措施的，应当立即解除。

11.2.3 行政强制措施的种类及具体实施

行政强制措施包括限制公民人身自由、查封场所、设施或者财物、扣押财物、冻结存款与汇款以及法律、法规规定的其他行政强制措施。

（1）限制人身自由

对公民人身自由的强制措施主要是指公安、海关、国家安全、医疗卫生等行政机关，对那些对社会有现实威胁或拒不接受有权机关作出的人身处罚、拒不履行法定义务的相对方采取的限制其人身自由或迫使其履行人身义务的强制措施。根据我国有关法律、法规的规定，对人身自由的强制措施主要有强制拘留、强制扣留、限期出境、驱逐出境、强制约束、强制遣返、强制隔离、强制带离现场、强制治疗、强制戒毒、强制传唤、收容教养等。

限制公民人身自由强制措施程序，除应当履行一般程序外，还应当遵守的程序和规定包括：

①当场告知或者实施行政强制措施后立即通知当事人家属实施行政强制措施的行政机关、地点和期限；

②在紧急情况下当场实施行政强制措施的，在返回行政机关后，立即向行政机关负责人报告并补办批准手续；

③法律规定的其他程序。

实施限制人身自由的行政强制措施不得超过法定期限。实施行政强制措施的目的已经达到或者条件已经消失，应当立即解除。

（2）查封、扣押

①查封扣押对象：查封、扣押限于涉案的场所、设施或者财物，不得查封、扣押与违法行为无关的场所、设施或者财物；不得查封、扣押公民个人及其所扶养家属的生活必需品。当事人的场所、设施或者财物已被其他国家机关依法查封的，不得重复查封。

②查封扣押法律文书：行政机关决定实施查封、扣押的，应当履行法定程序，制作并当场交付查封、扣押决定书和清单。查封、扣押清单一式二份，由当事人和行政机关分别保存。查封、扣押决定书应当载明：当事人的姓名或者名称、地址；查封、扣押的理由、依据和期限；查封、扣押场所、设施或者财物的名称、数量等；申请行政复议或者提起行政诉讼的途径和期限；行政机关的名称、印章和日期。

③查封扣押期限：查封、扣押的期限不得超过三十日；情况复杂的，经行政机关负责人批准，可以延长，但是延长期限不得超过三十日，延长查封、扣押的决定应当及时书面告知当事人，并说明理由。对查封、扣押期限法律、行政法规另有规定的除外。对物品需要进行检测、检验、检疫或者技术鉴定的，查封、扣押的期间不包括检测、检验、检疫或者技术鉴定的期间。检测、检验、检疫或者技术鉴定的期间应当明确，并书面告知当事人。检测、检验、检疫或者技术鉴定的费用由行政机关承担。

④查封扣押物保管责任：对查封、扣押的场所、设施或者财物，行政机关应当妥善保管，不得使用或者损毁；造成损失的，应当承担赔偿责任。对查封的场所、设施或者财物，行政机关可以委托第三人保管，第三人不得损毁或者擅自转移、处置。因第三人的原因造成的损失，行政机关先行赔付后，有权向第三人追偿。因查封、扣押发生的保管费用由行政机关承担。

⑤查封扣押物及时处理：行政机关采取查封、扣押措施后，应当及时查清事实，在法定期限内对查封扣押物作出处理决定。对违法事实清楚，依法应当没收的非法财物予以没

收；法律、行政法规规定应当销毁的，依法销毁；应当解除查封、扣押的，作出解除查封、扣押的决定。

⑥查封扣押的及时解除：行政机关应当及时作出解除查封、扣押决定的法定情形包括：当事人没有违法行为；查封、扣押的场所、设施或者财物与违法行为无关；行政机关对违法行为已经作出处理决定，不再需要查封、扣押；查封、扣押期限已经届满；其他不再需要采取查封、扣押措施的情形。解除查封、扣押应当立即退还财物；已将鲜活物品或者其他不易保管的财物拍卖或者变卖的，退还拍卖或者变卖所得款项。变卖价格明显低于市场价格，给当事人造成损失的，应当给予补偿。

（3）冻结存款、汇款

冻结存款、汇款事关公民切身利益，应当由法律规定的行政机关实施，不得委托给其他行政机关或者组织。冻结存款、汇款的数额应当与违法行为涉及的金额相当；已被其他国家机关依法冻结的，不得重复冻结。

①冻结通知及相关法律文书：行政机关实施冻结存款、汇款的，应当履行法定程序，并向金融机构交付冻结通知书。金融机构接到行政机关依法作出的冻结通知书后，应当立即予以冻结，不得拖延，不得在冻结前向当事人泄露信息。

依照法律规定冻结存款、汇款的，作出决定的行政机关应当在三日内向当事人交付冻结决定书。冻结决定书应当载明的事项包括：当事人的姓名或者名称、地址；冻结的理由、依据和期限；冻结的账号和数额；申请行政复议或者提起行政诉讼的途径和期限；行政机关的名称、印章和日期。

②冻结期限：自冻结存款、汇款之日起三十日内，行政机关应当作出处理决定或者作出解除冻结决定；情况复杂的，经行政机关负责人批准，可以延长，但是延长期限不得超过三十日。对冻结期限法律另有规定的除外。延长冻结的决定应当及时书面告知当事人，并说明理由。

③冻结解除：行政机关应当及时作出解除冻结决定的情形包括：当事人没有违法行为；冻结的存款、汇款与违法行为无关；行政机关对违法行为已经作出处理决定，不再需要冻结；冻结期限已经届满；其他不再需要采取冻结措施的情形。行政机关作出解除冻结决定的，应当及时通知金融机构和当事人。金融机构接到通知后，应当立即解除冻结。行政机关逾期未作出处理决定或者解除冻结决定的，金融机构应当自冻结期满之日起解除冻结。

（4）其他行政强制措施

根据我国有关法律、法规的规定，其他强制措施有强行拆除、强制销毁、强制检查、强行进入、交通管制、通信管制、证据保全等。具体实施程序要严格依据相关法律、法规的规定进行。如《警察法》规定，县级以上人民政府公安机关，为预防和制止严重危害社会治安秩序的行为，可以在一定的区域和时间，限制人员、车辆的通行或者停留，必要时可以实行交通管制。公安机关的人民警察依照前款规定，可以采取相应的交通管制措施。

11.3　行政强制执行

11.3.1　行政强制执行实施主体

我国行政强制执行以申请人民法院强制执行为原则、行政机关自己执行为例外，只有法律明确规定的享有强制执行权的行政机关才能自己执行。

11.3.2　行政强制执行的方式

（1）加处罚款或者滞纳金：又称执行罚，即指行政主体对拒不履行行政法义务的相对方科以一定数额的金钱给付义务，以促使其履行义务的一种间接强制执行方法。如《行政强制法》规定，"行政机关依法作出金钱给付义务的行政决定，当事人逾期不履行的，行政机关可以依法加处罚款或者滞纳金。加处罚款或者滞纳金的数额不得超出金钱给付义务的数额。行政机关依照本法规定实施加处罚款或者滞纳金超过三十日，经催告当事人仍不履行的，具有行政强制执行权的行政机关可以强制执行。"执行罚的要件包括：第一，存在法律、法规赋予义务人的合法义务或行政机关作出的合法的行政处理决定；第二，法定义务人拒不履行无法由他人代为履行的义务（大多是作为义务，也有不作为义务）；第三，必须按法定数额实施执行罚。

（2）划拨存款、汇款：如《行政强制法》规定，划拨存款、汇款应当由法律规定的行政机关决定，并书面通知金融机构。金融机构接到行政机关依法作出划拨存款、汇款的决定后，应当立即划拨。法律规定以外的行政机关或者组织要求划拨当事人存款、汇款的，金融机构应当拒绝。

（3）拍卖或者依法处理查封、扣押的场所、设施或者财物：如《行政强制法》规定，对于行政机关依法作出的加处罚款行政决定，当事人在法定期限内不申请行政复议或者提起行政诉讼，经催告仍不履行的，在实施行政管理过程中已经采取查封、扣押措施的行政机关，可以将查封、扣押的财物依法拍卖抵缴罚款。

（4）排除妨碍、恢复原状：如《道路交通安全法》规定，在道路两侧及隔离带上种植树木、其他植物或者设置广告牌、管线等，遮挡路灯、交通信号灯、交通标志，妨碍安全视距的，由公安机关交通管理部门责令行为人排除妨碍；拒不执行的，处 200 元以上 2000 元以下罚款，并强制排除妨碍，所需费用由行为人负担。

（5）代履行：代履行是指行政主体雇人代替不履行行政法义务的相对方履行义务而强制义务人缴付费用的一种间接行政强制方式。根据《行政强制法》第五十条规定，"行政机关依法作出要求当事人履行排除妨碍、恢复原状等义务的行政决定，当事人逾期不履行，经催告仍不履行，其后果已经或者将危害交通安全、造成环境污染或者破坏自然资源的，行政机关可以代履行，或者委托没有利害关系的第三人代履行。代履行的费用按照成本合理确定，由当事人承担；但是，法律另有规定的除外。"因此代履行的要件有：第一，须有相对方应当承担的合法义务，并且相对方不愿履行；第二，代履行的义务一般都是作为义务，并且是可以请人代为履行的义务，不以义务人自为为必要；第三，代履行的义务可由行政主体代为履行，也可委托第三人代为履行，并向相对方征收履行费用。

实施代履行应当遵守下列程序和规定：①代履行前送达决定书，代履行决定书应当载明当事人的姓名或者名称、地址，代履行的理由和依据、方式和时间、标的、费用预算以及代履行人；②代履行三日前，催告当事人履行，当事人履行的，停止代履行；③代履行时，作出决定的行政机关应当派员到场监督；④代履行完毕，行政机关到场监督的工作人员、代履行人和当事人或者见证人应当在执行文书上签名或者盖章。

需要强调的是，代履行不得采用暴力、胁迫以及其他非法方式。对于需要立即清除道路、河道、航道或者公共场所的遗洒物、障碍物或者污染物，当事人不能清除的，行政机关可以决定立即实施代履行；当事人不在场的，行政机关应当在事后立即通知当事人，并依法作出处理。

（6）其他强制执行方式。如强制服兵役、强制搬迁、强制扣缴、变价出售、强制抵缴、强制退还、强制戒毒等。

11.3.3 行政强制执行的程序

行政强制执行包括行政机关行政强制执行和申请人民法院强制执行两种，相关程序各有不同。

（1）行政机关行政强制执行程序

行政机关依法作出行政决定后，当事人在行政机关决定的期限内不履行义务的，具有行政强制执行权的行政机关依法进行强制执行。这是行政机关自行实施强制执行程序的前提条件。按照《行政强制法》规定，行政机关自行实施强制执行的程序包括：

①事先催告：行政机关作出强制执行决定前，应当事先催告当事人履行义务。催告应当以书面形式作出，并载明：履行义务的期限；履行义务的方式；涉及金钱给付的，应当有明确的金额和给付方式；当事人依法享有的陈述权和申辩权。

在催告期间，对有证据证明有转移或者隐匿财物迹象的，行政机关可以作出立即强制执行决定。

②陈述申辩：当事人收到催告书后有权进行陈述和申辩。行政机关应当充分听取当事人的意见，对当事人提出的事实、理由和证据，应当进行记录、复核。当事人提出的事实、理由或者证据成立的，行政机关应当采纳。

③做出决定：经催告，当事人逾期仍不履行行政决定，且无正当理由的，行政机关可以作出强制执行决定。强制执行决定应当以书面形式作出，并载明：当事人的姓名或者名称、地址；强制执行的理由和依据；强制执行的方式和时间；申请行政复议或者提起行政诉讼的途径和期限；行政机关的名称、印章和日期。

④文书送达：催告书、行政强制执行决定书应当直接送达当事人。当事人拒绝接收或者无法直接送达当事人的，应当依照《中华人民共和国民事诉讼法》的有关规定送达。

⑤实施执行：经过以上程序后，行政机关应当依法实施具体的执行措施。实施行政强制执行，行政机关可以在不损害公共利益和他人合法权益的情况下，与当事人达成执行协议。执行协议可以约定分阶段履行；当事人采取补救措施的，可以减免加处的罚款或者滞

纳金。当事人不履行执行协议的，行政机关应当恢复强制执行。

在行政机关强制执行过程中，为最大限度保障当事人权益，我国行政强制法对行政强制执行规定了一些限制性措施：

一是基本民生权益限制。行政机关不得在夜间或者法定节假日实施行政强制执行，但是情况紧急的除外。行政机关不得对居民生活采取停止供水、供电、供热、供燃气等方式迫使当事人履行相关行政决定。

二是建筑类财产程序性限制。对违法建筑物、构筑物、设施等需要强制拆除的，应当由行政机关予以公告，限期当事人自行拆除。当事人在法定期限内不申请行政复议或者提起行政诉讼，又不拆除的，行政机关可以依法强制拆除。

⑥执行中止：中止执行是行政机关因法定情形而暂时停止强制执行的一种程序状态。中止执行的法定情形包括：当事人履行行政决定确有困难或者暂无履行能力的；第三人对执行标的主张权利，确有理由的；执行可能造成难以弥补的损失，且中止执行不损害公共利益的；行政机关认为需要中止执行的其他情形。

中止执行的情形消失后，行政机关应当恢复执行。对没有明显社会危害，当事人确无能力履行，中止执行满三年未恢复执行的，行政机关不再执行。

⑦执行终结：是指在行政机关强制执行过程中因某种法定特殊情况使执行无法继续进行的一种结束执行程序。这些法定情形包括：公民死亡，无遗产可供执行，又无义务承受人的；法人或者其他组织终止，无财产可供执行，又无义务承受人的；执行标的灭失的；据以执行的行政决定被撤销的；行政机关认为需要终结执行的其他情形。

⑧执行补救：在执行中或者执行完毕后，据以执行的行政决定被撤销、变更，或者执行错误的，应当恢复原状或者退还财物；不能恢复原状或者退还财物的，依法给予赔偿。

（2）申请人民法院强制执行程序

当事人在法定期限内不申请行政复议或者提起行政诉讼，又不履行行政决定的，没有行政强制执行权的行政机关可以自期限届满之日起三个月内，依法申请人民法院强制执行。一般程序包括：

①行政机关事先催告：行政机关申请人民法院强制执行前，应当催告当事人履行义务。

②向法院提出申请：催告书送达十日后当事人仍未履行义务的，行政机关可以向所在地有管辖权的人民法院申请强制执行；执行对象是不动产的，向不动产所在地有管辖权的人民法院申请强制执行。

申请强制执行应当提供的材料包括：强制执行申请书；行政决定书及作出决定的事实、理由和依据；当事人的意见及行政机关催告情况；申请强制执行标的情况；法律、行政法规规定的其他材料。强制执行申请书应当由行政机关负责人签名，加盖行政机关的印章，并注明日期。

③法院受理与审查：人民法院接到行政机关强制执行的申请，应当在五日内受理。人民法院对行政机关强制执行申请应当进行书面审查，对于申请材料齐全，且行政决定具备法定执行效力的，除发现明显违法情形外，人民法院应当自受理之日起七日内作出执行裁定。

人民法院发现有下列情形之一的，在作出裁定前可以听取被执行人和行政机关的意见：明显缺乏事实根据的；明显缺乏法律、法规依据的；其他明显违法并损害被执行人合法权益的。人民法院应当自受理之日起三十日内作出是否执行的裁定。裁定不予执行的，应当说明理由，并在五日内将不予执行的裁定送达行政机关。

④行政机关异议与救济：行政机关对人民法院不予受理的裁定有异议的，可以在十五日内向上一级人民法院申请复议，上一级人民法院应当自收到复议申请之日起十五日内作出是否受理的裁定。

行政机关对人民法院不予执行的裁定有异议的，可以自收到裁定之日起十五日内向上一级人民法院申请复议，上一级人民法院应当自收到复议申请之日起三十日内作出是否执行的裁定。

⑤申请执行的费用：行政机关申请人民法院强制执行，不缴纳申请费。强制执行的费用由被执行人承担。人民法院以划拨、拍卖方式强制执行的，可以在划拨、拍卖后将强制执行的费用扣除。依法拍卖财物，由人民法院委托拍卖机构依照《中华人民共和国拍卖法》的规定办理。

除行政机关申请人民院强制执行的一般程序外，因情况紧急，为保障公共安全，行政机关可以申请人民法院立即执行。经人民法院院长批准，人民法院应当自作出执行裁定之日起五日内执行。

11.4　行政强制的法律责任

行政机关、人民法院以及法律、行政法规授权的具有管理公共事务职能的组织及其工作人员，如果违法实施行政强制，应当依法承担相应的法律责任。

11.4.1　承担法律责任的情形

（1）行政机关及其工作人员承担法律责任的情形：①实施行政强制没有法律、法规依据的；②改变行政强制对象、条件、方式的；③违反法定程序实施行政强制的；④违法在夜间或者法定节假日实施行政强制执行的；⑤对居民生活采取停止供水、供电、供热、供燃气等方式迫使当事人履行相关行政决定的；⑥在查封、扣押、冻结财物上，扩大查封、扣押、冻结范围的，使用或者损毁查封、扣押场所、设施或者财物的，在查封、扣押法定期间不作出处理决定或者未依法及时解除查封、扣押的，在冻结存款、汇款法定期间不作出处理决定或者未依法及时解除冻结的；⑦将查封、扣押财物或者划拨的存款、汇款以及拍卖和依法处理所得的款项截留、私分或者变相私分的，或者利用职务便利将查封、扣押的场所、设施或者财物据为己有的；⑧利用行政强制权为单位或者个人谋取利益的；⑨违法指令金融机构将款项划入国库或者财政专户以外的其他账户的；⑩存在其他违法行政强制情形的。

（2）金融机构及其工作人员承担法律责任的情形：①在冻结前向当事人泄露信息的；②对应当立即冻结、划拨的存款、汇款不冻结或者不划拨，致使存款、汇款转移的；③将不应当冻结、划拨的存款、汇款予以冻结或者划拨的；④未及时解除冻结存款、汇款的；

⑤将款项划入国库或者财政专户以外的其他账户的。

（3）人民法院及其工作人员承担法律责任的情形：①在强制执行中有违法行为或者扩大强制执行范围的；②违法指令金融机构将款项划入国库或者财政专户以外的其他账户的；③违法强制执行给公民、法人或者其他组织造成损失的。

11.4.2　承担的法律责任形式

根据《行政强制法》规定，在行政强制过程中相关强制实施主体及其工作人员出现违法情形将会依法承担的法律责任有：（1）责令改正；（2）追缴款项；（3）行政处分：包括警告、记过、记大过、降级、撤职、开除；（4）民事赔偿与国家赔偿；（5）行政罚款；（6）刑事处罚。

小　结

介绍了行政强制的重要内容。阐述了行政强制的概念、特征、基本原则，介绍了对人身的强制措施的种类，对财产的强制措施的种类，对即时性强制措施和执行性行政强制的种类进行了详细说明。

思考题

1. 简述行政强制的概念、特征和原则。
2. 简述行政强制的种类和区分。
3. 行政强制措施有哪些种类？
4. 行政强制执行有哪些方式？
5. 我国行政强制法对行政强制执行规定了哪些限制性措施？
6. 行政强制措施的一般程序是什么？
7. 行政强制执行的一般程序是什么？

实务训练十一

一、真实案例：今日说法——胡波诉瓦房店市政府案（行政越权）

今日说法——广告封杀令（成都市机场路）（行政强制）

视频播放后，教师引导学生运用行政法学基础理论对此案例进行讨论，必要时，教师对此案例作总结评析。

二、用 PowerPoint 课件在班上讲演我国主要的行政机关。（一次最多讲三组）

三、复习第 10 章行政处罚内容

（一）填空题

1. 没有法定依据或者不遵守_____的，行政处罚无效。

2. 实施行政处罚，纠正违法行为，应当坚持_____相结合，教育公民、法人或者其他组织自觉守法。

3. 公民、法人或者其他组织对行政机关所给予的行政处罚，享有_____；对行政处罚不服的，有权依法申请行政复议或者提起行政诉讼。

4. 法律、行政法规对违法行为已经作出行政处罚规定，地方性法规需要作出具体规定的，必须在法律、行政法规规定的给予行政处罚的_____范围内规定。

5. 行政处罚由具有行政处罚权的行政机关在_____范围内实施。

6. 限制人身自由的行政处罚权只能由_____行使。

7. 行政处罚由_____的县级以上地方人民政府具有行政处罚权的行政机关管辖。法律、行政法规另有规定的除外。

8. 违法行为构成犯罪的，行政机关必须将案件移送_____，依法追究刑事责任。

9. 对当事人的同一个违法行为，不得给予两次以上_____的行政处罚。

10. 已满_____周岁不满 18 周岁的人有违法行为的，从轻或者减轻行政处罚。

11. 违法行为构成犯罪，人民法院判处罚金时，行政机关已经给予当事人罚款的，应当_____。

12. 违法行为在_____年内未被发现的，不再给予行政处罚。法律另有规定的除外。

13. 违法事实确凿并有法定依据，对公民处以_____元以下、对法人或者其他组织处以 1000 元以下罚款或者警告的行政处罚的，可以当场作出行政处罚决定。

14. 在证据可能灭失或者以后难以取得的情况下，经行政机关负责人批准，可以_____，并应当在 7 日内及时作出处理决定。

15. 行政机关作出责令停产停业、_____或者执照、较大数额罚款等行政处罚决定之前，应当告知当事人有要求举行听证的权利。

16. 申诫罚的具体形式主要有_____和_____。

17. 人身罚主要有_____和_____两种形式。

(二) 判断题

1. 当事人配合行政机关查处违法行为有立功表现的，由行政机关酌情从轻或者减轻处罚。   （   ）

2. 行政机关均可在其法定职权范围内实施行政处罚。   （   ）

3. 受委托组织可以再委托其他组织或者个人实施行政处罚。   （   ）

4. 行政处罚由违法行为发生地的县级以上地方人民政府具有行政处罚权的行政机关管辖，法律、行政法规另有规定的除外。   （   ）

5. 违法行为构成犯罪的，行政机关在作出行政处罚后必须将案件移送司法机关，依法追究刑事责任。   （   ）

6. 具有法定依据但未遵守法定程序的，行政处罚依然有效。   （   ）

7. 对违法行为给予行政处罚的规定必须公布，没有公布的，不得作为行政处罚的依据。   （   ）

8. 地方性法规可以设定除限制人身自由以外的行政处罚。   （   ）

9. 法律、行政法规对违法行为已经作出行政处罚规定，地方性法规需要作出具体规定的，必须在法律、行政法规规定的给予行政处罚的行为、种类的范围内规定。（   ）

10. 行政机关实政处罚时，应当责令当事人改正或者限期改正违法行为。（   ）

11. 行政处罚决定书必须盖有作出行政处罚决定的行政机关的印章。　　（　　　）

12. 行政机关在调查或者进行检查时，执法人员不得少于两人，并应当向当事人或者有关人员出示证件。　　（　　　）

13. 行政处罚决定书应当在宣告后当场交付当事人；当事人不在场的，行政机关应当在 15 日内依照民事诉讼法的有关规定，将行政处罚决定书送达当事人。　　（　　　）

14. 行政机关作出责令停产停业、吊销许可证或者执照、拘留等行政处罚决定之前，应当告知当事人有要求举行听证的权利。　　（　　　）

15. 当事人可以亲自参加听证，也可以委托 1 至 2 人代理。　　（　　　）

16. 当事人对行政处罚决定不服申请行政复议或者提起行政诉讼的，行政处罚停止执行，法律另有规定的除外。　　（　　　）

17. 作出罚款决定的行政机关应当与收缴罚款的机构分离。　　（　　　）

18. 行政处罚遵循公开、公正的原则。　　（　　　）

19. 制定《行政处罚法》的目的是，规范行政处罚的认定和实施，保障和监督行政机关有效实施行政管理。　　（　　　）

20. 对行政处罚的管辖发生争议的，报请共同的上一级行政机关指定管辖。　　（　　　）

21. 执法人员当场作出行政处罚决定的，应当向当事人出示执法身份证件。行政处罚决定书可以不当场交付当事人。　　（　　　）

22. 财产罚的具体形式主要有罚款、没收违法所得、没收非法财物。　　（　　　）

23. 《行政处罚法》规定违法行为在 3 年内未被发现的，不再给予行政处罚。（　　　）

24. 按照《行政处罚法》的要求，烟草专卖执法人员与当事人有直接利害关系的，可以回避。　　（　　　）

25. 行政机关违法实行坚持措施或者执行措施，给公民人身或者财产造成损害、给法人或者其他组织造成损失的，应当依法赔偿，对有关责任人员应当依法处理。　　（　　　）

26. 公民、法人或其他组织对行政处罚不服的，有权依法申请行政复议或者提起行政诉讼。　　（　　　）

27. 行政拘留属于行政处罚种类中的行为罚。　　（　　　）

28. 行政机关在调查或者进行检查时，执法人员不得少于 2 人。　　（　　　）

29. 罚金是行政处罚的一个种类。　　（　　　）

30. 《行政处罚法》规定，听证由行政机关的负责人主持。　　（　　　）

31. 已满 14 岁不满 18 岁的人有行政违法行为的，可以从轻或者减轻行政处罚。
　　（　　　）

32. 违法行为构成犯罪，人民法院判处罚金时，行政机关已经给予当事人罚款的，应当折抵相应罚金。　　（　　　）

33. 行政机关不得因当事人申辩而加重处罚。　　（　　　）

34. 责令赔偿损失属于行政处罚。　　（　　　）

35. 对于行政处罚的罚款，没收违法所得或没收非法财物拍卖的款项任何行政机关或个人不得以任何形式截留、私分或者变相私分。　　（　　　）

36. 处罚法定原则包括处罚设定权法定、受处罚行为法定、处罚主体及其职权法定、处罚种类、内容和程序法定。　　（　　　）

37. 不满 14 周岁的人有违法行为的，不予行政处罚。　　　　　　　(　　)

38. 精神病人在不能辨认或不能控制自己行为时有违法行为的，不予行政处罚。
　　　　　　　　　　　　　　　　　　　　　　　　　　　　　(　　)

39. 违法行为轻微并及时纠正的，没有造成危害结果的，也应予行政处罚。(　　)

40. 行政机关对当事人进行行政处罚不使用罚款、没收财物单据或者使用非法定部门制发的罚款、没收财物单据，当事人有权拒绝处罚。　　　　　(　　)

41. 财政部门可以向作出行政处罚决定的行机关返还罚款、没收违法所得或者返还没收非法财物的拍卖款项。　　　　　　　　　　　　　　　　(　　)

42. 行政机关应当认真审查作出的行政处罚，发现行政处罚有错误的，应当主动改正。
　　　　　　　　　　　　　　　　　　　　　　　　　　　　　(　　)

43. 行政机关违法实行检查措施或者执行措施，给公民人身或者财产造成损害、给法人或者其他组织造成损失的，应当依法给予赔偿。　　　　　　(　　)

44. 执法人员当场作出的行政处罚决定，必须报所属行政机关备案。　(　　)

45. 行政机关在作出行政处罚决定前，应当告知当事人作出行政处罚决定的事实、理由及依据，并告知当事人作出行政处罚决定的日期。　　　　　(　　)

46. 没有法定依据的，行政处罚无效。　　　　　　　　　　　　(　　)

47. 对违法行为给予行政处罚的规定未经公布的，可以作为行政处罚的依据。(　　)

48. 实施行政处罚，纠正违法行为，应当坚持处罚与监督相结合。　(　　)

49. 公民、法人或者其他组织因行政机关违法给予行政处罚，享有陈述权、拒绝权。
　　　　　　　　　　　　　　　　　　　　　　　　　　　　　(　　)

50. 公民、法人或者其他组织因行政机关违法给予行政处罚受到损害的，有权依法提出赔偿要求。　　　　　　　　　　　　　　　　　　　　　　(　　)

51. 公民、法人或者其他组织因违法受到行政处罚，起违法行为对他人造成损害的，应当依法加重行政处罚。　　　　　　　　　　　　　　　　　(　　)

52. 警告不是一种行政处罚。　　　　　　　　　　　　　　　　(　　)

53. 责令停产停业是一种行政处罚。　　　　　　　　　　　　　(　　)

54. 除《行政处罚法》规定六种行政处罚外，其他法律法规还规定了其他种类的行政处罚。　　　　　　　　　　　　　　　　　　　　　　　　(　　)

55. 只有法律可以设定各种行政处罚。　　　　　　　　　　　　(　　)

56. 国务院部、委员会制定的规章可以设定罚款，罚款的限额没有规定。(　　)

57. 省级烟草专卖主管部门的规范性文件可以设定罚款、没收违法所得、没收非法财物。　　　　　　　　　　　　　　　　　　　　　　　　(　　)

58. 委托行政机关对受委托的组织实施行政处罚行为的后果承担法律责任。(　　)

59. 执法人员当场作出行政处罚决定的，行政处罚决定书应当当场交付当事人。
　　　　　　　　　　　　　　　　　　　　　　　　　　　　　(　　)

60. 执法人员与当事人有间接利害关系的，应当回避。　　　　　(　　)

61. 违法事实不能成立的，不予以行政处罚。　　　　　　　　　(　　)

62. 拒绝听取当事人的陈述、申辩的，行政处罚不能成立。　　　(　　)

63. 行政处罚听证应当制作笔录，笔录交当事人审核无误即可。　(　　)

64. 行政处罚决定依法作出后，当事人应当在行政处罚决定的期限内，予以履行。

（ ）

65. 在边远、水上、交通不便地区，当事人向指定的银行缴纳罚款确有困难的，经当事人提出，行政机关及其执法人员可以当场收缴罚款。 （ ）

66. 公民、法人或者其他组织对行政机关作出的行政处罚，有权申诉或检举。 （ ）

67. 政机关使用或者损毁扣押的财物，对当事人造成损失的，应当依法予以赔偿。

（ ）

68. 执法人员当场收缴罚款，应当在 2 日内交至指定银行。 （ ）

四、阅读以下材料，并理解其重点内容

阅读材料十一

中华人民共和国行政强制法

（2011 年 6 月 30 日第十一届全国人民代表大会常务委员会第二十一次会议通过）

（全文略）

第12章 具体行政行为：行政给付、行政奖励、行政裁决

 回顾第 11 章行政强制内容

1. 行政强制行为具不具有可诉性？
2. 警察可以使用的警械有哪些？
3. 什么样的紧急情况下警察可以使用武器？
4. 间接强制执行措施主要有哪些？
5. 直接强制执行措施主要有哪些？
6. 实行行政强制措施的前提是什么？
7. 执行罚的要件有哪些？

法律文化体认与领悟

把权力关进制度的笼子里。——习近平

本章主要内容

主要介绍行政给付、行政奖励和行政裁决的概念、特征、原则、形式和方式。明确这些行政行为的作用，掌握其实施程序。

╍┅╍

案例导入

吴某甲诉市民政局不给予烈属待遇案

原告吴某甲在 1963 年其父死亡时年届 20 岁，以做零工维持一家人的生活。其父死时遗留草屋两间，别无遗产。其母姚某 1969 年患癌症，1970 年病故。吴某乙系吴某甲的二弟，1969 年中学毕业后，在家半年，后外出打零工，月收入约 11 元，日常生活必需品由吴某甲夫妇提供。1973 年 3 月吴某乙应征入伍，同年 9 月，地方政府给吴某甲革命军人家属待遇。1975 年 6 月吴某乙在部队因公牺牲成为烈士，部队和地方政府承认吴某甲为烈属，并由原某县革命委员会于 1975 年 6 月发给吴某甲抚恤金 180 元。到 1992 年为止，民政部门已将作为抚养吴某乙烈士长大的其他亲属享受烈属待遇已有 17 年，在 1993 年重新换发《革命烈士证明书》时，某市民政局认为吴某甲不应享有烈属的待遇，遂决定不再换

发《革命烈士证明书》，停止发放抚恤金。吴某甲多次上访未果，遂向某市人民法院起诉。

对于本案的处理存在三种观点。一种观点认为：原告其父 1963 年去世时没留下遗产，吴某乙年仅 10 岁，主要靠其抚养长大。其对吴某乙直接抚养长达 7 年以上，按国家政策规定，原告应是烈士吴某乙的直接抚养人，应发给烈士证书，享受抚恤。被告否认上述事实，不给原告换发烈士证书，不发放抚恤金是违法的。人民法院应判令被告履行法定职责，为原告颁发烈士证书，发放抚恤金。第二种观点认为：吴某甲是烈士的胞兄，不是直系亲属，不具有被颁发《革命烈士证明书》的资格；原告协助母亲抚养吴某乙，尽了照顾义务，但不是直接抚养人，根据国家有关规定，不具备革命军人家属条件，法院应驳回原告的诉讼请求。第三种观点认为：原告在其父去世以后，支撑了全家的生活，对其弟吴某乙从 10 岁到 16 岁期间，尽了抚养义务，并且在吴某乙 17 岁丧母至 20 岁期间，仍对其尽了照顾之责。原告与其弟吴某乙已形成抚养关系，应属抚养烈士长大的其他家属，且已享受军烈属待遇 17 年之久，符合民政部民（1982）优 67 号《关于换发、补发〈革命烈士证明书〉工作的通知》第一项所规定的换证条件，故对原告要求换发《革命烈士证明书》的请求，应当批准。

问题：以上哪种观点是正确的？

12.1 行政给付

12.1.1 行政给付的概念与特征

行政给付又称行政物质帮助，是指行政机关依法对特定的相对人提供物质利益或与物质利益有关的权益的具体行政行为。是行政处理的表现形式。

行政给付的概念分广义和狭义之分。狭义的行政给付是政府提供必需的生存条件、防范生活风险和社会共同生活条件的行政义务。例如，政府向公民提供最低生活保障金，提供失业、疾病、养老保险，提供公共交通通讯和生活用水用电用气。广义的行政给付是政府满足公民社会权和其他公法受益权行政义务的总和。

行政给付制度最初源于德国。基于生存权保障需要的行政，就是给付行政。

行政给付作为一种行政处理行为具有如下特征：

（1）行政给付是行政主体依法向行政相对人给付金钱或实物的行为。是行政机关对年老、疾病或丧失劳动能力等情况下或其他特殊情况下，依照有关法律、法规、规章或政策的规定，赋予相对方以一定的物质权益（如金钱或实物）或与物质有关的权益的具体行政行为。对于行政机关来讲，如果符合条件的行政相对方提出申请，则必须作出给付行为。

（2）行政给付的对象是特定的公民或组织。行政给付只对出现了特殊困难和特殊情况的公民个人或组织作出。如抚恤金的发放对象是因战、因公伤残的人员等；救灾物资及款项的发放对象是灾民；社会福利金发放给残疾人、鳏寡孤独的老人和孤儿；独生子女补贴、有特殊贡献专家补贴、城市居民最低生活保障金等均是发放给相应的特定的对象的。

（3）行政给付行为是依申请的行政行为。通常情况下，行政给付往往根据当事人的申请，并按法律、行政法规的规定实施，而非任意给付。只有在自然灾害等紧急情况出现的时候可以由行政机关依基本职责主动实施（当然，即使此种情况发生，实践中也要履行登记或申请手续）。获得行政给付，对于符合条件的行政相对方来说，是法律上的一项权利，至于是否行使该项权利，完全取决于相对方自己。如果相对方意欲获得给付，需向行政机关申请。

（4）行政给付是一种授益行政行为。行政给付直接赋予相对方以一定的物质权益或与物质有关的权益，行政给付的内容主要体现在物质权益上，这种物质可以是直接的财物（如金钱或实物），也可以是与财物相关的其他利益（如免费受教育），因而是一种授益的行政行为。

（5）行政给付通常情况下属于羁束行政行为。一般来说，法律规范对行政给付的对象、条件、标准、项目、数额等都作出具体规定，行政机关不能任意给付。如有关最低社会保障金的数额、抚恤金数额等都是法律明确规定的，行政机关没有自由裁量的权力。

行政给付是凭借国家的力量对特殊困难的人进行帮助。行政给付的内容是物质上的权益和与物质有关的权益。行政给付的具体内容有：①安置；②补助；③抚恤；④优待；⑤救灾扶贫。行政机关实施行政给付以相对人申请为前提，行政给付是应当事人的申请并依据法律和行政法规实施的行政行为。

12.1.2 行政给付的原则

行政给付的原则应当是"帮困不助懒"。这一原则的思想渊源可以追溯到福利社会里"国家辅助主义"理论。该理论认为，只有在个人无力获得幸福时，才能依赖国家运用公权来达成其愿望。这一思想也体现在我国行政给付法律规范之中。我国行政给付的原则主要有：

1. 基本生活保障原则

行政给付的目的在于保障人民的"最低生活水准"。因为个人尊严、自由发展等基本权利都必须以人的继续生存为前提。行政给付的实施，对于保障行政相对方的合法权益，尤其是对于确保贫困公民过上有尊严和人格的生活，对于维护社会稳定，保证各项改革的顺利进行，都具有极其巨大的意义。

2. 补充性原则

国家的行政给付，其目的在于协助个人渡过急难时期，而非永远承担供养人的责任。个人的自我责任始终是第一位的，作为行政给付主体的行政机关仅仅承担第二位的义务。

3. 平等原则

符合行政给付条件的相对人有平等请求国家作为以提供保护和帮助，并获得平等给付内容的权利。

4. 时限原则

《城市居民最低生活保障条例》第 8 条第 3 款规定"管理审批机关应当自接到申请人提出申请之日起的 30 日内办结审批手续"。

5. 信赖保护原则

一般的，合法的行政给付行为属于授益行政处理，根据法律安定性的要求和信赖保护原则，原则上不能废止，行政给付只能在一定条件下才能改变。

12.1.3 行政给付的形式与方式

1. 行政给付的形式

行政给付在现代社会非常广泛，形式多种多样。行政给付的形式可概括为以下几种：

（1）抚恤金。这是最为常见的一种行政给付形式。一般包括对特定牺牲、病故人员的家属抚恤金、残疾抚恤金以及烈军属、复员退伍军人生活补助费、退伍军人安置费等。

（2）特定人员离退休金。这是指由民政部门管理的军队离休、退休干部的离休金或退休金和有关补贴。

（3）社会救济、福利金。这包括农村社会救济，城镇社会救济，精简退职老弱病残职工救济以及对社会福利院、敬老院、儿童福利院等社会福利机构的经费资助。

（4）自然灾害救济金及救济物资。这包括生活救济费和救济物资、安置抢救转移费及物资援助等。

（5）社会养老保险金等。政府法定的社会养老保险金，由政府征收、管理、发放，这也是行政给付的特定内容。

2. 行政给付的方式

行政给付的方式是指行政主体通过何种形式实施物质帮助行为，赋予被帮助人以一定的权益。主要包括如下几种方式：

（1）发放现金。发放现金是主要的行政给付方式。

（2）给付实物。发生自然灾害时，给付实物的情况居多。

（3）救助、安置。救助主要适用于大中城市流浪乞讨人员，根据国务院《城市生活无着的流浪乞讨人员救助管理办法》，自愿受助、无偿救助是新的救济制度区别于收容遣送制度的重要标志。救助对象必须同时具备四个条件：一是自身无力解决食宿；二是无亲友可以投靠；三是不享受城市最低生活保障或者农村五保供养；四是正在城市流浪乞讨度日。

安置的形式主要有发放安置费与提供一定的住所等。安置费的发放对象主要是复员、转业、退伍军人，如复员军人建房补助费等。

（4）减免费用提供服务。主要用于学生减免费用入学；老年人（包括老干部）乘车、游园减免费用等。

12.1.4 行政给付的程序

行政给付的共同程序规则是：申请、审查、批准、实施，并要求书面形式。

行政给付的救济：行政给付属具体行政行为，可申请行政复议，并可提起行政诉讼。

马随意诉沣东镇人民政府行政奖励不作为案

1999年5月23日，马随意得知有人在沣河里落水遇难，就立即驾上自家小船前往参加救人抢险。被告秦都区沣东镇人民政府于1999年5月26日以咸秦沣发（1999）42号文件"关于对王任伟、邵军孝等人见义勇为先进事迹进行表彰的决定"，对自觉加入打捞行动的马随意在全镇予以通报表扬；同时授予王任伟等五位同志"见义勇为先进个人"荣誉称号，并分别奖励500元、200元不等。被告在表彰救人事件中的先进个人时，没有对出力最大的原告予以表彰；镇政府在表彰决定中亦未对原告的事迹予以确认，未向原告颁发荣誉证书及奖金。原告对此不服而上访。被告于2000年4月8日发给原告荣誉证书一份，授予其"见义勇为先进个人"荣誉称号，并加盖沣东镇人民政府和中共沣东镇委员会的公章。

经审理法院判令被告确认原告为"见义勇为先进个人"并发给荣誉证书及奖金；被告向原告赔礼道歉并赔偿原告差旅费800元、误工费3000元；被告承担案件诉讼费用。

问题：行政奖励行为是什么性质的行为？它有无可诉性？

12.2 行政奖励

12.2.1 行政奖励的概念与特征

行政奖励是指行政主体对符合法定条件的相对人，赋予一定的权利，以资鼓励的具体行政行为。即行政主体依照法定条件和程序，对为国家和社会作出重大贡献的单位和个人，给予物质或精神鼓励的行政行为。行政奖励是行政处理的表现形式。行政奖励的目的是表彰先进，鞭策后进，充分调动和激发人们的积极性与创造性。

物质奖励，是指国家行政机关或国家授权的有关单位对做出显著成绩的单位或个人依法采取的经济鼓励措施。荣誉奖励，是指国家行政机关或国家授权的有关单位对做出显著成绩的单位或个人依法采取的精神鼓励措施。

行政奖励举例：

（1）国家最高科学技术奖。该奖项属于中国五个国家科学技术奖中最高等级奖项，2000年正式设立，由国家科学技术奖励委员会主办，每年授予人数不超过2人，目前奖金额为每人800万元人民币。截止2020年1月，已有33位杰出科学家获此殊荣，如最早的袁隆平（世界杂交水稻之父）、吴文俊（世界著名数学家），2019年的黄旭华（中国第一代核潜艇总设计师）、曾庆存（大气动力学家、地球物理流体动力学家）等。

（2）夏菊花（杂技皇后，武汉杂技团）——被武汉市政府授予"人民艺术家"光荣称号。

（3）宋志永等——被湖南郴州市授予"荣誉市民"。河北唐山市玉田县东八里铺村农民宋志永，雪灾期间到湖南郴州灾区义务救灾的唐山农民领队。回到唐山后的宋志永被授予"唐山市学雷锋标兵"、"河北省爱心使者"、"河北省杰出青年志愿者"、"河北省红十字会杰出志愿者"等荣誉称号，并荣获第十二届"中国青年五四奖章"。

（4）中共广东省委作出决定，追授郭春园同志"广东省模范共产党员"称号。郭春园去世后，卫生部授予他"人民健康好卫士"称号，深圳市追授他为"一心一意为民的好医生"光荣称号。

（5）中国人寿保险（海外）股份有限公司总部从北京迁深圳，深圳市政府颁发金融机构总部落户奖励2000万元。

与其他行政行为相比，行政奖励具有如下特征：

①行政奖励由行政主体做出。行政奖励的实施主体是国家行政机关或法律、法规授权的社会组织。也就是说，行使行政奖励权的主体必须具备行政主体资格。这样，行政奖励就区别于一般企业、事业单位内部的奖励。

②行政奖励的目的在于表彰先进，激励和推动后进，调动和激发人们的积极性和创造性。

③行政奖励的对象广泛。凡在各种工作岗位上对国家和社会作出重大贡献或遵纪守法的模范集体和个人，均可成为行政奖励的对象。根据我国法律规定，外国人或无国籍人若在我国作出显著贡献者，也可由国家行政机关予以奖励。

④行政奖励行为可能是行政主体依职权的主动行为，也可能是依申请行为。大多数行政奖励行为是行政主体依职权的主动行为，也有一些行政奖励行为要由相对人申请，经行政主体审批后才能决定是否给予奖励。

⑤行政奖励是行政处理行为。实施行政奖励，必须符合法定的程序，否则将影响奖励的效力，且影响到受益者的权益。我国对不同对象的行政奖励有不同的程序规定，在实施行政奖励行为时应当注意遵循。这是行政处理的基本要求。

⑥行政奖励行为具有单方性，但不具有强制执行力。行政奖励的性质是行政主体依照法律、法规的规定，赋予受奖励者以奖励性权利的一种无强制执行力的行政行为，它不是行政主体的"恩赐"，受奖励者可以放弃行政主体给予的这种权益。正是从这个角度讲，行政奖励不像行政处罚等行政行为那样具有强制执行力。

⑦行政奖励是一种法定的行为。根据法律规范的有关规定，一定的奖励形式只能由一定的行政主体来授予，行政主体不能超越其权限任意决定授予受奖者某种形式的奖励。对不同的奖励对象必须根据不同的奖励条件，以法定的奖励形式来授予奖励。

行政奖励的内容是某些物质利益或精神利益。大多数情况下二者合并采用。另外还有职务方面的利益。

12.2.2 行政奖励的原则

根据我国现行有关行政奖励的法律规范的规定，行政奖励一般应遵循下列原则：

（1）依法奖励、实事求是原则。行政奖励是一种法定行为。任何行政奖励都应当坚持法定的标准、条件和程序，实事求是地进行。这就应该采取公开、民主的方式选择最为优秀的人物进行表彰奖励，只有这样才能达到奖励的目的。

（2）奖励等级、形式与受奖行为相当原则。行政奖励的内容与形式要与受奖者的贡献相一致，奖励的等级与贡献大小相适应，当然，对成绩显著、贡献巨大者，应当予以重奖。要真正做到论功行奖，合理适度。

（3）精神奖励和物质奖励相结合的原则。精神奖励是指对受奖人给予非物质奖励，如颁发奖章（状）、授予荣誉称号等。物质奖励是指为受奖者颁发一定数额的奖金与一定数量的奖品，满足其物质利益需要的各种奖励形式的总称。二者既可分别独立实施，也可合并实施。人不仅有物质需求，更有精神需求。应该说物质奖励与精神奖励各具特色，获能将两者有机地结合起来，就可以更加充分地发挥行政奖励的作用。

（4）公正、平等原则。每个人在行政奖励中的法律地位是平等的。拥有相同的奖励条件，就应该拥有同等的受奖机会和权利。授奖机关不得以自己的好恶偏袒某些受奖集体或个人。公正平等原则的具体要求是：机会均等，论功行赏，民主参与，程序公开。

（5）及时性、时效性和稳定性原则。行政奖励以年度奖励居多，也有二年、三年评比一次的，某些重大事件，也可能以事件为单位评奖，这是及时性原则的体现。获奖的单位或个人，主要是对其过去工作的评价，也有些奖励是终生性的，这是时效性原则的具体体现。除非废止或被替代，否则就要按规定进行评比奖励，目前我国设立了五项国家科学技术奖，年年评定颁奖，这是稳定性原则的体现。

12.2.3　行政奖励的程序

从对行政奖励活动实践的考察，可将行政奖励程序大致分为如下四个环节：

（1）提出。一般有三种方式：自行申请或申报；群众讨论；有关单位和个人推荐。

（2）审批。由法定权限机关对奖励事项受理和审查批准，审批权限一般应同奖励权限相一致。

（3）公布。行政奖励审查批准后，一般应由一定机关以一定方式予以公布。公布的程序是行政奖励生效的必经程序。如我国的科技进步奖，必须在公布期届满无人提出异议时才可生效。

（4）授奖。一般要采取一定的仪式，发给获奖者奖品或以资证明的证、章。对于个人的奖励，一般应书面通知受奖者，并将奖励材料存入个人人事档案。

12.2.4　行政奖励的形式

行政奖励的形式多种多样，不同的法律、法规往往针对不同的对象，规定了不同的形式。概括而言，我国行政奖励主要有下列几种形式：

（1）发给奖金或奖品。这是行政奖励最经常使用的形式。直接发给受奖者金钱或物品。根据国家有关规定，行政奖励发给的奖金或奖品，免于征税。

（2）通报表扬。对受奖者在一定范围内，以一定形式予以公开赞扬的奖励形式。它是一种精神鼓励。

（3）通令嘉奖。指在较大范围内的公开表彰。

（4）记功。记功按不同的法律、法规有不同的等级。一般地说，对事业单位的工作人员分为记功和记大功两个等级；对团体单位的人员及公民个人，通常分为记特等功、一等功、二等功、三等功四个等级。

（5）授予荣誉称号。如授予先进工作者、劳动模范、战斗英雄等称号。授予荣誉称号一般都有不同等级，从县级直至国家级。

（6）晋级。指提高工资级别。一般晋升一至二级工资。

（7）晋职。指提高其职务。晋职是一种综合性最强的奖励。

以上各种行政奖励形式既可单独适用，也可同时并用。并发给证书、奖章作为证明。

目前，我国尚无统一的行政奖励立法。

12.2.5　行政奖励的救济

行政奖励属具体行政行为，对行政奖励内容和形式持有异议的，可申请行政复议，或提起行政诉讼。

案例导入

宋某诉某市社会保障局行政裁决不当案

原告宋某系第三人某新东方纺织品服饰公司的固定制职工，2003年11月，宋某与第三人下属南达商场签订了无固定期全员劳动合同，并在2004年1月28日签订了一年上岗合同，期满后又于2005年1月5日签订了从2005年1月1日至2005年12月31日的上岗合同，2005年7月17日第三人决定免去宋某南达公司副经理职务。同年7月25日宋某年满50周岁，第三人于8月1日为她办理了退休手续，宋某因对50岁办理退休提出异议，于2005年9月向某区劳动争议仲裁委员会申诉。某区劳动争议仲裁委员会于2005年12月13日作出裁决，确认上岗合同合法有效。根据劳动仲裁的裁决，第三人撤销了原退休手续，恢复宋某上班的工作。2005年12月31日，第三人对宋某办理了退休手续，次月享受退休待遇。宋某对此不服，于2006年2月15日向被告某市社会保障局申请裁决。某市社会保险管理局于2006年4月28日作出（2006）某社保裁字第2号裁决：（1）维持第三人2005年12月给宋某办理退休手续，次月享受退休待遇的决定；（2）第三人在退休证上填写的时间不规范，应予以纠正。

宋某不服，向区人民法院提起行政诉讼。要求法院撤销被告某市社会保险管理局的行政裁决。

问题：某市社会保险管理局的行政裁决是否合法？

12.3 行政裁决

12.3.1 行政裁决的概念与特征

行政裁决（administrative adjudication）是指行政主体依照法律授权，对平等主体之间发生的、与行政管理活动密切相关的、特定的民事纠纷（争议）进行审查并作出裁决的具体行政行为。是行政处理的表现形式。

行政裁判权，有时又称为行政司法权。行政司法（administrative justice）与行政司法行为（administrative judicature activities）都是行政司法权的表现。行政裁决主要以下几个特征：

（1）行政裁决的主体（即裁决者）是法律授权的特定的行政机关。这类行政机关对与民事纠纷有关的行政事项具有管理职权，并且经过法律明确授权拥有对该类民事纠纷的行政裁决权。我国《专利法》、《商标法》、《食品卫生法》、《药品管理法》等都规定了对权属争议或侵权争议有关行政机关可以通过裁决予以解决。

（2）行政裁决的对象是特定的民事纠纷。即法律规定的与行政管理活动密切相关但与合同无关的民事权益争议。所谓与行政管理活动密切相关，主要是指两种情况：一是与某些技术含量高、专业性强的行政管理事项密切相关，因而适宜由专门行政机关裁决；二是与发挥行政机关对社会的有效规制作用有关。

（3）行政裁决一般以当事人申请为前提。申请裁决通常要递交申请书，并载明法定事项。行政裁决主体以公断人的身份，基于当事人的申请裁决他们之间的民事纠纷。如《城市房屋拆迁管理条例》规定，拆迁人与被拆迁人达不成拆迁补偿安置协议的，经当事人申请，由房屋管理部门裁决。

（4）行政裁决是一种具有法律约束力的行政行为。行政裁决作出以后，对行政机关和当事人都有法律约束力，当事人除非在法定期限内依法申请复议或提起诉讼，否则必须履行行政裁决所确定的义务，行政主体和享有权利的一方可以申请法院强制执行行政裁决。在现代社会里，行政裁决权已成为国家行政权的一个重要组成部分。

（5）行政裁决是一种特殊的具体行政行为。所谓特殊，一是因为行政裁判权是法律授予的，行政机关只能依法律的授权而实施；二是因为行政机关是居间裁决的公断人而非以管理者的身份处理；三是因为行政裁决依照的是一种准司法程序，不同于一般具体行政行为的程序，它要求行政主体客观公正地审查证据，调查事实，然后依法作出公正的裁决。

12.3.2 行政裁决的作用

由法律授权的行政机关对特定的民事纠纷进行裁决，是当今世界许多国家普遍存在的一个事实，也是现代行政表现出的一个显著特征。行政裁决的作用表现在以下几个方面：

（1）行政裁决可以及时有效地解决当事人之间的民事纠纷，保护当事人的合法权益。

有些如专利、商标等知识产权争议，医疗事故、工伤事故赔偿争议，环境污染争议等具有很强的专业性，由行政裁决来解决问题，比较适当。

（2）行政裁决减轻了人民法院的工作量。行政裁决是解决特定民事纠纷的一条有效途径。行政机关通过行政裁决承担解决部分民事纠纷的任务，这些纠纷不必再诉之人民法院，这就大大减轻了法院审理与裁判案件的负担。

（3）行政裁决收费低廉，程序简便，为及时有效地解决纠纷，保护当事人合法的民事权益提供了切实的保障，也有利于减轻当事人的讼累，有利于当事人积极地谋求行政机关解决纠纷，有利于行政管理顺利有效地进行。

12.3.3 行政裁决的程序

行政裁决的程序是一种准司法程序，表现在行为的方式，更主要还体现在其行为的程序上，必须按法律明确规定的程序，客观公正地审查证据，调查事实，依法作出公正的裁决。其程序主要是：

（1）申请。即争议双方当事人在争议发生后，可依据法律、法规的规定，在法定期限内向法定裁决机构申请裁决。申请必须符合下列条件：（1）申请人适格，即申请人必须是民事权益发生争议的当事人或其法定代理人、监护人；（2）申请必须向有管辖权的行政机关提出；（3）申请必须在法定期限内提出，如《商标法》第35条规定为15天；（4）申请一般必须提交申请书，口头申请作为例外。

（2）受理。行政主体收到当事人的申请后，应当对申请书进行初步审查，符合条件的，应当受理；不符合条件的，应及时通知申请人并说明理由。

（3）调查、审理。行政主体应对纠纷的事实和证据进行查证核实，可以自行调查、审理，也可以责令当事人举证。

（4）裁决。行政主体在通过审查、了解情况之后，应及时裁决。同时还要告知当事人能否起诉以及起诉期限和管辖法院。

行政裁决的对象是特定的民事纠纷。行政裁决解决的民事纠纷由法律明确规定，根据目前我国有关法律的规定，归纳起来主要有以下几种：

①损害赔偿纠纷的裁决。损害赔偿纠纷是一方当事人的权益受到侵害后，要求侵害者给予赔偿所引起的纠纷。

②权属纠纷裁决。指双方当事人因其财产所有权与使用权的归属产生的争议，这类纠纷主要包括土地、矿产、草原等资源的权属争议和国有资产产权争议等。

③补偿性纠纷裁决。双方当事人之间有关补偿问题的争议可以请求行政机关进行裁决，作出强制性补偿决定。

④其他侵权纠纷裁决。除上述3类纠纷之外，由于一方当事人认为其合法权益受到侵犯而产生的其他纠纷，有的依法律规定也可以通过行政裁决处理。

行政裁决的主体（即裁决者）是法律授权的特定的行政机关。

（5）执行。行政裁决生效后，有关当事人必须履行义务，对于拒不执行的，行政机关可依法强制执行或者是申请人民法院强制执行。

行政裁决与行政调解有很大不同。（见表12-1所示）

表 12-1　行政调解与行政裁决

	一般适用条件	行为效力	诉讼途径	举例说明
行政调解	行政主体有权；当事人自愿	无强制力	不服可另提民诉	侵权赔偿调解，合同纠纷调解
行政裁决	行政主体有权	有强制力	不服可提起行诉	侵权赔偿裁决，权属纠纷裁决

行政仲裁（administrative arbitrating），目前我国的仲裁体制内，只有劳动仲裁仍属于行政仲裁的属性。它是我国一项特有的行政司法制度。

小结

本讲介绍了行政给付、行政奖励和行政裁决三种具体行政行为。具体介绍了行政给付的概念、特征、原则、形式和方式；介绍了行政奖励的概念、特征、原则、程序和方式；介绍了行政裁决的概念、程序和种类等。

思考题

1. 什么是行政给付？它有何特征？
2. 行政给付的形式有哪些？
3. 行政奖励的概念与特征是什么？
4. 行政奖励的原则有哪些？
5. 什么是行政裁决？它与行政仲裁、行政复议各有何区别？
6. 行政裁决的程序是怎样的？

实务训练十二

一、公务员知识竞赛（试题）。班上卷面分最高的前 10 名学生为优胜，可在平时成绩里适当加分。

二、真实案例：大家看法——见义勇为之后（行政奖励）

视频播放后，教师引导学生运用行政法学基础理论对此案例进行讨论，必要时，教师对此案例作总结评析。

三、复习第 11 章行政强制内容

（一）填空题

1. 行政强制执行原则上由_____执行。

2. 行政强制措施的执行主体是_____及_____。

3. 行政强制执行分为_____和_____，间接强制包括_____和_____。

4. 执行罚主要适用于当事人不履行_____、不可由他人替代的义务。

5. 代履行主要适用于该行政法义务属于_____由他人代替履行的作为义务。

6. 直接强制是行政机关直接对_____的人身或财产采取强制措施，以实现行政法义务的制度。

7. 行政强制执行以个人、组织_____行政管理法规义务为前提。

8. 行政强制执行由_____设定，_____、_____以外的其他规范性文件不得设定行政强制措施。

9、根据《行政强制法》规定，行政强制措施种类包括_____、_____、_____、_____以及其他行政强制措施。

10、在行政机关强制执行过程中，我国行政强制法对行政强制执行规定的限制性措施包括：一是_____；二是_____。

11. 在即时性行政强制措施中，情况紧急需要当场实施行政强制措施的，行政执法人员应当在_____小时内向行政机关负责人报告，并补办批准手续。

（二）判断题

1. 公安行政强制执行，是指相对人不履行公安机关作出的、已发生效力的执行性行政决定时，公安机关依法强制其履行的公安行政执法行为。 （ ）

2. 税收强制措施是指税务当事人不履行税收法律、行政法规规定的义务，有关税务机关采用法定的强制手段，强迫当事人履行义务的行为。 （ ）

3. 不服行政强制的，可以申请复议，但不可以提起诉讼。 （ ）

4. 地方政府规章不可以设立行政强制。 （ ）

5. 即时强制必须有法律授权。 （ ）

6. 行政强制制度是行政强制措施和行政强制执行两项制度的合称。 （ ）

7. 行政强制有时具有单方性，有时不具有单方性。 （ ）

8. 行政强制执行以相对人逾期不履行义务为前提。 （ ）

9. 我国行政强制执行以申请人民法院强制执行为原则、行政机关自己执行为例外。 （ ）

10. 比例原则是行政强制的基本法律原则。 （ ）

四、阅读以下材料，并理解其重点内容。

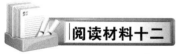
阅读材料十二

军人抚恤优待条例

（2004 年 8 月 1 日中华人民共和国国务院、中华人民共和国中央军事委员会令第 413 号公布 根据 2011 年 7 月 29 日《国务院、中央军事委员会关于修改〈军人抚恤优待条例〉的决定》修订）

（全文略）

国家科学技术奖励条例

（1999 年 4 月 28 日国务院第 16 次常务会议通过，1999 年 5 月 23 日中华人民共和国国务院令第 265 号公布，自公布之日起施行；2003 年 12 月 20 日国务院令第 396 号公布，第一次修正；2013 年 5 月 31 日国务院第十次常务会议通过，2013 年 7 月 18 日中华人民共和国国务院令第 638 号公布，第二次修正）

（全文略）

苏州市城市房屋拆迁纠纷行政裁决办法

苏州市人民政府　二四年三月二十四日发

（全文略）

第13章　行政合同

⊙ 回顾第7~12章具体行政行为内容

1. 行政命令包括哪些主要内容？
2. 行政征收包括哪些主要内容？
3. 行政许可的主要内容是什么？
4. 行政确认包括哪些主要内容？
5. 行政监督检查包括哪些主要内容？
6. 行政处罚的主要内容是什么？
7. 行政强制的主要内容是什么？
8. 行政给付包括哪些主要内容？
9. 行政奖励包括哪些主要内容？
10. 行政裁决包括哪些主要内容？

⊙ 法律文化体认与领悟

立党为公，执政为民。

为官唯廉，从政唯勤；处事唯公，做人唯实。

⊙ 本章主要内容

要求了解行政合同的概念、特征；明确行政合同的种类和作用；掌握行政合同双方的权利义务以及行政合同的缔结、变更、解除和终止；熟悉政府采购合同相关规定。

 案例导入

杨某诉某县教育局不履行行政合同案

2002年8月19日，原告杨某与被告某县教育局为甲乙双方，签订"学生与委托单位协议书"（下称"协议书"），约定：甲方必须刻苦努力学习，遵守学校的各项规章制度，争取做德智体全面发展的学生。在校学习期间，如中途因表现不好或学习上主观不努力而退学、留级的，应向乙方赔偿其培养费；若因身体原因而退学的，另作处理。学完全部课程毕业后必须到委培单位工作，服从工作分配，见习期满，经考核合格后，服务期为6

年。见习期和服务期内不得自行提出要求调动工作。甲方应缴给乙方或直接交给学校培养费人民币 6000 元整。委培经费分一年（次）交清，如不按期缴纳培养费，学校可以拒绝甲方报名注册。甲方毕业后由乙方负责分配工作，保证专业对口。本协议书自双方签订之日起生效，生效后双方不得毁约。如有单方毁约，将负责赔偿对方全部损失。

合同签订后，杨某履行了"协议书"所约定的全部义务，并于 2005 年 7 月取得福建省宁德地区师范学校毕业证书。嗣后，杨某要求教育局履行委托代培合同，教育局以教师队伍的编制受县委、县政府的制约，暂时无法履行合同为由，拒绝为杨某安排工作。杨某于 2006 年 11 月 22 日向人民法院提起诉讼，要求被告某县教育局履行委托代培合同，给原告安排工作。

县人民法院认为，被告与原告签订的委托代培合同，是被告某县教育局根据中共中央关于教育体制改革的决定精神及省、地教委的指令性招生计划而与原告签订的，目的是为了履行国家赋予的行政管理职能，符合行政合同的特征，属于行政合同。该合同有国家政策和政府规范性文件为依据，是合法有效的。杨某已全面履行了"协议书"约定的义务，被告作为代表国家行使行政管理权的机关，应依法行政，以取信于民，维护行政机关的社会公信力，被告拒绝履行协议是违法的。县人民法院依照《行政诉讼法》第 54 条第 1 款和第 67 条第 1 款的规定，判决县教育局履行与杨某签订的合同。

问题：什么是行政合同？它有哪些法律特征？它有哪些法律救济？它的责任承担方式是什么？本案应如何处理？

13.1 行政合同概述

行政合同是适应现代行政管理发展需要的一种特殊的行政行为，是传统的合同制度在行政领域的运用。与其他行政行为相比，行政合同行为是通过契约的方式将国家所要达到的行政管理目标固定化、法律化。在合同中规范双方当事人的权利和义务，是一种典型的双方行政行为。

行政合同是一种很柔性的行政管理形式，是一种普遍的行政现象，往往为行政法发达国家所重视。行政合同又是一种灵活而有效的行政管理方式，它对我国建立和发展社会主义市场经济有着重要意义。行政合同具有如下特征：

（1）行政合同的当事人一方必定是行政主体。行政合同是行政主体行使行政权的一种方式，因此，行政合同只能在行政主体与相对方之间或行政机关之间签订，而不能在公民之间签订。即使公民之间签订的合同的内容是为了执行公务，也不能被认为是行政合同。

（2）行政合同的签订目的是为了行使行政职能、实现特定的国家行政管理目标。行政合同的签订，其目的都是为了执行公务，实现特定的国家行政管理目标。行政合同是执行公务的一种手段，其最终目的是为了实现国家利益。因而行政合同的内容必须符合法律、法规的规定，双方都无完全的自由处分权。如行政机关为了抢险救灾等紧急需要而订购特别物资，为了公共建设的需要征用土地，等等。

（3）行政合同以双方意思表示一致为前提。行政合同属于一种双方的行政行为。单方行政行为仅有行政主体意思表示即可成立，双方的行政行为则须以双方的意思表示一致为前提。当然，在履行行政合同的过程中，行政机关具有某些单方面的特权，如监督权、指挥权、合同变更权、解除权等。

（4）在行政合同的履行、变更和解除中，行政机关享有行政优益权。行政合同中双方当事人不具有完全平等的法律地位，行政机关可以根据国家行政管理的需要，单方依法变更或解除合同，而作为另一方当事人的公民、法人和其他组织则不享有此种权利。

（5）行政合同纠纷通常通过行政法的救济途径解决。在我国，因民事合同产生的纠纷，由人民法院民事审判庭处理；根据行政法原理，行政合同发生争议，应通过行政法的救济解决，人民法院行政审判庭应有最终处理权。

13.2 行政合同的种类

订立行政合同必须出于行政需要，不超越行政权限，其内容必须合法。

依据不同标准，行政合同可以进行如下分类：

（1）根据合同所基于的行政关系的范围，行政合同可分为内部合同和外部合同。前者指行政机关相互之间或行政机关与其公务员之间签订的合同；后者指行政机关与公民、法人或其他组织之间签订的合同。

（2）根据合同的内容，行政合同可分为承包合同、转让合同和委托合同等。承包合同指个人或组织承揽某些行政事务的合同；转让合同指行政主体向对方当事人转让某种财产所有权使用权的合同；委托合同指行政主体将自己的某些事务委托其他行政主体或个人、组织办理的合同。

（3）根据合同是否涉及金钱给付，行政合同可分为有金钱给付内容的合同和无金钱给付内容的合同。

（4）根据合同事项所涉及的行政管理领域，行政合同可分为工业、交通、农业、科技、教育等不同领域的专业合同。

我国目前最为常见的几种行政合同：

（1）政府采购合同。又称公共采购合同。指政府为实现其职能和公共利益，以法定方式、方法和程序，使用公共资金，从市场上为政府部门或其所辖公共部门购买货物、工程或服务的合同。

（2）科研合同。行政机关与其下属科研机构之间，为实行某种技术经济责任制，并完成一定的技术开发项目而确立双方权利义务关系所签订的合同。

（3）国家订购合同。国家订购合同一般是基于国防与社会保障等方面的需要。

（4）公用征收合同。也称公共征收，指国家行政机关为社会公共利益，在依法给予补偿的前提下，通过与相对方签订合同方式，对相对方的财产实行强制取得的行为。

（5）公益事业建设投资合同。这是行政机关为了社会公益项目的建设，与行政相对方协商投资参与建设，确定双方权利义务而签订的行政合同。

（6）土地等国有资源的使用和开发利用合同。国家以土地等国有资源所有者身份将土地等国有资源使用权在一定期限内出让给国有资源使用者，并由土地等国有资源使用者向国家支付土地使用权出让金的行为。

（7）企业承包管理合同。企业的行政主管机关作为发包方，实行承包的国有企业作为承包方，双方经过协商，就国有企业的生产经营活动和财产管理而签订的有关双方权利义务关系的合同。

13.3　行政合同的缔结、变更与解除

1. 行政合同的缔结

行政合同由于其内容涉及面广，影响较大，在签订行政合同时必须遵循竞争原则、效率原则和公开原则。行政合同的缔结主要有四种方式：

（1）招标。指行政机关通过一定方式，公布一定的条件，向公众发出的订立合同为目的的意思表示。我国《招标投标法》规定，招标分为公开招标和邀请招标。招标是富有竞争力的一种行为方式。招标是缔结行政合同最常见的方式。

（2）拍卖。指行政机关向公众发出以订立合同为目的的意思表示，拍卖人在同意拍买人的条件后合同即告成立的一种签约方式。拍卖是由法定机构通过法定程序公开进行的，能够最大限度地实现财产本身的价值。根据我国《拍卖法》的规定，"拍卖是指以公开竞价的形式，将特定物品或者财产权利转让给最高应价者的买卖方式。"行政合同采取拍卖方式主要适用于国有资产的出让。

（3）邀请发价。指行政机关基于政治、经济、技术等方面的原因，在招标时不一定与要价最低的相对方缔结合同，而是邀请他认为适当的人发价，而行政机关在参加投标的企业中有选择合同当事人的自由。

（4）直接磋商。指在某些特定情况下，行政机关可以直接与其他组织或公民进行协商，签订合同。直接磋商是缔结民事合同比较常用的一种方式，但在行政合同中采用这种方式则要受法律、法规的限制。

2. 行政合同双方的权利和义务

（1）行政机关权利与义务

行政机关的权利：①选择合同相对方的权利；②对合同履行的监督权和指挥权；③单方变更和解除合同权；④制裁权。

行政机关的义务：①依法履行合同的义务；②兑现为相对人履行合同提供的优惠；③损害赔偿或补偿；④支付报酬。

（2）行政合同相对方的权利与义务

行政合同相对方的权利：①取得报酬权；②损害赔偿请求权；③损失补偿请求权；④不可预见的困难补偿权。

行政合同相对方的义务：①履行合同的义务；②接受行政机关的监督、指挥的义务。

3. 行政合同的履行原则

行政合同依法成立后，在当事人之间产生法律效力。只有正确履行合同，才能实现行

政合同的目的，产生良好的社会效果。行政合同的履行主要应遵循下列原则：

（1）实际履行原则。指行政合同当事人必须按照合同规定的标的履行，不能任意变更标的或用违约金和赔偿损失的方式代替合同的履行。实际履行原则是行政合同履行中的一个重要原则，也是行政合同的一个典型特征。

（2）自己履行原则。指行政合同必须由行政相对方本身履行，非经行政机关同意，不能由他人代替履行。行政合同不仅要求实际履行，而且一般实行自己履行的原则。

（3）全面适当履行原则。指行政合同当事人应当按照合同规定的内容全面、适当地履行，在任何条款上都不得违反合同的规定。全面适当履行原则要求相对人不能只履行合同的一部分条款，不能对合同标的、履行时间、地点、方式任意进行变更。对于不全面适当履行合同的当事人，行政机关有权给予相应制裁。

4. 行政合同的变更和解除

（1）行政合同的变更

行政合同的变更指在合同的履行过程中，对行政合同的主体、客体和内容条款作修改、补充和限制等。行政合同的变更主要基于以下两种理由：

一是行政机关为满足公共利益的需要行使裁量权，单方面变更合同；

二是因一定的法律事实的出现而导致行政合同的变更，如不可抗力等。

（2）行政合同的解除

行政合同的解除指行政合同订立后，尚未完全履行前，当事人双方提前终止合同，从而使因合同所生的债权债务消灭。行政合同的解除方式有两种：

一种是单方解除，即行政机关基于自己单方的意思表示即可产生解除效力的解除方式；

另一种是协议解除，即相对方提出解除合同的意思表示，在征得行政机关同意后提前终止行政合同。

5. 行政合同的终止

行政合同的终止是指当事人双方权利、义务已消灭。行政合同的终止主要有下述情形：

（1）合同履行完毕或者合同期限届满；

（2）双方当事人同意解除；

（3）行政机关依法律或政策规定以及出于公共利益的需要，单方面解除合同；

（4）因不可抗力导致合同履行已不可能；

（5）行政机关因相对方的过错而宣布解除合同；

（6）因行政机关有严重过错，法院可根据相对方的申请依法判决解除合同。

在行政合同的履行、变更或解除中，行政机关享有行政优益权。这说明在行政合同中，双方的地位实际上是不平等的。行政合同的签订，行政机关须征得相对人的同意，否则行政合同不成立，而行政合同的变更、解除，行政机关无须征得相对人的同意，行为也成立。

行政合同中行政主体依法享有选择合同相对方，对合同履行的监督、指挥，单方面变更、解除合同，对不履行合同的相对人的制裁等权力。

6. 行政合同纠纷解决途径与责任承担方式

行政合同纠纷属于行政纠纷，可以适用调解，责任形式主要是赔偿责任。行政合同纠纷有两种救济途径：一是提起行政复议；二是提起行政诉讼（最终法律救济）。

行政合同责任的承担方式主要有以下三种：

（1）赔偿损失；

（2）实际履行；

（3）行政补偿。

政府采购合同是一种重要的行政合同，其同样适用合同法。但基于政府采购合同的自身行政特性，2002 年 6 月 29 日通过的《中华人民共和国政府采购法》（2014 年修正）对政府采购合同的法定要件和操作程序进行了明确规定。2014 年 12 月 31 日国务院第 75 次常务会议通过《中华人民共和国政府采购法实施条例》，自 2015 年 3 月 1 日起施行。政府采购合同的主要规定如下表。（见表 13-1、13-2、13-3、13-4、13-5 所示）

表 13-1　政府采购法的适用范

适用地域	适用行为	排除事项
中华人民共和国境内采购	国家机关、事业单位和团体组织，使用财政性资金采购依法制定的集中采购目录以内的或者采购限额标准以上的货物、工程和服务的行为。	①使用国际组织和外国政府贷款进行政府采购，另有约定的②因严重自然灾害和其他不可抗力事件实施的紧急采购③涉及国家安全和秘密的采购④军事采购

表 13-2　政府采购当事人

采购人	采购代理机构	供应商
国家机关、事业单位、团体组织，排除企业单位	①设区的市级以上政府设立的集中采购机构②经国务院有关部门或省级政府有关部门认定资格的采购代理机构	法人、其他组织或者自然人；两个以上自然人、法人或者其他组织也可以组成联合体以一个供应商身份参加采购，对采购人承担连带责任

注意：工程采购原则上进行招标，具体方式适用招标投标法的规定。

表 13-3　政府采购方式

方式	适用条件
公开招标	①是最主要的政府采购方式 ②需要采用其它方式的，应在采购活动开始前获得设区的市级以上政府采购监管部门批准
邀请招标	①只能从有限范围的供应商处采购的 ②采用公开招标的费用占采购项目总价值比例过大的
竞争性谈判	①招标后没有供应商投标或没有合格或重新招标未能成立的 ②技术复杂或者性质特殊而不能确定详细规格或者具体要求的 ③采用招标所需时间不能满足用户紧急需要的 ④不能事先计算出价格总额的

方式	适用条件
单一来源采购	①只能从唯一供应商处采购的 ②发生不可预见紧急情况不能从其他供应商处采购的 ③必须保证原有采购项目一致性或服务配套要求，需继续从原供应商处添购，且添购金额不超过原采购金额10%的
询价	货物规格标准统一、现货货源充足、价格变化幅度小
其他方式	须由国务院政府采购监督管理部门认定

表 13-4　政府采购合同

签约	中标、成交通知书均具有法律效力；在中标、成交通知书发出之日起三十日内，当事人按照采购文件确定的事项签订政府采购合同
履行	经采购人同意可以分包，原供应商负全责，分包商就分包项目负责
补充	需追加相同标的的，双方可签订补充合同，但补充金额不得超过原采购金额的10%
变更、中止、终止	继续履行将损害国家利益和公共利益的
特殊规定	①采购人对代理机构的授权委托书是合同附件②国务院政府采购监督管理等部门有权规定合同必备条款③采购人向同级政府的采购监督管理等部门报备合同副本

表 13-5　政府采购的纠纷解决机制

	询问	质疑	投诉	行政复议	行政诉讼
提出者	供应商		供应商	供应商	供应商
处理者	采购人或采购代理机构		政府采购监管部门	复议机关	法院
适用条件	有疑问	供应商权益受损	不满质疑答复或未及时答复	不服投诉处理决定或逾期未处理	

小结

本章介绍了行政合同（又称行政契约）的主要内容。具体阐述了行政合同的概念、特征、种类、缔结、变更、解除、终止以及行政合同的履行原则、行政合同双方的权利义务、行政合同责任的承担方式、行政合同纠纷解决机制。具体介绍了政府采购合同相关内容。

思考题

1. 什么是行政合同？它有什么特征？
2. 行政合同的作用有哪些？

3. 如何理解行政合同履行的原则?

4. 行政合同双方当事人的权利和义务各是什么?

5. 行政合同的缔结方式有哪些?

6. 政府采购有哪些方式?

实务训练十三

一、**真实案例**：今日说法——廖松水诉万宁市牛漏镇政府案（海南万宁市 潮味酒家 廖松水 拖欠餐费）（行政机关作为民事主体）

视频播放后，教师引导学生运用行政法学基础理论对此案例进行讨论，必要时，教师对此案例作总结评析。

二、**用 PowerPoint 课件在班上讲演我国主要的行政机关。（一次最多讲三组）**

三、**复习第 7~12 章具体行政行为内容**

（一）填空题

1. 间接强制执行可分为_____和_____。

2. 行政强制执行必须以_____为前提。

3.《行政处罚法》于_____年_____月_____日_____会议通过，自_____年_____月_____日施行。

4. 行政处罚可以在_____、_____、_____、_____中设定，但设定权限必须遵守《行政处罚法》规定权限。

5. 行政裁决行为所产生的法律关系，并非仅仅是_____法律关系，同时还产生_____法律关系。

6. 行政处罚的时效从_____起计算，其行为有_____或继续状态的，从_____起计算。

7. 行政检查监督中对涉及人身权和财产权的检查须有_____、_____的依据，而行政机关所拥有的行政强制的执行权必须由_____授予。

8. 在我国实施行政处罚的依据是_____、_____和_____。

9. 公民个人的监督是一种_____的监督，其主要形式有直接向各级行政机关提出_____、_____、_____和建议，对行政违法失职行为向有关国家机关提出_____、_____或_____。

10. 行政处分有_____、_____、_____、_____、_____、_____六种形式。

11. 实施行政处罚的前提是_____，否则不受处罚。

12. 执行罚是指相对人负有_____或_____义务而拒不履行，主管行政机关可处一定数量的罚款促使其履行义务。

13. 行政处罚的一般构成要件是：一客观上必须_____，二主观上必须有_____，三受处罚者必须_____和有行为能力。

14. 行政处罚主体必须是依法拥有_____权并能以_____名义采取行政处罚行为独立承担法律责任的_____和_____。

15. _____是行政许可存在的前提，而行政许可则是_____解除。

16. 行政许可的内容主要有_____、_____、_____和公民个人获得某种资格、能力的权利。而行政确认的内容有_____和_____两大部分。

17. 行政检查行为_____但不直接处理和改变相对人的法律地位。

18. 行政裁决的客体是_____，行政仲裁的客体是_____，行政复议的客体是_____。

（二）判断题

1. 执行罚是一种行政处罚。 （　　）

2. 监察机关所监察的对象之一的国家行政机关是所有的国家行政机关。 （　　）

3. 行政检查监督活动有些是具体行政行为，有些则不是具体行政行为，行政检查监督活动并不都产生法律效果。 （　　）

4. 行政处理可针对特定的人，也可针对不特定的人，但都针对具体的事。 （　　）

5. 不论任何组织和个人，只要有违反行政法律规范的行为，就受到行政处罚。 （　　）

6. 任何行政处罚，被处罚人拒不履行，行政机关都可以自己去强制执行。 （　　）

7. 行政主体设定权利义务的具体行政行为具有溯及既往的效力。 （　　）

8. 实施行政强制措施的人员必须向相对人表明身份。 （　　）

9. 我国现行法制对负有法定义务的组织实施违反法定行政义务的行为，必定只能由该组织接受行政处罚，而不能处罚其责任人员。 （　　）

10. 行政裁决行为产生的只能是行政法律关系。 （　　）

11. 行政调解行为的客体只能是行政争议。 （　　）

12. 对任何行政处罚行为不服，都必须经过行政复议才可提起行政诉讼。 （　　）

13. 行政主体颁发许可证的行为是依职权行为、单方行为。 （　　）

14. 个人、组织对行政主体作出的行政奖励行为不服，只能通过行政程序解决，而不能通过行政诉讼程序，因为行政奖励是一种内部行为。 （　　）

四、阅读以下材料，并理解其重点内容

阅读材料十三

中华人民共和国政府采购法

（2002 年 6 月 29 日第九届全国人民代表大会常务委员会第二十八次会议通过，自 2003 年 1 月 1 日起施行；2014 年 8 月 31 日第十二届全国人民代表大会常务委员会第 10 次会议通过，自公布之日起施行《中华人民共和国政府采购法（2014 年修正本）》）

第一章　总　则

第一条　为了规范政府采购行为，提高政府采购资金的使用效益，维护国家利益和社会公共利益，保护政府采购当事人的合法权益，促进廉政建设，制定本法。

第二条　在中华人民共和国境内进行的政府采购适用本法。

本法所称政府采购，是指各级国家机关、事业单位和团体组织，使用财政性资金采购依法制定的集中采购目录以内的或者采购限额标准以上的货物、工程和服务的行为。

政府集中采购目录和采购限额标准依照本法规定的权限制定。

本法所称采购，是指以合同方式有偿取得货物、工程和服务的行为，包括购买、租赁、委托、雇用等。

本法所称货物，是指各种形态和种类的物品，包括原材料、燃料、设备、产品等。

本法所称工程，是指建设工程，包括建筑物和构筑物的新建、改建、扩建、装修、拆除、修缮等。

本法所称服务，是指除货物和工程以外的其他政府采购对象。

第三条　政府采购应当遵循公开透明原则、公平竞争原则、公正原则和诚实信用原则。

第四条　政府采购工程进行招标投标的，适用招标投标法。

第五条　任何单位和个人不得采用任何方式，阻挠和限制供应商自由进入本地区和本行业的政府采购市场。

第六条　政府采购应当严格按照批准的预算执行。

第七条　政府采购实行集中采购和分散采购相结合。集中采购的范围由省级以上人民政府公布的集中采购目录确定。

属于中央预算的政府采购项目，其集中采购目录由国务院确定并公布；属于地方预算的政府采购项目，其集中采购目录由省、自治区、直辖市人民政府或者其授权的机构确定并公布。

纳入集中采购目录的政府采购项目，应当实行集中采购。

第八条　政府采购限额标准，属于中央预算的政府采购项目，由国务院确定并公布；属于地方预算的政府采购项目，由省、自治区、直辖市人民政府或者其授权的机构确定并公布。

第九条　政府采购应当有助于实现国家的经济和社会发展政策目标，包括保护环境，扶持不发达地区和少数民族地区，促进中小企业发展等。

第十条　政府采购应当采购本国货物、工程和服务。但有下列情形之一的除外：

（一）需要采购的货物、工程或者服务在中国境内无法获取或者无法以合理的商业条件获取的；

（二）为在中国境外使用而进行采购的；

（三）其他法律、行政法规另有规定的。

前款所称本国货物、工程和服务的界定，依照国务院有关规定执行。

第十一条　政府采购的信息应当在政府采购监督管理部门指定的媒体上及时向社会公开发布，但涉及商业秘密的除外。

第十二条　在政府采购活动中，采购人员及相关人员与供应商有利害关系的，必须回避。供应商认为采购人员及相关人员与其他供应商有利害关系的，可以申请其回避。

前款所称相关人员，包括招标采购中评标委员会的组成人员，竞争性谈判采购中谈判小组的组成人员，询价采购中询价小组的组成人员等。

第十三条　各级人民政府财政部门是负责政府采购监督管理的部门，依法履行对政府采购活动的监督管理职责。

各级人民政府其他有关部门依法履行与政府采购活动有关的监督管理职责。

第二章　政府采购当事人

第十四条　政府采购当事人是指在政府采购活动中享有权利和承担义务的各类主体，包括采购人、供应商和采购代理机构等。

第十五条　采购人是指依法进行政府采购的国家机关、事业单位、团体组织。

第十六条　集中采购机构为采购代理机构。设区的市、自治州以上人民政府根据本级政府采购项目组织集中采购的需要设立集中采购机构。

集中采购机构是非营利事业法人，根据采购人的委托办理采购事宜。

第十七条　集中采购机构进行政府采购活动，应当符合采购价格低于市场平均价格、采购效率更高、采购质量优良和服务良好的要求。

第十八条　采购人采购纳入集中采购目录的政府采购项目，必须委托集中采购机构代理采购；采购未纳入集中采购目录的政府采购项目，可以自行采购，也可以委托集中采购机构在委托的范围内代理采购。

纳入集中采购目录属于通用的政府采购项目的，应当委托集中采购机构代理采购；属于本部门、本系统有特殊要求的项目，应当实行部门集中采购；属于本单位有特殊要求的项目，经省级以上人民政府批准，可以自行采购。

第十九条　采购人可以委托集中采购机构以外的采购代理机构，在委托的范围内办理政府采购事宜。

采购人有权自行选择采购代理机构，任何单位和个人不得以任何方式为采购人指定采购代理机构。

第二十条　采购人依法委托采购代理机构办理采购事宜的，应当由采购人与采购代理机构签订委托代理协议，依法确定委托代理的事项，约定双方的权利义务。

第二十一条　供应商是指向采购人提供货物、工程或者服务的法人、其他组织或者自然人。

第二十二条　供应商参加政府采购活动应当具备下列条件：

（一）具有独立承担民事责任的能力；

（二）具有良好的商业信誉和健全的财务会计制度；

（三）具有履行合同所必需的设备和专业技术能力；

（四）有依法缴纳税收和社会保障资金的良好记录；

（五）参加政府采购活动前三年内，在经营活动中没有重大违法记录；

（六）法律、行政法规规定的其他条件。

采购人可以根据采购项目的特殊要求，规定供应商的特定条件，但不得以不合理的条件对供应商实行差别待遇或者歧视待遇。

第二十三条　采购人可以要求参加政府采购的供应商提供有关资质证明文件和业绩情况，并根据本法规定的供应商条件和采购项目对供应商的特定要求，对供应商的资格进行审查。

第二十四条　两个以上的自然人、法人或者其他组织可以组成一个联合体，以一个供应商的身份共同参加政府采购。

以联合体形式进行政府采购的，参加联合体的供应商均应当具备本法第二十二条规定的条件，并应当向采购人提交联合协议，载明联合体各方承担的工作和义务。联合体各方应当共同与采购人签订采购合同，就采购合同约定的事项对采购人承担连带责任。

第二十五条　政府采购当事人不得相互串通损害国家利益、社会公共利益和其他当事人的合法权益；不得以任何手段排斥其他供应商参与竞争。

供应商不得以向采购人、采购代理机构、评标委员会的组成人员、竞争性谈判小组的组成人员、询价小组的组成人员行贿或者采取其他不正当手段谋取中标或者成交。

采购代理机构不得以向采购人行贿或者采取其他不正当手段谋取非法利益。

第三章　政府采购方式

第二十六条　政府采购采用以下方式：

（一）公开招标；

（二）邀请招标；

（三）竞争性谈判；

（四）单一来源采购；

（五）询价；

（六）国务院政府采购监督管理部门认定的其他采购方式。

公开招标应作为政府采购的主要采购方式。

第二十七条　采购人采购货物或者服务应当采用公开招标方式的，其具体数额标准，属于中央预算的政府采购项目，由国务院规定；属于地方预算的政府采购项目，由省、自治区、直辖市人民政府规定；因特殊情况需要采用公开招标以外的采购方式的，应当在采购活动开始前获得设区的市、自治州以上人民政府采购监督管理部门的批准。

第二十八条　采购人不得将应当以公开招标方式采购的货物或者服务化整为零或者以其他任何方式规避公开招标采购。

第二十九条　符合下列情形之一的货物或者服务，可以依照本法采用邀请招标方式采购：

（一）具有特殊性，只能从有限范围的供应商处采购的；

（二）采用公开招标方式的费用占政府采购项目总价值的比例过大的。

第三十条　符合下列情形之一的货物或者服务，可以依照本法采用竞争性谈判方式采购：

（一）招标后没有供应商投标或者没有合格标的或者重新招标未能成立的；

（二）技术复杂或者性质特殊，不能确定详细规格或者具体要求的；

（三）采用招标所需时间不能满足用户紧急需要的；

（四）不能事先计算出价格总额的。

第三十一条　符合下列情形之一的货物或者服务，可以依照本法采用单一来源方式采购：

（一）只能从唯一供应商处采购的；

（二）发生了不可预见的紧急情况不能从其他供应商处采购的；

（三）必须保证原有采购项目一致性或者服务配套的要求，需要继续从原供应商处添购，且添购资金总额不超过原合同采购金额百分之十的。

第三十二条　采购的货物规格、标准统一、现货货源充足且价格变化幅度小的政府采购项目，可以依照本法采用询价方式采购。

第四章　政府采购程序

第三十三条　负有编制部门预算职责的部门在编制下一财政年度部门预算时，应当将该财政年度政府采购的项目及资金预算列出，报本级财政部门汇总。部门预算的审批，按预算管理权限和程序进行。

第三十四条　货物或者服务项目采取邀请招标方式采购的，采购人应当从符合相应资格条件的供应商中，通过随机方式选择三家以上的供应商，并向其发出投标邀请书。

第三十五条　货物和服务项目实行招标方式采购的，自招标文件开始发出之日起至投标人提交投标文件截止之日止，不得少于二十日。

第三十六条　在招标采购中，出现下列情形之一的，应予废标：

（一）符合专业条件的供应商或者对招标文件作实质响应的供应商不足三家的；

（二）出现影响采购公正的违法、违规行为的；

（三）投标人的报价均超过了采购预算，采购人不能支付的；

（四）因重大变故，采购任务取消的。

废标后，采购人应当将废标理由通知所有投标人。

第三十七条　废标后，除采购任务取消情形外，应当重新组织招标；需要采取其他方式采购的，应当在采购活动开始前获得设区的市、自治州以上人民政府采购监督管理部门或者政府有关部门批准。

第三十八条　采用竞争性谈判方式采购的，应当遵循下列程序：

（一）成立谈判小组。谈判小组由采购人的代表和有关专家共三人以上的单数组成，其中专家的人数不得少于成员总数的三分之二。

（二）制定谈判文件。谈判文件应当明确谈判程序、谈判内容、合同草案的条款以及评定成交的标准等事项。

（三）确定邀请参加谈判的供应商名单。谈判小组从符合相应资格条件的供应商名单中确定不少于三家的供应商参加谈判，并向其提供谈判文件。

（四）谈判。谈判小组所有成员集中与单一供应商分别进行谈判。在谈判中，谈判的任何一方不得透露与谈判有关的其他供应商的技术资料、价格和其他信息。谈判文件有实质性变动的，谈判小组应当以书面形式通知所有参加谈判的供应商。

（五）确定成交供应商。谈判结束后，谈判小组应当要求所有参加谈判的供应商在规定时间内进行最后报价，采购人从谈判小组提出的成交候选人中根据符合采购需求、质量和服务相等且报价最低的原则确定成交供应商，并将结果通知所有参加谈判的未成交的供应商。

第三十九条　采取单一来源方式采购的，采购人与供应商应当遵循本法规定的原则，在保证采购项目质量和双方商定合理价格的基础上进行采购。

第四十条　采取询价方式采购的，应当遵循下列程序：

（一）成立询价小组。询价小组由采购人的代表和有关专家共三人以上的单数组成，其中专家的人数不得少于成员总数的三分之二。询价小组应当对采购项目的价格构成和评定成交的标准等事项作出规定。

（二）确定被询价的供应商名单。询价小组根据采购需求，从符合相应资格条件的供应商名单中确定不少于三家的供应商，并向其发出询价通知书让其报价。

（三）询价。询价小组要求被询价的供应商一次报出不得更改的价格。

（四）确定成交供应商。采购人根据符合采购需求、质量和服务相等且报价最低的原则确定成交供应商，并将结果通知所有被询价的未成交的供应商。

第四十一条　采购人或者其委托的采购代理机构应当组织对供应商履约的验收。大型或者复杂的政府采购项目，应当邀请国家认可的质量检测机构参加验收工作。验收方成员应当在验收书上签字，并承担相应的法律责任。

第四十二条　采购人、采购代理机构对政府采购项目每项采购活动的采购文件应当妥善保存，不得伪造、变造、隐匿或者销毁。采购文件的保存期限为从采购结束之日起至少保存十五年。

采购文件包括采购活动记录、采购预算、招标文件、投标文件、评标标准、评估报告、定标文件、合同文本、验收证明、质疑答复、投诉处理决定及其他有关文件、资料。

采购活动记录至少应当包括下列内容：

（一）采购项目类别、名称；

（二）采购项目预算、资金构成和合同价格；

（三）采购方式，采用公开招标以外的采购方式的，应当载明原因；

（四）邀请和选择供应商的条件及原因；

（五）评标标准及确定中标人的原因；

（六）废标的原因；

（七）采用招标以外采购方式的相应记载。

第五章　政府采购合同

第四十三条　政府采购合同适用合同法。采购人和供应商之间的权利和义务，应当按照平等、自愿的原则以合同方式约定。

采购人可以委托采购代理机构代表其与供应商签订政府采购合同。由采购代理机构以采购人名义签订合同的，应当提交采购人的授权委托书，作为合同附件。

第四十四条　政府采购合同应当采用书面形式。

第四十五条　国务院政府采购监督管理部门应当会同国务院有关部门，规定政府采购合同必须具备的条款。

第四十六条　采购人与中标、成交供应商应当在中标、成交通知书发出之日起三十日内，按照采购文件确定的事项签订政府采购合同。

中标、成交通知书对采购人和中标、成交供应商均具有法律效力。中标、成交通知书发出后，采购人改变中标、成交结果的，或者中标、成交供应商放弃中标、成交项目的，应当依法承担法律责任。

第四十七条　政府采购项目的采购合同自签订之日起七个工作日内，采购人应当将合同副本报同级政府采购监督管理部门和有关部门备案。

第四十八条　经采购人同意，中标、成交供应商可以依法采取分包方式履行合同。

政府采购合同分包履行的，中标、成交供应商就采购项目和分包项目向采购人负责，分包供应商就分包项目承担责任。

第四十九条　政府采购合同履行中，采购人需追加与合同标的相同的货物、工程或者服务的，在不改变合同其他条款的前提下，可以与供应商协商签订补充合同，但所有补充合同的采购金额不得超过原合同采购金额的百分之十。

第五十条　政府采购合同的双方当事人不得擅自变更、中止或者终止合同。

政府采购合同继续履行将损害国家利益和社会公共利益的，双方当事人应当变更、中止或者终止合同。有过错的一方应当承担赔偿责任，双方都有过错的，各自承担相应的责任。

第六章　质疑与投诉

第五十一条　供应商对政府采购活动事项有疑问的，可以向采购人提出询问，采购人应当及时作出答复，但答复的内容不得涉及商业秘密。

第五十二条　供应商认为采购文件、采购过程和中标、成交结果使自己的权益受到损害的，可以在知道或者应知其权益受到损害之日起七个工作日内，以书面形式向采购人提出质疑。

第五十三条　采购人应当在收到供应商的书面质疑后七个工作日内作出答复，并以书面形式通知质疑供应商和其他有关供应商，但答复的内容不得涉及商业秘密。

第五十四条　采购人委托采购代理机构采购的，供应商可以向采购代理机构提出询问或者质疑，采购代理机构应当依照本法第五十一条、第五十三条的规定就采购人委托授权范围内的事项作出答复。

第五十五条　质疑供应商对采购人、采购代理机构的答复不满意或者采购人、采购代理机构未在规定的时间内作出答复的，可以在答复期满后十五个工作日内向同级政府采购监督管理部门投诉。

第五十六条　政府采购监督管理部门应当在收到投诉后三十个工作日内，对投诉事项作出处理决定，并以书面形式通知投诉人和与投诉事项有关的当事人。

第五十七条　政府采购监督管理部门在处理投诉事项期间，可以视具体情况书面通知采购人暂停采购活动，但暂停时间最长不得超过三十日。

第五十八条　投诉人对政府采购监督管理部门的投诉处理决定不服或者政府采购监督管理部门逾期未作处理的，可以依法申请行政复议或者向人民法院提起行政诉讼。

第七章　监督检查

第五十九条　政府采购监督管理部门应当加强对政府采购活动及集中采购机构的监督检查。

监督检查的主要内容是：

（一）有关政府采购的法律、行政法规和规章的执行情况；

（二）采购范围、采购方式和采购程序的执行情况；

（三）政府采购人员的职业素质和专业技能。

第六十条　政府采购监督管理部门不得设置集中采购机构，不得参与政府采购项目的采购活动。

采购代理机构与行政机关不得存在隶属关系或者其他利益关系。

第六十一条　集中采购机构应当建立健全内部监督管理制度。采购活动的决策和执行程序应当明确，并相互监督、相互制约。经办采购的人员与负责采购合同审核、验收人员的职责权限应当明确，并相互分离。

第六十二条　集中采购机构的采购人员应当具有相关职业素质和专业技能，符合政府采购监督管理部门规定的专业岗位任职要求。

集中采购机构对其工作人员应当加强教育和培训；对采购人员的专业水平、工作实绩和职业道德状况定期进行考核。采购人员经考核不合格的，不得继续任职。

第六十三条　政府采购项目的采购标准应当公开。

采用本法规定的采购方式的，采购人在采购活动完成后，应当将采购结果予以公布。

第六十四条　采购人必须按照本法规定的采购方式和采购程序进行采购。

任何单位和个人不得违反本法规定，要求采购人或者采购工作人员向其指定的供应商进行采购。

第六十五条　政府采购监督管理部门应当对政府采购项目的采购活动进行检查，政府采购当事人应当如实反映情况，提供有关材料。

第六十六条　政府采购监督管理部门应当对集中采购机构的采购价格、节约资金效果、服务质量、信誉状况、有无违法行为等事项进行考核，并定期如实公布考核结果。

第六十七条　依照法律、行政法规的规定对政府采购负有行政监督职责的政府有关部门，应当按照其职责分工，加强对政府采购活动的监督。

第六十八条　审计机关应当对政府采购进行审计监督。政府采购监督管理部门、政府采购各当事人有关政府采购活动，应当接受审计机关的审计监督。

第六十九条　监察机关应当加强对参与政府采购活动的国家机关、国家公务员和国家行政机关任命的其他人员实施监察。

第七十条　任何单位和个人对政府采购活动中的违法行为，有权控告和检举，有关部门、机关应当依照各自职责及时处理。

第八章　法律责任

第七十一条　采购人、采购代理机构有下列情形之一的，责令限期改正，给予警告，可以并处罚款，对直接负责的主管人员和其他直接责任人员，由其行政主管部门或者有关机关给予处分，并予通报：

（一）应当采用公开招标方式而擅自采用其他方式采购的；

（二）擅自提高采购标准的；

（三）以不合理的条件对供应商实行差别待遇或者歧视待遇的；

（四）在招标采购过程中与投标人进行协商谈判的；

（五）中标、成交通知书发出后不与中标、成交供应商签订采购合同的；

（六）拒绝有关部门依法实施监督检查的。

第七十二条　采购人、采购代理机构及其工作人员有下列情形之一，构成犯罪的，依法追究刑事责任；尚不构成犯罪的，处以罚款，有违法所得的，并处没收违法所得，属于国家机关工作人员的，依法给予行政处分：

（一）与供应商或者采购代理机构恶意串通的；

（二）在采购过程中接受贿赂或者获取其他不正当利益的；

（三）在有关部门依法实施的监督检查中提供虚假情况的；

（四）开标前泄露标底的。

第七十三条　有前两条违法行为之一影响中标、成交结果或者可能影响中标、成交结果的，按下列情况分别处理：

（一）未确定中标、成交供应商的，终止采购活动；

（二）中标、成交供应商已经确定但采购合同尚未履行的，撤销合同，从合格的中标、成交候选人中另行确定中标、成交供应商；

（三）采购合同已经履行的，给采购人、供应商造成损失的，由责任人承担赔偿责任。

第七十四条　采购人对应当实行集中采购的政府采购项目，不委托集中采购机构实行集中采购的，由政府采购监督管理部门责令改正；拒不改正的，停止按预算向其支付资金，由其上级行政主管部门或者有关机关依法给予其直接负责的主管人员和其他直接责任人员处分。

第七十五条　采购人未依法公布政府采购项目的采购标准和采购结果的，责令改正，对直接负责的主管人员依法给予处分。

第七十六条　采购人、采购代理机构违反本法规定隐匿、销毁应当保存的采购文件或者伪造、变造采购文件的，由政府采购监督管理部门处以二万元以上十万元以下的罚款，对其直接负责的主管人员和其他直接责任人员依法给予处分；构成犯罪的，依法追究刑事责任。

第七十七条　供应商有下列情形之一的，处以采购金额千分之五以上千分之十以下的罚款，列入不良行为记录名单，在一至三年内禁止参加政府采购活动，有违法所得的，并处没收违法所得，情节严重的，由工商行政管理机关吊销营业执照；构成犯罪的，依法追究刑事责任：

（一）提供虚假材料谋取中标、成交的；

（二）采取不正当手段诋毁、排挤其他供应商的；

（三）与采购人、其他供应商或者采购代理机构恶意串通的；

（四）向采购人、采购代理机构行贿或者提供其他不正当利益的；

（五）在招标采购过程中与采购人进行协商谈判的；

（六）拒绝有关部门监督检查或者提供虚假情况的。

供应商有前款第（一）至（五）项情形之一的，中标、成交无效。

第七十八条　采购代理机构在代理政府采购业务中有违法行为的，按照有关法律规定处以罚款，可以在一至三年内禁止其代理政府采购业务，构成犯罪的，依法追究刑事责任。

第七十九条　政府采购当事人有本法第七十一条、第七十二条、第七十七条违法行为之一，给他人造成损失的，并应依照有关民事法律规定承担民事责任。

第八十条　政府采购监督管理部门的工作人员在实施监督检查中违反本法规定滥用职权，玩忽职守，徇私舞弊的，依法给予行政处分；构成犯罪的，依法追究刑事责任。

第八十一条　政府采购监督管理部门对供应商的投诉逾期未作处理的，给予直接负责的主管人员和其他直接责任人员行政处分。

第八十二条　政府采购监督管理部门对集中采购机构业绩的考核，有虚假陈述，隐瞒真实情况的，或者不作定期考核和公布考核结果的，应当及时纠正，由其上级机关或者监察机关对其负责人进行通报，并对直接负责的人员依法给予行政处分。

集中采购机构在政府采购监督管理部门考核中，虚报业绩，隐瞒真实情况的，处以二万元以上二十万元以下的罚款，并予以通报；情节严重的，取消其代理采购的资格。

第八十三条　任何单位或者个人阻挠和限制供应商进入本地区或者本行业政府采购市场的，责令限期改正；拒不改正的，由该单位、个人的上级行政主管部门或者有关机关给予单位责任人或者个人处分。

第九章　附　则

第八十四条　使用国际组织和外国政府贷款进行的政府采购，贷款方、资金提供方与中方达成的协议对采购的具体条件另有规定的，可以适用其规定，但不得损害国家利益和社会公共利益。

第八十五条　对因严重自然灾害和其他不可抗力事件所实施的紧急采购和涉及国家安全和秘密的采购，不适用本法。

第八十六条　军事采购法规由中央军事委员会另行制定。

第八十七条　本法实施的具体步骤和办法由国务院规定。

第八十八条　本法自 2003 年 1 月 1 日起施行。

第14章 行政指导

🎯 回顾第13章行政合同内容

1. 行政合同签订的目的是什么？
2. 在行政合同的签订、变更或解除中，行政机关享有什么权利？
3. 我国目前最为常见的几种行政合同是什么？
4. 行政合同的缔结方式有哪些？
5. 行政合同的履行原则中哪些？
6. 行政合同中行政机关的权利是什么？
7. 行政合同中相对方的权利是什么？
8. 行政合同的解除方式有哪些？

🎯 **法律文化体认与领悟**

权力不受制约必然导致腐败。

防意如城，远离腐败筑堤坝；慎终如始，恪守桑榆重晚节。

🎯 **本章主要内容**

了解行政指导的概念与特征；明确行政指导的种类、意义与作用；掌握建立、健全我国行政指导制度的有关知识。

案例导入 ◀

尹某诉某市教育局"行政指导"侵权案

某市原二中教师尹某在教案中提出读书是为挣大钱娶美女的观点，被媒体披露后，舆论哗然。2007年8月28日，该市二中按照市教育局的要求，报省教育厅同意，按照《教育法》第34条规定，对尹某实行解聘。后来该市教育局发《情况通报》：同意二中对尹某实行解聘，该市（含五县市区）内的所有学校不聘尹某当教师。

尹某认为该市教育局的处理不合法，于2008年1月向人民法院提起行政诉讼，状告该市教育局，要求撤销"限聘"的处理意见。该市教育局则认为通报属于行政指导行为，此行为仅仅是对尹某教师资格在一定范围内的禁止建议，不会产生行政拘束力，法院无权受理此案。

　　某市人民法院受理了此案，最终确认教育局"限聘"的处理意见违法。

　　问题：教育局"限聘"的处理意见是否属于行政指导行为？法院是否有权受理此案并确认"限聘"的处理意见违法？

　　背景资料

　　行政指导在日本、韩国和我国台湾地区等市场经济发达国家和地区得到了越来越广泛的应用，成为对传统上依法行政的一种重要补充。运用行政指导方式管理国家经济活动最为成功的国家当属日本。有人认为日本经济发展极快的根本原因不外乎两条：一是日本国民的勤勉；二是日本政府的科学指导。这种被称为"行政指导"的制度，是日本战后经济发展的"金钥匙"。日本在行政指导方面的实践和制度经常被引为范例。1993年日本通过的《行政程序法》实现了对行政指导的法律化。以此为标志，日本的行政指导在科学化、规范化和制度化的进程中，迈上了一个新的台阶。

　　行政指导已逐渐受到当代行政法学界和行政管理学界的重视，成为行政法学与行政管理学研究的重要内容。近十年来，我国行政法学界也越来越多地开展了对行政指导问题的研究。

14.1　行政指导的概念与特征

　　行政指导（administrative guidance），是指行政主体在其职责、任务或所管辖的事务范围内，为适应复杂多变的经济和社会的需要，基于国家的法律原则和政策，在行政相对方的同意或协助下，适时灵活地采用非强制手段，以有效地实现一定的行政目的，不直接产生法律效果的行为。

　　行政指导作为一种灵活有效的行政管理方式，是对传统依法行政的一种重要补充。在行政管理活动中，行政指导是"消极行政"向"积极行政"发展的中介物。行政指导行为是一种行政机关的积极行政行为。行政指导制度最典型且影响最大的国家是日本。行政指导具有以下特征：

　　（1）行政指导是非权力行政活动。行政指导主要以指导、劝告、建议、鼓励等柔性的、非强制性的方式进行，并辅以利益诱导机制，向特定行政相对方施加作用和影响，以促使其为一定行为或不为一定行为（作为或不作为），从而达到一定的行政目的。

　　（2）行政指导是一种事实行为。行政指导行为不具有强制执行力，不直接产生法律后果。不直接导致行政相对方的权利或义务的增减，因此不属于严格的行政行为范畴。但是行政指导一经作出，对于行政主体则具有约束力，不经一定的程序，不得"反悔"。

　　（3）行政指导是行政机关单方面的意思表示，属于单方行为。行政指导是行政机关基于行政职权而作出的一种行为。行政指导是一种行政机关的单方行政行为。相对方是否接受行政指导，则听凭其自主抉择。

　　（4）行政指导适用于较大幅度弹性的管理领域。行政指导适用的范围极其广泛，其方法多种多样。

（5）行政指导适用法律优先原则。行政指导的依据是国家的法律、法规和政策。行政指导违反法律、法规，给相对方造成损害的要承担法律责任。

（6）行政指导是一种外部行政行为。行政指导的作用对象是行政相对方。行政机关可以根据法定的职责和管辖事务的范围对行政相对方采取指导、劝告、建议、示范、告诫等方式，对社会经济生活及时作出灵活的反应。

14.2　行政指导的分类

对行政指导可以从不同的角度加以分类，其中主要的分类有：

（1）以有无法律根据为标准，可分为有具体法律根据的行政指导、无具体法律根据的行政指导。前者是指法律、法规、规章明文规定的行政指导，后者指没有法律明文规定的行政指导。如我国《全民所有制工业企业法》第54条规定，"政府有关部门按照国家调节市场、市场引导企业的目标，为企业提供服务，并根据各自的职责，依照法律、法规的规定，对企业实行管理和监督。……制订、调整产业政策，指导企业制定发展规划。"无具体法律依据的行政指导在实践中则更为普遍。如通过召开会议或公布某种信息情报，以引导相对方的行为等。

（2）以其指导层次或指导对象为标准，可分为宏观行政指导（或称普遍的行政指导）和个别行政指导。宏观行政指导，是指行政机关对不特定的行业和相对方进行的行政指导。个别行政指导，是指针对特定的行业、地区和相对方进行的行政指导。前者指行政机关对不特定的行业和相对方进行的行政指导。如2002年2月11日国务院发布的《指导外商投资方向规定》。后者如某行政机关对某企业经营不善提出的希望和建议，即属于个别指导的性质。

（3）以其作用的性质为标准，可分为促进性行政指导、限制性行政指导。促进性行政指导，从作用的性质来讲，促进性行政指导是指行政机关通过采取鼓励性措施等方式，促进行政相对方积极作为而进行的指导；从功能的角度来讲，促进性行政指导是指行政主体为了促使行政相对方的行为合法化而给予的行政指导。限制性行政指导，是指行政机关以限制行政相对方的行为为目的而进行的指导。如国家发展和改革委员会2004年颁布施行的《汽车产业发展政策》（2009年修订）规定，"国家引导和鼓励发展节能环保型小排量汽车。汽车产业要结合国家能源结构调整战略和排放标准的要求，积极开展电动汽车、车用动力电池等新型动力的研究和产业化，重点发展混合动力汽车技术和轿车柴油发动机技术。国家在科技研究、技术改造、新技术产业化、政策环境等方面采取措施，促进混合动力汽车的生产和使用。"

（4）以其功能为标准，可分为管制性（或抑制性）行政指导、调整性（或调停性）行政指导和促进性（或辅助性）行政指导。管制性行政指导，也叫抑制性行政指导，是指对于妨害秩序或公益的行为加以预防或抑制而进行的指导。如抑制房价暴涨等。调整性行政指导，也叫调停性行政指导，是指相对方相互之间发生争执，自行协商不成时出面调停以达成妥协所采取的行政指导。如城市公交车、出租车发生冲突时政府所采取的指导。促进性行政指导，是指行政主体为了促使行政相对方的行为合法化而给予的行政指导，如推进中小企业发展所实施的各种指导等。

14.3 行政指导的确立应送达的原则

行政指导是符合现代法治原则的一种具有行政活动性质的行为，属于积极行政的范畴。行政指导应确立的原则是：

（1）合法原则。这一原则总的要求是行政指导不得违反法的原则精神和具体规范，不得违反基本法理。具体要求包括：法律或其他层级的专门法律规范如果已就行政指导作出了具体规定，则应从其规定；如无此种具体规定，行政机关可以按行政组织法的一般规定，在其职责任务或管辖事务范围内实施行政指导；如果连此种一般规定也没有，行政机关可以根据宪法和有关法律规定，就行政机关及该领域事务作出的最一般规定或立法目的、原则和精神而实施行政指导。

（2）合政策原则。这里的政策，既有政党的政策，也有国家的政策。当经济与社会不断发展而新出现某种特殊的公共管理需求时，如果对此恰好还没有适当的法律规范进行调整时，行政机关可以根据有关政策规定实施行政指导予以及时调整。

（3）民主自愿原则。行政机关实施行政指导时，必须充分尊重行政相对方的自主权利，只能采取引导、劝告、建议等非强制性手段和方式，通过行政相对方自愿同意或协作去达到行政目的，绝不能像采取单方性的法律强制行为那样可以不考虑行政相对方的意愿或不征得行政相对方的同意。

（4）及时灵活原则。行政机关必须善于判断、捕捉最佳时机，根据客观情势和行政目的及时采取指导措施，对公共行政管理的紧急特殊要求作出有效反应。行政指导的操作方式可以多种多样，必要时，还可以采取口头形式进行指导。

14.4 行政指导的作用

采用行政指导有利于降低政府管理成本；有利于降低社会成本；有利于更有效地实现行政目标。行政指导的作用主要体现在：

（1）对强制性法律手段的补充作用。由于行政指导的非强制性和自主抉择性，使其在缓解和平衡各种利益主体间的矛盾与冲突中具有特别有效的作用，这是对强制性法律手段的有益补充。

（2）对经济发展的引导和促进作用。由于行政机关在掌握知识、信息、政策等方面的优越性，其实施行政指导能有效地引导行政相对方进行有关行为的正确选择，从而有利于促进社会经济与科技的健康发展。

（3）对社会生活的协调和疏导作用。对于社会经济组织之间的冲突，需要通过行政指导进行协调；对于某些一时发生隔阂、阻碍的社会关系，也需要采取行政指导及时地予以疏通和调整。

（4）对损害社会利益行为的预防和抑制作用。行政指导对于可能发生的妨害社会经济秩序和社会公益的行为，可以起到防患于未然的作用；对于刚萌芽的妨害行为，则可以起到防微杜渐的抑制作用。

14.5 如何进行行政指导

我国从宪法、法律、行政法规、规章等各个层次上对行政指导都有规定。目前，我国行政指导大致有如下特点：

（1）国家已开始重视对行政指导的立法规定，但这些规定的绝对数量还很少，在整个法律规范中仅占很小的比例。

（2）这些规定主要涉及经济管理部门、科技管理部门和某些社会管理部门的管理领域。

（3）这些规定往往较为原则、简单，在理解上的伸缩性相当大。在使用"引导"、"指导"等提法时，有时泛指一种国家职能（指导主体不仅是行政机关）。

（4）立法对行政指导的程序鲜有涉及。

从目前我国行政指导的大致特点，可以看出我国行政指导存在的问题，主要是：

（1）行政指导行为的规范化、制度化程度较低；

（2）法律上缺乏对行政指导的约束和纠错机制；

（3）一些行政机关及其工作人员在实际工作中有时将行政指导措施当成行政指（命）令措施操作，侵害了行政相对方的自主权益，导致了行政相对方"希望指导又害怕指导"的矛盾心理。

我国的行政指导可从以下几个方面着手：

（1）建立行政审议会制度。审议会是一种咨询性、调研性、独立性、非权力性的合议制组织，由专家学者和有关利害关系人组成。审议会的职能是多方面的，最主要的是调查、审议重要的行政政策。我国应尽快建立政策审议会制度，采取审议会的形式，把各种专门知识引入行政实务，协调各方面的矛盾，调动各方面的积极性。

（2）建立、健全政府信息发布、告示制度。现代社会是信息社会，及时、准确、系统的信息对每一个公民或社会组织来说至关重要。行政机关在信息的收集、整理和运用方面具有相当大的优势。尽快建立行业、地方和全国的各种行政信息发布、告示制度，为相对方提供优质、全面的信息服务，意义重大。

（3）建立行政建议、劝告、告诫制度。出于经济与社会管理的特殊需要，行政机关可采用书面形式或采用口头形式对相对方进行建议、劝告、告诫，以促使其作为或不作为。这类行政指导应力求规范化、定型化。

（4）加强和完善行政调解和协调制度。公民、法人和其他社会组织存在的矛盾、冲突在未达到行政处理或未进入诉讼程序时，由行政机关出面进行协调和调解，有利于减少利益损失，有利于降低社会成本。

（5）建立健全行政奖励制度。社会主义市场经济不同于管制经济、惩罚性经济或制裁性经济，在对经济主体的行为依法律法规予以管理的同时，应通过表彰、鼓励、奖励，正面指导和引导经济主体遵纪守法。表彰、鼓励、奖励等方式对引导和影响相对方的价值取向和行为目标是有重要意义的。

（6）健全行政计划制度。市场经济并不一概排斥行政计划。在日本、法国等不少成熟市场经济国家，计划行政在整个行政中均有相应的地位。在社会主义市场经济条件下，计划调节是行政调控的一部分，在行政计划中主要是指导性计划。我国应进一步健全行政计划制度，做到科学、合理、规范，使行政计划对经济及社会发展起到正确的引导和指导作用。

（7）建立责任救济制度。按照现代法治的要求，"有损害必有救济"。行政指导与行政处理行为一样，难免发生失误或损害，因此，必须建立相应的救济制度，对受到违法、不当行政指导的行政相对人以补救。

小 结

本讲主要介绍了行政指导的具体内容。阐述了行政指导的概念及特征、行政指导的种类与作用、行政指导的原则以及如何进行行政指导等内容。

思考题

1. 什么是行政指导？行政指导有哪些分类？
2. 行政指导有哪些特征？
3. 确立我国行政指导的原则有哪些？
4. 行政指导在我国行政管理中的作用有哪些？
5. 如何进行行政指导？

实务训练十四

一、任务布置：专题研究：外国（日本、德国、美国、韩国）和我国台湾地区行政指导制度　每位同学选定一个国家的行政指导制度，搜集相关资料，整理提交专题研究报告。时间一星期。

二、真实案例：今日说法——千里爬回家（山东　孙文流）（行政救助）

视频播放后，教师引导学生运用行政法学基础理论对此案例进行讨论，必要时，教师对此案例作总结评析。

三、复习第 13 章行政合同内容

（一）填空题

1. 行政合同一般应采用_____形式。

2. 在行政合同中，行政主体享有_____、_____、_____、_____等权利。

3. 行政合同的基本原则有_____、_____、_____、_____。

4. 国家订货合同一般是基于_____的需要。

5. 行政合同订立的原则有_____、_____、_____。

6. 行政合同的缔结主要有_____、_____、_____、_____等方式。

7. 行政合同的成立是以_____为前提。

8. 行政机关在订立行政合同时，可以_____自己认为适当的合同相对方。

9. 在行政合同的履行、变更或解除中，行政机关享有_____。

10. 行政合同的解除方式有：行政机关的_____和双方主体的_____。

（二）判断题

1. 行政合同是行政机关与外部交往的唯一合同形式。 （　　）

2. 在行政合同履行过程中，行政主体有权对相对人进行管理、监督。 （　　）

3. 公益优先意味着公共利益与私人利益的对立。 （　　）

4. 行政合同的签订，行政机关须征得相对人的同意，否则行政合同不成立，而行政合同的变更、解除，行政机关无须征得相对人的同意，行为也成立。 （　　）

5. 在行政合同中双方意思表示一致即指双方具有共同的目的。 （　　）

6. 行政合同既是双方行政行为又是外部行政行为。 （　　）

7. 行政合同是行政主体的一方或双方的合同。 （　　）

8. 在行政合同中双方意思表示一致即指双方具有共同的目的。 （　　）

9. 在行政合同中行政主体和相对方都可根据自己的经济利益而单方变更或解除合同。 （　　）

10. 邀请发价作为行政合同的一种缔结方式，即行政主体向相对方作出的"要约"。 （　　）

四、阅读以下材料，并理解其重点内容

阅读材料十四

关于进一步规范和加强行政事业单位国有资产管理的指导意见

财资〔2015〕90号

党中央有关部门，国务院各部委、各直属机构，全国人大常委会办公厅，全国政协办公厅，高法院，高检院，各民主党派中央，有关人民团体，有关中央管理企业，各省、自治区、直辖市、计划单列市财政厅（局），新疆生产建设兵团财务局：

行政事业单位国有资产是行政事业单位履行职能，保障政权运转以及提供公共服务的物质基础。行政事业单位国有资产管理是财政管理的重要基础和有机组成部分。近年来，行政事业单位资产管理工作取得明显成效，确立了"国家统一所有，政府分级监管，单位占有、使用"的管理体制，初步构建了管理制度框架，逐步规范资产配置、使用、处置等各环节管理。但是，在当前全面深化改革和经济社会发展的新形势下，现行行政事业单位资产管理仍然存在一些亟待解决的突出问题。各级财政部门与相关部门之间管理职责没有

很好落实，制度体系不够健全；资产管理与预算管理相结合机制有待进一步完善，资产管理的资源配置职能没有充分发挥；资产使用、处置管理等需要进一步规范，管理方式有待改进；管理基础薄弱，部分单位特别是基层单位业务力量相对不足，资产管理队伍建设需要进一步加强。为了切实解决这些问题，加快建立与国家治理体系和治理能力现代化相适应的行政事业单位资产管理体系，更好地保障行政事业单位有效运转和高效履职，根据《中华人民共和国预算法》等法律制度，现就进一步规范和加强行政事业单位资产管理提出以下意见：

一、总体要求

（一）指导思想

认真贯彻落实党的十八大和十八届三中、四中、五中全会精神，按照深化财税体制改革的总体部署，理顺和巩固行政事业单位国有资产管理体制，健全行政事业单位资产管理法律制度和内控机制，深入推进资产管理与预算管理、国库管理相结合，建立既相互衔接又有效制衡的工作机制和业务流程，着力构建更加符合行政事业单位运行特点和国有资产管理规律、从"入口"到"出口"全生命周期的行政事业单位资产管理体系。

（二）基本原则

坚持所有权和使用权相分离。行政事业单位国有资产的所有权属于国家，使用权在单位。根据健全"归属清晰、权责明确、保护严格、流转顺畅"的现代产权制度要求，明确国家和单位在行政事业单位资产管理方面的权利、义务，进一步明晰国有资产产权关系。

坚持资产管理与预算管理相结合。通过资产与预算相结合，管控总量、盘活存量、用好增量，有效缓解部门、单位之间资产占有水平不均衡的状况，促进资源配置的合理化，提高资产的使用效率。

坚持资产管理与财务管理、实物管理与价值管理相结合。通过对预算管理和财务管理流程进行必要的再造，实现资产管理与财务管理紧密结合，实物管理与价值管理紧密结合，做到账账相符、账实相符，提升单位管理水平。

（三）主要目标

保障履职。充分发挥行政事业单位资产在单位履行职能方面的物质基础作用，有效保障政权运转和提供公共服务的需要。

配置科学。行政事业单位资产配置的范围符合公共财政的要求；资产配置标准科学合理；根据行政事业单位职能、资产配置标准、资产存量情况以及资产使用绩效细化资产配置预算。

使用有效。行政事业单位资产日常管理制度完善，单位资产得到有效维护和使用；资产共享共用机制合理，实现使用效益最大化；绩效评价体系科学；对资产出租、出借和对外投资行为及其收益实现有效监管。

处置规范。有效遏制随意处置资产的行为，防止处置环节国有资产的流失；建立完善的资产处置交易平台和重大资产处置公示制度，引入市场机制，实现资产处置的公开化、透明化；规范资产处置收入管理。

监督到位。建立财政部门、主管部门和行政事业单位全方位、多层次的行政事业单位资产管理监督体系，以及资产配置、使用、处置等全过程的监督制约机制，单位内部监督与财务监督和审计监督相结合，事前监督与事中监督和事后监督相结合，日常监督与专项检查相结合。

二、进一步强化和落实管理职责，合力推进行政事业单位资产管理工作

（一）各级财政部门、主管部门和行政事业单位要各司其职，各负其责，齐抓共管，进一步理顺和巩固"国家统一所有，政府分级监管，单位占有、使用"的管理体制，完善"财政部门—主管部门—行政事业单位"三个层次的监督管理体系，强化财政部门综合管理职能和主管部门的具体监管职能，进一步落实行政事业单位对占有使用国有资产的管理主体责任，实现对行政事业单位国有资产的有效管理。

（二）各级财政部门应当按照转变职能、简政放权的要求，强化和落实综合管理职责，明晰和理顺与主管部门和行政事业单位的管理职责，协调好与机关事务主管部门等相关部门的职责分工，加强指导监督，搞好协作配合。同时，明确财政部门内部资产管理职责分工，加强对资产管理制度、规则、标准、流程等制定、管理与控制。充分调动主管部门和行政事业单位的主动性、积极性，强化主管部门的组织管理和行政事业单位具体管理的主体责任。

（三）各级主管部门应当切实承担好本部门和所属行政事业单位国有资产的组织管理职责。认真组织实施资产管理规章制度；进一步加强本部门国有资产配置、使用、处置等事项的审核和监督管理；督促本部门所属行政事业单位按照规定缴纳国有资产收益；组织实施对所属行政事业单位资产管理情况的考核评价。

（四）各级行政事业单位承担本单位占有、使用国有资产的具体管理职责，应当严格执行《行政事业单位内部控制规范（试行）》，在资产管理岗位设置、权责分配、业务流程等方面建立决策、执行和监督相互分离、相互制约、相互监督的机制，完善内部管理制度，强化资产管理与财务管理、预算管理的衔接，构建既有机联系又相互制衡的内部工作机制，提升管理效能。对国有资产配置、使用、处置等事项，应当按照有关规定报经主管部门或同级财政部门审批；加强对出租、出借、对外投资的专项管理。

三、完善行政事业单位资产管理制度体系，提升管理的规范化、制度化水平

（一）各级财政部门应当对现有的资产管理规章制度进行梳理和完善，加强顶层设计，根据本地实际情况出台行政事业单位资产管理的地方性制度，逐步完善涵盖资产配置、使用、处置等各个环节的管理办法和清查核实、产权登记、收益收缴、信息报告、监督检查等全方位管理制度体系。

（二）各级主管部门应当根据财政部门规定，结合本部门或本行业实际情况，制定本部门或本行业国有资产管理办法，健全完善本部门或本行业国有资产配置、使用、处置等配套制度，并报同级财政部门备案。

（三）各行政事业单位应当根据财政部门、主管部门的规定，结合本单位实际情况，制定本单位国有资产管理的具体实施办法，并报主管部门备案。建立和完善本单位资产清查登记、内部控制、统计报告、日常监督检查等具体管理制度。

四、加强行政事业单位资产配置管理，切实把好资产"入口关"

（一）资产配置是行政事业单位资产形成的起点，各级财政部门、主管部门和行政事业单位应当严控资产配置"入口关"。配置资产应当以单位履行职能和促进事业发展需要为基础，以资产功能与单位职能相匹配为基本条件，不得配置与单位履行职能无关的资产。完善资产管理与预算管理相结合的机制，将资产配置管理职能嵌入到预算管理流程

中，为预算编制提供准确、细化、动态的资产信息。以科学、合理地支撑行政事业单位履行职能为目标，建立健全资产配置标准体系，优化新增资产配置管理流程，逐步扩大新增资产配置预算范围。

（二）资产配置标准是科学合理编制资产配置预算的重要依据，各级财政部门要按照"先易后难、分类实施、逐步推进"的原则，分类制定资产配置标准。明确各类资产的配置数量、价格上限和最低使用年限等，并根据物价水平和财力状况等因素变化适时调整，为预算编制提供科学依据。通用资产配置标准由财政部门组织制定，专用资产配置标准由财政部门会同有关部门制定。对已制定资产配置标准的，应当结合财力情况严格按照标准配置；对没有规定资产配置标准的，应当坚持厉行节约、从严控制的原则，并结合单位履职需要、存量资产状况和财力情况等，在充分论证的基础上，采取调剂、租赁、购置等方式进行配置。

（三）加大对行政事业单位资产的调控力度，有效盘活存量资产，优化资源配置。建立行政事业单位超标准配置、低效运转或者长期闲置资产调剂机制。

五、加强行政事业单位资产使用管理，提高国有资产使用效率

（一）各级主管部门和行政事业单位应当加强资产使用管理，进一步落实行政事业单位资产管理主体责任制和各项资产使用管理的规章制度，明确资产使用管理的内部流程、岗位职责和内控制度，充分依托行政事业单位资产管理信息系统的动态管理优势，做到账实相符、账账相符、账卡相符。

（二）除法律另有规定外，各级行政单位不得利用国有资产对外担保，不得以任何形式利用占有、使用的国有资产进行对外投资。除国家另有规定外，各级事业单位不得利用财政资金对外投资，不得买卖期货、股票，不得购买各种企业债券、各类投资基金和其他任何形式的金融衍生品或进行任何形式的金融风险投资，不得在国外贷款债务尚未清偿前利用该贷款形成的资产进行对外投资等。事业单位对外投资必须严格履行审批程序，加强风险管控等。利用非货币性资产进行对外投资的，应当严格履行资产评估程序，法律另有规定的，从其规定。

（三）加强对各行政事业单位资产出租出借行为的监管，严格控制出租出借国有资产行为，确需出租出借资产的，应当按照规定程序履行报批手续，原则上实行公开竞价招租，必要时可以采取评审或者资产评估等方式确定出租价格，确保出租出借过程的公正透明。

（四）探索建立行政事业单位资产共享共用机制，推进行政事业单位资产整合。建立资产共享共用与资产绩效、资产配置、单位预算挂钩的联动机制，避免资产重复配置、闲置浪费。鼓励开展"公物仓"管理，对闲置资产、临时机构（大型会议）购置资产在其工作任务完成后实行集中管理，调剂利用。

六、加强行政事业单位资产处置管理，进一步规范资产处置行为

（一）资产处置应当遵循公开、公平、公正的原则，严格执行国有资产处置制度，履行审批手续，规范处置行为，防止国有资产流失。未按规定履行相关程序的，任何单位和个人不得擅自处置国有资产。处置国有资产原则上应当按照规定程序进行资产评估，并通过拍卖、招投标等公开进场交易方式处置，杜绝暗箱操作。资产处置完成后，应当及时办理产权变动并进行账务处理。

（二）各级财政部门和主管部门应当进一步加大对资产处置的监管力度，建立资产处置监督管理机制。主管部门根据财政部门授权审批的资产处置事项，应当及时向财政部门备案；由行政事业单位审批的资产处置事项，应当由主管部门及时汇总并向财政部门备案。由本级人民政府确定的重大资产处置事项，由同级财政部门按照规定程序办理。

（三）切实做好在分类推进事业单位改革、行业协会商会脱钩、培训疗养机构脱钩等重大专项改革中涉及的单位划转、撤并、改变隶属关系的资产处置工作，确保国有资产安全。

七、加强行政事业单位资产收益管理，确保应收尽收和规范使用

（一）国有资产收益是政府非税收入的重要组成部分，各级财政部门、主管部门应当进一步加强对国有资产收益的监督管理，建立健全资产收入收缴和使用等方面的规章制度，规范收支行为。行政单位国有资产处置收入和出租、出借收入，应当在扣除相关税费后及时、足额上缴国库，严禁隐瞒、截留、坐支和挪用。严格按照有关规定进一步规范事业单位国有资产处置收入管理。

（二）中央级事业单位出租、出借收入和对外投资收益，应当纳入单位预算，统一核算、统一管理。地方各级事业单位出租、出借收入和对外投资收益，应当依据国家和本级财政部门的有关规定加强管理。国家设立的研究开发机构、高等院校科技成果的使用、处置和收益管理按照《中华人民共和国促进科技成果转化法》等有关规定执行。

八、夯实基础工作，为行政事业单位资产管理提供有效支撑

（一）各级财政部门、主管部门和行政事业单位要根据有关专项工作要求和特定经济行为需要，按照规定的政策、工作程序和方法开展资产清查核实工作，并做好账务处理。继续做好事业单位及其所办企业国有资产产权登记工作，掌握事业单位的资产占有、使用情况和国有资产产权的基本情况。完善行政事业单位国有资产报告制度，按照政府信息公开的有关规定，积极稳妥推进国有资产占有、使用情况的公开。

（二）各级财政部门、主管部门和行政事业单位应当进一步加强行政事业单位资产管理信息系统建设，并与预算系统、决算系统、政府采购系统和非税收入管理系统实现对接，具备条件的资产管理事项逐步实现网上办理。依托行政事业单位资产管理信息系统，建立"全面、准确、细化、动态"的行政事业单位国有资产基础数据库，加强数据分析，为管理决策和编制部门预算等提供参考依据。

（三）各级财政部门、主管部门和行政事业单位应当对国有资产管理的绩效进行评价，科学设立评价指标体系，对管理机构、人员设置、资产管理事项、资产使用效果、信息系统建设和应用等情况进行考核评价，并将考核评价的结果作为国有资产配置的重要依据。

（四）各级财政部门、主管部门应当加强对行政事业单位资产管理全过程的监管，强化内部控制和约束，并积极建立与公安、国土、房产、机构编制、纪检监察和审计等部门的联动机制，共同维护国有资产的安全。各级行政事业单位应当积极配合财政部门、主管部门的监督检查，并在单位内部建立完善国有资产监督管理责任制，将资产监督、管理的责任落实到具体部门和个人。

九、加强政府经管资产研究，规范政府经管资产管理

（一）研究探索将各级主管部门和行政事业单位代表政府管理的公共基础设施、政府储备资产、自然资源资产等经管资产纳入资产管理范畴。进一步明确经管资产的范围，摸清底数，界定管理权责，逐步建立经管资产的登记、核算、统计、评估、考核等管理制度体系。

（二）进一步明确财政部门、主管部门和行政事业单位加强经管资产管理的职能和职责，落实主体责任。探索建立经管资产存量、增量与政府债务管理相结合机制，逐步建立涵盖各类国有资产的政府资产报告制度。

十、以管资本为主，加强行政事业单位所属企业管理

（一）按照深化国有企业改革的总体部署，以管资本为主，鼓励将行政事业单位所属企业的国有资本纳入经营性国有资产集中统一监管体系。具备条件的进入国有资本投资、运营公司，暂时不具备条件的，要按照"政企分开、事企分开"的原则，建立以资本为纽带的产权关系，加强和规范监管，确保国有资产保值增值。

（二）各级财政部门、主管部门、行政事业单位应当强化对所属企业运作模式、经营状况、收益分配等的监督管理，推动完善企业法人治理结构，逐步完善"产权清晰、权责明确、政企分开、管理科学"的现代企业制度，完善所属企业国有资产监管体制，防止国有资产流失，实现国有资产保值增值。

（三）根据建立覆盖全部国有企业、分级管理的国有资本经营预算管理制度的要求和国有资本经营预算管理的相关规定，纳入国有资本经营预算实施范围的行政事业单位所属企业，应当按照规定及时足额向国家上交国有资本经营收益。

十一、加强组织队伍建设，不断提高行政事业单位资产管理工作水平

（一）各级财政部门、主管部门和行政事业单位应当进一步高度重视资产管理工作，切实加强组织领导。各级财政部门应当建立健全行政事业资产管理机构，配备专职人员，充实工作队伍；各级主管部门和行政事业单位应当明确内部资产管理机构和人员，强化职责分工，落实管理责任，避免多头管理、相互推诿扯皮现象，为开展行政事业单位资产管理工作提供有力的组织保障。

（二）各级财政部门、主管部门和行政事业单位应当通过政策宣传、组织培训等多种方式，搭建学习和交流平台，提高行政事业单位资产管理干部队伍的素质和能力，有效推动行政事业单位资产管理工作。

财政部
2015 年 12 月 23 日

第 15 章　行政程序法

回顾第 14 章行政指导内容

1. 行政指导的依据是什么？
2. 行政指导具有强制力吗？为什么？
3. 行政指导是如何分类的？
4. 行政指导在我国行政管理中的作用有哪些？
5. 我国行政指导所确立的原则是什么？
6. 行政指导制度最典型且影响最大的是哪个国家？

法律文化体认与领悟

程序透明是构建现代法治政府的一个关键要素。

本章主要内容

了解行政程序的概念和种类；掌握行政程序法的基本原则和基本制度。

案例导入

王某诉县公安局消防大队违反法定程序案

2006 年 2 月 8 日凌晨 1 时 30 分，某县粮管所职工宿舍楼原告王某的住房发生火灾。经扑救灭火后，从当日上午开始，某县公安局消防大队组织人员对火灾事故进行了调查。经询问原告及证人，进行现场勘查，于 2 月 14 日作出《火灾原因认定书》，认定这起火灾是从原告王某房内烧起的，起火点在房内背面距房门 2.35 米的低柜处，由于原告王某使用电器不慎，导致低柜燃烧引起火灾。但被告某县公安局消防大队未将《火灾原因认定书》送达原告王某，亦未告知原告如对火灾认定不服，可以要求重新认定，便于 2006 年 3 月 13 日作出第 0602 号《消防管理处罚裁决书》，以王某使用电器不慎造成火灾事故为由，依据《江西省消防条例》第 48 条，决定给予责任人王某罚款 1500 元的处罚。王某不服，以被告处罚事实不清，违反法定程序为由，向某县人民法院提起行政诉讼，要求撤销被告对其作出的行政处罚决定。

法院经审理认为，参照公安部《消防监督程序规定》第 27 条以及《关于对火灾原因鉴定或认可和火灾事故责任认定不服不属于申请复议范围的通知》，被告依职权对火灾事故责任人王某进行处罚时，应向王某出具《火灾原因认定书》及告知原告对火灾原因认定不服，可以提出重新认定，但被告却未依照执行。其行政行为违反了法定程序。法院判决撤销被告某县公安局消防大队对原告作出的第0602号消防行政处罚决定。

问题：行政程序法与行政实体法的关系是什么？

背景资料

以法典形式出现的第一部行政程序法1889年产生于西班牙。

以奥地利1925年《行政程序法》为代表的国外行政程序法典化进入第一阶段。行政程序法的法典化，是行政程序法兴起和发展的最突出也是最主要的标志。20世纪40至60年代，以美国1946年制定的《联邦行政程序法》为代表，国外行政程序法典化进入第二阶段。行政程序法典化已成为一种国际趋势。

20世纪90年代以来，许多国家和地区相继制定或者重新修订颁布了行政程序法典，如奥地利、葡萄牙、德国分别修订了行政程序法典。这种动向既可以作为一个新的阶段来把握，也可以作为上世纪40年代以来的行政程序立法化的延伸来理解。

我国行政程序立法工作已经进行了二十多年。我国行政程序立法具有以下特点：行政程序法与行政实体法不分，但已具有制定专门程序法规范的趋势；行政程序法的内容已包含有"表明身份"、"方式顺序"和"时限"、"救济权益"等规则；行政机关内部工作程序的规定较为发达。伴随着依法治国的进程，我国理论界和实务界已经基本上达成了一种共识——程序建设在现代法治国家具有极其重要的价值。20世纪90年代以来，我国的行政程序立法已呈现出系统化的倾向。

15.1　行政程序法概述

1. 行政程序的概念与特点

关于行政程序，从不同的视角，有不同的理解。从最广义的视角，可以将行政程序理解为与行政有关的所有行为或者措施的所有步骤、方法和方式；从广义的视角，可以将行政程序理解为有关行政行为的所有程序，既包括作出行政行为的程序，也包括对行政行为进行监督的程序；从狭义的视角，可以将行政程序理解为有关行政行为的事前和事中程序，是由作出行政行为的步骤、方法和方式所构成的行政行为的过程。

行政程序（administrative procedures）是指行政主体的行政行为在时间和空间上的表现形式，即指行政行为所遵循的方式、步骤、顺序以及时限的总和。所谓行政程序，是指行政主体实施行政行为的过程中所遵循的方式、步骤、顺序、方法以及时限的统一体。行政程序是行政行为的基本要素。

行政程序是制约行政实体权力的重要机制。可理解为有关行政行为的所有程序，既包括作出行政行为的程序（如行政许可程序、行政处罚程序、行政征收程序等），也包括对行政行为进行监督的程序（如行政复议程序、行政诉讼程序、行政赔偿程序等）。

行政程序是就作出行政行为的过程而言的。行政组织的运作及相互协调等环节才是行政程序。行政程序所规范的核心对象是行政主体的行为。在参与型行政中行政相对人的许多行为被法定为作出行政行为过程中必须遵守的环节，但行政程序的中心仍在行政主体的行为。行政程序表现为步骤、顺序、方法、方式以及时限的总和。例如公安机关作出治安处罚决定必须经过传唤、讯问、取证和裁决四个环节。

行政程序的特点主要有：①稳定性；②完整性；③简便性；④合法性。

2. 行政程序的分类

为了更好地把握行政程序，需要对其进行分类研究。行政程序可从以下几方面进行分类：

（1）以行政事务的法律目的和行政程序的适用范围为标准，可分为内部行政程序和外部行政程序。内部行政程序，是指行政主体内部行政事务的运作程序，如行政系统内部各部门公文办理程序、行政首长签署程序等。外部行政程序，是指行政主体在对外实施行政管理时所适用的程序，如公安机关进行治安处罚时所必须遵循的程序。

（2）以行政事务处理的适用频度、范围、时限和行政程序的适用对象是否特定为标准，可分为抽象行政程序和具体行政程序。抽象行政程序具有普遍性和后及性的特点，是针对某类人或事普遍适用的，且在时限上一般只面向未来发生效力的程序。具体行政程序，具有相对的具体性和前溯性，是针对特定的人或事采取的，在时限上一般只对既往事件发生效力的程序。

（3）以法律是否有明确规定和要求为标准，可分为自由行政程序和法定行政程序。自由行政程序，又称任意行政程序，是指法律没有明确规定和要求，由行政主体自由裁量决定或选择采取的行政程序。法定行政程序，是指法律有明确的规定和要求，行政主体必须遵循的行政程序，故又称强制性行政程序。

（4）以行政事务的法律关系特点为标准，可分为行政立法程序、行政执法程序和行政裁判程序。行政立法程序，是指依法享有行政立法权的国家行政机关制定行政法规和行政规章所必须遵循的程序。由于行政立法行为内容的广泛性、行为对象的不特定性和效力的后及性，行政立法程序一般都比较复杂、严格。行政执法程序，是指行政执法行为所应当遵循的程序，一般应体现行政效率的原则和保护相对方合法权益的原则。由于行政执法行为对象的特定性、内容的具体性和行为方式的多样性，决定了其程序的多样性和差异性。行政裁判程序，是指行政主体实施行政裁判活动所应遵循的程序。由于行政裁判行为的对象是当事人双方的争议或纠纷，因而其程序具有准司法的特点和司法化的趋势，其核心内容是体现公正和公平。

（5）以行政过程的法律功能为标准，可分为立案程序、调查程序、合议程序、决定程序、告知程序、审查程序等。

（6）行政程序从横向上可分为手续性程序和决定性程序；从纵向上可分为行政计划准备、决定计划、执行计划、检查监督、考核奖惩等。

程序建设在现代法治国家具有极其重要的价值。（排队上车和一窝蜂上车效果是大不一样的。）行政程序是行政主体在行政过程中所必须遵循的准则。我国《行政诉讼法》将"违反法定程序的"，作为"判决撤销或部分撤销，并可以判决被告重新作出具体行政行为"的情形之一，由此可见，法定程序和遵守法定程序的重要性。

我国行政程序立法工作已经进行了二十多年，但目前还没有出台《行政程序法》法典。

3. 行政程序法（law of administrative procedures）的作用

行政程序法，就是规定和规范行政程序的法。所谓行政程序法，是指调整行政主体作出行政行为过程中所遵循的程序的法律规范和原则的总和。行政程序法的作用主要表现在：

（1）监督和控制行政权。一定的法定程序，有利于防止行政主体主观臆断和胡乱作为，也赋予了社会对行政主体的监督和控制行政权的机会和权利。依法行政，是行政合法性原则对行政主体进行行政活动的基本要求。行政主体作出行政行为，必须履行一定的法定程序。

（2）保护相对人合法权益。程序的完善和相对人的参与使相对人的权利得到了有力的保障。程序法的建立和完善，使相对人不仅享有了解知悉与自己有关的行政行为的权利，而且可以通过听证等法定程序，直接陈述自己的观点和看法；不仅可以求得比较充分的救济，而且参与行政行为的决定过程，体现了现代民主国家公民的参政权。

（3）提高行政效率。对行政活动的有关方式、时限等法律规定和要求，成为提高行政效率的直接保障。行政事务具有多变性和复杂多样性，处理行政事务的迅速、简便和经济，构成了行政程序中效率原则的核心。

15.2　行政程序法应确立的基本原则

1. 程序公正原则

程序公正原则，是现代行政程序的起码要求，是现代行政民主化的必然要求。法律的正义只有通过公正的程序才能得到真正的实现。因为公正的程序是正确认定事实，正确选择和适用法律，从而作出正确判断的根本保证。程序公正的原则要求行政主体在实施行政行为过程中必须在程序上平等对待各方当事人，必须排除各种可能导致不平等或不公正的因素。

2. 相对方参与原则

相对方参与原则，是指行政相对方在程序上有了解并被告知有关自己权益的行政行为的权利，行政程序公开是相对方参与原则的主要内容。行政法的终极目的在于保护行政相对方的合法权益，保证行政权的公正行使。相对方参与原则的确立和贯彻实施，是保护行政相对方合法权益、保证行政权的公正行使的重要保障。

3. 效率原则

效率原则，是指行政程序的设立与采取应有利于行政效率的实现。行政活动的主要目的是为了实现公共利益，因而，行政程序的规定应在保障相对方合法权益和确保行政公正合理的同时尽可能有利于行政效率的提高。

15.3 行政程序法应确立的基本制度

从行政程序理论和各国立法实践来看，行政程序法的主要制度有以下几项：

1. 程序公正原则的保障制度

为保障程序公正原则的真正实现，各国一般通过法律或者政策确立如下制度：

（1）回避制度（blench system）。是指与行政行为有利害关系的行政人员不得参与该行政行为的制度。如行政人员同行政案件的当事人有近亲属关系或行政人员本人或其近亲属同行政行为的结果有直接的利害关系等等。

（2）合议制度。行政的阶层性，决定了行政首长负责制更有利于行政事务的有效推行。但对于重大的问题，特别是有关专业性强、技术要求高的问题，应由一定组成人员通过会议，以合议的形式作出行政行为。只有这样，才能确保行政行为实际上的公正性。

（3）辩论（debate system）和听证制度（hearing procedures）。是指相对人因行政争议在行政主体主持下与其他利害关系人就有关事实和法律问题进行对质的一种法律制度。为了做到程序公正，要求当事人各方均享有平等的发言及陈述意见的机会，必要时有权直接进行辩论，乃至要求举行听证。辩论和听证制度，有利于行政主体全面、客观、公正地查明事实，监督行政主体依法执法，强化行政主体及其工作人员的自我约束，从而为合法、公正地做出行政处理决定奠定了良好的基础。

（4）专家咨询（论证）制度。既是确保实体公正的重要途径，又是达到程序公正的重要形式。专家咨询或者称为专家论证，是指包括法学专家在内的相关领域的专家，对相关领域的重大决策问题或者专门技术性较强的问题，经过分析、研究、讨论、争论，形成相应的意见或建议，以供行政主体在形成意思表示时参考的制度。作为在其所研究的某一领域有所建树的专家，他们对相关问题提出的咨询（论证）意见，对于行政主体形成意思表示来说具有参考价值。专家的论证或者咨询对行政主体也是一种监督，是专业性比较强的一种专家的监督，要比一般的社会监督、舆论监督更有说服力。充分尊重专家的论证或者咨询，对于行政主体正确、公正地作出行政行为，是大有裨益的。

2. 相对人参与原则的保障制度

通过相对人参与，行政权的行使便增强了可接受性，有利于创造一种政府和民众共同治理的新秩序，因而其程序容易获得一种正当性。在行政程序法层面，相对人参与的原则同样应当全面贯彻和坚持，但是，从程序制度的架构来看，一般是通过以下四个方面得以贯彻和实现的：

（1）表明身份制度。行政主体在实施行政行为时，要通过一定的方式向行政相对人表明自己的身份，包括配有明显标志或者出示证件，以便行政相对人判断其是否拥有相应的权限，是否有必要予以服从。这种制度是程序公正原则的重要组成部分，更是相对人参与的一个先决条件。

（2）公开、告知和说明理由制度（explain reason）。只有知道一切，才能判断一切。行政行为的过程若不公开，容易导致暗箱操作、权钱交易等违法或者不正当的现象发生，相对人的合法权益就会受到侵害，公共利益同样将受到威胁。行政过程虽然得以公开，但若不允许行政相对人参与，或者虽然允许行政相对人参与，但行政相对人对此并不知晓的话，则依然难以保证其合理性和合法性，即无法达到公正这一终极目的。因此，公开制度，告知相关权利的制度，以及作出不利于行政相对人的行政行为时的说明理由制度等，皆成为相对人参与原则得以实现的重要前提和必要的制度保障。

（3）陈述、申辩程序、听证程序和调查程序。行政主体进行行政活动，必须进行全面、客观、公正的调查工作。调查程序的全面、客观、公正，要求广泛听取各方面、各层次的意见，尤其是充分听取和尊重行政相对人的意见。在参与型行政的制度安排中，陈述、申辩程序和听证程序具有典型的代表意义。行政主体必须充分听取行政相对人的意见，对行政相对人提出的事实、理由和证据，应当进行复核。与行政相对人的陈述权和申辩权相对应，充分听取行政相对人的意见是行政主体的法定义务。行政相对人参与到行政处理决定的过程之中，有利于避免行政主体的偏见导致违法或者不当的行政行为。

（4）救济程序的告知制度。救济程序的告知制度，是指在行政相对人享有知道为保护自己权益如何采取救济途径的权利，行政主体负有告知行政相对人寻求救济途径的义务等法律规范中明确规定的一系列制度。虽然前述告知制度完全能够也应该包括救济程序的告知制度，但是，为了强调救济程序的告知制度对实现行政相对人参与，最终达到程序公正乃至实体正义之目标的重要作用，在这里特别地予以单独提出。行政主体行使行政权，作出不利于行政相对人的处理决定之际，有义务告知行政相对人享有陈述、申辩权，申请复议权、提起诉讼权、请求赔偿或者补偿权，以及如何行使这些权利和行使这些权利的时限要求。

3. 效率原则的保障制度

没有一定的行政效率，就无法实现瞬息万变的行政需要，就无法实现行政管理的目的。效率性是行政活动区别于其他活动的重要特征之一。当然，提高行政效率不能损害相对人的合法权益，不能违反公平、公正的原则，有必要在坚持程序公正原则的同时，在效率与公正、有限集权与民主、专家决策与民众参与、一般程序与简易程序等一系列价值之间找到平衡。行政效率原则的具体贯彻和实现，大致包括以下三个方面的内容：

（1）时限、时效制度（limitation）。时限制度非常重要，否则一切都没有意义。行政法上的时限，包括一般时限或称标准时限，申请人时限，第三人时限，延长时限，紧急时限，送达回执时限，转移时限，协商时限，作出决定时限，执行时限，等等。时限的情况比较复杂，既要考虑到一般情形，又要考虑到例外情形；既要考虑到正常情形，又要考虑到紧急情形。总之，时限制度要全面反映现实情况的需要，予以灵活的回应和安排。

时效，是指一定的事实状态在经过一定的时间之后，便会依法发生一定法律效果的制度。行政法上的时效，分为追究时效和执行时效。所谓行政法上的追究时效，是指行政主体对违法行为人依法追究法律责任应当遵循一定的期限（有效期限），如果超出这一期限，则不能再行追究。所谓行政法上的执行时效，是指行政处理决定作出后，如经过一定期限仍未执行，则可免予执行。

行政法律关系一般比较强调尽快安定，以利于各种利益尤其是公共利益的实现。通过时效制度，使权利人丧失其权利，实系对于权利不行使者的一种消极限制，目的在于使相关法律关系尽早安定，客观上也具有督促行政主体行使权力的"消极的限制"作用。

（2）关于步骤、顺序的制度安排。行政程序是行政主体作出行政行为所应当遵循的步骤和顺序。在制度上对作出行政行为的步骤和顺序予以周密的安排，使得行政处理规范化、定型化、流程化，对于贯彻效率的原则具有极其重要的意义。因此，行政程序法规范大多对行政主体的行为方式在时间上予以相关步骤和先后顺序的规定。作出行政行为需要经过相应的步骤，行为方式的环节顺序在时间上也有先后安排。如公安机关作出治安处罚决定必须经过传唤、讯问、取证和裁决四个环节，各个环节之间的顺序不能颠倒，尤其是必须先调查、取证，最后作出裁决。

（3）简易程序（simple procedures）的活用。简易程序是与普通程序（general proceduers）相对的程序。各国行政程序法在设置正式制度或者程序的同时，一般都规定了简易程序。在紧急情况下或者对于比较简单的事项，从行政效率的角度出发，可适用简易程序。尤其是对于大量规范化、定型化、流程化的工作来说，简易程序的广泛适用不仅是效率原则的要求，而且也是节省成本的经济原则的要求，也是行政组织精简、效能和统一原则得以贯彻落实的基本环境条件。简易程序的活用，对于提高行政效率、提供优质服务具有重要作用。

小结

本章具体介绍了行政程序法的内容。介绍了行政程序法的一些背景资料。阐述了行政程序的概念及特征和分类。介绍了行政程序法的概念和作用以及行政程序法应确立的基本原则、基本制度。

思考题

1. 如何理解行政程序的概念？
2. 行政程序的主要分类有哪些？
3. 行政程序法应确立的基本原则有哪些？
4. 行政程序法应确立的基本制度是什么？

实务训练十五

一、《行政许可法》知识竞赛。学生分六组（每组三人）参赛，题型有必答题、互考题、抢答题等。抢答题根据难度设定分值。最后得分最高的三组为获胜组。整个知识竞赛全部由学生主持完成，以锻炼和提高学生的组织能力。

老师可在平时成绩中适当加分，以资鼓励。

二、真实案例：今日说法——征地陷阱（广东电白县）（行政程序违法）

视频播放后，教师引导学生运用行政法学基础理论对此案例进行讨论，必要时，教师对此案例作总结评析。

三、复习第14章行政指导内容

（一）填空题

1. 在行政管理活动中，_____是"消极行政"向"积极行政"发展的中介物。

2. 行政指导以其指导层次为标准，分为_____和_____。

3. 在我国，_____是转变政府职能和行为模式的必然要求。

4. 以行政指导的功能差异为标准，可将行政指导分为_____、_____、_____。

5. 按照行政指导是否具有法律依据为标准，行政指导分为_____和_____。

6. 行政指导行为是一种行政机关的_____行政行为。

7. 以行政指导的对象是否具体为标准，行政指导分为_____和_____。

8. 行政命令是行政机关依职权进行的，对相对方科以_____的行为。

9. 在我国，目前行政相对人对其因错误的行政指导而造成的损失，还不能运用_____的方式来寻求救济。

10. _____是指行政相对方之间发生利害冲突，而又协商不成时，由行政机关出面调停以求达成妥协的行政指导。

（二）判断题

1. 在我国，许多行政规章属于行政指导性质的。　　　　　　　　（　　）

2. 行政指导不具有强制力，因而不产生行政法律后果。　　　　　（　　）

3. 政府对国家、社会进行管理的方式都是强制性的。　　　　　　（　　）

4. 行政指导行为具有积极性。　　　　　　　　　　　　　　　　（　　）

5. 以行政指导行为的指导层次为标准，可以将行政指导分为规制性行政指导、调整性行政指导和促进性行政指导。　　　　　　　　　　　　　（　　）

6. 行政指导行为的规范性依据是指具有行政指导内容的明确的法律。（　　）

7. 行政指导行为不属于公务行为。　　　　　　　　　　　　　　（　　）

8. 行政指导都应有具体明确的法律依据。　　　　　　　　　　　（　　）

9. 行政指导不具有强制性，因而不产生任何法律后果。　　　　　（　　）

10. 行政指导是市场经济的产物，计划经济中便不存在行政指导。　（　　）

11. 行政指导违反法律规定给相对方造成的损害不应当给予赔偿。　（　　）

12. 我国现行宪法中没有关于行政指导的原则性规定。　　　　　　（　　）

四、阅读以下材料，并理解其重点内容

阅读材料十五

我国行政程序立法概况

2005年4月6日，由中国政法大学法学院和诉讼法学研究中心共同主办的"行政程序立法研讨会"在北邮科技大厦举行。来自北京大学、清华大学、中国人民大学、中国政法大学、国家行政学院、中国社科院等高校和科研机构，全国人大、最高人民法院、国务院法制办、中央军委法制局、国家食品药品监督管理局等机关，以及《法制日报》、《新京

报》等新闻机构共50余人参加了研讨会。会议对行政程序立法研究课题组提交的《草案建议稿及理由说明书》进行了热烈研讨。现将本次研讨会的情况综述如下:

一、制定统一的行政程序法的必要性

制定一部统一的行政程序法，是行政法学者多年来的夙愿。此次草案建议稿是学界提出的第三个稿子。大多数学者都认为，制定行政程序法非常必要和迫切，具有以下意义:一是有利于打造法治政府，推进法治进程，如可以解决现在行政机关借行政行为类型化后的规范空当来规避法律的问题，也有利于行政机关执行法律，实现程序公正;二是有利于进一步完善我国的法律体系，减少立法资源浪费;三是对现在的程序法和实体法具有拾遗补缺作用，如现在对非强制性行政行为的规范不够，但制定专门法律规范又不可能，就需要用行政程序法来规范;四是有利于防止腐败，促进经济发展;五是可以促进政治稳定，现在的重大行政决策不能取信于民，通过行政程序法的规范，在一定程度上可以使决策获得社会认同，消除政治上的不稳定因素;六是有利于进一步与WTO的要求接轨，并促进与其他国家和地区的学术交流。

也有学者对制定统一的行政程序法的必要性提出了质疑，认为现在我国一些重大的行政体制改革尚未完成，制定行政程序法的时机不成熟。并认为在发达国家，程序的健全可以提高效率，但在欠发达国家，程序越发达，则腐败越多，效率越低，越阻碍经济发展，而我国恰属于欠发达国家。但有学者提出反对，认为对制定行政程序法的必要性不应该再有争议，建立新的政府构架、构建和谐社会需要追求行政行为的公平和公正，制定行政程序法是社会的需要、民众的需要，也是学者的使命。

有学者对现在学术界制定行政程序法的呼声很高而立法部门反映平淡的现状表示了担忧，故建议不仅要继续从理论上论证制定行政程序法的重要性，而且应该换个思路，要贴近现实，从实证、实务的角度，向立法部门、实务部门、社会大众进一步解释和宣传我国制定统一的行政程序法的意义和必要性，也可以将司法机关在审理案件中遇到的程序缺乏困境向立法部门反映。

二、行政程序法的价值、立法模式及体例安排

行政程序法的出现，是人类制度文明的重大进步。行政程序法的价值追求，决定着行政程序立法的模式选择。有学者认为，行政程序法的价值追求首先是正义、公正，当公正与效率不能兼顾，发生冲突时，应该选择公正。也有学者认为，行政程序法最重要的价值是宣示程序理念。

有学者认为，我国的立法模式一直是接力赛模式，因为对单个行政行为的程序进行立法比较容易，一棒接一棒，效力递增。但现在的行政程序立法模式是马拉松模式，能否有耐力坚持值得怀疑。对于统一的行政程序法与单行程序法律之间的关系，有学者认为草案的规定不清晰，这样在将来就可能造成只适用单行法律而架空行政程序法的后果。因此有专家认为，究竟是行政程序法在制定前主动考虑已经颁布的一些法律，还是在制定后修改已颁布的一些单行法律，应该认真斟酌，建议行政程序立法主动靠拢已有的单行法律，否则立法成本过高。另有学者提出，草案规定的本法与其他法律规范的关系，只涉及将来要制定的法律规范，未涉及已经制定的法律规范，也没有涉及行政程序和其他程序如诉讼程序、刑事程序等的关系问题。

有学者认为，现在有关行政程序法的不同草案版本，都是一些实然性的规定，如何能

够使立法模式的选择和现实有机结合起来，值得探讨。因此，应该重视行政程序法的统一性和现实多样性之间的紧张关系，如果在制定行政程序法时回避全国范围的统一性和各个地方的多样性之间的矛盾，将来会出现问题。

有学者提出，草案的内容比较庞杂，有些内容不应该规定，如行政主体就属于行政组织法的内容，不应纳入行政程序法，另外一些法律已规定的程序，行政程序法也不应再规定。而有的学者建议，行政程序法还应增加规定复议或复审程序。

有的学者建议，在制定行政程序法时，应进一步对与行政程序相关的法律规范进行类别清理，发现已有规范的漏洞，并适当采用实证分析办法，如情境模拟和案例分析等，进行分析研究。

三、行政程序法的基本原则

草案的总则规定了合法、公开、参与、公正、正当、效率、比例、诚信等八项基本原则。有学者认为这些原则的表述非常到位，但都比较理想化，建议兼顾中国法治的现实问题，以符合中国现实的形式表示出来。可以把这些原则作为底线，在此基础上考虑行政程序的理想性和现实性。另外，行政程序法基本原则的效力是什么，有没有直接的执行效力和司法适用效力，如何处理好原则和规则的关系，这些都是立法时应该回应的问题。

对于各个具体原则，与会专家学者也提出了一些意见和建议，如合法原则，有的专家对现在将行政行为区分为合法性问题和合理性问题的做法提出质疑，对行政程序法是否继续沿用这种分类表示了不同看法；又如参与原则，有专家认为，应考虑参与的深度问题，如在制定拆迁方案阶段是否允许公民参与，另外在实践中对"利害关系人"的认定经常出现争议，建议对利害关系人的范围作出界定；再如公正原则，有专家认为，行政机关对相同或相似情况所作行政行为体现的一致性属于实体法范畴，不应在行政程序法中规定；再如诚实信用原则，有专家指出，行政行为只要符合法定要件，行政机关就不能随意改变，行政行为的基本不改变才是诚信原则的要义，对于补偿问题，建议草案明确规定是对何种损失的补偿；另如公正和正当原则，有学者认为二者应该规定在一起，分成两个原则没有必要，因为对回避的要求是公正和正当都应具有的含义。

四、行政程序主体

草案的第二章规定了行政程序主体，包括行政机关、其他承担行政权的组织、当事人与其他参加人共三部分内容。有的专家认为其中有许多组织法的内容，不应规定在行政程序法里。但另有专家认为，国外的行政程序立法首先考虑的就是行政组织问题，我国现在的行政主体比较混乱，行政程序法应该规定得更明确、更清楚。有的专家建议对行政机关和行政工作人员之间关系也要作出规定。

关于行政主体，许多学者和专家都指出，草案在此处对行政机关的定义与总则部分对行政机关的规定不一致，而且对其中"两人以上的组织体"等表述应作出明确解释，另外，草案只对行政机关类型之一的委员会制机关的工作制度作出详细规定，未规定另一类型即首长负责制机关的工作制度，在体例上不平衡，而现在行政首长负责制存在的问题也需要进行明确规范，而且规定委员会制以记名表决方式作出决议，与现在知识产权委员会的不记名表决方式有所冲突。有学者还认为，草案只规定了静态的行政主体，没有规定动态的行政主体，建议规定常设机构、非常设机构、内设机构等内容。对于草案规定的"职权法定"原则，有学者指出，现在行政机关的一站式服务、城管执法等都是根据法律规定的具体活动，城管执法机构成为合法主体，而其他法律原来明确规定的执法机关的活动却被视为违反程序，但这也是法律规定的职权，因此建议对行政主体的职权作出严格的、禁止性的规定。对于行政协助，有的专家提出，协助机关是以谁的名义作出行政决定，是自行作出还是根据协助请求作出，草案没有规定。对于委托其他组织承担行政权，一些专家和学者都提醒要从严、慎用，建议增加限制性规定如"法律法规未规定委托的，不得委托"等严格规则。

关于地域管辖权，有专家认为其中的有关规则在实践中无法掌握，如对于"最后所在地"的确定，另外建议对法人组织以"法人登记地"来确定管辖权。

关于当事人，有学者认为，草案对当事人的范围收得过紧。另外，当事人和利害关系人理应是一种包容关系，应该分别作出限定。有的专家提出，当事人委托有关公民作为代理人是自己的自由，不必经过行政机关许可或同意。

五、行政决定的一般程序

草案第三章规定了行政决定的一般程序，包括程序的启动、调查、证据、陈述意见、应用自动化设备和电子文件实施的行政行为、简易程序、行政决定的成立与效力、期间、送达、费用等内容。有专家提出，在体例上规定行政决定的一般程序，则意味着存在特殊程序，但草案并未明确规定特殊程序。有学者指出，草案规定了一般程序，之后又规定了行政指导、行政合同、行政规划等具体程序，一般程序与具体程序在适用上的关系如何处理，需要作出规定。另有专家认为，草案规定的行政决定一般程序，采用了具体行政行为的狭义概念，是从负担性的角度、以行政处罚行为为基础来规定的，建议对行政决定进一步类型化，对处罚、确认等行为作出明确界分。有的专家建议，在规定行政程序时，要考虑借用部分民事程序如期间、送达、回避、告知等内容，不用重复规定，不要把行政程序和民事程序截然分开，这主要是出于立法成本的考虑，也体现了行政程序中公平和效率的关系。有的专家建议，一般程序的规定应尽量详尽，因为其后的各种具体行政程序并不全面。对于"程序的启动"一节，有的专家认为其中有关"行政决定"的定义与"行政决定的成立"一节中的定义不一致，建议删除"依职权启动行政程序的条件"这一条款，另外还建议将"作出决定的期限"一条调整到"行政决定的成立"一节中，并在本节增加对依申请启动行政程序的期限的规定。

对于"调查"，有学者认为现有规定的学理化倾向较重。有的专家建议，应进一步明确规定行政调查启动的原则，即行政机关出于公共利益需要对私人进行调查、搜集资料时必须有法定事由，必须遵守一定的规则和程序，因为调查是行政机关的重要职权，也是行政法在保障个人安全和自由方面的原则性制度，应该严格限制。有的专家对检查未被列入调查的办法提出质疑，并认为对调查的程序设置不平衡，未规定抽查取样的程序，而这恰是诉讼实践中经常发生争议的问题，另外调查程序里规定的变相拘禁、连续询问应进一步细化，并注意避免与其他有关法律之间产生冲突。有的学者提出，在调查部分没有必要规定调查原则，因为总则规定的一般原则理应适用于所有的行为。有的专家认为，行政机关在调查过程中需采取强制办法但没有强制权时，不能请求行政协助，只能按法定程序向法院提出申请，但现在是否有"法定程序"却值得怀疑。对于"事实认定的原则"，有的专家建议删除，有的学者认为这对行政机关的要求过于严格，有的学者认为对其中的有些条件需要进一步斟酌，如只规定适用听证程序的案件的事实认定原则，范围有些狭窄。对于

"预决问题"，有的专家指出，行政机关调取的证据是对其他行政机关的行为还是对自己行为有证据效力应该明确规定，另外对预决问题所涉及的程序中止问题应综合规定，因为在其他程序阶段也涉及中止。有的专家认为，推定和官方认定是个证据规则，不属调查程序范畴，行政机关实施调查除参照《民事诉讼法》的有关规定外，也应该参照最高人民法院的一些补充规定。

关于"证据"，有的专家认为，证据形式里列举了4种笔录形式，但只单独规定现场笔录的做法不妥，勘验笔录也应该得到重视。另外对于现场笔录将影响到当事人权利义务的，应允许提起复议或诉讼。但也有专家认为，不能针对现场笔录提起复议或诉讼，因为行政行为此时尚未形成，当事人可以在对行政决定提起诉讼时，由法院把现场笔录作为证据来审查其效力问题。有专家认为"定案证据规则"里的"查证属实"、"实质性作用"、"连贯性、完备性"等用词不确切。

对于"陈述意见"一节，有学者建议表述为"听取意见"，因为陈述意见是从当事人角度来表述，范围较小，而听取意见则从范围较大的社会公众角度来表述，更为合理。

关于"简易程序"，有的学者建议将其放到总则或附则进行说明，强调其特别适用问题。也有学者介绍，德国行政程序法的原则是简易程序，行政程序的价值应该是效率而不是公正，因此建议我国应将简易程序设定为行政程序法的基本程序。有的学者认为，简易程序和紧急程序并非是非正式程序，二者都是正式程序，简易程序不同于紧急程序。紧急程序虽然简化了程序，但有时候要求更严格，故建议草案在结构上进行调整，区分出一般程序、特别程序（包括简易程序、紧急程序、听证程序、电子政务等）和专门程序（包括行政规范或规则、行政司法、监督救济、行政指导、行政合同、行政给付等）三个部分。有的专家建议，对规章和规范性文件的制定也应该规定一些简易程序。

关于"行政决定的效力"，有专家提出如何领悟不以书面形式出现的行政行为的效力问题。一些专家和学者认为，对于行政决定送达后发生的效力，应区分究竟是应然的还是实然的效力，是对人的还是对事的效力，尤其当行政决定送达了一个当事人而未送达另一个当事人或利害关系人时，如何判断行政决定是否生效，在实践中比较麻烦，因此建议对行政决定的生效作出更具体的规定。有的专家认为，当事人在任何时候都可以对无效行政行为提起复议或诉讼的规定，与《行政诉讼法》和最高人民法院关于起诉期限的规定有冲突，另外复议或诉讼期限届满后，行政机关能否补正自己的行政决定，应作出规定。

对于行政行为被撤销后能否重新作出的问题，与会专家学者讨论热烈，有的认为，对于程序违法能否重作的问题应该慎重规定，在现在行政机关水平达不到的情况下，规定不能太僵化；有的认为，一律不得重作的规定不适合我国国情，具有理想色彩，但不具有现实合理性，法院对行政行为进行纠正的难度和阻力将会增大，因为行政机关可能想尽办法不让自己的行政行为被撤销，但如果撤销后还可以重作，则又无法体现行政程序的效力；有的认为重作行政行为应有限制，因为有些行政程序不可能重新作出；有的提出疑问，对一些不可能重作的情况，是否有必要都撤销？有的建议，对行政机关的撤销权应有时限限制。有的认为，违反程序有一般违和和严重违反之分，应该确定一个规则，规定违反了什么程序要撤销，违反了什么程序可以不撤销。

关于"送达"，一些专家认为草案的规定不成熟，基本沿用了《民事诉讼法》规定的方式，实践中行政机关把一些应送达给本人的决定也适用《民事诉讼法》规定的方式如邮寄、留置等，产生很多矛盾，领悟也不一致，因此建议另辟新径，解决行政程序中的送达问题。送达也应有期限限制，必须按期送达，避免一些行政机关把行政决定放置很久后再送达，规避法律规定，侵害当事人权益。另外，在以其他方式送达成本较高的情况下，也应允许公告送达，如果把应直接送达而公告送达但当事人未及时知道的视为没有送达，过于宽松，不太合理。

六、听证和信息公开

草案第四章规定了听证，有学者建议将该章名称改为"听证程序"，并主张分正式听证和非正式听证两种类型来规定。另外现在的各种听证有滥用和"作秀"的趋势，应该进行严格规范。有的专家提出，应单独对听取专家意见作出规定，对"专家"进行界定，并建立专业的咨询机构，防止专家变成个别利益集团或行政机关的挡箭牌或敲门砖。有的专家还指出，听证还应该包括行政决策的听证，另外，听证应包括行政机关主动采取听证的活动，因为有时行政机关尚未拟出有关行政决定，而只是需要听取意见来获取资料和经验。

草案第五章规定了信息公开，有专家认为，其实每个行政行为都涉及信息公开问题，因此可以把信息公开分别放在行政程序的不同环节中进行规定。另外，各级政府法制机构和监察机关对信息公开情况进行主动监督，其结果并非对复议案件的受理，因为复议案件是被动的，而且监察机关也无权受理复议案件。

七、特别程序规定

除行政决定一般程序外，草案第六章规定了行政规则，第七章规定了行政规划，第八章规定了行政指导，第九章规定了行政合同。有学者认为，草案第三章规定了行政决定的一般程序，则行政规划、行政合同、行政指导等，也应调整为"行政规划程序"、"行政合同程序"、"行政指导程序"。另有学者提出，在行政决定一般程序之外单独列出这几种行政活动作出规定，其标准何在，其他行政活动如行政补偿、行政定价、工商登记等也需要作出单独的程序规定。

对于行政规则，有的学者认为，不能把行政规则只领悟为内部规范，因为行政规则对外部也会发生作用。草案将行政规则局限于内部程序，有点理想化。另外对于"行动基准"的提法和规定也应该仔细斟酌，行政基准规定的要求太苛刻，也可以将其放到行政决定部分规定。

对于行政指导，有学者认为，应适当扩大行政指导的公开范围，表述为"应当向当事人公开，当事人申请的要公开，涉及当事人的要公开"三层内容。行政指导实施过程和结果向有关机关报告、备案，应明确规定向本机关首长和上级行政机关报告。

对于行政规划，有学者认为，规划分为三级：宏观规划、微观规划、控制性详细规划。如何把握控制性详细规划的程序，需要明确规定。

对于行政合同，有的专家指出，应适当限制行政合同的范围，并非行政机关在其中的合同都是行政合同，如科研合同就不应该是行政合同。有的学者建议把行政合同限制在经济领域，而不能适用于行政领域。

八、法律责任

草案第十章规定了法律责任，共三条。与会专家学者认为，草案对法律责任的规定过于简单。对司法审查而言比较有意义的就是违反法定程序应承担什么责任，因此法律责任问题比较重要，应当尽量细化，可以借鉴一些行政程序制度比较成熟的国家的认定标准。而且违反法定程序的责任效果应有所不同，违反程序到底承担什么责任，应该作出明确规定。

湖南省行政程序规定

（2008 年 4 月 17 日湖南省人民政府令第 222 号公布　根据 2018 年 7 月 10 日湖南省人民政府令第 289 号《关于废止和修改部分省人民政府规章的决定》修正）

（全文略）

第16章 行政违法与行政责任

 回顾第15章行政程序法内容

1. 什么是行政程序?
2. 请列举行政程序的种类。
3. 行政程序法的基本原则有哪些?
4. 程序公正原则的保障制度有哪些?
5. 相对人参与原则的保障制度有哪些?
6. 效率原则的保障制度有哪些?

 法律文化体认与领悟

社会主义法治理念:依法治国,执法为民,公平正义,服务大局,党的领导。

 本章主要内容

了解行政违法的概念、特征、分类、构成要件和行政不当的概念、特征;明确行政责任的概念、特征、构成要件;掌握不同违法主体应当承担的行政责任的形式。

案例导入

熊口农技站诉某市工商行政管理局案

2007年4月7日上午8时许,某市工商行政管理局熊口工商所黄某等3名执法人员在检查熊口农资市场经营情况工作中,在未办理任何手续的情况下,从原告熊口农技站农化种子经营部搬走农膜3件,此后未依法作出任何处理意见。

6月10日上午,某市工商行政管理局公平交易分局副局长陈某,熊口工商所副所长王某一行6人在认为熊口农技站农化种子经营部有个人承包嫌疑的情况下,再次到农化种子经营部进行调查。由于对方不予配合,又恰逢该经营部刚进的一批农资商品正在卸货。公平交易分局、熊口工商所在主要情况不明、违法事实不清、证据不足、理由不充分的情况下,未报市工商行政管理局批准,将该经营部购进的农资商品(潜江尿素97袋,枝江尿素3袋,潜江磷肥194袋)予以扣押并转移到熊口供销社封存,给当事人开具了两张已经作废的暂扣物品清单。以后既没有补办有关手续,又没有开展进一步的调查工作。事后熊口农技站曾向主管部门（农业局）反映了情况，其主管部门也曾经与工商行政管理局进行了联系，但没有得到明确的答复和意见。

6月24日，熊口农技站以工商行政管理局执法人员程序违法、滥用职权为由向法院提起诉讼。提出4项诉讼请求：（1）被告向原告公开赔礼道歉，挽回不良影响；（2）被告迅速返还所扣押的物品；（3）被告赔偿因此给原告造成的经济损失5000元；（4）被告承担全部诉讼费用。

法院经审理认为：工商执法人员在行政执法工作中未按照程序规定出示执法证件、表明身份；执法人员两次对原告实施行政强制措施未向当事人告知实施理由、违法事实和法律依据，同时还没有送达书面通知，未告知当事人复议或诉讼的期限和途径；执法人员滥用职权，侵犯了当事人的合法经营权和财产权。故依《行政处罚法》和《行政诉讼法》的有关规定作出如下判决：（1）原告在判决后10日内返还所扣押的农资商品；（2）赔偿因其扣押行为给原告造成的经济损失5000元；（3）本案诉讼费全部由被告承担。

问题：某市人民法院作出的判决是否正确？

16.1 行政违法

16.1.1 行政违法的概念与特征

行政违法（unlawful administration）是指行政法律关系主体违反行政法律规范所规定的义务，侵害受法律保护的行政关系，对社会造成一定程度的危害，尚未构成犯罪的行为。

行政法律关系主体包括行政主体和行政相对人。因此，行政违法包括行政主体违法和行政相对人违法。现代法治行政的原理，不仅要求行政主体依法行政，而且也规定了行政相对人在行政法律关系中的种种义务，要求行政相对人必须严格按法律、法规或者行政行为的规定，切实实现行政行为的内容。

行政违法的特征是行政违法区别于其他性质违法的具体表现，是行政违法本质的外在表现。与民事违法、刑事违法违纪行为等相比较，行政违法具有如下特征：

（1）行政违法的主体是行政法律关系主体。行政违法的主体首先必须处于行政法律关系之中，某种违法行为，只有其主体以行政主体或者行政相对人的资格出现时，才有可能构成行政违法。换言之，不具有行政法律主体资格，其行为就不能构成行政违法。当然，行政主体对行政法律规范所规定的义务的违反，是由其公务员或者从业人员的行为具体构成的。

（2）行政违法是违反行政法律规范，侵害法律规范保护的行政关系的行为。任何违法，均是对一定法律规范的违反。行政违法是对行政法律规范的违反。单纯的违纪行为一般不构成违法，也不会构成行政违法。只有违反了行政法律规范所确定的义务的行为，才会构成行政违法。

（3）行政违法是一种尚未构成犯罪的行为。行政违法与犯罪，都是对社会有害的行为，侵犯了受法律规范保护的行政关系或者其他社会关系。行政违法与犯罪，有量上的联系，行政违法是一种要承担行政责任但尚未构成犯罪的行为，只有"情节严重的"行政违法才构成犯罪。因此，社会危害程度的大小、轻重，成为划分行政违法与犯罪的基准。行政违法与犯罪又有质的区别，行政违法只需要承担行政责任，而犯罪则归为刑事法律规范调整范围，要承担刑事责任。

（4）行政违法的法律后果是承担行政责任。行政违法的后果不是承担民事责任，也不是承担刑事责任，而是承担行政责任。行政责任的种类和方式将在本章第3节中予以介绍。

16.1.2 行政违法的构成要件

行政违法的构成要件，是指行政法律规范所规定的，构成行政违法所必须具备的条件。一般认为，构成行政违法要具备以下三个方面的条件：

（1）行为主体具有行政法律关系主体资格。行政法律关系中行为主体包括行政主体与行政相对人。只有行政法律关系主体的行为才有可能构成行政违法，行政主体与行政相对人不具备行政法律关系主体资格者的行为不可能构成行政违法。因此，具备行政法律关系主体资格，是行政违法的重要构成要件之一。

（2）行为主体具有相关的行政法义务。行政法律关系的内容主要体现在对各主体的权利（权力）、义务（职责）的规定上。行政违法是对法定的作为和不作为行政法义务的违反。因此，具有相关的行政法义务，是构成行政违法的重要条件之一。要确定行政法律关系主体的某种行为是否构成行政违法，首先必须确认其是否具有相关的法定义务。

（3 行为主体具有不履行行政法义务的行为。这种行为包括作为与不作为。只有当行政法律关系主体没有履行或者未依法履行相关的行政法义务时，才能构成行政违法。反之，没有不履行法定义务的行为，就不存在行政违法的问题，不可能构成行政违法。也就是说，行政违法必须有违反行政法义务的行为存在，并且这种行为是违反行政法律规范的，它侵害了法律规范所保护的行政关系，对社会具有一定的危害性。

需要注意的是，根据法学原理，行为人在主观上有过错，是构成违法的要件之一。所谓主观过错，是指行为人实施行为时的一种心理状态，包括故意和过失两种形态。但由于行政违法一般都是比较轻微的违法行为，一般只要行为人实施了违反法定义务的行为，就视其为存在故意或过失，不必再深究其主观因素。如果某行为违反了行政法律规范的规定，但不是出于行为人的故意或过失，就不能构成行政违法，这样的推论是错误的。只要其行为违反了行政法律规范，不履行或者不依法履行其应当履行的义务，即是一种违法行为的客观存在，无论行为人是否意识到，都构成行政违法行为。

16.1.3 行政违法的分类

行政管理活动的复杂多样性以及行政违法主体的多样性，决定了行政违法行为的多样性。根据不同的标准，从不同的角度，行政违法可以进行多种分类。

1. 行政主体的违法和行政相对人的违法

这是根据行政法律关系主体不同，对行政违法的分类。行政主体的违法和行政相对人的违法所引起的责任后果在内容和形式上都有所不同。

行政主体违反行政法律规范的行政管理行为，称为违法行政。国家行政机关的违法行政，由行政机关自身承担行政责任；公务员的违法行政，造成损害的，由其所属行政机关承担赔偿责任，再由该行政机关对有故意或者重大过失的公务员行使追偿权；被授权的组织的违法行政，由该组织承担行政责任，由行政机关授权的，授权行政机关应负连带责任；被委托的组织或者个人的违法行政，由委托行政机关承担行政责任，再由委托机关依据委托关系追究该组织或者个人的相关责任。行政相对人违反行政法律规范的行为，称为行政过错，行政相对人要为此承担相应的行政法律责任。

2. 作为行政违法和不作为行政违法

这是根据方式和状态的不同，对行政违法的分类。作为行政违法，是指行政法律关系主体不履行法律规范或行政行为所规定的不作为义务，它与不作为行政违法是相对而言的。不作为行政违法，是指行政法律关系主体不履行行政法律规范或行政行为所规定的作为义务。不作为行政违法所造成的危害往往并不亚于作为行政违法，而人们对不作为行政违法的重视远不如对作为行政违法的重视。

3. 实质性行政违法和形式性行政违法

实质性行政违法，又称实体上的行政违法，是指行政主体的行为在内容上违反了行政法律规范的实质性要件。具体表现为：

（1）行政主体不合法；

（2）行为超出了行政主体的法定权限；

（3）意思表示不真实；

（4）行为的内容同行政法律规范所规定的目的、原则和规则相悖。

形式性行政违法，又称程序上的行政违法，是指行政主体的行为在形式上违反了行政法律规范的形式性要件。具体表现为：

（1）行为的作出和实施不符合法律规范所规定的程序；

（2）行为的表现形式不符合法律规范所规定的形式。

实质性行政违法所引起的法律后果是依据实体法追究行为主体的惩罚性行政责任。形式性行政违法所引起的法律后果一般是依据程序法追究行为主体的补救性行政责任，只有在情节严重，将影响实体公正的情况下，才追究其实体性责任。实质性行政违法往往被撤销，从其发生时即没有法律效力，而形式性行政违法一般经过有效的补救措施，仍能发生法律效力，有些亦可被撤销。

4. 内部行政违法和外部行政违法

这是根据行政的范围，对行政违法进行的分类。内部行政违法是行政主体内部在组织、领导、指挥、监督等过程中发生的行政违法行为。外部行政违法是行政主体和行政相对人在行政管理活动中发生的行政违法行为。

内部行政违法和外部行政违法的救济手段不同。前者限于行政救济，而后者不仅可以进行行政救济，而且还可以借助司法救济。

16.1.4　行政不当（improper administration）

行政不当，也称行政失当，不当行政，主要是指行政主体所作出的虽然合法但不合理、不适当的行为。是专门针对行政自由裁量权的不合理行使而言的。行政违法既可以针对羁束行为又可以针对裁量行为，但主要是针对羁束行为而言，行政不当则仅针对裁量行为。

从广义上讲，行政不当同样是一种行政违法，因为它违反了行政法对合法性和合理性的基本要求。从狭义上讲，行政不当是以行政合法为前提，是与行政违法相并列的一种有瑕疵的行政行为。

与行政违法相比较，行政不当具有如下特征：

（1）行政不当不构成行政违法。不合法的行为属行政违法；不合理的行为构成行政不当。行政不当以合法为前提，是合法幅度内的失当，表现为畸轻畸重、显失公平等。

（2）行政主体的不当行为，主要是针对行政裁量权的不合理行使而言的，也就是说，行政不当仅针对裁量行为。而行政违法则是针对羁束行为和裁量行为的。

（3）行政不当一般只限于引起补救性行政责任。行政违法可以引起惩罚性行政责任和补救性行政责任。

（4）行政不当一般只部分影响其效力，也可全部影响其效力。而行政违法一旦被确认，一般溯及其发生时即无效。

16.1.5 行政违法和行政不当的法律效果

1. 行政违法的法律效果

（1）对行为本身效力的影响。行政违法不为法律所承认，不具有法律效力。虽然行政行为具有拘束力、公定力，违法行政行为暂时被推定为合法，能产生一定的事实上的效力，但是，一旦被有权机关确定为违法，其所创立的一切法律关系皆将溯及该行为作出时失去法律效力。行政相对人行政法上的行为也一样，虽然在一定时期内可能产生一定的效力，但一旦经有权机关确认为违法，则难以实现其预期的目的。

（2）对行为人责任的影响。有行政违法的主体，无论是行政主体还是行政相对人，都必须对其行政违法承担行政责任，接受国家法律的制裁。有关机关有权依法追究行政违法者的责任。

（3）对法律救济的影响。针对行政违法，法律救济包括三方面的内容：①确认其违法；②撤销其行为；③予以相应的惩罚。

行政主体行政违法的法律救济，包括权力机关救济、行政救济和司法救济三种情形。

行政相对人行政违法的法律救济，只限于确认违法、采取行政强制措施或予以相应惩罚。有行政救济和司法救济两种情形。

2. 行政不当的法律效果

不当行政不能导致该行政行为无效。法律救济包括权力机关的救济和行政机关的救济，一般不存在司法救济。

16.2 行政责任

16.2.1 行政责任的概念及特征

责任，是一个内涵与外延均非常广泛的概念，在政治学、管理学、行政学和法学等学科领域得以经常而广泛地使用。一般说来，责任是指在一定条件下行为主体所应尽的义务或因违反义务而应承担的一定的否定性后果。

行政责任（administrative responsibility）有广义和狭义之分。广义的行政责任，是指行政法律关系主体按照行政法律规范的要求在具体的行政法律关系中所应承担的义务，它包括两方面的内容：一是指行政法律关系主体必须依法进行一定的作为或者不作为；二是指行政法律关系主体由于没有履行或者没有正确履行其应履行的义务而引起的一定的否定性的法律后果。狭义的行政责任，是指行政法律关系主体因违反行政法律规范所规定的义务而引起的，依法必须承担的法律责任。行政责任的特征如下：

（1）行政责任的主体是行政法律关系主体。行政责任主体包括行政主体和行政相对人。行政主体享有行政职权，负有实施行政管理的义务，即作出行政行为并保证其最终实现，是行政主体的行政职责；而行政相对人在享有按受行政主体所提供的服务权利的同时，还负有诚实地按照行政行为所规定的内容具体履行的义务。因此，行政责任不仅包括与行政职权和行政职责紧密联系的行政主体的法律责任，而且还包括行政相对人的法律责任。

（2）行政责任是行政法律关系主体违反行政法律规范所引起的法律后果。是行政法律关系主体不履行法定职责和义务，违反行政法律规范所引起的法律后果，而不是违反刑事法律规范或者民事法律规范以及其他规范所引起的法律后果。

（3）行政责任是行政法上的法律责任。行政责任作为一种法律责任，具有强制性，由有权的国家机关来追究。行政责任是对行政违法或行政不当的救济。

16.2.2 行政责任的构成要件

行政责任的一般构成要件是：

（1）存在违反行政法律义务的行为。行政法律关系的主体违反行政法律义务，是行政责任产生的前提。不违反法律义务，也就不存在承担相应的法律责任问题。

（2）存在承担责任的法律根据。根据现代国家法治行政的原理，不仅要求权利义务的法定，而且要求对有关责任的追究也必须是法定的。因此，不仅行政责任的方式须为法律规范所确认，而且行政责任的内容也必须为法律规范所确认。没有法律规范对责任内容的规定，责任的承担也将成为一个难题。

从法理学上讲，似乎还应加上主观过错这一要件。但是实践中，行政领域的违法行为，只要符合法律规范所规定的外在形式，一般就不再过问行为人的主观因素，即可视为主观有过错，法律另有规定的除外。这可以理解为不以主观过错为要件。

顺便介绍一下行政侵权责任。行政侵权责任是行政责任的一种。行政侵权责任是指行政主体违反行政法律义务，侵犯公民、法人或其他组织的合法权益，即存在行政侵权行为（administrative tort act）而依法应当承担的法律后果。

行政侵权责任的主体仅限于行政主体，不包括行政相对人。被侵害对象只限于行政相对人的合法权益，有别于民事侵权责任。行政侵权责任的构成要件，也有别于行政责任的构成要件，除存在行政违法行为、存在承担责任的法律依据等条件外，还要求有被侵权的事实、行政违法行为与侵害事实之间存在因果关系。

16.2.3　行政责任的免除 （prevention of administrative responsibility）

在特定情况下，虽然行为人的行为符合行政违法的构成要件，并且在事实上对一定的社会关系造成了侵害，但是，因该行为的实施是为了保护更大的合法权益，因而排除其违法性，免除其行政责任的追究。排除行政违法性的行为主要有以下几种：

（1）正当防卫。正当防卫，是为了保护公共利益、本人或者他人的人身及其他权利免受正在进行的侵害，而对侵害人实施侵害，以迫使其放弃侵害行为的行为。正当防卫是以侵害的方法制止不法侵害的行为，所以其实施必须是针对违法侵害行为，并且是针对正在进行的侵害行为，必须是针对违法行为的实施人作出的未超过必要限度的侵害行为。

（2）紧急避险。紧急避险，是行为人为了保护公共利益、本人或者他人的人身及财产等权利免受正在发生的危险，不得已而采取的侵害法律保护的其他公共利益或者他人权益的行为。客观上，行为人损害了一定的合法权益，但保护了更大的合法权益；在主观上，行为人是在权衡轻重后不得已而作出的舍轻保重的选择。

（3）利害关系人同意的行为。在一定条件下，行为实施人经有利害关系的人同意取得了原属于该利害关系人的权益，该行为的行政违法性便被排除。这种排除行政违法性的行为的成立有较为严格的成立条件。

（4）执行有益于社会的职业行为。因执行某项有益于社会的职业行为，需对某些合法权益实施必要的损害，这种损害只要不超出职业要求的范围，就不构成行政违法。如救护人员因抢救病人而不按交通规则行车的行为。排除这种行为的行政违法性的条件主要是该职业的存在得到了法律的保护，当然，执行职业行为应承担谨慎义务。

（5）在法定范围内行使权力（利）的行为。行为人行使其享有的法定职权，有时虽对一定主体的权益造成一定的损害，但此损害是法律所允许的，不构成行政违法。如医疗机构发现患甲类传染病时对病人、病原携带者予以隔离治疗；公民扭送犯罪分子到公安机关的行为等，均属在法定范围内行政权力（利）的行为。

16.3　承担行政责任的种类与方式

行政责任的承担方式是违反行政法律规范所规定的义务而引起的法律后果的具体表现形态。可以分为行政主体承担的行政责任、公务员承担的行政责任和行政相对人承担的行政责任三种。

16.3.1　行政主体承担行政责任的具体方式

行政主体的行政责任（assumement of administrative responsibility）是由其行政管理行为引起的。适用自然人和一般法人的许多责任形式，不能适用于行政主体，因此，行政主体的行政责任形式要受到某些限制。行政主体的行政责任以补救为主。行政主体承担行政责任的具体方式：

（1）通报批评。这是行政主体承担的一种惩戒性违法行政责任，主要是通过名誉上的惩罚，对作出违法或者不当行政行为的行政机关及其他行政主体起一种警戒的作用。通报批评通常由权力机关、上级行政机关或者行政监察机关以书面形式作出，通过报刊、文件等予以公布。

（2）赔礼道歉，承认错误。由于行政主体在行政管理过程中违法或不当，损害相对人的合法权益时，理应向相对人赔礼道歉、承认错误。这虽然对受害人的物质损害没有补益，但能使受害者在精神上得到安慰，平息激愤的情绪，淳化行政机关的民主作风，维护行政法治的尊严。承担这种责任一般由行政机关的领导和直接责任人员出面，可以采用口头形式，也可以采取书面形式。这是行政主体承担的一种最轻微的补救性行政责任。

（3）恢复名誉，消除影响。当行政主体的违法或者不当行政行为造成相对人名誉上的损害，产生不良影响时，一般采取这种精神上的补救性行政责任方式。此种责任的履行方式有：在大会上公布正确的决定；在报刊上更正处理决定并向有关单位寄送更正决定等。方法的选择取决于相对人名誉受损害的程度和影响的范围。

（4）返还权益。当行政主体剥夺相对人的权益属违法行政时，其行政责任的承担表现为返还权益。权益，即造成的实际损害，既包括财产权益，也包括其他可以返还的权益。

（5）恢复原状。当行政主体的违法或者不当行政行为给相对人的财产带来改变其原有状态的损害时，一般由行政机关承担恢复原状的补救性行政责任。

（6）停止违法行为。这是行为上的惩戒性行政责任。对于持续性的违法行政行为，如果行政相对人提出控诉时侵害仍在继续，违法行政责任的追究机关有权责令停止违法行政行为。

（7）履行职务。这是针对行政主体不履行或者拖延履行职务而确立的一种行政责任方式。针对行政主体失职的这种责任方式，既可以由相对人提出申请，也可以由人民法院的判决或者上级行政机关的决定予以确立。

（8）撤销违法的行政行为。当行政主体所作的行政行为具有如下情形之一时，行政主体应承担撤销违法行政行为的行政责任：①主要证据不足的；②适用法律、法规错误的；③违反法定程序的；④超越职权的；⑤滥用职权的。撤销违法的行政行为包括撤销已完成的行为和正在进行的行为。

（9）纠正不当的行政行为。纠正不当是对行政主体裁量权进行控制的行政责任方式。行政机关对滥用自由裁量权的不当行政行为要负行政责任。纠正不当的行政行为的具体方法是变更不当的行政行为。如《行政诉讼法》第 75 条规定，行政处罚明显不当，或者其他行政行为涉及对款额的确定、认定确有错误的，人民法院可以判决变更。

（10）行政赔偿。行政赔偿是一种财产上补救性的违法行政责任。行政主体的违法行为造成相对人财产权和人身权等合法权益的损害，应依法承担行政赔偿责任。

16.3.2 公务员承担行政责任的具体形式

公务员承担的行政责任，是指公务员对其违法行为承担的法律后果。这里仅仅探讨行政系统的公务员的行政责任。

（1）接受批评教育。这是公务员所承担的惩戒性违法行政责任。批评教育的形式主要包括通报批评和狭义的批评教育两种。通报批评，是指由有权机关在会议上或者文件上公布针对具有重大违法违纪行为的公务员予以批评的决定。狭义的批评教育，是指有权机关针对个别情节轻微的违法违纪行为的公务员直接给予批评，教育其改正错误，警诫以后不能再犯。前者的目的在于教育有责任的公务员本人的同时也对其他公务员起到警诫的作用；后者的目的在于教育有责任的公务员本人。

（2）承担赔偿损失责任（被追偿）。承担赔偿损失责任，是兼有惩罚性和补救性的责任承担方式。公务员并不直接向受害的行政相对人赔偿，而是先由行政机关承担赔偿责任，再根据求偿权向有故意或者重大过失的公务员追偿已赔偿的款项的部分或者全部。

（3）接受行政处分。《公务员法》第61条规定，"公务员因违纪违法应当承担纪律责任的，依照本法给予处分或者由监察机关依法给予政务处分；违纪违法行为情节轻微，经批评教育后改正的，可以免予处分。对同一违纪违法行为，监察机关已经作出政务处分决定的，公务员所在机关不再给予处分。"该条所规定的处分，就是行政处分。行政处分是国家行政法律规范规定的责任形式。行政处分的主体是公务员所在的行政机关、上级主管部门或者监察机关。行政处分是一种内部责任形式。根据我国《公务员法》，行政处分分为：①警告；②记过；③记大过；④降级；⑤撤职；⑥开除。处分国家公务员，必须依照法定程序，在规定的时限内作出处理决定。对公务员的处分，应当事实清楚、证据确凿、定性准确、处理恰当、程序合法、手续完备。

16.3.3 行政相对人承担行政责任的形式

行政相对人行政违法，当然要承担相应的行政责任。行政相对人承担行政责任的形式主要有：

（1）承认错误，赔礼道歉。行政相对人的行政违法行为被确认后，有关行政机关可以责令其向利害关系人承认错误，并表示歉意，向有关机关作出不再重犯的保证。这是行政相对人承担的一种最轻微的补救性行政责任。

（2）接受行政处罚等制裁。行政处罚是一种惩戒性的行政责任追究方式。学术上分为精神罚、财产罚、行为罚和人身罚。法定的行政处罚包括警告，罚款，没收违法所得、没收非法财物，责令停产停业，暂扣或者吊销许可证、暂扣或者吊销执照，行政拘留以及在法定的期间禁止从事某种行为或者活动等。此外，被通报批评也是行政相对人承担违法行政责任的一种形式。

（3）履行法定的义务。行政相对人因怠于履行法定义务构成行政违法行为时，行政机关可以责令其依法履行该义务。如果在法定的期限内仍不履行，则将接受行政强制措施。

（4）恢复原状，返还原物。行政相对人的行政违法行为系占有他人财物或者公共财物、改变特定对象原有状态的，有关行政机关可责令其返还原物，恢复特定对象的原有状态。

（5）赔偿损失。行政相对人的行政违法行为给国家、集体或者他人的利益造成损害的，应当依法承担赔偿责任。

此外，外国人或者外国组织在我国境内活动时，属于我国行政管理相对人，如果违反了我国行政管理义务，也要承担行政责任。我国行政法中对本国公民、法人和其他组织设定的行政责任承担方式基本适用于外国公民和组织，如警告、罚款、拘留、赔偿等。外国人承担行政责任的特殊方式还有限期离境、驱逐出境、禁止入境等。

小结

本章介绍了行政违法与行政责任的具体内容。阐述了行政违法的概念与特征、构成要件、分类；阐述了行政不当的概念与特征、行政违法与行政不当的法律效果。阐述了行政责任的概念与特征、行政侵权责任、行政责任的免除、行政责任的种类、行政主体承担行政责任的具体形式、公务员承担行政责任的具体形式和行政相对人承担行政责任的形式。

思考题

1. 行政违法的特征是什么？
2. 行政不当的特征是什么？
3. 行政责任的特征是什么？
4. 行政主体承担行政责任的方式有哪些？
5. 行政相对人承担行政责任的方式有哪些？
6. 公务员承担行政责任的具体形式有哪些？

实务训练十六

一、**真实案例：今日说法——还我建房权（绵阳市盐亭县）（行政违法）**

今日说法——重庆市开县谢加万案（行政滥用职权）

视频播放后，教师引导学生运用行政法学基础理论对此案例进行讨论，必要时，教师对此案例作总结评析。

二、**在老师指导下，学生分析辨别行政法学关键术语。**

三、**复习第 15 章行政程序法内容**

（一）填空题

1. 构成行政程序的必需因素有_____、_____、_____和时限。

2. 行政程序所规范的核心对象是_____。

3. 回避制度体现了行政程序法的_____原则。

4. 专家论证制度属于_____程序。

5. 行政系统各部门公文办理程序属于_____程序。

6. 以法典形式出现的第一部行政程序法 1889 年产生于_____。

7. 行政处罚程序属于_____程序。

8. 行政程序从横向上可分为手续性程序和_____。

9. 行政程序从纵向可分为行政计划准备、_____、执行计划、_____与考核奖惩等。

10. 简化行政程序的基本方法就是简化_____。

11. 在优化行政程序当中，行政程序的_____是核心的内容。

（二）判断题

1. 行政程序指的是行政诉讼程序。   （   ）

2. 只要行政行为违反法定行政程序，其行为必定无效，必被行政复议机关撤销。
                                                          （   ）

3. 为了实现行政管理的目的，行政程序应一律公开。   （   ）

4. 行政程序就是行政诉讼法。   （   ）

5. 行政程序遵循程序公正原则，是指行政机关在行政管理活动中合理地处理公共利益与个人利益之间的关系，并在程序上平等地对待相对方。   （   ）

6. 行政处罚的简易程序又叫当场处罚程序，是一种独立的简化的行政处罚程序。
                                                          （   ）

7. 违反法定程序就可以撤销、变更或者确认具体行政行为违法。   （   ）

8. 行政程序可以随时变动。   （   ）

9. 为了提高办事效率，行政处罚的程序一般采取简易程序。   （   ）

10. 经本级人民代表大会批准的预算，非经法定程序，不得改变。   （   ）

11.《价格行政处罚程序规定》是国家发展和改革委员会制定并发布的，属于部门规章。
                                                          （   ）

四、阅读以下材料，并理解其重点内容

阅读材料十六

行政机关公务员处分条例

中华人民共和国国务院令　第 495 号

《行政机关公务员处分条例》已经 2007 年 4 月 4 日国务院第 173 次常务会议通过，现予公布，自 2007 年 6 月 1 日起施行。

总理　温家宝

二〇〇七年四月二十二日

（全文略）

第17章 行政复议

🎯 回顾第16章行政违法与行政责任内容

1. 行政违法一般都是什么性质的违法行为?
2. 实质性行政违法的具体表现是什么?
3. 不合理的行政行为构成什么?
4. 行政违法行为的法律效力如何?
5. 行政救济包括哪两种情形?
6. 不当行政能导致该行政行为无效吗?
7. 狭义的行政责任指什么?
8. 什么情况下行政责任可以免除?

🎯 **法律文化体认与领悟**

"依法治国,建设社会主义法治国家",是我国治国的基本方略。

🎯 **本章主要内容**

了解行政复议的概念、特点、基本原则、作用和意义;明确行政复议法律关系的概念、特点及其内容;弄清行政复议的受案范围和管辖;掌握行政复议的申请、受理、审查和决定等程序。

案例导入

月票纠纷行政复议案

2007年6月30日,袁小二和妻子孙某及其弟袁小三人乘公交车到商场购物,车行至东大街时,售票员王某开始验票。王某见袁小三乘车票上的印章不清楚,未作出任何说明,即扣留了月票,车到达总站后,袁氏兄弟及孙某向王某要求尽快处理此事,退回月票,王某认为该月票有问题,需要进一步审查,不予退回,为此,双方发生争吵。后来,袁小三和王某厮打起来,袁小二夫妻赶忙上前劝解。这时该车另一售票员与司机杨某在拉袁小二时亦与袁小三打在一起。纠纷中,孙某被打伤,经送医院诊断:袁氏兄弟及孙某三人均不同程度地被打伤,售票员王某右手亦有擦皮伤。后来某公安派出所依据《治安管理处罚法》第 22 条的规定，于 2007 年 7 月 5 日给予王某、袁小三各罚款人民币 100 元的处罚，给予杨某、袁小二、孙某予以警告处罚。王某不服，遂提出复议申请。市公安局受理了该复议申请，召集作出原具体行政行为的某区公安派出所以及王某、袁小三，将王某、袁小三各处 100 元的处罚，改为各处 40 元罚款，维持对其他人的处罚。

问题：市公安局的行政复议裁决是否合法适当？

17.1 行政复议的概念及特点

行政复议（administrative reconsideration）指行政相对人不服行政主体的行政行为，依法向有复议权的行政机关提出申请，由受理申请的行政机关对引起争议的行政行为，依法按照司法程序进行审查并作出裁决的活动。这一概念具体包括了以下几个方面的含义：

（1）行政复议以行政相对方的申请为前提。行政复议是一种依申请而产生的具体行政行为，它以行政相对方的申请为前提。它不是行政机关依照自己的职权而主动进行的，而是行政机关一种"不申请不理"的行为。如果属于行政机关依照自己的职权主动对原具体行政行为进行复查，就不能归属为行政复议的范畴。

（2）行政相对方提出复议申请是因为不服行政机关的具体行政行为。行政复议是因为行政相对人认为行政机关的具体行政行为侵犯了其合法权益而请求有复议权的行政机关进行复查并作出裁决予以救济的制度。如果行政相对方对抽象行政行为——国家行政机关制定的行政法规、规章或者是具有普遍约束力的决定不服的，则不能直接申请行政复议。对于规章的审查应当按照法律、行政法规的规定，通过立法监督的程序来办理。对于行政机关发布的具有普遍约束力的决定不服的，只能在对根据决定作出的具体行政行为提起行政复议时一并提出对具体行政行为所依据的行政机关发布的决定进行审查。

（3）行政复议机关是依法有履行行政复议职责的国家行政机关。行政复议是上级国家行政机关对下级国家行政机关的行政行为进行层次监督的行政活动。承担行政复议职责的只能是国家行政机关。另外，依法没有履行行政复议职责的国家行政机关也不能成为行政复议机关。

（4）行政复议是行政机关处理行政争议的活动。行政复议是由国家行政机关来解决行政争议，是国家行政机关具体行政行为的一部分，具有行政机关履行行政职权的特点。行政复议比其他具体行政行为具有更高的法定程序要求。

（5）行政复议的结果以行政机关的决定表现出来。行政复议的结果是由行政机关作出的，其结果的表现形式是行政机关的决定，以此区别于人民法院的判决或裁定。

（6）行政复议受法定期限的限制。行政复议受法定期限的严格限制。这种期限要求包括两个方面的内容：一是行政相对方申请行政复议，必须在法定期限内，逾期申请的，复议机关不予受理（有法律规定的情形除外）。二是复议机关必须在法定期限内作出复议决定。

行政复议是行政机关的准司法活动，是行政司法活动，属行政司法权。

行政复议是监督行政（administrative supervision）的一种重要形式。属于行政系统的内部监督（inner administrative supervision）。行政复议具有以下几个主要特点：

（1）行政性。行政复议是一种行政活动，行政复议的主体只能是国家行政机关。行政复议属于国家行政机关履行行政职权的范畴，是国家行政机关自身的一种内部约束，履行行政复议职责属于行使行政职权的范围。

（2）职权性。行政复议是行政机关的行政司法活动，属于行政机关的职权范围。依法行使职权是现代法治国家中行政机关依法行政的最重要的特征。履行行政复议职责也必须遵循依法行政的原则。行政相对方的复议申请只能提交给作出原具体行政行为的行政机关的上一级有管辖权的行政机关，有权进行行政复议的行政机关无权就属于其他国家行政机关管辖范围内的行政争议作出行政决定，行政复议机关所进行的行政复议活动绝不能超越其法定的职权范围。

（3）监督性。复议机关复查原具体行政行为的过程，实质上就是对作出原具体行政行为的行政机关进行监督的过程。复议机关在复查原具体行政行为时发现有违法或不当情况的，必须予以纠正，或者予以撤销，或者加以变更。这是一种层级监督，即上级行政机关对下级行政机关实施的一种制度化的、较为规范的层级监督。这是一种事后监督，是在某个国家行政机关作出某种行政处理决定后才可能开始。复议监督涉及的是行政机关在与行政相对方发生外部行政法律关系时作为管理者实施的具体行政行为是否合法、合理。复议监督还是一种间接监督，它是从行政命令、行政指挥权中分离出来的一种间接的、独立的监督形式。

（4）程序性。采用的是准司法程序，有严格的程序要求。行政复议虽然从法律行为性质上来说是一种行政行为，但由于它涉及行政争议的解决，因此比一般的行政行为具有更高的程序性要求。行政复议从申请、受理到审理、决定以及送达，都必须符合法定的实体要件和形式要件，违反或缺乏其中任何一项程序，都有可能导致复议的中止或终止。

（5）救济性。行政复议对行政活动失误有补救作用。现代法治国家的行政管理活动的范围越来越广泛，行政机关实施的具体行政行为与公民、法人或其他组织的利益有着非常密切的联系，行政机关及其公务员的具体行政行为不可避免地会产生违法或不当的问题。为了妥善地解决行政机关与行政相对方之间产生的行政争议，保护公民、法人和其他组织的合法权益，建立行政机关内部争议解决制度十分必要，行政复议就是对违法或不当的具体行政行为进行补救而建立起来的一种行政内部救济制度。

我国《行政复议法》7章43条，1999年4月29日公布，1999年10月1日起施行。

17.2 行政复议的原则

1. 行政复议的基本原则

《行政复议法》第4条规定，行政复议机关履行行政复议职责，应当遵循合法、公正、公开、及时、便民的原则，坚持有错必纠，保障法律、法规的正确实施。上述几项原则是贯穿于行政复议全过程和各个方面的，因此，它们是行政复议的基本原则。

（1）行政复议应当遵循合法原则。严格按照宪法、法律和法规所规定的职责权限，以事实为根据，以法律为准绳，对申请复议的具体行政行为，按法定程序进行审查。根据审查的不同情况，依法作出不同的复议决定：对于合法的具体行政行为，依法予以维持；对于违法或者不当的具体行政行为，依法予以改变或者撤销，并可责令被申请人重新作出具体行政行为。合法原则具体包括：①主体合法。复议机关应当是依法成立并享有法律、法规所赋予的复议职权的行政机关。②依据合法。行政复议机关审理复议案件，必须依照宪法、法律、行政法规、地方性法规等法律依据。③程序合法。行政复议机关审理复议案件应当严格按照法定程序进行。要特别重视步骤、形式、顺序和时限的有关规定。

（2）行政复议应当遵循公正原则。行政复议活动应当具有公正性。充分考虑申请人与被申请人两方面的合法利益，不偏袒任何一方，严格依法办事，正确履行复议职责。对申请人正当合法的权利坚决予以保护，对申请人不合理的要求也要依法予以驳回。对被申请人的违法或者是不当的行为或决定必须严格地按照法律、法规的要求处理，做到不故意庇护和放纵违法行为，同时，对被申请人作出的合理的行为和决定应依法坚决予以维护。

（3）行政复议应当遵循公开原则。公正是依法办事，不枉不纵的重要保证。只有行政复议活动公开，才能便于公民、法人和其他组织依法有效地监督行政复议机关的行政复议活动；只有行政复议活动公开，才能保障行政复议机关在处理行政复议案件时依法办事，做出公正合理的处理。

（4）行政复议应当遵循及时原则。行政复议是行政机关内部监督的一种方式。要讲究行政复议的效率，不能受而不理，理而不决。第一，受理复议申请应当及时；第二，审理复议案件的各项工作应当抓紧进行；第三，作出复议决定应当及时；第四，对复议当事人不履行行政复议裁决的情况，行政复议机关应当及时处理。

（5）行政复议应当遵循便民原则。行政复议应当随时考虑到如何使行政相对方行使复议申请权更加便利，即在尽量节省费用、时间、精力的情况下，保证公民、法人或者其他组织充分行使行政复议权。行政复议机关受理行政复议申请，不得向申请人收取任何费用。

2. 行政复议的其他原则

行政复议除要遵循合法、公正、公开、及时和便民的基本原则外，根据《行政复议法》的规定，还应当遵循以下几项原则：

（1）依法独立行使行政复议权原则。行政复议权是国家行政机关依法享有的一项专有的行政职权，是行政机关依法行政的重要法律措施，也是"法治行政"的重要标志。行政复议权只能由法律、法规规定的国家行政机关专门享有。

（2）一级复议（once administrative reconsideration）原则。我国的行政复议采取一级复议制，也就是说对具体行政行为的复议，由上一级国家行政机关进行复议，复议决定书下达后，行政相对方不得再向上级国家行政机关要求复议。一级复议制是我国《行政复议法》确立的基本原则，多级复议是例外。例外情况如《行政复议法》第14条规定："对国务院部门或者省、自治区、直辖市人民政府的具体行政行为不服的，向作出该具体行政行为的国务院部门或者省、自治区、直辖市人民政府申请行政复议。对行政复议决定不服的，可以向人民法院提起行政诉讼；也可以向国务院申请裁决，国务院依照本法的规定作出最终裁决。"此处的国务院最终裁决即为可选择的多级复议，一旦选择了此二级复议就等于排除了司法审查。因为在通常情况下行政复议并非最后的救济手段，当事人若对行政复议决定不服，仍可提起行政诉讼。所以，我国法律制度一般在行政机关体系内部不再设立两级或多级复议制。

（3）对具体行政行为是否合法和适当进行审查原则。在行政复议中，行政复议机关既要对具体行政行为的合法性进行审查，又要对具体行政行为的适当性进行审查。合法性审查的目的就是要监督作出具体行政行为的国家行政机关是否依法行政，在依法行使行政职权的过程中，有无超越职权、滥用职权或者违反法定程序的情况。适当性审查主要是审查作出具体行政行为的国家行政机关所作的具体行政行为是否在法定的自由裁量幅度内，是否合理、适度、公正。保证行政行为的合法性和适当性是依法行政原则的两个重要的要件，缺一不可。

（4）不调解原则（unmediation of administrative reconsideration）。调解原则是在民事诉讼中产生的，它强调产生民事纠纷的双方当事人通过自愿协商、互谅互让，以达成协议的方式解决民事纠纷。调解是以当事人的自由处分的民事权利为前提的。行政复议是解决行政争议的，作为行政复议一方当事人的行政机关依法履行其职责，既是一种权利，又是一种义务。对行政机关所作的具体行政行为是否合法和适当，只能由行政复议机关作出肯定性或否定性的判断，而不能由行政争议双方自行解决。

（5）书面复议（written administrative reconsideration）原则。书面复议制度是指行政复议机关在审理行政复议案件时，仅就案件的书面材料进行审理的制度。这是行政复议区别于其他法律纠纷处理手段的一个显著特点。采用书面复议制度，行政复议机关不必传唤申请人和被申请人、证人或者其他复议参加人到复议机关。申请人申请复议时，也可以不亲自递交复议申请书，而是向复议机关邮寄，这样有利于提高行政复议的效率，减轻行政争议双方当事人的负担。当然也不排除在某些条件下运用其他复议方式，如必要时，复议机关负责法制工作的机构可以向有关组织和人员调查情况，听取申请人、被申请人和第三人的意见。

行政复议参加人（participant of administrative reconsideration）包括当事人/申请人（applicant of administrative reconsideration）、被申请人（people of application）、第三人（third party of administrative reconsideration）和复议代理人。

另外，行政复议还有两项重要制度。即复议不停止执行制度（unceased execute in administrative reconsideration）和被申请人承担举证责任（quote responsibility）制度。

17.3　行政复议机关与受案范围

1. 行政复议机关

行政复议法律关系主体指在行政复议中享有复议权利和承担复议义务的组织和个人，包括行政复议机关、行政复议参加人和其他参与人。

行政复议机关（department of administrative reconsideration）指依照法律的规定，有权受理行政复议的申请，依法对被申请的行政行为进行合法性、适当性审查并作出决定的行政机关，即受理复议申请，依法对具体行政行为进行审查并作出决定的行政机关。行政复议机关在行政复议过程中起主导作用，是行政复议活动的核心。

行政复议机关负责法制工作的机构为行政复议机构（institution of administrative reconsideration），具体办理行政复议事项，履行下列职责：

（1）受理行政复议申请；

（2）向有关组织和人员调查取证，查阅文件和资料；

（3）审查申请行政复议的具体行政行为是否合法与适当，拟订行政复议决定；

（4）处理或转送《行政复议法》第7条所列有关规定的审查申请；

（5）对行政机关违反《行政复议法》规定的行为依照规定的权限和程序提出处理意见；

（6）办理因不服行政复议决定提起行政诉讼的应诉事项；

（7）法律、法规规定的其他具体职责。

2. 行政复议管辖

行政复议管辖（jurisdiction of administrative reconsideration），是指行政争议应由哪一类行政职能部门或哪一层级的行政机关具体进行复议并作出决定的权限划分。它是确立行政机关管理行政复议案件的分工和权限的制度，是行政复议制度的重要内容。（见表17-1所示）

（1）行政复议的一般管辖与特殊管辖。一般管辖，是指按照行政机关的上下隶属关系确定行政复议案件由有领导权或指导权的上一级行政机关受理。它主要包括主管部门管辖和政府管辖两层含义，实行管辖并重的原则。《行政复议法》第12条、13条对一般管辖作了原则性规定，即对县级以上的地方各级人民政府工作部门的具体行政行为不服申请的复议，由所属同级人民政府或上一级主管部门管辖，法律、法规另有规定的除外。

特殊管辖，是指不适用一般管辖原则，需要特殊对待的行政复议管辖。主要包括三种情况：①对行政机关派出机构或行政机关工作部门派出机构所作出的具体行政行为的复议管辖。《行政复议法》第15条规定，对县级以上地方人民政府依法设立的派出机关的具体行政行为不服的，向设立该派出机关的人民政府申请行政复议；对政府工作部门依法设立的派出机构依照法律、法规或者规章规定，对以自己的名义作出的具体行政行为不服的，向设立该派出机构的部门或者该部门的本级人民政府申请行政复议。②对法律、法规授权的组织和行政机关委托的组织作出的具体行政行为引起的行政复议案件的管辖。《行政复议法》第15条规定，对法律、法规授权的组织作出的具体行政行为不服的，由直接主管该组织的地方人民政府、地方人民政府工作部门或者国务院管辖。③对被撤销的行政机关在其被撤销前作出的具体行政行为不服而引起争议的复议管辖。《行政复议法》规定，对被撤销的行政机关在其被撤销前作出的具体行政行为不服申请的复议，由继续行使其职权的行政机关的上一级机关管辖。

（2）行政复议隶属管辖与同级管辖。隶属管辖，是指当事人不服行政机关的具体行政行为而申请复议，由该机关的上级行政机关管辖。属于隶属管辖的行政复议，复议申请人所不服的具体行政行为的作出机关，都是隶属于复议机关的下一级行政机关。隶属管辖主要分为两种：一是上一级主管部门的管辖；二是上一级人民政府的管辖。

同级管辖，是指对于不服行政机关作出的具体行政行为申请的复议，由同级的行政复议机关管辖。同级管辖主要有同级部门管辖和同级政府管辖。《行政复议法》第14条规定，对国务院部门或者省、自治区、直辖市人民政府的具体行政行为不服的，向作出该具体行政行为的国务院部门或者省、自治区、直辖市的人民政府申请行政复议。

（3）行政复议的共同管辖与选择管辖。共同管辖是指对两个或两个以上行政机关以共同的名义作出的具体行政行为不服申请的复议，由它们的共同的上一级行政机关管辖。

选择管辖是指法律、法规规定一个或两个以上的行政复议机关对同一复议案件都有管辖权的，当事人可以从中选择一个来管辖自己申请的复议。

（4）行政复议的指定管辖与移送管辖。指定管辖，是指两个或两个以上的行政机关在某一复议案件的管辖上发生互相推诿或互相争夺管辖权的现象，需要报请共同上一级机关指定管辖的管辖。指定管辖一般有两种情况：一种是行政复议机关对复议案件的管辖发生了争议而又协商不成；一种是行政复议案件管辖权规定不明确。

移送管辖，是指行政复议机关对已经受理的行政复议案件，经审查发现自己对该案件无管辖权时，将该案件移送给有管辖权的复议机关管辖。

表 17-1　行政复议管辖（复议机关）

被申请人	复议机关	说明
县级以上政府工作部门	同级政府或上一级主管部门	国安机关除外
（偏重）垂直领导的机关	上一级主管部门	①海关、国税、金融、外汇管理；②省级以下地税、工商、技监、药监、国土；③国安；④局与分局之间
省级以下政府	上级政府	地区行署也可做复议机关
省部级单位	原机关	对复议不服可起诉或申请国务院裁决
政府派出机关	设立该派出机关的政府	包括行政公署、区公所、街道办事处
部门派出机构	以自己名义行为的为其主管部门或该部门同级政府；否则视为委托	垂直领导部门的派出机构，仅为其主管部门
被授权组织	直接管理该组织的机关	国务院直接管理的被授权事业单位比照部委
多个行政机关	共同上一级机关	复议机关不一定是人民政府
被撤销的机关	继续行使职权机关的上一级机关	视继续行使职权的机关被申请人

注意：后五种情形，可以由县级人民政府接受后转交复议机关。

3. 行政复议受案范围

行政复议的受案范围（scope of administrative reconsideration），是指行政复议机关依照行政复议法律规范的规定可以受理的行政争议案件的范围。凡是可以提起行政诉讼的行政案件，都可以申请行政复议。

《行政复议法》第6条根据行政争议的标的不同，将行政复议所审查的行政争议案件分为若干种类，具体内容包括：

（1）对行政机关作出的行政处罚决定不服的。对拘留、罚款、暂扣或吊销许可证和执照、责令停产停业、没收违法所得、没收非法财物等行政处罚决定不服的。

（2）对行政机关作出的行政强制措施决定不服的。对限制人身自由或对财产的查封、扣押、冻结等行政强制措施决定不服的。这里的行政强制措施包括了两个方面的行政强制措施：一是限制人身自由的强制措施，二是对财产的行政强制措施。

（3）认为行政机关不依法办理行政许可等事项的。认为符合法定条件，申请行政机关颁发许可证和执照、资质证、资格证等证书，或者申请行政机关审批、登记有关事项，行政机关没有依法办理的；对行政机关作出的有关许可证、执照、资质证、资格证等证书变更、中止、撤销决定不服的。

（4）对行政机关作出的关于确认自然资源的的所有权或者使用权的决定不服的。此处的自然资源包括土地、矿藏、水流、森林、山岭、草原、荒地、滩涂、海域等。

（5）认为行政机关侵犯合法经营自主权的。这里的经营自主权的内容包括：①经营主体对财产的占有权，即对财产的实际控制权利；②经营主体对财产的自主使用权；③经营主体在法律规定范围内对收益的自主支配权；④经营主体在法律规定范围内对资产的处分权等。

（6）认为行政机关变更或者废止农业承包合同，侵犯其合法权益的。

（7）认为行政机关违法要求履行义务的。主要包括违法集资、征收财物、摊派费用或违法要求履行其他义务等。行政机关行使行政权力违法要求公民、法人或者其他组织履行义务。如果行政机关不是运用行政权力，而是用请求公民、法人或其他组织以"赞助"的方式获取钱财，虽然这与直接摊派行为的实质一样，但不能申请行政复议。

（8）认为行政机关不履行保护人身权、财产权、受教育权法定职责的。申请行政机关履行保护人身权利、财产权利、受教育权利法定职责，行政机关拒绝或者不予答复的。

（9）认为行政机关不依法发放抚恤金、社会保险金或者最低生活保障费的。这里的抚恤金是指公民因公或因病致残、死亡时发给本人或者家属，用以维持本人或其家属日常生活的费用。社会保险金是指公民因失业或患有疾病而应当获得的失业保险和疾病保险费用。最低生活保障费是由人民政府发放的保障城镇居民最低生活水准的救济费用。

（10）认为行政机关其他具体行政行为侵犯其合法权益的。

行政诉讼与行政复议受案范围不同。（见表17-2所示）

表17-2　行政诉讼与行政复议受案范围对比

	行政诉讼	行政复议
受案标准	职权标准：具有行政职权的机关和组织及其工作人员的行为	同行政诉讼
	行为标准：①具体行为；②违法行为	①可附带审查规章以下的抽象行为 ②违法和不当的行为
	结果标准：损害合法权益	损害合法权益

	行政诉讼	行政复议
受理	法律：①行政处罚案；②行政强制案；③侵犯经营自主权案；④行政许可案；⑤不履行法定职责案；⑥行政给付案；⑦违法要求履行义务案；⑧自然资源确权案；⑨行政征收征用案；⑩滥用行政权案 学理：①行政裁决案件；②部分行政确认；③行政检查案件；④部分行政合同 司法解释：①公平竞争权案件；②国际贸易案件；③反倾销案件；④反补贴案件；⑤最高法院就个案进行答复、批复中明确的几类案件	在复议法颁布之初，曾增加了某些只能复议不能诉讼的具体案件类型，但经过近几年一系列单行法律与司法解释的扩充，这些案件也已经可以提起行政诉讼了。
排除	①国家行为案件；②抽象行政行为；③内部行政行为；④法定行政终局裁决⑤刑事侦查行为；⑥调解仲裁行为；⑦行政指导行为；⑧重复处理行为；⑨对权利义务不产生实际影响的行为；⑩劳动监察指令书	①内部行政行为 ②对民事争议的处理 ③行政指导等无强制力行政行为

17.4 行政复议的程序

行政复议程序（procedure of administrative reconsideration）是申请人向复议机关申请复议至行政复议机关作出复议决定的各项步骤、形式、顺序和时限的总和。行政复议的程序一般包括五个组成要素：

1. 行政复议申请

在整个行政复议的过程中，行政复议申请（application of administrative reconsideration）是行政复议程序的出发点，也是行政复议不可缺少的环节。根据《行政复议法》的规定，行政复议申请的组成要件包括：（1）由有权提出复议申请的申请人在法定申请期限内申请复议。申请人可以自知道该具体行政行为之日起60日内提出，法律规定的申请期限超过60日的除外。（2）申请复议应符合法定的条件。（3）申请复议应符合法定的形式。

2. 行政复议受理

行政复议的受理（accepting of administrative reconsideration），是指行政复议机关基于审查申请人所提出的复议申请是否有正当理由而决定是否收案和处理。行政复议的受理是行政复议程序的第二阶段。行政相对方不提出行政复议，复议程序就无法启动；如果行政相对方提出行政复议而行政复议机关不予受理，行政复议程序也同样不能继续。

《行政复议法》第17条规定，行政复议机关收到行政复议申请后，应当在5日内进行审查，对不符合《行政复议法》规定的行政复议申请，决定不予受理，并书面通知申请人；对符合《行政复议法》规定，但是不属于本机关受理的行政复议申请，应当告知申请人向有关行政复议机关提出。除了不予受理的情形外，行政复议申请自行政复议机关负责法制工作的机构收到之日起即为受理。

《行政复议法》第20条规定，公民、法人或其他组织依法提出复议申请，复议机关无正当理由不予受理的，上级行政机关应当责令其受理；必要时，上级行政机关也可以直接受理。

3. 行政复议审理

行政复议的审理（trial of administrative reconsideration）是行政复议机关对受理的行政争议案件进行合法性和适当性审查的过程，是行政复议程序的核心。没有行政复议机关对行政争议案件的审理，行政争议就不可能得到解决，行政复议机关也无法作出复议决定。行政复议的审理涉及以下几个重要组成要件：审理的期限、审理的内容、审理的方式及与审理相关的其他问题。

行政复议案件的审理期限，是指行政复议机关自收到复议申请书之日起到作出复议裁决为止的期限。行政复议机关应当自受理申请之日起60日内作出行政复议决定；但是法律规定的行政复议期限少于60日的除外。情况复杂，不能在规定期限内作出行政复议决定的，经行政复议机关负责人批准，可以适当延长，并告知申请人和被申请人，但延长期限最多不超过30日。

审理的内容。行政复议机关在审查行政争议案件时，不仅可以对具体行政行为是否合法和适当进行审查，而且还必须全面审查具体行政行为所依据的事实和规范性文件，不受复议申请范围的限制。《行政复议法》规定，公民、法人或者其他组织在对具体行政行为提起行政复议时，可以一并向行政复议机关提出对该具体行政行为所依据的规定的审查申请，受审查的规定包括国务院部门的规定，县级以上地方各级人民政府及其工作部门的规定以及乡（镇）人民政府的规定。

行政复议的审理方式，《行政复议法》第22条明确规定，行政复议原则上采取书面审查的办法，但是申请人提出要求或者行政复议机关负责法制工作的机构认为有必要时，可以向有关组织和人员调查情况，听取申请人、被申请人和第三人的意见。

审理中的其他问题。《行政复议法》还规定了复议期间具体行政行为不停止执行，复议申请的撤回以及行政复议案件的审理不适用调解的原则等事项。

4. 行政复议决定

行政复议决定（decision of administrative reconsideration），是指行政复议机关在对具体行政行为的合法性和适当性进行审查的基础上所作出的审查结论。行政复议决定的内容以行政复议决定书的形式表现出来。行政复议决定的形成标志着行政复议机关对行政争议案件的处理终结。

行政复议机关应自受理申请之日起60日内作出决定，但法律规定少于60日的除外。行政复议决定主要包括以下四种：①决定维持；②决定限期履行；③决定撤销、变更或确认具体行政行为违法；④决定撤销该具体行政行为。

行政复议以法律、法规为依据，包括法律、行政法规和地方性法规。

5. 行政复议的期间和送达

对于行政复议，终局裁决的一经送达即发生法律效力。非终局裁决的，法定起诉期限届满，尚未起诉的，即发生法律效力。行政复议决定的效力主要体现在它的确定力、约束力和执行力上。

行政复议决定文书的送达，依照民事诉讼法关于送达的规定执行。行政复议决定书的送达分三种形式：直接送达、委托送达和邮寄送达。

行政复议若干细节问题（见表17-3所示），行政诉讼与行政复议的关系（见表17-4所示），行政复议决定类型（见表17-5所示），不再一一赘述。

表17-3　行政复议若干细节问题

不履行法定职责	注意相对人提出保护申请条件的例外
行政确认行为	三大责任事故认定是否可诉需要辨析
行政合同案件	行政合同中的单方行为可以提起行诉
法定行政终局裁决	这里的法定仅限于狭义上法律的规定
假刑事侦查行为	违背刑事诉讼法授权目的，是可诉的
行政指导行为	"无强制力"是说明性而非限定性词语
劳动监察指令书	指令书不是最终行为，可诉的是决定书

表17-4　行政诉讼与行政复议的关系

复议前置不终局	①治安处罚；②纳税争议；③侵犯已取得的自然资源权利
复议选择但终局	①国务院的裁决；②出入境处罚
仅能行政复议	省级政府在特定条件下的资源权属复议决定
复诉自由选择	收到复议决定或复议期满后15日内起诉，有例外

表17-5　行政复议决定类型

决定类型	主要内容	适用条件
维持决定	维持原具体行政行为	事实清楚，证据确凿，依据正确，程序合法，内容适当
履行决定	决定被申请人限期履行	被申请人不履行法定职责的
撤销决定	解除原行为法律效力	有下列情形之一：主要事实不清证据不足；适用依据错误；违反法定程序；超越或者滥用职权；行为明显不当
变更决定	做出新的权利义务安排	
确认决定	确认原行为违法或无效	
责令重做	撤销和确认的后续决定	
赔偿决定	对不予赔偿的决定或就赔偿数额起诉的，复议机关可做共同被告	①依申请做出：如申请人提出，必须决定赔偿与否 ②依职权做出：撤销或变更直接针对财物做出的行为
附带审查决定	审查作为具体行政行为依据的规章以下规范性文件，并进行处理	①依申请审查：30日内处理，无权处理的应在7日内转送，有权机关应在60日内处理，处理期间中止审查具体行为 ②依职权审查：参照依申请审理，但接受转送的有权机关不限于行政机关，且无审查期限

小结

本章介绍了行政复议的具体内容。阐述了行政复议的概念及其特点、行政复议的基本原则和其他原则、行政复议受案范围、行政复议机关、行政复议管辖和行政复议程序。

思考题

1. 什么是行政复议？它有何特点？
2. 行政复议的基本原则有哪些？
3. 行政复议的其他原则有哪些？
4. 行政复议的受案范围是什么？
5. 行政复议决定的种类及其适用条件有哪些？
6. 行政复议的法律依据如何确定？

实务训练十七

一、真实案例：新闻调查——范李之死（李裕芬不服，再次提请复议）

法治视界——一个人的三张结婚证（上）（下）

视频播放后，教师引导学生运用行政法学基础理论对此案例进行讨论，必要时，教师对此案例作总结评析。

二、在老师指导下，学生梳理行政法学关键句。

三、复习第16章行政违法与行政责任内容

（一）填空题

1. 正当防卫、紧急避险行为，_____构成违法行为，行政机关_____处罚。

2. 行政责任的主体是_____及其执行公务的人员。

3. 行政救济是指公民、法人或其他组织认为具体行政行为直接侵害其合法权益，请求有权的国家机关依法对_____或_____行为实施纠正，并追究其行政责任，以保护行政管理相对方的合法权益。

4. 行政责任产生的前提是_____或者_____。

5. 法律事实包括_____和_____。

6. 违法行为分为_____、_____、_____和违宪行为。

7. 法律责任包括_____、_____、_____违宪法律责任和国家赔偿的法律责任等。

8. 法律制裁包括_____、_____、_____和违宪制裁。

9. 行政制裁包括_____、_____和_____。

10. 法律制裁与违法行为之间是一种_____关系。

11. 行政不当的主体只能是_____。

12. 违法行为对社会都有危害性，依其性质和危害程度可分为_____违法行为和

_____违法行为即犯罪。

13、行政不当主要是指行政主体所作出的虽然合法但不_____、_____的行为。

（二）判断题

1. 行政违法行为有的已构成犯罪。　　　　　　　　　　　　　（　　）

2. 行政违法的主体是行政法律关系主体。　　　　　　　　　　（　　）

3. 行政行为的作出不符合法律规定的程序属于形式性行政违法。（　　）

4. 行政不当可导致部分行为无效，不能导致全部行为无效。　　（　　）

5. 降职属于行政处分。　　　　　　　　　　　　　　　　　　（　　）

6. 一切违反法律规定的行为都是违法行为。　　　　　　　　　（　　）

7. 行政违法行为是指违反行政管理法规的行为。　　　　　　　（　　）

8. 行政违法行为要受行政处罚。　　　　　　　　　　　　　　（　　）

9. 刑罚是法律制裁中最为严厉的制裁方法。　　　　　　　　　（　　）

10. 犯罪必定违法，违法不一定犯罪。　　　　　　　　　　　（　　）

11. 行政违法指行政主体的违法，不包括行政相对人的违法。　（　　）

12. 不合法的行为属行政违法；不合理的行为构成行政不当。　（　　）

13. 行政违法是行政相对方违反行政法律规范，并构成犯罪的行为。（　　）

四、阅读以下材料，并理解其重点内容

阅读材料十七

中华人民共和国行政复议法（2017 年修正本）

（1999 年 4 月 29 日第九届全国人民代表大会常务委员会第九次会议通过 2009 年 8 月 27 日中华人民共和国主席令第 18 号《全国人民代表大会常务委员会关于修改部分法律的决定》第一次修正 根据 2017 年 9 月 1 日第十二届全国人民代表大会常务委员会第二十九次会议《全国人民代表大会常务委员会关于修改<中华人民共和国法官法>等八部法律的决定》第二次修正）

目　录

第一章　总　则

第一条　为了防止和纠正违法的或者不当的具体行政行为，保护公民、法人和其他组

织的合法权益，保障和监督行政机关依法行使职权，根据宪法，制定本法。

第二条　公民、法人或者其他组织认为具体行政行为侵犯其合法权益，向行政机关提出行政复议申请，行政机关受理行政复议申请、作出行政复议决定，适用本法。

第三条　依照本法履行行政复议职责的行政机关是行政复议机关。行政复议机关负责法制工作的机构具体办理行政复议事项，履行下列职责：

（一）受理行政复议申请；

（二）向有关组织和人员调查取证，查阅文件和资料；

（三）审查申请行政复议的具体行政行为是否合法与适当，拟订行政复议决定；

（四）处理或者转送对本法第七条所列有关规定的审查申请；

（五）对行政机关违反本法规定的行为依照规定的权限和程序提出处理建议；

（六）办理因不服行政复议决定提起行政诉讼的应诉事项；

（七）法律、法规规定的其他职责。

行政机关中初次从事行政复议的人员，应当通过国家统一法律职业资格考试取得法律职业资格。

第四条　行政复议机关履行行政复议职责，应当遵循合法、公正、公开、及时、便民的原则，坚持有错必纠，保障法律、法规的正确实施。

第五条　公民、法人或者其他组织对行政复议决定不服的，可以依照行政诉讼法的规定向人民法院提起行政诉讼，但是法律规定行政复议决定为最终裁决的除外。

第二章　行政复议范围

第六条　有下列情形之一的，公民、法人或者其他组织可以依照本法申请行政复议：

（一）对行政机关作出的警告、罚款、没收违法所得、没收非法财物、责令停产停业、暂扣或者吊销许可证、暂扣或者吊销执照、行政拘留等行政处罚决定不服的；

（二）对行政机关作出的限制人身自由或者查封、扣押、冻结财产等行政强制措施决定不服的；

（三）对行政机关作出的有关许可证、执照、资质证、资格证等证书变更、中止、撤销的决定不服的；

（四）对行政机关作出的关于确认土地、矿藏、水流、森林、山岭、草原、荒地、滩涂、海域等自然资源的所有权或者使用权的决定不服的；

（五）认为行政机关侵犯合法的经营自主权的；

（六）认为行政机关变更或者废止农业承包合同，侵犯其合法权益的；

（七）认为行政机关违法集资、征收财物、摊派费用或者违法要求履行其他义务的；

（八）认为符合法定条件，申请行政机关颁发许可证、执照、资质证、资格证等证书，或者申请行政机关审批、登记有关事项，行政机关没有依法办理的；

（九）申请行政机关履行保护人身权利、财产权利、受教育权利的法定职责，行政机关没有依法履行的；

（十）申请行政机关依法发放抚恤金、社会保险金或者最低生活保障费，行政机关没有依法发放的；

（十一）认为行政机关的其他具体行政行为侵犯其合法权益的。

第七条　公民、法人或者其他组织认为行政机关的具体行政行为所依据的下列规定不合法，在对具体行政行为申请行政复议时，可以一并向行政复议机关提出对该规定的审查申请：

（一）国务院部门的规定；

（二）县级以上地方各级人民政府及其工作部门的规定；

（三）乡、镇人民政府的规定。

前款所列规定不含国务院部、委员会规章和地方人民政府规章。规章的审查依照法律、行政法规办理。

第八条　不服行政机关作出的行政处分或者其他人事处理决定的，依照有关法律、行政法规的规定提出申诉。

不服行政机关对民事纠纷作出的调解或者其他处理，依法申请仲裁或者向人民法院提起诉讼。

第三章　行政复议申请

第九条　公民、法人或者其他组织认为具体行政行为侵犯其合法权益的，可以自知道该具体行政行为之日起六十日内提出行政复议申请；但是法律规定的申请期限超过六十日的除外。

因不可抗力或者其他正当理由耽误法定申请期限的，申请期限自障碍消除之日起继续计算。

第十条　依照本法申请行政复议的公民、法人或者其他组织是申请人。

有权申请行政复议的公民死亡的，其近亲属可以申请行政复议。有权申请行政复议的公民为无民事行为能力人或者限制民事行为能力人的，其法定代理人可以代为申请行政复议。有权申请行政复议的法人或者其他组织终止的，承受其权利的法人或者其他组织可以申请行政复议。

同申请行政复议的具体行政行为有利害关系的其他公民、法人或者其他组织，可以作为第三人参加行政复议。

公民、法人或者其他组织对行政机关的具体行政行为不服申请行政复议的，作出具体行政行为的行政机关是被申请人。

申请人、第三人可以委托代理人代为参加行政复议。

第十一条　申请人申请行政复议，可以书面申请，也可以口头申请；口头申请的，行政复议机关应当当场记录申请人的基本情况、行政复议请求、申请行政复议的主要事实、理由和时间。

第十二条　对县级以上地方各级人民政府工作部门的具体行政行为不服的，由申请人选择，可以向该部门的本级人民政府申请行政复议，也可以向上一级主管部门申请行政复议。

对海关、金融、国税、外汇管理等实行垂直领导的行政机关和国家安全机关的具体行政行为不服的，向上一级主管部门申请行政复议。

第十三条　对地方各级人民政府的具体行政行为不服的，向上一级地方人民政府申请行政复议。

对省、自治区人民政府依法设立的派出机关所属的县级地方人民政府的具体行政行为不服的，向该派出机关申请行政复议。

第十四条　对国务院部门或者省、自治区、直辖市人民政府的具体行政行为不服的，向作出该具体行政行为的国务院部门或者省、自治区、直辖市人民政府申请行政复议。对行政复议决定不服的，可以向人民法院提起行政诉讼；也可以向国务院申请裁决，国务院依照本法的规定作出最终裁决。

第十五条　对本法第十二条、第十三条、第十四条规定以外的其他行政机关、组织的具体行政行为不服的，按照下列规定申请行政复议：

（一）对县级以上地方人民政府依法设立的派出机关的具体行政行为不服的，向设立该派出机关的人民政府申请行政复议；

（二）对政府工作部门依法设立的派出机构依照法律、法规或者规章规定，以自己的名义作出的具体行政行为不服的，向设立该派出机构的部门或者该部门的本级地方人民政府申请行政复议；

（三）对法律、法规授权的组织的具体行政行为不服的，分别向直接管理该组织的地方人民政府、地方人民政府工作部门或者国务院部门申请行政复议；

（四）对两个或者两个以上行政机关以共同的名义作出的具体行政行为不服的，向其共同上一级行政机关申请行政复议；

（五）对被撤销的行政机关在撤销前所作出的具体行政行为不服的，向继续行使其职权的行政机关的上一级行政机关申请行政复议。

有前款所列情形之一的，申请人也可以向具体行政行为发生地的县级地方人民政府提出行政复议申请，由接受申请的县级地方人民政府依照本法第十八条的规定办理。

第十六条　公民、法人或者其他组织申请行政复议，行政复议机关已经依法受理的，或者法律、法规规定应当先向行政复议机关申请行政复议、对行政复议决定不服再向人民法院提起行政诉讼的，在法定行政复议期限内不得向人民法院提起行政诉讼。

公民、法人或者其他组织向人民法院提起行政诉讼，人民法院已经依法受理的，不得申请行政复议。

第四章　行政复议受理

第十七条　行政复议机关收到行政复议申请后，应当在五日内进行审查，对不符合本法规定的行政复议申请，决定不予受理，并书面告知申请人；对符合本法规定，但是不属于本机关受理的行政复议申请，应当告知申请人向有关行政复议机关提出。

除前款规定外，行政复议申请自行政复议机关负责法制工作的机构收到之日起即为受理。

第十八条　依照本法第十五条第二款的规定接受行政复议申请的县级地方人民政府，对依照本法第十五条第一款的规定属于其他行政复议机关受理的行政复议申请，应当自接到该行政复议申请之日起七日内，转送有关行政复议机关，并告知申请人。接受转送的行政复议机关应当依照本法第十七条的规定办理。

第十九条　法律、法规规定应当先向行政复议机关申请行政复议、对行政复议决定不服再向人民法院提起行政诉讼的，行政复议机关决定不予受理或者受理后超过行政复议期限不作答复的，公民、法人或者其他组织可以自收到不予受理决定书之日起或者行政复议期满之日起十五日内，依法向人民法院提起行政诉讼。

第二十条　公民、法人或者其他组织依法提出行政复议申请，行政复议机关无正当理由不予受理的，上级行政机关应当责令其受理；必要时，上级行政机关也可以直接受理。

第二十一条　行政复议期间具体行政行为不停止执行；但是，有下列情形之一的，可以停止执行：

（一）被申请人认为需要停止执行的；

（二）行政复议机关认为需要停止执行的；

（三）申请人申请停止执行，行政复议机关认为其要求合理，决定停止执行的；

（四）法律规定停止执行的。

第五章　行政复议决定

第二十二条　行政复议原则上采取书面审查的办法，但是申请人提出要求或者行政复议机关负责法制工作的机构认为有必要时，可以向有关组织和人员调查情况，听取申请人、被申请人和第三人的意见。

第二十三条　行政复议机关负责法制工作的机构应当自行政复议申请受理之日起七日内，将行政复议申请书副本或者行政复议申请笔录复印件发送被申请人。被申请人应当自收到申请书副本或者申请笔录复印件之日起十日内，提出书面答复，并提交当初作出具体行政行为的证据、依据和其他有关材料。

申请人、第三人可以查阅被申请人提出的书面答复、作出具体行政行为的证据、依据和其他有关材料，除涉及国家秘密、商业秘密或者个人隐私外，行政复议机关不得拒绝。

第二十四条　在行政复议过程中，被申请人不得自行向申请人和其他有关组织或者个人收集证据。

第二十五条　行政复议决定作出前，申请人要求撤回行政复议申请的，经说明理由，可以撤回；撤回行政复议申请的，行政复议终止。

第二十六条　申请人在申请行政复议时，一并提出对本法第七条所列有关规定的审查申请的，行政复议机关对该规定有权处理的，应当在三十日内依法处理；无权处理的，应当在七日内按照法定程序转送有权处理的行政机关依法处理，有权处理的行政机关应当在六十日内依法处理。处理期间，中止对具体行政行为的审查。

第二十七条　行政复议机关在对被申请人作出的具体行政行为进行审查时，认为其依据不合法，本机关有权处理的，应当在三十日内依法处理；无权处理的，应当在七日内按照法定程序转送有权处理的国家机关依法处理。处理期间，中止对具体行政行为的审查。

第二十八条　行政复议机关负责法制工作的机构应当对被申请人作出的具体行政行为进行审查，提出意见，经行政复议机关的负责人同意或者集体讨论通过后，按照下列规定作出行政复议决定：

（一）具体行政行为认定事实清楚，证据确凿，适用依据正确，程序合法，内容适当的，决定维持；

（二）被申请人不履行法定职责的，决定其在一定期限内履行；

（三）具体行政行为有下列情形之一的，决定撤销、变更或者确认该具体行政行为违法；决定撤销或者确认该具体行政行为违法的，可以责令被申请人在一定期限内重新作出具体行政行为：

1. 主要事实不清、证据不足的；

2. 适用依据错误的；

3. 违反法定程序的；

4. 超越或者滥用职权的；

5. 具体行政行为明显不当的。

（四）被申请人不按照本法第二十三条的规定提出书面答复、提交当初作出具体行政行为的证据、依据和其他有关材料的，视为该具体行政行为没有证据、依据，决定撤销该具体行政行为。

行政复议机关责令被申请人重新作出具体行政行为的，被申请人不得以同一的事实和理由作出与原具体行政行为相同或者基本相同的具体行政行为。

第二十九条　申请人在申请行政复议时可以一并提出行政赔偿请求，行政复议机关对符合国家赔偿法的有关规定应当给予赔偿的，在决定撤销、变更具体行政行为或者确认具体行政行为违法时，应当同时决定被申请人依法给予赔偿。

申请人在申请行政复议时没有提出行政赔偿请求的，行政复议机关在依法决定撤销或者变更罚款，撤销违法集资、没收财物、征收财物、摊派费用以及对财产的查封、扣押、冻结等具体行政行为时，应当同时责令被申请人返还财产，解除对财产的查封、扣押、冻结措施，或者赔偿相应的价款。

第三十条　公民、法人或者其他组织认为行政机关的具体行政行为侵犯其已经依法取得的土地、矿藏、水流、森林、山岭、草原、荒地、滩涂、海域等自然资源的所有权或者使用权的，应当先申请行政复议；对行政复议决定不服的，可以依法向人民法院提起行政诉讼。

根据国务院或者省、自治区、直辖市人民政府对行政区划的勘定、调整或者征用土地的决定，省、自治区、直辖市人民政府确认土地、矿藏、水流、森林、山岭、草原、荒地、滩涂、海域等自然资源的所有权或者使用权的行政复议决定为最终裁决。

第三十一条　行政复议机关应当自受理申请之日起六十日内作出行政复议决定；但是法律规定的行政复议期限少于六十日的除外。情况复杂，不能在规定期限内作出行政复议决定的，经行政复议机关的负责人批准，可以适当延长，并告知申请人和被申请人；但是延长期限最多不超过三十日。

行政复议机关作出行政复议决定，应当制作行政复议决定书，并加盖印章。

行政复议决定书一经送达，即发生法律效力。

第三十二条　被申请人应当履行行政复议决定。

被申请人不履行或者无正当理由拖延履行行政复议决定的，行政复议机关或者有关上级行政机关应当责令其限期履行。

第三十三条　申请人逾期不起诉又不履行行政复议决定的，或者不履行最终裁决的行政复议决定的，按照下列规定分别处理：

（一）维持具体行政行为的行政复议决定，由作出具体行政行为的行政机关依法强制执行，或者申请人民法院强制执行；

（二）变更具体行政行为的行政复议决定，由行政复议机关依法强制执行，或者申请人民法院强制执行。

第六章　法律责任

第三十四条　行政复议机关违反本法规定，无正当理由不予受理依法提出的行政复议申请或者不按照规定转送行政复议申请的，或者在法定期限内不作出行政复议决定的，对直接负责的主管人员和其他直接责任人员依法给予警告、记过、记大过的行政处分；经责令受理仍不受理或者不按照规定转送行政复议申请，造成严重后果的，依法给予降级、撤职、开除的行政处分。

第三十五条　行政复议机关工作人员在行政复议活动中，徇私舞弊或者有其他渎职、失职行为的，依法给予警告、记过、记大过的行政处分；情节严重的，依法给予降级、撤职、开除的行政处分；构成犯罪的，依法追究刑事责任。

第三十六条　被申请人违反本法规定，不提出书面答复或者不提交作出具体行政行为的证据、依据和其他有关材料，或者阻挠、变相阻挠公民、法人或者其他组织依法申请行政复议的，对直接负责的主管人员和其他直接责任人员依法给予警告、记过、记大过的行政处分；进行报复陷害的，依法给予降级、撤职、开除的行政处分；构成犯罪的，依法追究刑事责任。

第三十七条　被申请人不履行或者无正当理由拖延履行行政复议决定的，对直接负责的主管人员和其他直接责任人员依法给予警告、记过、记大过的行政处分；经责令履行仍拒不履行的，依法给予降级、撤职、开除的行政处分。

第三十八条　行政复议机关负责法制工作的机构发现有无正当理由不予受理行政复议申请、不按照规定期限作出行政复议决定、徇私舞弊、对申请人打击报复或者不履行行政复议决定等情形的，应当向有关行政机关提出建议，有关行政机关应当依照本法和有关法律、行政法规的规定作出处理。

第七章　附　则

第三十九条　行政复议机关受理行政复议申请，不得向申请人收取任何费用。行政复议活动所需经费，应当列入本机关的行政经费，由本级财政予以保障。

第四十条　行政复议期间的计算和行政复议文书的送达，依照民事诉讼法关于期间、送达的规定执行。

本法关于行政复议期间有关"五日"、"七日"的规定是指工作日，不含节假日。

第四十一条　外国人、无国籍人、外国组织在中华人民共和国境内申请行政复议，适用本法。

第四十二条　本法施行前公布的法律有关行政复议的规定与本法的规定不一致的，以本法的规定为准。

第四十三条　本法自1999年10月1日起施行。1990年12月24日国务院发布、1994年10月9日国务院修订发布的《行政复议条例》同时废止。

第 18 章　司法审查

🎯 回顾第 17 章行政复议内容

1. 什么是行政复议？
2. 行政复议的主要特点是什么？
3. 行政复议的基本原则有哪些？
4. 行政复议的其他原则有哪些？
5. 行政复议机关是如何规定的？
6. 行政复议的依据是什么？

🎯 法律文化体认与领悟

有权必有责，用权受监督，侵权要赔偿，违法要追究。

🎯 本章主要内容

　　了解司法审查的概念、作用、基本原则、宪法依据与理论基础；明确司法审查的对象、范围、主体及其管辖和司法审查参加人；弄清司法审查的标准及其法律适用；掌握司法审查的审理程序及司法审查的判决、裁定与决定。

案例导入

云南省剑川县人民检察院诉剑川县森林公安局怠于履行法定职责案

　　2013 年 1 月，剑川县居民王某受 A 公司委托在国有林区开挖公路，被该县红旗林业局护林人员发现并制止，县林业局接报后交县森林公安局查处。县森林公安局于 2013 年 2 月 27 日向王某送达了剑林罚书字（2013）第（288）号林业行政处罚决定书。处罚决定书载明：A 公司在未取得合法的林地征占用手续情况下，委托王某于 2013 年 1 月 13 日至 19 日期间，在国有林区内用挖掘机开挖公路 2226.6 平方米。根据《中华人民共和国森林法实施条例》第四十三条第一款规定，决定对王某及 A 公司给予行政处罚：1. 责令限期恢复原状；2. 处非法改变用途林地罚款 22266.00 元。A 公司交纳罚款后，县森林公安局即对该案予以结案。其后直到 2016 年 11 月 9 日县森林公安局没有督促 A 公司和王某履行"限期恢复原状"的行政义务，所破坏森林植被也没有得到恢复。

2016 年 11 月 9 日，县人民检察院向县森林公安局发出检察建议，建议其依法落实行政处罚决定，采取有效措施，恢复森林植被。2016 年 12 月 8 日，县森林公安局接到《检察建议书》后，派民警到王某家对责令限期恢复原状进行催告，鉴于王某死亡，执行终止。对 A 公司，县森林公安局没有向其发出催告书。随后，县人民检察院以县森林公安局怠于履行法定职责为由向剑川县人民法院提起了环境行政诉讼。经查，县森林公安局为县林业局所属正科级机构，根据云南省政府《关于云南省林业部门相对集中林业行政处罚权工作方案的批复》，县森林公安局具有行政执法主体资格和执法权限。

县人民法院于 2017 年 6 月 19 日作出行政判决：一、确认被告剑川县森林公安局怠于履行剑林罚书字（2013）第（288）号处罚决定第一项内容的行为违法；二、责令被告剑川县森林公安局继续履行法定职责。宣判后，当事人服判息诉，均未提起上诉，判决已发生法律效力，剑川县森林公安局也积极履行了判决。（最高人民法院指导案例 137 号，2019 年 12 月 26 日发布）

问题：**1. 剑川县人民检察院诉剑川县森林公安局怠于履行法定职责案属于什么性质的行政诉讼？**

2. 此案有什么积极意义。

司法审查（Judicial Review）是现代民主国家普遍设立的一项重要法律制度，是国家通过司法机关对其他国家机关行使国家权力的活动进行审查监督，纠正违法活动，并对其给公民、法人和其他组织合法权益造成的损害给予相应补救的法律制度。司法审查包括宪法和行政法两种层面的司法审查。严格意义上讲，司法审查与行政诉讼（administrative litiga-tion）在具体使用上也是有区别的。行政诉讼制度源于法国的行政法院制度。1989 年 4 月 4 日全国人民代表大会通过的《行政诉讼法》确立了我国的司法审查制度。

18.1　司法审查概述

1. 司法审查的概念

"司法是社会正义的最后一道防线"。司法是指国家司法机关及其工作人员依照法定职权和法定程序，具体运用法律处理案件的专门活动。

我国的司法审查是人民法院依法对行政行为的合法性进行审查的国家司法活动，即行政诉讼活动。这一概念包括下列四个因素：

（1）行使司法审查权的主体是人民法院。人民法院独立行使司法审查权。

（2）司法审查的对象是具体行政行为。人民法院审理行政案件，对具体行政行为是否合法进行审查。

（3）人民法院审理行政案件，以法律、行政法规和地方性法规为依据，地方性法规适用于本行政区域内发生的行政案件。同时参照国务院部委和地方有立法权的人民政府制定的规章。

（4）司法审查的方式为诉讼程序。我国行政诉讼是"民告官"的诉讼，成为行政诉讼原告的是公民、法人或者其他组织，被告是行政主体（行政机关和法律、法规、规章授权组织）。

2. 司法审查的宪法依据与理论基础

我国司法审查具有明确的法律依据，这是毫无疑问的。那么，它是否具有宪法依据呢？或者说行政诉讼是否有宪法依据呢？回答是肯定的。一般来说，宪法依据通常有明法和默示之分。从我国宪法条文看，它确实没有直接明确地规定司法审查问题，但将有关条款联系起来看，司法审查是具有宪法依据的。概括起来，我国宪法主要在下列三个方面为司法审查制度的建立提供了最高法律依据：

（1）我国宪法确立了公民控告违法、失职的国家机关和国家工作人员的主体资格和权利；

（2）我国宪法规定一切国家机关必须遵守宪法和法律，否则将被追究违法的责任；

（3）我国宪法确立了人民法院独立行使审判权的审判主体地位。

在我国，建立司法审查制度不仅有着宪法依据，而且有着坚实的理论基础。它集中体现在以下四个原则上：

（1）民主原则。社会主义民主是人类历史上最高类型的民主。人民通过人民代表大会来行使国家权力，产生并监督政府。

（2）法治原则。社会主义法治既以社会主义民主为基础，又反过来对其加以保障。我国社会主义法治的核心内容是法律面前人人平等，一切国家机关和政党都必须在宪法和法律的范围内活动。

（3）权力制约原则。我国各国家机关之间存在着权力分工和制约机制。人民代表大会是国家的权力机关，行政机关和司法机关均由它产生，对它负责，受它监督。行政机关、审判机关、检察机关在人民代表大会的统一领导下，既各司其职，相互配合，又相互监督，相互制约。

（4）人权保障原则。我国的《行政诉讼法》是一部重要的人权立法，社会主义人权原则是其重要的理念基础。我国司法审查制度的建立，既是社会主义人权理论的成果，也是社会主义人权原则的重要保障。我国的人权制度不仅得到了宪法的原则确认，而且在越来越多的部门法中得到具体的体现。

3. 行政争议与行政救济

行政争议（administrative disputes）是指国家行政机关在行使其行政管理职权时，与作为被管理对象的行政相对方发生的争议。解决行政争议的重要手段是行政救济。

行政救济（administrative remedies）是国家为排除行政行为对公民，法人和其他组织合法权益的侵害而采取的各种事后救济手段与措施所构成的制度。行政诉讼，行政复议，行政赔偿和行政补偿等形式是我国行政救济的主要形式。行政救济对排除不法行政行为，恢复和弥补行政相对人合法权益，监督和保障行政主体行使行政职权，维护社会公正和安定，弘扬民主与法治等具有重要的意义。

我国人民法院设行政审判庭审理行政案件。行政审判的具体组织形式是合议庭，合议庭由审判人员组成，或者由审判员、陪审员组成。合议庭成员应是三人以上单数。

行政诉讼参加人：包括原告、被告、共同诉讼人、第三人、诉讼代理人。

行政诉讼审理程序包括第一审程序、第二审程序（又称上诉审程序）和审判监督程序（又称再审程序），三种程序各具特点。

18.2　司法审查的原则

司法审查的原则即行政诉讼的原则，是指由宪法和法律规定的，反映行政诉讼基本特点、贯穿行政诉讼全过程的，对行政诉讼具有普遍指导意义的行为准则。根据基本原则的适用范围，可以分为三大诉讼都适用的具有共性的一般原则和行政诉讼所特有的原则。

1. 司法审查的一般原则

司法审查的一般原则是指宪法和法律规定的，在开展行政诉讼、民事诉讼和刑事诉讼中都必须遵循的共同行为准则。这些准则在《行政诉讼法》第 3 至第 10 条也做了规定。司法审查的一般原则具体有：

（1）人民法院依法独立行使审判权。人民法院依法独立行使审判权，是我国民事、刑事和行政诉讼共有的一项极为重要的原则。它更是一项宪法原则，因为我国《宪法》第 126 条对此已有明文确立。它也是我国法院审理各类案件应当遵循的基本原则。

（2）以事实为根据，以法律为准绳。人民法院审理各类案件都应该以事实为根据，以法律为准绳。必须明确，这里的以事实为根据，是指以法律事实而非简单的"客观事实"为依据。法院最终认定的并以此来适用法律的事实，是在经过法庭审理相互质证程序后被法院确定为合法、有效、相互协调一致的证据基础上，推断出来的事实，这种事实，在学理上被称为"法律事实"。

（3）当事人诉讼地位平等。当事人在行政诉讼中的法律地位平等。从抽象意义上讲，行政机关与行政相对人的法律地位是平等的，但在权利义务的具体配置上存在着一种倾斜。法律制度的安排上往往表现出赋予行政机关更多的实现行政管理的手段。当事人有平等的诉讼权利和诉讼义务，也不意味着原、被告诉讼权利和义务完全对应。

（4）合议、回避、公开审判和两审终审。在目前的行政诉讼中，合议原则是绝对的。回避原则与公正审判联系在一起，只要审判人员、书记员、翻译人员、鉴定人或勘验人，与正在审理的案件有利害关系或者有其他关系可能影响案件公正审理的，都应当适用回避制度。公开审判是宪法确立的原则。我国人民法院审理行政案件同样适用两审终审制。

（5）使用本民族语言文字进行诉讼。这也是一项宪法权利。《行政诉讼法》第 8 条对该原则作出了具体规定。

（6）辩论原则。当事人的辩论权利，可以由当事人、当事人的法定代理人或者委托代理人自由行使。辩论不仅有利于澄清事实真相、体现争议焦点，有利于人民法院充分听取当事人在事实和法律问题上的各自立场、观点，作出公正的裁判，更为重要的是它体现了对当事人尊严和利益的保护。

（7）人民检察院对行政诉讼实行法律监督。人民检察院对人民法院已经发生法律效力的判决、裁定，发现违反法律、法规规定的，有权按照审判监督程序提出抗诉。

2. 司法审查的特有原则

司法审查的特有原则，是指由法律规定的，开展行政诉讼活动必须遵循的，不同于民事诉讼、刑事诉讼的特殊准则，这些准则在《行政诉讼法》中做了具体规定，它们是：

（1）人民法院特定主管原则。法律规定由人民法院主管的行政案件，必须由人民法院依法受理。人民法院特定主管原则的含义是：人民法院只主管法律规定的那一部分行政案件，它不同于刑事案件、民事案件统归人民法院主管。从我国《行政诉讼法》规定来看，我国司法审查中人民法院特定主管案件的共性特征主要包括：一是只主管具体行政行为争议案件，不受理抽象行政行为争议案件；二是只主管行政机关在管理国家事务时与公民、法人和其他组织发生争议的案件，不受理行政机关在管理内部事务时发生争议的案件和行政机关内部职权争议的案件；三是按照国际惯例，政府所为的国家行为，如外交、国防事务，也都不属于行政诉讼受案范围。

（2）行政机关负责人出庭应诉原则。根据《行政诉讼法》第3条第3款规定，本原则的主要内容是被诉行政机关负责人应当出庭应诉，不能出庭的，应当委托行政机关相应的工作人员出庭。该原则体现了诉讼双方法律地位平等，旨在强化行政机关依法行政能力，维护司法权威和司法公正，以及促进行政争议的实质性解决。按照相关司法解释规定，行政机关负责人包括行政机关的正职和副职负责人以及其他参与分管的负责人；行政机关相应的工作人员包括该行政机关具有国家行政编制身份的工作人员以及其他依法履行公职的人员；被诉行政行为是地方人民政府作出的，地方人民政府法制工作机构的工作人员，以及被诉行政行为具体承办机关工作人员，可以视为被诉人民政府相应的工作人员。行政机关负责人出庭应诉的，可以另行委托一至二名诉讼代理人。行政机关负责人不能出庭的，应当委托行政机关相应的工作人员出庭，不得仅委托律师出庭。涉及重大公共利益、社会高度关注或者可能引发群体性事件等案件以及人民法院书面建议行政机关负责人出庭的案件，被诉行政机关负责人应当出庭。行政机关负责人有正当理由不能出庭应诉的，应当向人民法院提交情况说明，并加盖行政机关印章或者由该机关主要负责人签字认可；行政机关拒绝说明理由的，不发生阻止案件审理的效果，人民法院可以向监察机关、上一级行政机关提出司法建议。行政机关负责人和行政机关相应的工作人员均不出庭，仅委托律师出庭的或者人民法院书面建议行政机关负责人出庭应诉，行政机关负责人不出庭应诉的，人民法院应当记录在案和在裁判文书中载明，并可以建议有关机关依法作出处理。

（3）行政行为合法性审查原则。人民法院在行政诉讼中的任务是审查行政行为的合法性。这一原则包括两项内容：①人民法院审理行政案件以法律和行政法规、地方性法规为依据，以规章为参照。地方性法规适用于本行政区域内发生的行政案件。人民法院审理民族自治地方的行政案件，并以该民族自治地方的自治条例和单行条例为依据。②行政诉讼中人民法院一般只审查行政行为的合法性，而不审查行政行为的合理性。以合法性审查为原则，以合理性审查为例外。这主要是考虑到司法权与行政权的相对分工以及司法机关和行政机关在对待合法性与合理性问题上的相对优势。

（4）被告负举证责任原则。作为行政诉讼的被告的行政机关负有提供赖以作出行政行为的证据和所依据的规范性文件的责任。举证责任是指诉讼当事人对法律直接规定的事项或者自己提出的主张，向人民法院提出证据证明其真实性的责任，否则将承担败诉或者所主张事实不能成立的法律后果。举证责任的分担，是指关于举证人对举证范围和举证内容的分配。举证范围是指举证人应当对哪些事项负举证责任，举证内容是指举证人应当提供什么证据来证明相应事项。从《行政诉讼法》的规定看，被告负举证责任，是指作为行政诉讼被告的行政机关负有提供赖以作出行政行为的证据和所依据的规范性文件的责任。这是依法行政原则在行政诉讼程序上的反映。

（5）行政诉讼期间行政决定不停止执行原则。这是由国家行政管理的特殊性所决定的。在行政诉讼中，当事人争议的行政行为不因原告提起诉讼而停止执行，这是由国家行政管理的特殊性决定的。现代国家的行政管理，要求效率性和连续性，如果行政行为一经当事人起诉即予停止执行，势必破坏行政管理的效率性和连续性，使法律秩序处于不稳定状态。如果遇到起诉情况较多时，甚至会导致行政管理陷于瘫痪，危害社会和公众的利益。但是，此原则也存在例外情况。按照《行政诉讼法》第56条规定，诉讼期间，不停止行政行为的执行。但有下列情形之一的，裁定停止执行：①被告认为需要停止执行的；②原告或者利害关系人申请停止执行，人民法院认为该行政行为的执行会造成难以弥补的损失，并且停止执行不损害国家利益、社会公共利益的；③人民法院认为该行政行为的执行会给国家利益、社会公共利益造成重大损害的；④法律、法规规定停止执行的。

（6）不适用调解原则。在行政诉讼中，当事人都不能处分自己的实体权利和义务。法院不得采用调解作为审理程序和结案方式。可以用调解方式结案的只限于特定案件，如关于行政赔偿的诉讼。确定这一原则主要是因为在行政诉讼中，当事人都不能处分自己的实体权利和义务。在实体法上，行政机关享有一种公共权力，行政机关的义务是为了公共利益必须履行的法定职责，任意处分这种权力和职责，则意味着违法失职。对相对方来讲，其合法权益是宪法和法律保护的权益，行政行为侵害了这种受法律保护的权益，如果让相对方作出让步，则无异于让相对方承认侵害合理，甘心承受其损害，这完全违背了行政法的宗旨。

（7）司法变更权有限原则。所谓司法变更权有限原则，是指在通常情况下，人民法院不得变更原行政决定，只有在特定的条件和情形下才能变更原行政机关的决定。确立这一原则的理由是：①行政诉讼的实质和核心是审查行政行为的合法性，对于合法的行政行为予以维持，对于违法的行政行为则予以撤销。②审判权与行政权有较为明确的分工，且分别由司法机关和行政机关行使，司法机关一般不得越俎代庖，侵犯行政权。③实践中往往存在行政机关滥用自由裁量权的现象，如畸轻畸重等，这种合法但极不合理的现象不解决也不行，所以行政诉讼法才规定了行政处罚明显不当或者其他行政行为涉及对款额的确定、认定确有错误的，人民法院可以判决变更。

18.3　司法审查的受案范围

我国司法审查的对象与内容是：行政行为及其合法性。确定司法审查的对象，与一个国家的政权组织形式、诉讼机制、权益保护机制以及国家各项权能之间的现实关系等密切相关。从理论上讲，行政机关的哪一行为具有可诉性，有赖于对行政机关各种行为性质和特征的理论认定。从实践上讲，一国确定的司法审查对象的界限，要与该国的政治、民主、法治建设等相适应。

所谓司法审查的范围，是指哪些行政行为应当接受人民法院的司法审查，也就是说，人民法院对哪些行政案件拥有审判权。人民法院主管的行政案件范围在我国《行政诉讼法》里作了概括式、列举式和排除式规定。

1. 概括式规定

《行政诉讼法》第2条进行了概括式规定：公民、法人或者其他组织认为行政机关和行政机关工作人员的行政行为侵犯其合法权益，有权依照本法向人民法院提起诉讼。前款所称行政行为，包括法律、法规、规章授权的组织作出的行政行为。

2. 列举式规定

《行政诉讼法》第12条对常见的由法院进行司法审查的行政行为进行了列举式规定，以便于行政相对方提起行政诉讼时准确把握。人民法院受理公民、法人或者其他组织提起的下列诉讼：

（1）对行政拘留、暂扣或者吊销许可证和执照、责令停产停业、没收违法所得、没收非法财物、罚款、警告等行政处罚不服的；

（2）对限制人身自由或者对财产的查封、扣押、冻结等行政强制措施和行政强制执行不服的；

（3）申请行政许可，行政机关拒绝或者在法定期限内不予答复，或者对行政机关作出的有关行政许可的其他决定不服的；

（4）对行政机关作出的关于确认土地、矿藏、水流、森林、山岭、草原、荒地、滩涂、海域等自然资源的所有权或者使用权的决定不服的；

（5）对征收、征用决定及其补偿决定不服的；

（6）申请行政机关履行保护人身权、财产权等合法权益的法定职责，行政机关拒绝履行或者不予答复的；

（7）认为行政机关侵犯其经营自主权或者农村土地承包经营权、农村土地经营权的；

（8）认为行政机关滥用行政权力排除或者限制竞争的；

（9）认为行政机关违法集资、摊派费用或者违法要求履行其他义务的；

（10）认为行政机关没有依法支付抚恤金、最低生活保障待遇或者社会保险待遇的；

（11）认为行政机关不依法履行、未按照约定履行或者违法变更、解除政府特许经营协议、土地房屋征收补偿协议等协议的；

（12）认为行政机关侵犯其他人身权、财产权等合法权益的。

除前款规定外，人民法院受理法律、法规规定可以提起诉讼的其他行政案件。

3. 排除式规定

《行政诉讼法》第13条对排除司法审查主管的行政行为也进行了明确规定。人民法院不受理公民、法人或者其他组织对下列事项提起的诉讼：

（1）国防、外交等国家行为；

（2）行政法规、规章或者行政机关制定、发布的具有普遍约束力的决定、命令；

（3）行政机关对行政机关工作人员的奖惩、任免等决定；

（4）法律规定由行政机关最终裁决的行政行为。

18.4 司法审查的标准

司法审查的标准，是指人民法院在审查行政行为时判断其是否合法或合理的尺度，它包括合法性审查标准和合理性审查标准两个方面。人民法院对行政行为进行合法性审查，这是我国行政诉讼的实质和核心。合法性审查是司法审查中的通常标准，也是首要标准，有着广泛的适用范围。而合理性审查标准只限于特定范围和特定事项的特定情形，有着较大的局限性。下面对合法性审查标准与合理性审查标准的若干方面作一简要阐述。

1. 合法性审查标准

《行政诉讼法》第69条和70条规定的合法性审查主要有以下六个方面的内容：

（1）主要证据是否确凿、充分

在行政案件审理中，首先要审查行政主体据以作出行政行为的事实是否清楚，证据是否确凿、充分。这直接影响着案件的处理结果。事实清楚，证据确凿充分，是行政行为合法的前提和基础。

证据确凿，是指实施行政行为的事实依据确实、可靠。①据以定案的各项证据是真实可靠的；②据以定案的各项证据均与案件具有关联性；③据以定案的各项证据相互协调一致。

证据充分，是指行政行为具备足以证明其所认定事实的一定的证据量。证据充分只能是全案的证据充分。①案件事实均有必要的证据予以证明；②案件事实的所有证据构成完整的证明体系，能互相印证，环环相扣，不出现"断条"；③足够的证据量所证明的案件事实只能得出唯一结论，不存在其他可能性。司法审查中的"证据充分"，强调的是主要证据充分。人民法院可以主要证据不足来否定行政主体的行政行为，而不能以次要证据不足来否定行政行为。

（2）适用法律、法规是否正确

适用法律、法规正确是指行政主体实施行政行为正确适用了相应的法律、法规，所适用的法律、法规正是调整相应行政行为的，或者说相应的行政行为正是受行政主体所适用的那些法律、法规所调整的。这包括：①对行政行为所基于的事实的性质认定正确；②对相应的事实选择适用的法律、法规具体规范正确；③根据相应事实所具有的情节，全面地适用法律、法规。

（3）是否符合法定程序

符合法定程序是指行政机关实施行政行为是根据法律、法规规定的方式、形式、手续、步骤、时限等进行的，符合行政行为的法定操作规程。其具体要求包括：①符合法定方式；②符合法定形式；③符合法定手续；④符合法定步骤；⑤符合法定时限。目前，我国行政程序法尚不完备，对于许多行政行为，法律、法规并未明确规定其实施的程序。行政主体实施这类行为时自行选择适当的程序。相对方对这种自行选择的程序的异议，法院一般难以支持。但是，如果行政主体选择的程序严重违背常理，违背基本的公正要求，违背法律的目的和法律的基本原则，如故意不通知、不送达，故意拖延等，人民法院也可以

"滥用职权"为根据，撤销相应的行政行为。近年来，也有司法机关以被告行政行为违反法定程序而作出确认判决或撤销判决的。

（4）是否超越职权

超越职权是指行政主体超越了法律、法规授予的权限，实施了其无权实施的行为。超越职权主要有下列四种情况：①下级行政主体行使了法律、法规授予上级行政主体行使的职权。如根据《土地管理法》，农村居民使用耕地建造住宅，须经县级人民政府批准，乡级人民政府如批准农民在耕地上盖住宅，就是越权。②甲部门行政主体行使了法律、法规授予乙部门行政主体的职权。如根据有关法律、法规，吊销违法企业的营业执照属于市场监督管理部门的权限，公安机关在进行管理过程中如吊销企业的营业执照，即属越权。③甲地域行政主体行使了法律、法规授予乙地域行政主体的职权。如湖北省的国有土地管理机关处理了发生在河南省的土地违法行为，即属越权。④内部管理机关（构）行使了外部管理机关（构）的职权。

（5）是否滥用职权

滥用职权是指行政机关行使职权时背离法律、法规的目的，背离基本法理，其所实施行政行为虽然形式上在其职权范围之内，但其内容与法律、法规设定的该职权的用意相去甚远。滥用职权主要有下列表现：①以权谋私。行政机关工作人员在实施行政行为时利用职权实现自己的个人目的，为自己或者其亲属谋私利。②武断专横。行政机关在实施行政行为时，任意而为，不考虑各种相关因素，或考虑不相关的因素。③反复无常。行政机关实施行政行为时，无任何确定标准，今天这样，明天那样，此地一个样，彼地又一个样。④行政行为的方式违法。如滥用、乱用械具，出于报复或显示淫威等目的而对相对方进行殴打、污辱、捆绑、滥用警具等。⑤故意拖延。行政机关对于相对方的申请、请求故意拖延办理，以使相对方要求办理的某项事项超过时效而不能办理，或虽未超过时效但因拖延过久，时过境迁，再办理相应事项对于相对方已无任何意义。

（6）是否不履行、拖延履行法定职责

所谓不履行，是指行政主体明确拒绝履行，或已超过法定履行期限而未履行。所谓拖延履行，是指行政主体对于法律、法规未明确履行期限的有关事项故意拖延办理，或者对于某些紧急事项不及时办理（虽未超过法定期限）。拖延履行法定职责也可以认为是一种滥用职权的行为。

2. 合理性审查标准

按照《行政诉讼法》规定，人民法院对行政案件合理性审查只限于特定范围和特定的特定情形，具体来说即为行政处罚明显不当的情形。

行政处罚明显不当，是具有通常法律和道德意识水准的人均可发现和认定的不合理，即指行政机关在行政处罚的自由裁量范围内作出了非常不合理的行政行为。行政处罚明显不当的主要表现有：①畸轻畸重。是指行政机关对相对方科处的行政处罚虽在法定种类和法定幅度之内，但相对方的违法行为及其情节来说，明显地显现出过轻或过重。②同案不公。在同一案件当中，对违法情节较重者给予较轻的行政处罚，而对违法情节较轻者却给予较重的行政处罚。③处罚超过被处罚者实际承受能力。如无明确法律依据，不得对被处罚人采取致使其丧失基本生存生活能力或者基本生产经营能力的行政处罚。

行政处罚明显不当违反了行政法的合理性原则，但是在实际工作中对此确定却比较困难。根据合理性原则，一般按以下标准进行衡量：

①正当性标准。即行政行为的作出须以保护当事人合法权益为出发点，要出于公心，符合公平、公正、公开原则，行处罚政目的、动机正当，不能动机不纯、恶意行政。

②减损性标准。即行政相对人对业已发生的违法行为系受胁迫而为或者主观认识正确，积极行为以减轻、消除或者制止危害后果。如《行政处罚法》第27条规定，当事人有下列情形之一的，应当依法从轻或者减轻行政处罚：主动消除或者减轻违法行为危害后果的；受他人胁迫有违法行为的；配合行政机关查处违法行为有立功表现的；其他依法从轻或者减轻行政处罚的。

③情理性标准。即行政行为的作出要符合客观规律、法律价值取向原则，符合社会、道德、生活常理。

④过罚相当标准。是指行政主体对行政相对人违法行为的处理轻重程度要与该违法行为的危害程度呈正比，与违法事实、情节和社会危害性相适应。危害程度大的，处罚要重；反之则轻。

18.5 司法审查中的规范冲突及其适用

1. 司法审查中行政法律规范的冲突状况

在司法审查过程中，人民法院将会遇到法律、法规、地方性法规、部门规章和地方政府规章等不同层次和不同部门的行政法律规范形式不相一致的情况，人民法院如果适用不同的规范将会得出不同的结果。这些调整同一行政行为却又彼此矛盾或不一致的的状况被称为行政法律规范冲突。目前行政法律规范冲突大致有如下几种情况：

（1）不同层级法律效力的行政法律规范之间的冲突。主要表现为较低层次规范与较高层次规范相抵触，即不同层级行政法律规范所确定的权利、义务、职权等在范围和性质方面不相吻合。例如，行政法规与法律，地方规章与行政法规，地方性法规与法律，部门规章与法律、行政法规等相抵触。

（2）相同层级的行政法律规范之间的冲突。主要表现为不同部门、不同地区相同层级法律规范之间的冲突，如各部、委规章之间的冲突，各地方人民政府规章之间的冲突，各地方权力机关地方性法规之间的冲突，各民族自治地方自治条例、单行条例之间的冲突等。

（3）部门行政法律规范与地方行政法律规范之间的冲突。主要表现为部门规章与地方性法规的冲突，部门规章与地方政府规章之间的冲突。

（4）不同时期发布的法律文件中的行政法律规范的冲突。主要表现为新法与旧法的不衔接与矛盾，特别法与普通法之间的冲突以及单行法与法典之间的冲突等。

（5）条约与法律、法规的冲突，最高人民法院司法解释与法律、法规的冲突等。

2. 法律规范冲突的选择适用

由于法律规范冲突时，选择不同的规范将会得出不同的结果，所以人民法院对具体案件进行审判和适用法律时，必须先确定什么样的规范才是合法、有效的，进而选择适用。

适用行政法律规范应当遵循的原则包括：（1）高层级法律规范优于低层级法律规范；（2）新的法律规范优于旧的法律规范；（3）特别法的规范优于普通法的规范；（4）送请或报送有权机关解释、裁决。

我国《立法法》第五章对有关规范的适用作出了明确规定：

宪法具有最高的法律效力，一切法律、行政法规、地方性法规、自治条例和单行条例、规章都不得同宪法相抵触。（第87条）

法律的效力高于行政法规、地方性法规、规章。行政法规的效力高于地方性法规、规章。（第88条）

地方性法规的效力高于本级和下级地方政府规章。省、自治区的人民政府制定的规章效力高于本行政区域内的较大的市的人民政府制定的规章。（第89条）

自治条例和单行条例依法对法律、行政法规、地方性法规作变通规定的，在本自治地方适用自治条例和单行条例的规定。经济特区法规根据授权对法律、行政法规、地方性法规作变通规定的，在本经济特区适用经济特区法规的规定。（第90条）

部门规章之间、部门规章与地方政府规章之间具有同等效力，在各自的权限范围内施行。（第91条）

同一机关制定的法律、行政法规、地方性法规、自治条例和单行条例、规章，特别规定与一般规定不一致的，适用特别规定；新的规定与旧的规定不一致的，适用新的规定。（第92条）

法律、行政法规、地方性法规、自治条例和单行条例、规章不溯及既往，但为了更好地保护公民、法人和其他组织的权利和利益而作的特别规定除外。（第93条）

法律之间对同一事项的新的一般规定与旧的特别规定不一致，不能确定如何适用时，由全国人民代表大会常务委员会裁决。行政法规之间对同一事项的新的一般规定与旧的特别规定不一致，不能确定如何适用时，由国务院裁决。（第94条）

地方性法规、规章之间不一致时，由有关机关依照下列规定的权限作出裁决：

（1）同一机关制定的新的一般规定与旧的特别规定不一致时，由制定机关裁决；（2）地方性法规与部门规章之间对同一事项的规定不一致，不能确定如何适用时，由国务院提出意见，国务院认为应当适用地方性法规的，应当决定在该地方适用地方性法规的规定；认为应当适用部门规章的，应当提请全国人大常委员裁决；（3）部门规章之间、部门规章与地方政府规章之间对同一事项的规定不一致时，由国务院裁决。根据授权制定的法规与法律规定不一致，不能确定如何适用时，由全国人大常务会裁决。（第95条）

法律、行政法规、地方性法规、自治条例和单行条例、规章有下列情形之一的，由有关机关依照《立法法》第97条规定的权限予以改变或者撤销：（1）超越权限的；（2）下位法违反上位法规定的；（3）规章之间对同一事项的规定不一致，经裁决应当改变或者撤销一方的规定的；（4）规章的规定被认为不适当，应当予以改变或者撤销的；（5）违背法定程序的。（第96条）

3. 规范性文件的司法审查与处理

按照《行政诉讼法》第53条和54条规定，行政相对人可以在具体行政案件的行政诉讼中对相关行政行为所依据的规范性文件一并提出附带性司法审查的请求。这些规范性文件包括国务院部门和地方人民政府及其部门制定的规范性文件，但不含规章。人民法院在审理行政案件中，经审查认为这些规范性文件不合法的，不作为认定行政行为合法的依据，并有权向制定机关提出处理的司法建议。

根据 2018 年 2 月 8 日起施行的《最高人民法院关于适用〈中华人民共和国行政诉讼法〉的解释》第 148 条规定，法院对规范性文件进行一并审查时，可以从规范性文件制定机关是否超越权限或违反法定程序、作出行政行为所依据的条款以及相关条款等方面进行。有下列情形之一的，属于行政诉讼法规定的"规范性文件不合法"：①超越制定机关的法定职权或者超越法律、法规、规章的授权范围的；②与法律、法规、规章等上位法的规定相抵触的；③没有法律、法规、规章依据，违法增加公民、法人和其他组织义务或者减损公民、法人和其他组织合法权益的；④未履行法定批准程序、公开发布程序，严重违反制定程序的；⑤其他违反法律、法规以及规章规定的情形。

人民法院经审查认为规范性文件不合法的，不作为人民法院认定行政行为合法的依据，并在裁判理由中予以阐明。作出生效裁判的人民法院应当向规范性文件的制定机关提出处理建议，并可以抄送制定机关的同级人民政府、上一级行政机关、监察机关以及规范性文件的备案机关。规范性文件不合法的，人民法院可以在裁判生效之日起三个月内，向规范性文件制定机关提出修改或者废止该规范性文件的司法建议；接收司法建议的行政机关应当在收到司法建议之日起六十日内予以书面答复；情况紧急的，人民法院可以建议制定机关或者其上一级行政机关立即停止执行该规范性文件。

人民法院认为规范性文件不合法的，还应当在裁判生效后报送上一级人民法院进行备案。涉及国务院部门、省级行政机关制定的规范性文件，司法建议还应当分别层报最高人民法院、高级人民法院备案。

各级人民法院院长对本院已经发生法律效力的判决、裁定，发现规范性文件合法性认定错误，认为需要再审的，应当提交审判委员会讨论。最高人民法院对地方各级人民法院已经发生法律效力的判决、裁定，上级人民法院对下级人民法院已经发生法律效力的判决、裁定，发现规范性文件合法性认定错误的，有权提审或者指令下级人民法院再审。

18.6 我国行政诉讼的一些关键问题

1. 当事人的确定

（1）原告主体资格的确定

行政诉讼原告的主体资格，是指哪些人可以以自己的名义向人民法院提起诉讼，请求法院审查被诉行政机关的行政行为并作出相应裁判。（见表 18-1 所示）

有权提起诉讼的公民死亡，其近亲属可以提起诉讼。近亲属包括配偶、父母、子女、兄弟姐妹、祖父母、外祖父母、孙子女、外孙子女和其他具有扶养、赡养关系的亲属。有权提起诉讼的法人或者其他组织终止，承受其权利的法人或者其他组织可以提起诉讼。

表 18-1　行政诉讼原告的确认

相邻权案件	行政行为侵害采光、排水、通风、通行等相邻权时该相邻权人可做原告。
公平竞争权案件	行政行为侵犯行政相对人公平竞争权时该相对人可做原告。
经行政复议案件	复议申请人、复议追加第三人、复议决定利害关系人均可做原告。
有受害人的案件	加害人与受害人同时起诉的均是原告，但不是共同原告。
信赖保护案件	被撤销或变更的行政行为的利害关系人均可作原告。
合伙人案件	合伙企业以核准登记字号为原告，其他合伙以合伙人为共同原告。
个体工商户案件	以营业执照登记经营者为原告。有字号的，以营业执照上字号为原告。
投资人案件	联营、合资、合作企业的投资人认为权益受到侵害的可以各自名义起诉。
农地使用权案件	农村土地承包人等土地使用权人对行政机关处分其使用的农村集体所有土地的行为不服，可以自己名义起诉。
股份制企业案件	股东大会、股东会、董事会等认为侵犯企业经营自主权的可以企业名义起诉
非国有企业案件	被行政机关注销、撤销、合并、强令兼并、出售、分立或改变企业隶属关系的，企业或其法定代表人可以起诉
非营利法人案件	事业单位等非营利法人的出资人、设立人认为行政行为损害法人合法权益的，可以自己名义起诉。
业主委员会案件	业主委员会对于行政机关作出的涉及业主共有利益的行政行为，可以自己名义起诉。业主委员会不起诉的，专有部分占建筑物总面积过半数或者占总户数过半数的业主可以起诉。
行政公益诉讼案件	人民检察院在履行职责中发现生态环境和资源保护、食品药品安全、国有财产保护、国有土地使用权出让等领域负有监督管理职责的行政机关违法行使职权或者不作为，致使国家利益或者社会公共利益受到损害而督促行政机关依法履职时，行政机关不依法履职的，由人民检察院提起诉讼。

（2）被告主体资格的确定

行政诉讼中被告的确定较为复杂。行政诉讼被告是指原告起诉其行政行为侵犯其合法权益，并经由人民法院通知应诉的行政机关或者法律、法规、规章授权的组织。2018 年 2 月 8 日实施的《最高人民法院关于适用〈中华人民共和国行政诉讼法〉的解释》第 26 条规定："原告所起诉的被告不适格，人民法院应当通知当事人变更被告；原告不同意变更的，裁定驳回起诉。"因此，在行政诉讼中如何正确确定被告，也是人民法院的责任和义务。可见，行政诉讼的被告必须满足三个条件：①只能是实施了行政行为的行政主体，不能是国家，也不能是行政主体的工作人员；②该主体必须被行政相对人或者行政行为利害关系人起诉；③经由人民法院通知应诉的行政主体。

在我国，就救济途径而言，行政诉讼案件有两类：一类是经过行政复议以后再向人民法院起诉；另一类是不经过行政复议程序当事人直接向人民法院起诉的。行政诉讼被告与复议被申请人、行政诉讼与复议第三人、诉讼代表人与诉讼代理人的区别见表。（见表 18-2、表 18-3、表 18-4 所示）

表 18-2 行政诉讼被告与复议被申请人的确认

行政行为类型	被告	复议被申请人
上级批准行为	不服经上级行政机关批准的行政行为，对外发生法律效力的文书上署名的机关为被告。	批准机关
组建机构行为	该机构如果不具有独立承担法律责任能力，以组建该机构的行政机关为被告。	组建机关
授权机构或组织行为	被授权行政机关内设机构、派出机构或其他组织实施了授权行为或超出法定授权范围行政行为，被授权机构或组织为被告。村（居）委会、事业单位、行业协会等依据授权履行行政职责行为，以该组织为被告。	被授权组织或机构
被委托组织行为	委托机关为被告。	委托机关
派出机关行为	派出机关为被告。	派出机关
开发区管理机构行为	国务院、省级政府批准设立的开发区管理机构行为，该机构为被告；前述机构职能部门行为，其职能部门为被告；其他开发区管理机构所属职能部门行为，该机构为被告；开发区管理机构无行政主体资格，设立该机构的地方政府为被告。	谁行为谁被申请人，谁主体谁被申请人
多行政机关联合行为	共同作出行政行为的行政机关为共同被告。	共同行政机关
原主体被撤销或职权变更	继续行使职权主体为被告。没有继续行使其职权的，其所属人民政府为被告；实行垂直领导的，垂直领导的上一级行政机关为被告。	谁职权谁被申请人
房屋征收部门行为	市、县政府确定的房屋征收部门实施的房屋征收与补偿行政行为，房屋征收部门为被告。	征收部门
不作为行为	有作为义务的机关为被告	义务机关

注意：复议机关维持原行政行为的，原行政机关和复议机关是共同被告；复议机关改变原行政行为的，复议机关是被告。复议机关法定期限未作出复议决定，相对人起诉哪个行为哪个行为主体是被告。

表 18-3 行政诉讼与复议第三人

原告型	①处罚案件受害人、加害人或共同被处罚人；②确权、裁决、许可案件当事人；③其他利害关系人
被告型	①做出矛盾行为的机关；②共同署名的非行政主体；③原告不同意追加的被告

表 18-4　诉讼代表人与诉讼代理人

诉讼代表人	①合伙企业以执行合伙事务的合伙人为代表人②其它组织的主要负责人为代表人，没有主要负责人的可以由推选的负责人作诉讼代表人。③原告 10 人以上的诉讼可推举 2-5 名代表人
诉讼代理人	①法定代理人：无诉讼行为能力人的近亲属或监护人②指定代理人：由法院为无诉讼行为能力人指定，被指定者可能本是法定代理人③委托代理人：当事人或法定代理人各可委托 1-2 人

2. 起诉与受理

（1）起诉

起诉主要要注意行政诉讼起诉期限，这是起诉的时间条件。行政诉讼的起诉期限是指公民、法人或者其他组织不服行政主体行政行为而向人民法院提起行政诉讼可由人民法院立案受理的法定期限。行政诉讼中的起诉期限与民事诉讼中的诉讼时效不同，其主要区别有：

①起算时间不同。起诉期限从相对人知道或应当知道行政行为之日起计算，而诉讼时效的起算时间从当事人知道或应当知道权利被侵害之日起。

②期间可变性不同。起诉期限是一个固定期间，不存在中止、中断的情形，除非有正当事由，并由人民法院决定，才可以将被耽误的时间予以扣除或延长期限。如《行政诉讼法》第四十八条规定，"公民、法人或者其他组织因不可抗力或者其他不属于其自身的原因耽误起诉期限的，被耽误的时间不计算在起诉期限内。公民、法人或者其他组织因前款规定以外的其他特殊情况耽误起诉期限的，在障碍消除后十日内，可以申请延长期限，是否准许由人民法院决定。"而诉讼时效属于可变期间，只要具有法定事由，便可将其中止、中断和延长。

③职权审查不同。人民法院可以依职权审查起诉期限，相对人超过起诉期限起诉的，人民法院将裁定不予受理，受理后发现超过起诉期限的，裁定驳回起诉。而对于诉讼时效，人民法院不得主动审查；只有对方当事人提出诉讼时效抗辩时，经人民法院审理发现超过诉讼时效的，判决驳回原告诉讼请求。

④权利丧失不同。行政相对人超过起诉期限提起行政诉讼的，丧失的是起诉权。民事诉讼中原告超过诉讼时效则会因被告的有效抗辩而丧失胜诉权。

行政诉讼法设立起诉期限的目的，旨在督促相对人尽快行使权利，以免影响行政机关执法效率和行政管理秩序稳定。如果允许相对人任何时候都可以对行政行为申请救济，势必使行政行为一直处于被质疑和否定的状态，既影响行政效率，还会给行政管理秩序带来混乱。

除法律另有规定外，公民、法人或者其他组织不服行政复议决定的，可以在收到复议决定书之日起十五日内向人民法院提起诉讼；行政复议机关逾期不作决定的，申请人可以在复议期满之日起十五日内向人民法院提起诉讼；公民、法人或者其他组织直接向人民法院提起诉讼的，应当自知道或者应当知道作出行政行为之日起六个月内提出。起诉期限因行政相对人是否知悉行政行为内容、是否被告知诉权等特殊情况而有所不同；但最长起诉期限上，因不动产提起诉讼的案件自行政行为作出之日起超过二十年，其他案件自行政行为作出之日起超过五年提起诉讼的，人民法院不予受理。特殊情况起诉期限见表18-5所示。

表18-5　特殊情况起诉期限

未告知诉权	起诉期限从公民、法人或者其他组织知道或者应当知道起诉期限之日起计算，但从知道或者应当知道行政行为内容之日起最长不得超过一年。
不知行政行为内容	其起诉期限从知道或者应当知道该行政行为内容之日起计算，但最长不得超过法定的最长法定起诉期限。
不履行法定职责	应当在行政机关履行法定职责期限届满之日起六个月内提出。
人身自由受限	因人身自由受到限制而不能提起诉讼的，被限制人身自由的时间不计算在起诉期间内。

（2）受理

行政诉讼受理，是指人民法院对公民、法人或者其他组织的起诉进行审查后，对符合法律规定的起诉条件的行政案件，决定立案审理从而引起行政诉讼程序开始的诉讼行为。对当事人的起诉是否受理，是人民法院行使国家审判权单方面得出的结论。人民法院在接到起诉状时对符合法定的起诉条件的，应当登记立案。对当场不能判定是否符合法律规定的起诉条件的，应当接收起诉状，出具注明收到日期的书面凭证，并在七日内决定是否立案。不符合起诉条件的，作出不予立案的裁定。裁定书应当载明不予立案的理由。原告对裁定不服的，可以提起上诉。行政诉讼受理与行政复议受理具有明显的不同。（见表18-6所示）

表18-6　行政诉讼与行政复议的受理

	诉讼	复议
审查期限	接到诉状后7日内	接到申请后5日内
符合条件	当场或指定期限登记立案；7日内审查立案或先予立案	受理
不符合条件	裁定不予受理，对该裁定10日内可上诉	决定不予受理
无理拒绝受理	向上一级法院投诉或起诉，后者可指令其立案受理或继续审理	上一级机关责令受理或直接受理
管辖转移	无管辖权法院移送至有权法院，后者不得再次移送；②上下级法院存在移转管辖	县级政府无权处理的应在7日内转送有权机关处理并告知申请人

3. 管辖

行政诉讼管辖是指人民法院之间受理第一审行政案件的职权分工，包括级别管辖（见表18-7所示）、地域管辖以及专属管辖（见表18-8所示）。人民法院受理案件后，被告提出管辖异议的，应当在收到起诉状副本之日起十五日内提出。对当事人提出的管辖异议，人民法院审查认为异议成立的，裁定将案件移送有管辖权的人民法院；异议不成立的，裁定驳回。人民法院对管辖异议审查后确定有管辖权的，不因当事人增加或者变更诉讼请求等改变管辖，但违反级别管辖、专属管辖规定的除外。

表 18-7　级别管辖

基层法院	本辖区内一般行政案件。
中级法院	①对国务院部门或县级以上地方政府所作的行政行为提起诉讼的案件；②海关处理的案件；③本辖区内社会影响重大的共同诉讼案件、涉外或涉香港、澳门、台湾地区的案件等重大、复杂的案件；④其他法律规定由中级人民法院管辖的案件。
高级法院	本辖区内重大、复杂的案件
最高法院	全国范围内重大、复杂的案件
专门法院	专门法院及人民法庭不审理行政案件

注：复议机关作共同被告的案件，以作出原行政行为的行政机关确定案件的级别管辖。

表 18-8　地域管辖及专属管辖

被告所在地法院管辖	一般案件
复议机关所在地法院也可管辖	经复议的案件
原告及被告所在地法院管辖	限制人身自由的行政强制措施案
不动产所在地法院专属管辖	因行政行为导致不动产物权变动而提起的诉讼

注：①原告所在地包括原告的户籍所在地、经常居住地和被限制人身自由地。②多个法院均有地域管辖权时由原告选择管辖法院。

4. 证据与举证

（1）证据的种类

行政诉讼证据是指在行政诉讼中用以证明案件事实情况的材料。根据《行政诉讼法》规定，行政诉讼证据包括：①书证；②物证；③视听资料；④电子数据；⑤证人证言；⑥当事人的陈述；⑦鉴定意见；⑧勘验笔录、现场笔录。这些证据经法庭审查属实，才能作为认定案件事实的根据。在证据要求上，《行政诉讼法》及《最高人民法院关于行政诉讼证据若干问题的规定》（法释〔2002〕21号）具有明确规定。（见表 18-9 所示）

表 18-9　提供证据的要求

书证	①应为原件，原件确有困难的可提供非原件；②有关部门保管的非原件必须盖章和注明出处③提供专业资料文献应附说明
物证	①应为原物，原物确有困难的可是原物照片录像等②数量较多的种类物可以只提供一部分
视听资料	①应为原始载体，确有困难可提供复制件②应注明制作方法、时间、制作人、证明对象等③声音资料应附文字记录
电子数据	①应当提供原件②电子数据制作者制作的与原件一致的副本，或者直接来源于电子数据的打印件或其他可以显示、识别的输出介质，视为电子数据的原件
证人证言	①写明证人基本情况②证人签名盖章、注明日期③附有证明证人身份的文件

当事人陈述	应有行政执法人员、被询问人、陈述人、谈话人签名或者盖章
鉴定意见	载明委托人、委托事项、鉴定材料、鉴定依据、科技手段、鉴定资格说明、鉴定人（部门）签名盖章
勘验及现场笔录	由执法人员和当事人签名，当事人拒签或不能签的应注明原因，有其他人在场可由其签名
域外证据	①国外证据应经所在国公证机关证明，经中国驻该国使领馆认证，或履行有关条约中规定的证明手续；②在港澳台形成的证据应按照有关规定办理证明手续
外文证据	附有中译本，由翻译机构盖章或翻译人员签名
涉密证据	应当作出明确标注并向法庭说明，法庭予以审查确认

注：电子数据的证据要求参见 2020 年 5 月 1 日起施行的法释〔2019〕19 号《最高人民法院关于修改<关于民事诉讼证据的若干规定>的决定》相关规定

（2）举证责任

举证责任是行政诉讼证据制度的核心内容，当事人不提供或者无正当理由逾期提供证据的将会承担不利的后果。在行政诉讼举证责任分配上，被告对其行政行为负有举证责任，应当提供该行政行为的证据和所依据的规范性文件，并且在诉讼过程中被告及其诉讼代理人不得自行向原告、第三人和证人收集证据；原告对于起诉条件、相关损害等也负有举证责任（见表 18-10 所示）。

表 18-10　行政诉讼中原告的举证责任

初步证明责任	证明自己符合起诉条件
不作为证明责任	应证明自己提出过申请，但有例外
损害证明责任	行政赔偿、补偿案应提供受损事实证据。因被告原因无法举证的，由被告承担举证责任
其它情况	被告并未作为具体行政行为的依据，但与行为结果有着密切联系的事实

在举证过程中还需注意举证时限（见表 18-11 所示）、证据调取（见表 18-12 所示）、证据保全（见表 18-13 所示）、证据质认（见表 18-14 所示）和证据效力（见表 18-15 所示）等相关特殊规定。

表 18-11　举证时限

	原告或第三人	被告
举证时限	开庭前或交换证据之日前举证，否则视为放弃举证权利	收到起诉书副本后 15 日内举证，否则视为行政行为没有相应证据

	原告或第三人	被告
一审补充举证	①因正当事由申请延期提供证据的，经法院准许可在法庭调查中提供 ②逾期提供证据的，法院应责令说明理由；拒不说明理由或理由不成立的，视为放弃举证权利 ③提出在行政程序中未提出的证据或理由经法院准许可以补充，但提出在行政程序中应被告合法要求应提出而不提出的证据，一般不予采纳	①因正当事由需延期举证的，应在收到起诉状副本15日内向法院书面提出，经准许在该事由消除后15内举证 ②被告及其代理人在作出具体行政行为之后收集的证据不能用于认定行为合法，但一审中原告或第三人提出行政程序中未提出的理由或证据，被告经法院准许可补充
二审补充举证	①提出一审无正当事由未提供的证据，不予接纳 ②提出在举证期限届满后发现的，或在一审中应获延期但未被准许的证据，经过质证可以作为定案根据	①提交在一审中未提交的证据，不能作为撤销或变更一审裁判的根据 ②提出一审中应获延期但未被准许的证据，经过质证可以作为定案根据

表 18-12 行政诉讼的特殊证据规则——证据调取

依职权调取	依原告或第三人申请调取
①涉及国家利益、公共利益或他人合法权益；涉及依职权追加当事人、中止或终结诉讼、回避等程序性事项。 ②不得为证明行政行为的合法性调取被告作出行政行为时未收集的证据。	①由国家机关保存而须由法院调取；涉及国家秘密、商业秘密、个人隐私；确因客观原因不能自行收集。 ②但证据与待证事实无关联、对证明待证事实无意义或者其他无调查收集必要的，人民法院不予准许。

表 18-13 行政诉讼的特殊证据规则——证据保全

重新鉴定	原告或第三人申请	有证据或正当理由表明被告据以认定案件事实的鉴定结论有误，在举证期限内书面申请重新鉴定的，法院应予准许。
勘验现场	当事人申请或依职权	勘验人必须出示法院证件，并邀请当地基层组织或当事人所在单位派人参加。勘验时当事人或成年亲属应当到场，拒不到场的不影响勘验进行，但应在勘验笔录中说明情况。
重新勘验	当事人申请	对勘验结论有异议的可在举证期限内申请重新勘验，是否准许由法院决定。

说明：法院依照行政诉讼法保全证据的，可以根据具体情况采取查封、扣押、拍照、录音、录像、复制、鉴定、勘验、制作询问笔录等保全措施。

表 18-14 行政诉讼的特殊证据规则——证据质认

质证原则	未经庭审质证的证据不能作为定案依据，但当事人在庭前证据交换过程中没有争议的证据除外
缺席证据	被告无正当理由拒不到庭而缺席判决的，被告提供的证据不能作为定案依据，但当事人在庭前交换证据中没有争议的证据除外
涉密证据	涉及国家秘密、商业秘密、个人隐私的证据，不得在公开开庭时出示
调取证据	申请调取的证据由申请人在庭审中出示，并由当事人质证；依职权调取的证据由法庭出示并进行说明，听取当事人意见
二审质证	对当事人依法提供的新证据，对一审认定的证据仍有争议的，均应进行质证
再审质证	对当事人依法提供的新证据，或作为引起再审依据的证据，均应进行质证

表 18-15 行政诉讼的特殊证据规则——证据效力

不能作为定案依据的证据	①严重违反法定程序收集的证据②以利诱欺诈胁迫暴力等不正当手段获取的证据③以偷拍偷录窃听等手段获取侵害他人合法权益的证据④无正当事由超出举证期限提供的证据材料；⑤在我国领域以外或者在我国香港、澳门和台湾地区形成的未办理法定证明手续的证据材料；⑥无正当理由拒不提供原件、原物，又无其他证据印证，且对方予以不认可的证据的复制件或者复制品；⑦被当事人或者他人进行技术处理而无法辨明真伪的证据材料；⑧不能正确表达意志的证人提供的证言；⑨不具备合法性和真实性的其他证据材料。
不能作为认定被诉行政行为合法的依据的证据	①被告及其代理人在作出具体行政行为后或在诉讼程序中自行收集的证据 ②被告在行政程序非法剥夺公民、法人或其他组织依法享有的陈述、申辩或听证权利所获得的证据 ③原告或者第三人在诉讼程序中提供的、被告在行政程序中未作为具体行政行为依据的证据 ④复议机关在复议程序中收集和补充的证据，或者原机关在复议程序中未向复议机关提交的证据 ⑤被告在行政程序中采纳的鉴定结论存在鉴定人不具备鉴定资格或者鉴定程序严重违法或者鉴定结论错误、不明确或者内容不完整的情况的
法庭可以直接认定的事实	①众所周知的事实；②自然规律及定理；③按照法律规定推定的事实；④已经依法证明的事实；⑤根据日常生活经验法则推定的事实。当事人对①③④⑤项有相反证据足以推翻的除外。

5. 法院审理

人民法院审理行政案件，依法实行合议、回避、公开审判和两审终审制度。审理程序有一审、二审和再审（见表 18-16 所示），但二审和再审不是案件审理的必经程序。

人民法院在一审中，认为事实清楚、权利义务关系明确、争议不大的行政案件，可以适用简易程序。可以适用简易程序审理的行政案件包括：①被诉行政行为是依法当场作出的；②案件涉及款额二千元以下的；③属于政府信息公开案件的；④当事人各方同意适用简易程序的。发回重审、按照审判监督程序再审的案件不适用简易程序。适用简易程序审理的行政案件，由审判员一人独任审理，并应当在立案之日起四十五日内审结。人民法院在审理过程中，发现案件不宜适用简易程序的，裁定转为普通程序。

人民法院审理行政案件，不适用调解。但是，行政赔偿、补偿以及行政机关行使法律、法规规定的自由裁量权的案件可以调解。调解应当遵循自愿、合法原则，不得损害国家利益、社会公共利益和他人合法权益。调解达成协议，人民法院应当制作调解书。调解书经双方当事人签收后，即具有法律效力。调解书生效日期根据最后收到调解书的当事人签收的日期确定。

行政诉讼过程中可以撤诉与缺席判决（见表18-17所示），也可以根据案件情况合并审理（见表18-18所示）。需要注意的是，被告在一审期间改变被诉行政行为，法院如何处理（见表18-19所示）。行政诉讼可以附带民事诉讼（见表18-20所示）。行政诉讼法律适用的是"行政法"，而不是通常所说的"法"（见表18-21所示）。行政诉讼判决类型较多（见表18-22所示），要注意几种裁判类型的特殊适用（见表18-23所示）。

表18-16 行政诉讼的一审、二审与再审

	一审	二审	再审
提起人	原告	当事人	法院、检察院、当事人
审理对象	被诉行政行为	未生效判决与驳回起诉、不予受理、管辖权异议的裁定以及被诉行政行为	生效判决、裁定、调解书及行政行为
提出期限	参见表18-5起诉期限	判决15日，裁定10日	①向上一级法院申请再审应在裁判或调解书生效后6个月内提出；②其它方式无期限要求
审理方式	①开庭审理，原则上应公开；②发回重审的须另组合议庭	事实清楚的可以书面审理；发回重审的须另组合议庭	按原审方式；可发回重审也可直接提审，重审须另组合议庭
审理期限	6个月，需延长报高院批准；高院一审案件报最高院批准；简易程序45日审结	3个月，需延长报高院批准；高院审理的报最高院批准	一审再审6个月；二审再审3个月；上级法院提审为3个月
特殊问题	①法院认为违法违纪的移送监察机关、该行政机关或其上一级行政机关；认为有犯罪行为的移送公安、检察机关。②法院可公告被告拒不到庭或中途退庭情况，并可向监察机关或被告上一级行政机关提出处分司法建议。	①漏判赔偿请求二审调解不成就赔偿部分发回重审；②新提赔偿请求二审调解不成告知当事人另行起诉	①抗诉由上级检察院对下级法院的裁判提出；②一审重审仍可上诉，二审重审最后生效，再审由上级提审的视为二审重审

表 18-17　撤诉与缺席判决

	撤诉	缺席判决
主体	原告或上诉人	原告、被告或上诉人
时间	立案后到做出裁判前	判决阶段
条件	①撤诉必须经法院允许 ②原告经合法传唤拒不到庭、未经许可中途退庭、未交诉讼费视为撤诉	①被告无正当理由拒不到庭，或者未经法庭许可中途退庭的，可缺席判决； ②原告或上诉人申请撤诉不被准许，经合法传唤无正当理由不到或未经许可中途退庭可缺席判决
结果	不得以同一事实理由重诉，未交诉讼费的例外，上诉的例外	产生与正常审判同样的法律后果

表 18-18　合并审理

行政主体为复数	两个以上行政机关分别对同一事实作出行政行为
相对人为复数	行政机关就同一事实对若干对象分别作出行政行为
行政行为为复数	在诉讼过程中，被告对原告作出新的行政行为
其他情形	法院认为可以合并审理的

注意：必要共同诉讼只能合并审理，这里指的是可以合并审理的普通共同诉讼。

表 18-19　被告在一审期间改变被诉具体行政行为

原告或第三人不服新行政行为	对新行政行为进行审理
原告仍要求确认原行政行为违法的	依法作出确认判决
不作为案件被告已作为，原告不撤诉	依法就不作为作出确认判决

表 18-20　行政附带民事诉讼

行为性质	当事人	法院
在涉及行政许可、登记、征收、征用和行政机关对民事争议所作的裁决的行政诉讼中	要求一并解决	可以一并审理

表 18-21　行政诉讼的法律适用

依据	参照	援引	转化
法律、行政法规、地方性法规	引用合法有效的规章及其他规范性文件	司法解释	WTO 规则

表 18-22　行政诉讼裁判种类

	裁判类型	基本内容	适用条件
一审	驳回判决	驳回原告诉讼请求	行政行为证据确凿，适用法律、法规正确，符合法定程序；原告申请被告履行法定职责或给付义务理由不成立。
	撤销判决	全部或部分撤销，可以判决被告重做	主要证据不足；适用法律、法规错误；违反法定程序；超越职权；滥用职权；明显不当。
	履行判决	判决被告限期履行	不履行法定职责；依法负有给付义务。
		判决被告继续履行、予以补救或赔偿损失等责任	不依法履行、未按约履行或违法变更、解除行政协议。
	确认判决（可同时判令被告补救；给原告造成损失的，判决被告国家赔偿）	确认被诉行为违法但不撤销	依法应撤销，但撤销会给国家利益、社会公共利益造成重大损害；程序轻微违法，但对原告权利不产生实际影响。
		确认被诉行为违法	行为违法，但不具有可撤销内容；被告改变原违法行为，原告仍要求确认原行为违法；被告不履行或拖延履行法定职责，判决履行没有意义。
		确认被诉行为无效	有实施主体不具有行政主体资格或者没有依据等重大且明显违法情形，原告申请确认行为无效。
	变更判决	判决变更处罚或款额确定、认定	行政处罚明显不当，或其他行政行为涉及对款额确定、认定确有错误。
	赔偿判决	判决被告国家赔偿	必须属于国家赔偿范围，往往与确认判决一并判决。
	补偿判决	判决被告予以补偿	被告变更、解除行政协议合法，但未依法给予补偿的。
二审	维持原判	驳回上诉，维持原判	原判认定事实清楚，适用依据正确。
	依法改判、撤销或变更	判决类型参照一审	原判决、裁定认定事实错误或者适用依据错误。
	发回重审或查清事实后改判	重审须另组合议庭	原判认定基本事实不清、证据不足。
	发回重审	撤销原判，发回原审法院重审	原判遗漏当事人或诉讼请求、违法缺席判决等严重违反法定程序。

	裁判类型	基本内容	适用条件
再审	同一审裁判	按照第一审程序审理并裁判	发生法律效力的判决、裁定是由第一审法院作出的。
	同二审裁判	按照第二审程序审理并裁判	发生法律效力的判决、裁定是由第二审法院作出的；上级法院按照审判监督程序提审的。
	指令受理审理	撤销一二审不予受理、驳回起诉的裁定，指令一审法院受理审理	二审维持一审不予受理、驳回起诉的裁定错误的
	驳回起诉	撤销一审判决，径行驳回起诉	一审法院作出实体判决后，二审法院认为不应当立案的
其它	行政诉讼裁定	针对程序问题	不予受理、驳回起诉、管辖权异议裁定可以上诉
	行政诉讼决定	针对特别事项	回避决定、罚款、拘留决定可申请复议；但均不得上诉

表 18-23　几种裁判类型的特殊适用

判决重作的特殊适用	被告不得以同一的事实和理由作出与原行政行为基本相同的行政行为。
确认判决的特殊适用	①被告改变原违法行为，原告仍要求确认原行为违法的，法院应依法作出确认判决； ②原告起诉被告不作为，诉讼中被告作出行为，但原告不撤诉的，法院应就不作为依法作出确认判决。
撤销判决与复议决定	①复议决定改变原行为错误的，法院判决撤销复议决定时可责令复议机关重作复议决定或判决恢复原行政行为法律效力。 ②判决撤销原行政行为和复议决定的，可判决原行政行为的行政机关重新作出行政行为。 ③判决原行政行为的行政机关履行法定职责或给付义务的，应当同时判决撤销复议决定。 ④原行政行为合法、复议决定违法的，可以判决撤销复议决定或者确认复议决定违法，同时判决驳回原告针对原行政行为的诉讼请求。
变更判决的特殊适用	不得加重原告义务或减损原告权益，但利害关系人同为原告，且诉讼请求相反的除外。
二审发回重审的裁定	适用条件为"三未两漏"：①应回避而未回避的；②应开庭未开庭的；③当事人应出席未经合法传唤而缺席判决的；④遗漏必须参加诉讼当事人的；⑤漏判有关诉讼请求的。

5. 执行

根据《行政诉讼法》和《行政强制法》规定，人民法院执行包括行政诉讼案件执行和非诉行政案件执行。

（1）行政诉讼裁判的执行

行政诉讼裁判的执行是指行政诉讼案件负有义务的一方当事人拒绝履行人民法院生效的判决、裁定、调解书，人民法院应另一方当事人申请强制执行，或者由行政机关依法强制执行，使生效法律文书内容得以实现的活动。行政诉讼裁判的执行为诉讼执行，属于诉讼活动范畴；行政复议决定的执行不属于诉讼活动范畴，属于行政行为的执行（见表18-24所示）。

表18-24　行政诉讼裁判执行与行政复议决定执行

	行政诉讼裁判的执行	行政复议决定的执行
执行机关	（一般为一审）法院、有强制执行权的行政机关。	法院、原行为机关、复议机关、上级机关。
被执行人	负有义务的一方诉讼当事人。	行政复议当事人
执行依据	生效诉讼文书（包括行政判决书、行政裁定书、行政赔偿判决书以及行政调解书）。	行政复议决定
执行措施	对行政机关：①直接划拨；②加处罚款；③向被告上一级机关或监察、人事机关提出司法建议；④对主要负责人或责任人罚款；⑤构成犯罪的追究刑事责任。对公民、法人及其它组织：法院执行的参照民诉执行制度。	对被申请人：由复议机关或上级机关责令其限期履行。对公民法人其它组织：维持的由原机关或法院执行，变更的由复议机关或法院执行。
申请执行期限	2年	无规定

（2）非诉行政案件的执行

非诉行政案件的执行是指公民、法人或者其他组织对行政行为在法定期限内不提起诉讼又不履行的，无强制执行权的行政机关申请人民法院强制执行，使行政机关的行政行为得以实现的活动。非诉行政案件的执行是一种行政强制执行，本质上不属于行政诉讼活动（见表18-25所示）。

表18-25　非诉行政案件执行

执行范围	申请期限	执行管辖	权利人申请	审查期限
无强制执行权的行政机关申请法院强制执行其行政行为。行政拘留只能由公安、国安等行政机关执行。	行政机关自被执行人法定起诉期限届满之日起3个月内提出。	申请人所在地基层法院受理；执行对象为不动产的，由不动产所在地基层法院受理。基层法院认为执行确有困难的，可报请上级法院执行；上级法院可以执行，也可决定下级法院执行。	行政裁决后，当事人法定期限不起诉又不履行，行政裁决机关亦未在申请执行期限申请法院强制执行的，生效行政裁决确定的权利人或其继承人、权利承受人在6个月内可申请法院强制执行。	对行政机关的申请应在受理7日内由行政审判庭审查并裁定是否执行。法院在作出裁定前发现行政行为明显违法并损害被执行人合法权益的，自受理之日起三十日内作出是否准予执行的裁定。

小结

本章介绍了司法审查的具体内容。阐述了司法审查的概念及其特征、司法审查的一般原则、司法审查的特有原则、司法审查的受案范围、司法审查中规范冲突及其选择适用等内容。

思考题

1. 如何理解我国司法审查的概念？
2. 司法审查与行政诉讼关系如何？
3. 我国司法审查的一般原则有哪些？
4. 我国司法审查的特有原则是什么？
5. 我国司法审查的受案范围是什么？
6. 司法审查的法律依据有哪些？
7. 司法审查的对象是什么？

实务训练十八

一、真实案例：今日说法：收条之争（行政诉讼证据）

今日说法——没完没了 （行政诉讼）

视频播放后，教师引导学生运用行政法学基础理论对此案例进行讨论，必要时，教师对此案例作总结评析。

二、在老师指导下，学生梳理行政法关键句。

三、复习第 17 章行政复议内容

（一）填空题

1. 公民、法人或者其他组织认为_____侵犯其合法权益，可以依法向特定的行政机关提出行政复议。

2. 行政复议是行政机关_____的一种监督制度。

3. 行政复议在性质上有两个特点：一是_____；二是_____。

4. 公民、法人或者其他组织认为具体行政行为侵犯其合法权益，可以自知道具体行政行为之日起_____日内提出复议申请。

5. 对地方各级人民政府的具体行政行为不服的，向_____申请复议。

6. 对国务院部门或者省、自治区、直辖市人民政府的具体行政行为不服，向_____提出行政复议。

7. 行政复议机关收到行政复议申请后，应当在_____日内进行审查，并作出受理或者不受理决定。

8. 行政复议机关负责法制工作的机关应当自行政复议申请受理之日起_____日内将行政复议申请书副本发送被申请人。被申请人应当自收到申请书副本之日起_____日内，提出书面答复，并提交作出具体行政行为的证据、依据和其他有关材料。

9. 行政复议机关应当自受理申请之日起_____日内作出行政复议决定。

10. 被申请人不履行或者无正当理由拖延履行行政复议决定的，行政复议机关或者上级行政机关应当_____。

11. 公民、法人或者其他组织对行政复议决定不服的，可以依照_____的规定向人民法院提起行政诉讼，但是法律规定行政复议为最终裁决的除外。

12. 因_____或者其他正当理由耽误法定期限的，申请期限自障碍消除之日起继续计算。

13. 申请人申请行政复议可以书面申请，也可以_____申请。

14. 在行政复议过程中_____不得自行向申请人和其他有关组织或者个人收集证据。

15. 行政复议机关关于行政复议期间的有关_____、_____的规定是指工作日，不含节假日。

16. 行政复议法自_____起施行。

17. 行政复议机关因情况复杂，不能在规定的期间作出行政复议决定的，经行政复议机关的负责人批准，可以适当延长，但延长期限最长不得超过_____。

18. 行政复议期间的计算和行政复议文书的送达，依照_____法关于期间、送达的规定执行。

19. 行政复议法施行前公布的法律有关行政复议的规定，与行政复议法规定不一致的，以_____规定为准。

20. 对县级以上地方各级人民政府工作部门的具体行政行为不服的，由申请人选择，可以向_____申请复议，也可以向_____申请行政复议。

21. 行政复议原则上采取_____审理的办法。

22. 复议参加人包括_____、_____、_____和复议法定代理人。

23. 除法律、行政法规另有规定外，行政复议实行_____级复议制。

24. 行政复议以_____行为为主要复议方式。

25. _____、_____都是公民对行政机关监督的重要保障。

26. 行政复议管辖是指_____和_____的行政机关受理复议案件的权限范围。

27. 复议管辖以_____或_____管辖为原则，以_____、_____、_____管辖为例外。

28. 行政复议不适用调解是指_____和_____。

29. 行政救济以行政管理相对方的_____为前提。

（二）判断题

1. 制定《行政复议法》的目的之一是保障和监督行政机关依法行使职权。　（　　）

2. 行政复议机关履行行政复议职责，应当遵循合法、公正、公开、及时、便民的原则。
　（　　）

3. 公民、法人或者其他组织对行政复议决定不服的，可以依照行政诉讼法的规定向人民法院提起行政诉讼，但是法律规定行政复议决定为最终裁决的除外。　（　　）

4. 公民、法人或者其他组织可以对行政机关作出的没收违法所得、没收非法财物、责令停产停业等行政处罚提出行政复议。　（　　）

5. 公民、法人或者其他组织在对具体行政行为申请行政复议时，可对该具体行政行为依据的国务院部、委员会规章一并向行政复议机关提出审查申请。　　　　（　　）

6. 不服行政机关对民事纠纷作出的调解或者其他处理，可以提出行政复议。（　　）

7. 《行政复议法》规定，公民、法人或者其他组织认为具体行政行为侵犯其合法权益的，可以提起行政复议，但必须在一定期限内提出申请；但是法律规定超过该期限的除外。

（　　）

8. 无民事行为能力人或者限制民事行为能力人有权申请行政复议，并由本人亲自申请。

（　　）

9. 申请人、第三人或被申请人必须亲自参加行政复议。　　　　　　（　　）

10. 公民、法人或者其他组织对行政机关的具体行政行为不服申请行政复议，受理行政复议的行政机关是被申请人。　　　　　　　　　　　　　　　　（　　）

11. 申请人口头申请行政复议的，行政复议机关应当当场记录申请人的基本情况、行政复议请求、申请行政复议的主要事实、理由和时间。　　　　　　（　　）

12. 对所有县级以上地方各级人民政府工作部门的具体行政行为不服的，由申请人选择，可以向该部门的本级人民政府申请行政复议，也可以向上一级主管部门申请行政复议。

（　　）

13. 对国务院部门或者省、自治区、直辖市人民政府的具体行政行为不服的，向国务院申请行政复议。　　　　　　　　　　　　　　　　　　　　（　　）

14. 对政府工作部门依法设立的派出机构依照法律、法规或者规章规定，以自己的名义作出的具体行政行为不服的，向设立该派出机构的部门或者该部门的本级地方人民政府申请行政复议。　　　　　　　　　　　　　　　　　　　　（　　）

15. 对两个或者两个以上行政机关以共同的名义作出的具体行政行为不服的，向其共同上一级行政机关申请行政复议。　　　　　　　　　　　　　　　　（　　）

16. 对县级以上地方人民政府依法设立的派出机关的具体行政行为不服的，可以向具体行政行为发生地的县级地方人民政府提出行政复议申请，由接受申请的县级地方人民政府向其他行政复议机关转送。　　　　　　　　　　　　　　　　（　　）

17. 公民、法人或者其他组织向人民法院提起行政诉讼，人民法院已经依法受理的，可以再申请行政复议。　　　　　　　　　　　　　　　　　　　　（　　）

18. 行政复议机关收到行政复议申请后，应当在 7 日内进行审查，对不符合《行政复议法》规定的行政复议申请，决定不予受理，并书面告知申请人。　　　（　　）

19. 行政复议机关对符合《行政复议法》规定但不属于本机关受理的行政复议申请，应当告知申请人向有关行政复议机关提出。　　　　　　　　　　　（　　）

20. 法律、法规规定应当先向行政复议机关申请行政复议、对行政复议决定不服再向人民法院提起行政诉讼的，行政复议机关决定不予受理的，公民、法人或者其他组织可以自收到不予受理决定书之日起 15 日内依法提起行政诉讼。　　　　　　（　　）

21. 法律、法规规定应当先向行政复议机关申请行政复议、对行政复议决定不服再向人民法院提起行政诉讼的，行政复议机关受理后超过行政复议期限不作答复的，公民、法人或者其他组织可以自行政复议期满之日起 30 日内依法提起行政诉讼。　　（　　）

22. 上级行政机关对下级行政机关无正当理由不予受理的行政复议申请，应当直接受理。   （   ）

23. 根据《行政复议法》规定，行政复议期间具体行政行为不停止执行，但是，被申请人认为需要停止执行的可以停止执行。   （   ）

24. 行政复议申请人提出要求或者行政复议机关负责法制工作的机构认为有必要时，可以向有关组织和人员调查情况，听取申请人、被申请人和第三人的意见。 （   ）

25. 行政复议机关负责法制工作的机构应当自行政复议申请受理之日起 7 日内，将行政复议申请书副本或者行政复议申请笔录复印件发送被申请人。   （   ）

26. 行政复议程序一旦启动，申请人不得要求撤回。   （   ）

27. 行政复议被申请人提出书面答复时，可以不提交当初作出具体行政行为的证据、依据和其他有关材料。   （   ）

28. 在行政复议过程中，被申请人可以自行向申请人和其他组织或个人收集证据。
                                                          （   ）

29. 申请人在申请行政复议时，可以一并对具体行政行为依据的县级以上地方各级人民政府及其工作部门的规定提出审查申请。行政复议机关认为该依据不合法，但无权受理的，应当在 7 日内按照法定程序转送有权处理的国家机关依法处理。   （   ）

30. 行政复议机关在对具体行政行为所依据的有关规定的合法性进行审查时，继续对具体行政行为的审查。   （   ）

31. 行政复议机关对被申请人的具体行政行为进行审查后，认为被申请人不履行法定职责的，应当决定其在一定期限内履行。   （   ）

32. 行政复议机关决定维持的具体行政行为所具备的充分条件是：事实清楚，证据确凿，程序合法，内容适当。   （   ）

33. 申请人在申请行政复议时不能一并提出行政赔偿请求。   （   ）

34. 行政复议机关应当自受理之日起 60 日内作出行政复议决定；但是法律规定的行政复议期限多于 60 日的除外。   （   ）

35. 经行政复议机关的负责人批准，作出行政复议决定的期限可以适当延长，并告知申请人和被申请人；但延长期限最多不超过 30 日。   （   ）

36. 申请人逾期不起诉又不履行行政复议决定，如果是维持具体行政行为的行政复议决定，由行政复议机关强制执行，或者申请人民法院强制执行。   （   ）

37. 申请人不履行最终裁决的行政复议决定，如果是变更具体行政行为的行政复议决定，由行政复议机关依法强制执行，或者申请人民法院强制执行。   （   ）

38. 行政复议机关受理行政复议申请，按规定收取一定费用。   （   ）

39. 《行政复议法》关于行政复议期间有关"5 日"、"7 日"的规定包含节假日。
                                                          （   ）

40. 外国人、无国籍人、外国组织在中华人民共和国境内申请行政复议，适用《中华人民共和国行政复议法》。   （   ）

41. 《行政复议法》施行前公布的法律有关行政复议的规定与《行政复议法》的规定不一致的，以《行政复议法》施行前公布的法律为准。   （   ）

42. 行政机关作为行政管理相对人时可以作为申请人申请行政复议。 （   ）

四、阅读以下材料，并理解其重点内容

中华人民共和国行政诉讼法（2017年修正本）

（1989年4月4日第七届全国人民代表大会第二次会议通过 根据2014年11月1日第十二届全国人民代表大会常务委员会第十一次会议《关于修改〈中华人民共和国行政诉讼法〉的决定》第一次修正 根据2017年6月27日第十二届全国人民代表大会常务委员会第二十八次会议《关于修改〈中华人民共和国民事诉讼法〉和〈中华人民共和国行政诉讼法〉的决定》第二次修正）

目 录

第一章 总 则

第一条 为保证人民法院公正、及时审理行政案件，解决行政争议，保护公民、法人和其他组织的合法权益，监督行政机关依法行使职权，根据宪法，制定本法。

第二条 公民、法人或者其他组织认为行政机关和行政机关工作人员的行政行为侵犯其合法权益，有权依照本法向人民法院提起诉讼。

前款所称行政行为，包括法律、法规、规章授权的组织作出的行政行为。

第三条 人民法院应当保障公民、法人和其他组织的起诉权利，对应当受理的行政案件依法受理。

行政机关及其工作人员不得干预、阻碍人民法院受理行政案件。

被诉行政机关负责人应当出庭应诉。不能出庭的，应当委托行政机关相应的工作人员出庭。

第四条 人民法院依法对行政案件独立行使审判权，不受行政机关、社会团体和个人的干涉。

人民法院设行政审判庭，审理行政案件。

第五条　人民法院审理行政案件，以事实为根据，以法律为准绳。

第六条　人民法院审理行政案件，对行政行为是否合法进行审查。

第七条　人民法院审理行政案件，依法实行合议、回避、公开审判和两审终审制度。

第八条　当事人在行政诉讼中的法律地位平等。

第九条　各民族公民都有用本民族语言、文字进行行政诉讼的权利。

在少数民族聚居或者多民族共同居住的地区，人民法院应当用当地民族通用的语言、文字进行审理和发布法律文书。

人民法院应当对不通晓当地民族通用的语言、文字的诉讼参与人提供翻译。

第十条　当事人在行政诉讼中有权进行辩论。

第十一条　人民检察院有权对行政诉讼实行法律监督。

第二章　受案范围

第十二条　人民法院受理公民、法人或者其他组织提起的下列诉讼：

（一）对行政拘留、暂扣或者吊销许可证和执照、责令停产停业、没收违法所得、没收非法财物、罚款、警告等行政处罚不服的；

（二）对限制人身自由或者对财产的查封、扣押、冻结等行政强制措施和行政强制执行不服的；

（三）申请行政许可，行政机关拒绝或者在法定期限内不予答复，或者对行政机关作出的有关行政许可的其他决定不服的；

（四）对行政机关作出的关于确认土地、矿藏、水流、森林、山岭、草原、荒地、滩涂、海域等自然资源的所有权或者使用权的决定不服的；

（五）对征收、征用决定及其补偿决定不服的；

（六）申请行政机关履行保护人身权、财产权等合法权益的法定职责，行政机关拒绝履行或者不予答复的；

（七）认为行政机关侵犯其经营自主权或者农村土地承包经营权、农村土地经营权的；

（八）认为行政机关滥用行政权力排除或者限制竞争的；

（九）认为行政机关违法集资、摊派费用或者违法要求履行其他义务的；

（十）认为行政机关没有依法支付抚恤金、最低生活保障待遇或者社会保险待遇的；

（十一）认为行政机关不依法履行、未按照约定履行或者违法变更、解除政府特许经营协议、土地房屋征收补偿协议等协议的；

（十二）认为行政机关侵犯其他人身权、财产权等合法权益的。

除前款规定外，人民法院受理法律、法规规定可以提起诉讼的其他行政案件。

第十三条　人民法院不受理公民、法人或者其他组织对下列事项提起的诉讼：

（一）国防、外交等国家行为；

（二）行政法规、规章或者行政机关制定、发布的具有普遍约束力的决定、命令；

（三）行政机关对行政机关工作人员的奖惩、任免等决定；

（四）法律规定由行政机关最终裁决的行政行为。

第三章　管　辖

第十四条　基层人民法院管辖第一审行政案件。

第十五条　中级人民法院管辖下列第一审行政案件：

（一）对国务院部门或者县级以上地方人民政府所作的行政行为提起诉讼的案件；

（二）海关处理的案件；

（三）本辖区内重大、复杂的案件；

（四）其他法律规定由中级人民法院管辖的案件。

第十六条　高级人民法院管辖本辖区内重大、复杂的第一审行政案件。

第十七条　最高人民法院管辖全国范围内重大、复杂的第一审行政案件。

第十八条　行政案件由最初作出行政行为的行政机关所在地人民法院管辖。经复议的案件，也可以由复议机关所在地人民法院管辖。

经最高人民法院批准，高级人民法院可以根据审判工作的实际情况，确定若干人民法院跨行政区域管辖行政案件。

第十九条　对限制人身自由的行政强制措施不服提起的诉讼，由被告所在地或者原告所在地人民法院管辖。

第二十条　因不动产提起的行政诉讼，由不动产所在地人民法院管辖。

第二十一条　两个以上人民法院都有管辖权的案件，原告可以选择其中一个人民法院提起诉讼。原告向两个以上有管辖权的人民法院提起诉讼的，由最先立案的人民法院管辖。

第二十二条　人民法院发现受理的案件不属于本院管辖的，应当移送有管辖权的人民法院，受移送的人民法院应当受理。受移送的人民法院认为受移送的案件按照规定不属于本院管辖的，应当报请上级人民法院指定管辖，不得再自行移送。

第二十三条　有管辖权的人民法院由于特殊原因不能行使管辖权的，由上级人民法院指定管辖。

人民法院对管辖权发生争议，由争议双方协商解决。协商不成的，报它们的共同上级人民法院指定管辖。

第二十四条　上级人民法院有权审理下级人民法院管辖的第一审行政案件。

下级人民法院对其管辖的第一审行政案件，认为需要由上级人民法院审理或者指定管辖的，可以报请上级人民法院决定。

第四章　诉讼参加人

第二十五条　行政行为的相对人以及其他与行政行为有利害关系的公民、法人或者其他组织，有权提起诉讼。

有权提起诉讼的公民死亡，其近亲属可以提起诉讼。

有权提起诉讼的法人或者其他组织终止，承受其权利的法人或者其他组织可以提起诉讼。

人民检察院在履行职责中发现生态环境和资源保护、食品药品安全、国有财产保护、国有土地使用权出让等领域负有监督管理职责的行政机关违法行使职权或者不作为，致使国家利益或者社会公共利益受到侵害的，应当向行政机关提出检察建议，督促其依法履行职责。行政机关不依法履行职责的，人民检察院依法向人民法院提起诉讼。

第二十六条　公民、法人或者其他组织直接向人民法院提起诉讼的，作出行政行为的行政机关是被告。

经复议的案件，复议机关决定维持原行政行为的，作出原行政行为的行政机关和复议机关是共同被告；复议机关改变原行政行为的，复议机关是被告。

复议机关在法定期限内未作出复议决定，公民、法人或者其他组织起诉原行政行为的，作出原行政行为的行政机关是被告；起诉复议机关不作为的，复议机关是被告。

两个以上行政机关作出同一行政行为的，共同作出行政行为的行政机关是共同被告。

行政机关委托的组织所作的行政行为，委托的行政机关是被告。

行政机关被撤销或者职权变更的，继续行使其职权的行政机关是被告。

第二十七条　当事人一方或者双方为二人以上，因同一行政行为发生的行政案件，或者因同类行政行为发生的行政案件、人民法院认为可以合并审理并经当事人同意的，为共同诉讼。

第二十八条　当事人一方人数众多的共同诉讼，可以由当事人推选代表人进行诉讼。代表人的诉讼行为对其所代表的当事人发生效力，但代表人变更、放弃诉讼请求或者承认对方当事人的诉讼请求，应当经被代表的当事人同意。

第二十九条　公民、法人或者其他组织同被诉行政行为有利害关系但没有提起诉讼，或者同案件处理结果有利害关系的，可以作为第三人申请参加诉讼，或者由人民法院通知参加诉讼。

人民法院判决第三人承担义务或者减损第三人权益的，第三人有权依法提起上诉。

第三十条　没有诉讼行为能力的公民，由其法定代理人代为诉讼。法定代理人互相推诿代理责任的，由人民法院指定其中一人代为诉讼。

第三十一条　当事人、法定代理人，可以委托一至二人作为诉讼代理人。

下列人员可以被委托为诉讼代理人：

（一）律师、基层法律服务工作者；

（二）当事人的近亲属或者工作人员；

（三）当事人所在社区、单位以及有关社会团体推荐的公民。

第三十二条　代理诉讼的律师，有权按照规定查阅、复制本案有关材料，有权向有关组织和公民调查，收集与本案有关的证据。对涉及国家秘密、商业秘密和个人隐私的材料，应当依照法律规定保密。

当事人和其他诉讼代理人有权按照规定查阅、复制本案庭审材料，但涉及国家秘密、商业秘密和个人隐私的内容除外。

第五章　证　据

第三十三条　证据包括：

（一）书证；

（二）物证；

（三）视听资料；

（四）电子数据；

（五）证人证言；

（六）当事人的陈述；

（七）鉴定意见；

（八）勘验笔录、现场笔录。

以上证据经法庭审查属实，才能作为认定案件事实的根据。

第三十四条　被告对作出的行政行为负有举证责任，应当提供作出该行政行为的证据和所依据的规范性文件。

被告不提供或者无正当理由逾期提供证据，视为没有相应证据。但是，被诉行政行为涉及第三人合法权益，第三人提供证据的除外。

第三十五条　在诉讼过程中，被告及其诉讼代理人不得自行向原告、第三人和证人收集证据。

第三十六条　被告在作出行政行为时已经收集了证据，但因不可抗力等正当事由不能提供的，经人民法院准许，可以延期提供。

原告或者第三人提出了其在行政处理程序中没有提出的理由或者证据的，经人民法院准许，被告可以补充证据。

第三十七条　原告可以提供证明行政行为违法的证据。原告提供的证据不成立的，不免除被告的举证责任。

第三十八条　在起诉被告不履行法定职责的案件中，原告应当提供其向被告提出申请的证据。但有下列情形之一的除外：

（一）被告应当依职权主动履行法定职责的；

（二）原告因正当理由不能提供证据的。

在行政赔偿、补偿的案件中，原告应当对行政行为造成的损害提供证据。因被告的原因导致原告无法举证的，由被告承担举证责任。

第三十九条　人民法院有权要求当事人提供或者补充证据。

第四十条　人民法院有权向有关行政机关以及其他组织、公民调取证据。但是，不得为证明行政行为的合法性调取被告作出行政行为时未收集的证据。

第四十一条　与本案有关的下列证据，原告或者第三人不能自行收集的，可以申请人民法院调取：

（一）由国家机关保存而须由人民法院调取的证据；

（二）涉及国家秘密、商业秘密和个人隐私的证据；

（三）确因客观原因不能自行收集的其他证据。

第四十二条　在证据可能灭失或者以后难以取得的情况下，诉讼参加人可以向人民法院申请保全证据，人民法院也可以主动采取保全措施。

第四十三条　证据应当在法庭上出示，并由当事人互相质证。对涉及国家秘密、商业秘密和个人隐私的证据，不得在公开开庭时出示。

人民法院应当按照法定程序，全面、客观地审查核实证据。对未采纳的证据应当在裁判文书中说明理由。

以非法手段取得的证据，不得作为认定案件事实的根据。

第六章　起诉和受理

第四十四条　对属于人民法院受案范围的行政案件，公民、法人或者其他组织可以先向行政机关申请复议，对复议决定不服的，再向人民法院提起诉讼；也可以直接向人民法院提起诉讼。

法律、法规规定应当先向行政机关申请复议，对复议决定不服再向人民法院提起诉讼的，依照法律、法规的规定。

第四十五条　公民、法人或者其他组织不服复议决定的，可以在收到复议决定书之日起十五日内向人民法院提起诉讼。复议机关逾期不作决定的，申请人可以在复议期满之日起十五日内向人民法院提起诉讼。法律另有规定的除外。

第四十六条　公民、法人或者其他组织直接向人民法院提起诉讼的，应当自知道或者应当知道作出行政行为之日起六个月内提出。法律另有规定的除外。

因不动产提起诉讼的案件自行政行为作出之日起超过二十年，其他案件自行政行为作出之日起超过五年提起诉讼的，人民法院不予受理。

第四十七条　公民、法人或者其他组织申请行政机关履行保护其人身权、财产权等合法权益的法定职责，行政机关在接到申请之日起两个月内不履行的，公民、法人或者其他组织可以向人民法院提起诉讼。法律、法规对行政机关履行职责的期限另有规定的，从其规定。

公民、法人或者其他组织在紧急情况下请求行政机关履行保护其人身权、财产权等合法权益的法定职责，行政机关不履行的，提起诉讼不受前款规定期限的限制。

第四十八条　公民、法人或者其他组织因不可抗力或者其他不属于其自身的原因耽误起诉期限的，被耽误的时间不计算在起诉期限内。

公民、法人或者其他组织因前款规定以外的其他特殊情况耽误起诉期限的，在障碍消除后十日内，可以申请延长期限，是否准许由人民法院决定。

第四十九条　提起诉讼应当符合下列条件：

（一）原告是符合本法第二十五条规定的公民、法人或者其他组织；

（二）有明确的被告；

（三）有具体的诉讼请求和事实根据；

（四）属于人民法院受案范围和受诉人民法院管辖。

第五十条　起诉应当向人民法院递交起诉状，并按照被告人数提出副本。

书写起诉状确有困难的，可以口头起诉，由人民法院记入笔录，出具注明日期的书面凭证，并告知对方当事人。

第五十一条　人民法院在接到起诉状时对符合本法规定的起诉条件的，应当登记立案。

对当场不能判定是否符合本法规定的起诉条件的，应当接收起诉状，出具注明收到日期的书面凭证，并在七日内决定是否立案。不符合起诉条件的，作出不予立案的裁定。裁定书应当载明不予立案的理由。原告对裁定不服的，可以提起上诉。

起诉状内容欠缺或者有其他错误的，应当给予指导和释明，并一次性告知当事人需要补正的内容。不得未经指导和释明即以起诉不符合条件为由不接收起诉状。

对于不接收起诉状、接收起诉状后不出具书面凭证，以及不一次性告知当事人需要补正的起诉状内容的，当事人可以向上级人民法院投诉，上级人民法院应当责令改正，并对直接负责的主管人员和其他直接责任人员依法给予处分。

第五十二条　人民法院既不立案，又不作出不予立案裁定的，当事人可以向上一级人民法院起诉。上一级人民法院认为符合起诉条件的，应当立案、审理，也可以指定其他下级人民法院立案、审理。

第五十三条　公民、法人或者其他组织认为行政行为所依据的国务院部门和地方人民政府及其部门制定的规范性文件不合法，在对行政行为提起诉讼时，可以一并请求对该规范性文件进行审查。

前款规定的规范性文件不含规章。

第七章　审理和判决

第一节　一般规定

第五十四条　人民法院公开审理行政案件，但涉及国家秘密、个人隐私和法律另有规定的除外。

涉及商业秘密的案件，当事人申请不公开审理的，可以不公开审理。

第五十五条　当事人认为审判人员与本案有利害关系或者有其他关系可能影响公正审判，有权申请审判人员回避。

审判人员认为自己与本案有利害关系或者有其他关系，应当申请回避。

前两款规定，适用于书记员、翻译人员、鉴定人、勘验人。

院长担任审判长时的回避，由审判委员会决定；审判人员的回避，由院长决定；其他人员的回避，由审判长决定。当事人对决定不服的，可以申请复议一次。

第五十六条　诉讼期间，不停止行政行为的执行。但有下列情形之一的，裁定停止执行：

（一）被告认为需要停止执行的；

（二）原告或者利害关系人申请停止执行，人民法院认为该行政行为的执行会造成难以弥补的损失，并且停止执行不损害国家利益、社会公共利益的；

（三）人民法院认为该行政行为的执行会给国家利益、社会公共利益造成重大损害的；

（四）法律、法规规定停止执行的。

当事人对停止执行或者不停止执行的裁定不服的，可以申请复议一次。

第五十七条　人民法院对起诉行政机关没有依法支付抚恤金、最低生活保障金和工伤、医疗社会保险金的案件，权利义务关系明确、不先予执行将严重影响原告生活的，可以根据原告的申请，裁定先予执行。

当事人对先予执行裁定不服的，可以申请复议一次。复议期间不停止裁定的执行。

第五十八条　经人民法院传票传唤，原告无正当理由拒不到庭，或者未经法庭许可中途退庭的，可以按照撤诉处理；被告无正当理由拒不到庭，或者未经法庭许可中途退庭的，可以缺席判决。

第五十九条　诉讼参与人或者其他人有下列行为之一的，人民法院可以根据情节轻重，予以训诫、责令具结悔过或者处一万元以下的罚款、十五日以下的拘留；构成犯罪的，依法追究刑事责任：

（一）有义务协助调查、执行的人，对人民法院的协助调查决定、协助执行通知书，无故推拖、拒绝或者妨碍调查、执行的；

（二）伪造、隐藏、毁灭证据或者提供虚假证明材料，妨碍人民法院审理案件的；

（三）指使、贿买、胁迫他人作伪证或者威胁、阻止证人作证的；

（四）隐藏、转移、变卖、毁损已被查封、扣押、冻结的财产的；

（五）以欺骗、胁迫等非法手段使原告撤诉的；

（六）以暴力、威胁或者其他方法阻碍人民法院工作人员执行职务，或者以哄闹、冲击法庭等方法扰乱人民法院工作秩序的；

（七）对人民法院审判人员或者其他工作人员、诉讼参与人、协助调查和执行的人员恐吓、侮辱、诽谤、诬陷、殴打、围攻或者打击报复的。

人民法院对有前款规定的行为之一的单位，可以对其主要负责人或者直接责任人员依照前款规定予以罚款、拘留；构成犯罪的，依法追究刑事责任。

罚款、拘留须经人民法院院长批准。当事人不服的，可以向上一级人民法院申请复议一次。复议期间不停止执行。

第六十条　人民法院审理行政案件，不适用调解。但是，行政赔偿、补偿以及行政机关行使法律、法规规定的自由裁量权的案件可以调解。

调解应当遵循自愿、合法原则，不得损害国家利益、社会公共利益和他人合法权益。

第六十一条　在涉及行政许可、登记、征收、征用和行政机关对民事争议所作的裁决的行政诉讼中，当事人申请一并解决相关民事争议的，人民法院可以一并审理。

在行政诉讼中，人民法院认为行政案件的审理需以民事诉讼的裁判为依据的，可以裁定中止行政诉讼。

第六十二条　人民法院对行政案件宣告判决或者裁定前，原告申请撤诉的，或者被告改变其所作的行政行为，原告同意并申请撤诉的，是否准许，由人民法院裁定。

第六十三条　人民法院审理行政案件，以法律和行政法规、地方性法规为依据。地方性法规适用于本行政区域内发生的行政案件。

人民法院审理民族自治地方的行政案件，并以该民族自治地方的自治条例和单行条例为依据。

人民法院审理行政案件，参照规章。

第六十四条　人民法院在审理行政案件中，经审查认为本法第五十三条规定的规范性文件不合法的，不作为认定行政行为合法的依据，并向制定机关提出处理建议。

第六十五条　人民法院应当公开发生法律效力的判决书、裁定书，供公众查阅，但涉及国家秘密、商业秘密和个人隐私的内容除外。

第六十六条　人民法院在审理行政案件中，认为行政机关的主管人员、直接责任人员违法违纪的，应当将有关材料移送监察机关、该行政机关或者其上一级行政机关；认为有犯罪行为的，应当将有关材料移送公安、检察机关。

人民法院对被告经传票传唤无正当理由拒不到庭，或者未经法庭许可中途退庭的，可以将被告拒不到庭或者中途退庭的情况予以公告，并可以向监察机关或者被告的上一级行政机关提出依法给予其主要负责人或者直接责任人员处分的司法建议。

第二节　第一审普通程序

第六十七条　人民法院应当在立案之日起五日内，将起诉状副本发送被告。被告应当在收到起诉状副本之日起十五日内向人民法院提交作出行政行为的证据和所依据的规范性文件，并提出答辩状。人民法院应当在收到答辩状之日起五日内，将答辩状副本发送原告。

被告不提出答辩状的，不影响人民法院审理。

第六十八条　人民法院审理行政案件，由审判员组成合议庭，或者由审判员、陪审员组成合议庭。合议庭的成员，应当是三人以上的单数。

第六十九条　行政行为证据确凿，适用法律、法规正确，符合法定程序的，或者原告申请被告履行法定职责或者给付义务理由不成立的，人民法院判决驳回原告的诉讼请求。

第七十条　行政行为有下列情形之一的，人民法院判决撤销或者部分撤销，并可以判决被告重新作出行政行为：

（一）主要证据不足的；

（二）适用法律、法规错误的；

（三）违反法定程序的；

（四）超越职权的；

（五）滥用职权的；

（六）明显不当的。

第七十一条　人民法院判决被告重新作出行政行为的，被告不得以同一的事实和理由作出与原行政行为基本相同的行政行为。

第七十二条　人民法院经过审理，查明被告不履行法定职责的，判决被告在一定期限内履行。

第七十三条　人民法院经过审理，查明被告依法负有给付义务的，判决被告履行给付义务。

第七十四条　行政行为有下列情形之一的，人民法院判决确认违法，但不撤销行政行为：

（一）行政行为依法应当撤销，但撤销会给国家利益、社会公共利益造成重大损害的；

（二）行政行为程序轻微违法，但对原告权利不产生实际影响的。

行政行为有下列情形之一，不需要撤销或者判决履行的，人民法院判决确认违法：

（一）行政行为违法，但不具有可撤销内容的；

（二）被告改变原违法行政行为，原告仍要求确认原行政行为违法的；

（三）被告不履行或者拖延履行法定职责，判决履行没有意义的。

第七十五条　行政行为有实施主体不具有行政主体资格或者没有依据等重大且明显违法情形，原告申请确认行政行为无效的，人民法院判决确认无效。

第七十六条　人民法院判决确认违法或者无效的，可以同时判决责令被告采取补救措施；给原告造成损失的，依法判决被告承担赔偿责任。

第七十七条　行政处罚明显不当，或者其他行政行为涉及对款额的确定、认定确有错误的，人民法院可以判决变更。

人民法院判决变更，不得加重原告的义务或者减损原告的权益。但利害关系人同为原告，且诉讼请求相反的除外。

第七十八条　被告不依法履行、未按照约定履行或者违法变更、解除本法第十二条第一款第十一项规定的协议的，人民法院判决被告承担继续履行、采取补救措施或者赔偿损失等责任。

被告变更、解除本法第十二条第一款第十一项规定的协议合法，但未依法给予补偿的，人民法院判决给予补偿。

第七十九条　复议机关与作出原行政行为的行政机关为共同被告的案件，人民法院应当对复议决定和原行政行为一并作出裁判。

第八十条　人民法院对公开审理和不公开审理的案件，一律公开宣告判决。

当庭宣判的，应当在十日内发送判决书；定期宣判的，宣判后立即发给判决书。

宣告判决时，必须告知当事人上诉权利、上诉期限和上诉的人民法院。

第八十一条　人民法院应当在立案之日起六个月内作出第一审判决。有特殊情况需要延长的，由高级人民法院批准，高级人民法院审理第一审案件需要延长的，由最高人民法院批准。

第三节　简易程序

第八十二条　人民法院审理下列第一审行政案件，认为事实清楚、权利义务关系明确、争议不大的，可以适用简易程序：

（一）被诉行政行为是依法当场作出的；

（二）案件涉及款额二千元以下的；

（三）属于政府信息公开案件的。

除前款规定以外的第一审行政案件，当事人各方同意适用简易程序的，可以适用简易程序。

发回重审、按照审判监督程序再审的案件不适用简易程序。

第八十三条　适用简易程序审理的行政案件，由审判员一人独任审理，并应当在立案之日起四十五日内审结。

第八十四条　人民法院在审理过程中，发现案件不宜适用简易程序的，裁定转为普通程序。

第四节　第二审程序

第八十五条　当事人不服人民法院第一审判决的，有权在判决书送达之日起十五日内向上一级人民法院提起上诉。当事人不服人民法院第一审裁定的，有权在裁定书送达之日起十日内向上一级人民法院提起上诉。逾期不提起上诉的，人民法院的第一审判决或者裁定发生法律效力。

第八十六条　人民法院对上诉案件，应当组成合议庭，开庭审理。经过阅卷、调查和询问当事人，对没有提出新的事实、证据或者理由，合议庭认为不需要开庭审理的，也可以不开庭审理。

第八十七条　人民法院审理上诉案件，应当对原审人民法院的判决、裁定和被诉行政行为进行全面审查。

第八十八条　人民法院审理上诉案件，应当在收到上诉状之日起三个月内作出终审判决。有特殊情况需要延长的，由高级人民法院批准，高级人民法院审理上诉案件需要延长的，由最高人民法院批准。

第八十九条　人民法院审理上诉案件，按照下列情形，分别处理：

（一）原判决、裁定认定事实清楚，适用法律、法规正确的，判决或者裁定驳回上诉，维持原判决、裁定；

（二）原判决、裁定认定事实错误或者适用法律、法规错误的，依法改判、撤销或者变更；

（三）原判决认定基本事实不清、证据不足的，发回原审人民法院重审，或者查清事实后改判；

（四）原判决遗漏当事人或者违法缺席判决等严重违反法定程序的，裁定撤销原判决，发回原审人民法院重审。

原审人民法院对发回重审的案件作出判决后，当事人提起上诉的，第二审人民法院不得再次发回重审。

人民法院审理上诉案件，需要改变原审判决的，应当同时对被诉行政行为作出判决。

第五节　审判监督程序

第九十条　当事人对已经发生法律效力的判决、裁定，认为确有错误的，可以向上一级人民法院申请再审，但判决、裁定不停止执行。

第九十一条　当事人的申请符合下列情形之一的，人民法院应当再审：

（一）不予立案或者驳回起诉确有错误的；

（二）有新的证据，足以推翻原判决、裁定的；

（三）原判决、裁定认定事实的主要证据不足、未经质证或者系伪造的；

（四）原判决、裁定适用法律、法规确有错误的；

（五）违反法律规定的诉讼程序，可能影响公正审判的；

（六）原判决、裁定遗漏诉讼请求的；

（七）据以作出原判决、裁定的法律文书被撤销或者变更的；

（八）审判人员在审理该案件时有贪污受贿、徇私舞弊、枉法裁判行为的。

第九十二条　各级人民法院院长对本院已经发生法律效力的判决、裁定，发现有本法第九十一条规定情形之一，或者发现调解违反自愿原则或者调解书内容违法，认为需要再审的，应当提交审判委员会讨论决定。

最高人民法院对地方各级人民法院已经发生法律效力的判决、裁定，上级人民法院对下级人民法院已经发生法律效力的判决、裁定，发现有本法第九十一条规定情形之一，或者发现调解违反自愿原则或者调解书内容违法的，有权提审或者指令下级人民法院再审。

第九十三条　最高人民检察院对各级人民法院已经发生法律效力的判决、裁定，上级人民检察院对下级人民法院已经发生法律效力的判决、裁定，发现有本法第九十一条规定情形之一，或者发现调解书损害国家利益、社会公共利益的，应当提出抗诉。

地方各级人民检察院对同级人民法院已经发生法律效力的判决、裁定，发现有本法第九十一条规定情形之一，或者发现调解书损害国家利益、社会公共利益的，可以向同级人民法院提出检察建议，并报上级人民检察院备案；也可以提请上级人民检察院向同级人民法院提出抗诉。

各级人民检察院对审判监督程序以外的其他审判程序中审判人员的违法行为，有权向同级人民法院提出检察建议。

第八章　执　行

第九十四条　当事人必须履行人民法院发生法律效力的判决、裁定、调解书。

第九十五条　公民、法人或者其他组织拒绝履行判决、裁定、调解书的，行政机关或者第三人可以向第一审人民法院申请强制执行，或者由行政机关依法强制执行。

第九十六条　行政机关拒绝履行判决、裁定、调解书的，第一审人民法院可以采取下列措施：

（一）对应当归还的罚款或者应当给付的款额，通知银行从该行政机关的账户内划拨；

（二）在规定期限内不履行的，从期满之日起，对该行政机关负责人按日处五十元至一百元的罚款；

（三）将行政机关拒绝履行的情况予以公告；

（四）向监察机关或者该行政机关的上一级行政机关提出司法建议。接受司法建议的机关，根据有关规定进行处理，并将处理情况告知人民法院；

（五）拒不履行判决、裁定、调解书，社会影响恶劣的，可以对该行政机关直接负责的主管人员和其他直接责任人员予以拘留；情节严重，构成犯罪的，依法追究刑事责任。

第九十七条　公民、法人或者其他组织对行政行为在法定期限内不提起诉讼又不履行的，行政机关可以申请人民法院强制执行，或者依法强制执行。

第九章　涉外行政诉讼

第九十八条　外国人、无国籍人、外国组织在中华人民共和国进行行政诉讼，适用本法。法律另有规定的除外。

第九十九条　外国人、无国籍人、外国组织在中华人民共和国进行行政诉讼，同中华人民共和国公民、组织有同等的诉讼权利和义务。

外国法院对中华人民共和国公民、组织的行政诉讼权利加以限制的，人民法院对该国公民、组织的行政诉讼权利，实行对等原则。

第一百条　外国人、无国籍人、外国组织在中华人民共和国进行行政诉讼，委托律师代理诉讼的，应当委托中华人民共和国律师机构的律师。

第十章　附　则

第一百零一条　人民法院审理行政案件，关于期间、送达、财产保全、开庭审理、调解、中止诉讼、终结诉讼、简易程序、执行等，以及人民检察院对行政案件受理、审理、裁判、执行的监督，本法没有规定的，适用《中华人民共和国民事诉讼法》的相关规定。

第一百零二条　人民法院审理行政案件，应当收取诉讼费用。诉讼费用由败诉方承担，双方都有责任的由双方分担。收取诉讼费用的具体办法另行规定。

第一百零三条　本法自1990年10月1日起施行。

最高人民法院关于适用《中华人民共和国行政诉讼法》的解释

（2017 年 11 月 13 日最高人民法院审判委员会第 1726 次会议通过　自 2018 年 2 月 8 日起施行　法释〔2018〕1 号）

（全文略）

最高人民法院关于行政诉讼证据若干问题的规定

（2002 年 6 月 4 日最高人民法院审判委员会第 1224 次会议通过　法释〔2002〕21 号）

（全文略）

第 19 章 行政赔偿

🎯 回顾第18章司法审查内容

1. 近现代的司法审查制度源自哪里？
2. 司法审查的对象是什么？
3. 我国行政救济的主要形式有哪些？
4. 司法审查的特有原则是哪些？
5. 司法审查包括哪两个标准？
6. 合理性审查的衡量标准是什么？
7. 目前行政法律规范冲突大致有几种情况？
8. 我国法律的层级是怎样的？

🎯 法律文化体认与领悟

人民主权原则是现代民主制度的理论基石。

🎯 本章主要内容

　　了解行政赔偿的概念、特征；弄清行政赔偿的范围、行政赔偿请求人和行政赔偿义务机关；明确行政赔偿程序；掌握行政赔偿的方式和计算标准。

◆▪◆

案例导入

某石油液化气公司不服环保处罚并要求行政赔偿案

　　2006年6月19日至6月27日，某市石油液化气公司所属液化气站发生了液化气泄漏事故，周围农作物受到污染。6月29日受污染农作物所有人张某向某市城乡环境保护委员会办公室提出申诉，要求市石油液化气公司赔偿其农作物遭受污染的损失。某市城乡环境保护委员会办公室经查证后确认申诉人张某反映的情况属实，遂以"某市城乡环境保护委员会办公室"的名义，根据《大气污染防治法》（1995年修订）第43条的规定作出处理决定：对某市石油液化气公司处以罚款4000元，并责成其赔偿张某损失3000元。

　　某市石油液化气公司不服向人民法院提起行政诉讼，要求撤销处罚并退还罚款。法院在审理本案的过程中查明被诉行政处罚事实清楚，证据确凿，适用法律正确，但认为被告

"某市城乡环境保护建设委员会办公室"不具有行政处罚的主体资格，因而其对原告作出的行政处罚决定违法。法院据此判决撤销某市城乡环境保护委员会办公室对原告作出的罚款4000元的决定。由于被告的处罚决定尚未执行，没有给被告造成现实的直接损害，因此法院同时判决驳回原告要求行政赔偿的诉讼请求。

　　问题：**1. 被告的行政处罚行为是否违法？**
　　　　　2. 国家行政赔偿中的违法原则应如何把握？

　　行政救济（administrative remedies）是国家为排除行政行为对公民，法人和其他组织合法权益的侵害而采取的各种事后手段与措施所构成的制度。它对排除不法行政行为，恢复和弥补行政相对人合法权益，监督和保障行政主体行使行政职权，维护社会公正和安定，弘扬民主与法治等具有重要的意义。行政救济制度在世界范围内被广泛接受，我国行政救济的主要形式包括行政诉讼、行政复议、行政赔偿和行政补偿等，其中行政赔偿是国家赔偿范围之一。

　　行政诉讼、行政复议、行政赔偿和行政补偿等形式是我国行政救济的主要形式。

19.1　国家赔偿概述

19.1.1　国家赔偿责任概念及构成要件

　　国家赔偿责任是指国家对国家机关及其工作人员行使职权，有本法规定的侵犯公民、法人和其他组织合法权益的情形，造成损害的，承担赔偿的责任。

　　这里的国家机关包括行政机关、审判机关和检察机关。国家机关工作人员指上述机关的履行职务的公务人员。

　　国家赔偿的构成要件是国家承担赔偿责任所要具备的条件，换言之，国家在具备什么条件时才承担赔偿责任。根据《国家赔偿法》的规定，国家赔偿责任的构成要件主要有以下五项：

　　（1）侵权行为主体要件。根据《国家赔偿法》规定侵权行为主体必须是国家机关或者其工作人员以及法律、法规授权的组织（其被授予的职权只限于行政职权，不包括司法职权）。

　　（2）侵权行为要件。侵权行为的存在是构成国家赔偿责任的要件之一，即国家侵权行为的主体的哪些行为可以引起国家赔偿责任。首先，致害行为必须是执行职务的行为，国家只对执行职务的行为承担赔偿责任，而对于国家机关工作人员职务之外与行使职权无关的个人行为纵然违法，只能对行为人产生相应的民事责任或行政责任或刑事责任，不能引起国家赔偿责任；其次，必须是执行职务的行为，只有职务行为才会引起国家赔偿责任。《国家赔偿法》第2条规定："国家机关和国家机关工作人员行使职权，有本法规定的侵犯公民、法人和其他组织的合法权益的情形，造成损害的，受害人有依照本法取得国家赔偿的权利。"

　　（3）损害结果要件。损害结果是指国家机关及其工作人员行使职权，侵犯了公民、法人或者其他组织的合法权益所造成的既定的客观损害。即有损害，才会有赔偿。并且，损害结果只有具备以下特征，才可以获得国家赔偿：①合法权益的损害具有现实性，即已经发生的、现实的，而不是未来的、主观臆想的；②损害必须针对合法权益而言，违法的利益不受法律保护，不引起国家赔偿；③损害必须是直接损害，而不包括间接损害。我国《国家赔偿法》在第二章第一节中把侵权损害的范围概括为两种：一是人身权，二是财产权。人身权主要有人身自由权、人格尊严权、婚姻自主权、名誉权、荣誉权、名称权、生命健康权、肖像权、亲属关系中的权利。财产权有继承权、物权、经营自主权、债权、知识产权等。

（4）侵权行为与损害结果之间具有因果关系。职务侵权行为与损害结果之间具有因果关系指国家机关及其工作人员的职权行为与公民、法人或者其他组织的合法权益受到损害，结果之间必须有必然的、内在的、本质的联系。只有两者之间具有这种联系，国家才负责赔偿。

（5）法律要件。构成国家赔偿责任还必须满足"有法律规定"这一要件。如果法律没有规定国家赔偿责任，即使公民受到国家机关侵害，国家也可能不承担赔偿责任。这是国家赔偿责任的一个重要特点。即使在今天，也没有任何国家在法律上采取政府对所有侵权行为承担赔偿责任的办法。就国家赔偿的可行性而言，如果免除所有的限制，允许受害人对国家所有行为提起赔偿诉讼也是不现实、不恰当的。因此，国家对何种行为负责赔偿、适用什么赔偿方式及程序，均须由法律明确规定。

只有以上五个要件均具备时，国家才对损害承担赔偿责任。（见表19-1所示）

表19-1　国家赔偿责任构成要件

主体要件	行政机关、司法机关、被授权组织、受委托组织；以上组织的工作人员；受委托的个人
行为要件	职权性；权力性；执行性；违法性
结果要件	是合法权益；属人身财产权；有直接损失；属物质损害及特定条件下的精神损害
因果要件	行为与损害有逻辑联系并直接相关
法律要件	有法律的规定作为赔偿依据

国家赔偿是对职权行为造成的损害承担的赔偿责任，但国家承担责任，机关履行赔偿义务。国家是一个庞大的、结构复杂的政治实体，是抽象主体，不可能履行具体的赔偿义务，一般由具体的国家机关承担赔偿义务，因此，形成了"国家责任，机关赔偿"的特殊形式。国家对受害人给予的赔偿来自国库。国家赔偿窄于民事赔偿，属于有限赔偿责任。

国家赔偿与国家补偿有区别。国家赔偿是职权行为造成损害引起的，而国家补偿是合法行为（如征用等）引起的。我国国家赔偿法不包括公有公共设施的致害赔偿。

19.1.2　国家赔偿立法

国家赔偿制度的建立，在世界各国都经历了较为艰难的过程。法国是最早建立国家赔偿制度的国家之一。

我国1954年《宪法》第97条规定："中华人民共和国公民对于任何违法失职的国家机关工作人员，有向各级国家机关提出书面控告或口头控告的权利。由于国家机关工作人员侵犯公民权利而受到损失的人，有取得赔偿的权利。"从而第一次把国家赔偿请求权确定为公民基本权利之一。1982年通过的现行《宪法》第41条第3款规定："由于国家机关和国家工作人员侵犯公民权利而受到损失的人，有依照法律规定取得赔偿的权利。"1989年通过的《行政诉讼法》第9章专门规定了"侵权赔偿责任"，从而确立了行政赔偿诉讼的法律程序。

我国《国家赔偿法》1994年5月12日第八届全国人民代表大会常务委员会第七次会议通过，1995年1月1日起正式施行。2010年4月29日第十一届全国人民代表大会常务委员会第十四次会议通过关于修改〈中华人民共和国国家赔偿法〉的决定》第一次修正；2012年10月26日第十一届全国人民代表大会常务委员会第二十九次会议通过关于修改〈中华人民共和国国家赔偿法〉的决定》第二次修正)。

目前，全国中级以上人民法院全部设立了赔偿委员会和审理赔偿案件的专门机构。

19.1.3 国家赔偿范围

根据《国家赔偿法》规定，我国国家赔偿范围包括三类：

(1) 行政赔偿

行政赔偿是指行政机关及其工作人员在行使职权过程中侵犯公民、法人或其他组织的合法权益并造成损害，国家对此承担的赔偿责任。行政赔偿的前提是行政侵权。行政侵权是指行政主体因作为或不作为不法侵害他人合法权益而依法必须承担行政赔偿责任的行为。行政侵权的构成必须具备以下要件：

①行政侵权的主体是行政主体。非行政主体，尽管也可能产生侵权后果，但不属于行政侵权。

②行政侵权的前提是他人的合法权益受到损害。这里的"合法权益受到损害"是指：第一，损害事实是客观存在的，没有损害事实的行为均不构成侵权。第二，受到损害的是合法权益（包括财产和人身权益），本身不合法的权益受损，也不构成行政侵权。

③行政侵权的后果是承担行政赔偿责任。行政侵权客观上使他人合法的财产和人身权利受到实际损害，对于这种损害，行政侵权主体必须依法承担由此产生的行政赔偿责任。

④行政侵权在性质上属于侵权行为。行政主体侵害他人财产或人身权益的行为，才承担行政赔偿责任。

行政赔偿以依法赔偿为原则。与民事赔偿不同，行政赔偿责任的承担严格实行依法承担的原则，完全以国家赔偿法以及其他法律、法规为依据。

行政赔偿以行政主体为赔偿义务机关。行政机关及其工作人员行使职权侵犯公民、法人和其他组织合法权益造成损害的，该行政机关为赔偿义务机关。

(2) 刑事赔偿

刑事赔偿是指行使国家侦查、检察、审判职权的机关以及看守所、监狱管理机关及其工作人员在行使职权时，违法侵犯公民、法人和其他组织人身权、财产权而依法承担的国家赔偿责任。但根据《国家赔偿法》第十九条规定，属于下列情形之一的，国家不承担赔偿责任：

①因公民自己故意作虚伪供述，或者伪造其他有罪证据被羁押或者被判处刑罚的；

②依照刑法第十七条、第十八条规定不负刑事责任的人被羁押的；

③依照刑事诉讼法第十五条、第一百七十三条第二款、第二百七十三条第二款、第二百七十九条规定不追究刑事责任的人被羁押的；

④行使侦查、检察、审判职权的机关以及看守所、监狱管理机关的工作人员与行使职权无关的个人行为；

⑤因公民自伤、自残等故意行为致使损害发生的；

⑥法律规定的其他情形。

（3）民事诉讼、行政诉讼赔偿

民事诉讼、行政诉讼赔偿是指人民法院在民事诉讼、行政诉讼过程中，违法采取对妨害诉讼的强制措施、保全措施或者对裁判及其他生效法律文书执行错误，造成损害而承担的国家赔偿责任。

赔偿请求人要求民事诉讼、行政诉讼赔偿的程序，适用《国家赔偿法》关于刑事赔偿程序的规定。

19.2 行政赔偿范围

行政赔偿是国家的赔偿责任，行政赔偿的责任主体是国家，而不是行政机关及其工作人员。行政赔偿实质上是一种国家赔偿。行政赔偿是国家赔偿中最主要的内容（见表19-2所示）。行政赔偿范围与刑事赔偿范围注意比较区分（见表19-3所示），民事、行政、司法赔偿范围要注意比较区分。（见表19-4所示）

表 19-2 行政赔偿范围

基本原则	损害人身权、财产权的违法行为
肯定列举	①损害人身自由权②损害生命健康权③损害财产权④特定条件下致人精神损害
否定列举	①行政人员与职权无关行为致害②受害人自己致害③第三人致害④不可抗力致害

表 19-3 刑事赔偿范围

	案件类型	主要含义	不赔偿的例外情况
人身	错拘案件	无犯罪事实或无事实证明有重大犯罪嫌疑而拘留	无刑事责任能力或免于追究的人犯罪被拘留
	错捕案件	无犯罪事实而逮捕	无刑事责任能力或免于追究的人犯罪被逮捕
	错判案件	对无罪者判处并执行刑罚	减刑、假释、缓刑、管制、剥夺政治权利等
	暴力伤害	司法人员或其唆使的人实施与职权有关的非法暴力造成死伤	公民自伤自残行为；司法人员个人行为
	违法使用武器警械	司法机关及其人员在执行职务时违法使用武器、警械造成死伤	正当防卫使用武器、警械的

	案件类型	主要含义	不赔偿的例外情况
财产	查封扣押冻结追缴	违法对财产查封、扣押、冻结、追缴的	
	罚没财产	再审改判无罪，原判罚金、没收财产已执行的	原判决被改变，但仍然有罪的

表 19-4 民事行政司法赔偿范围

违法采取排除妨碍诉讼措施	仅限于司法罚款、司法拘留两者
违法采取保全措施	包括证据保全和财产保全
错误执行生效法律文书	指执行行为错误，而不是被执行的法律文书错误
暴力伤害	司法人员或其唆使的人实施与职权有关的非法暴力造成死伤
违法使用武器警械	司法机关及其人员在执行职务时违法使用武器、警械造成死伤

行政机关及其工作人员与国家之间存在委托代理关系。行政机关工作人员实施行政管理活动时无论合法还是违法，其法律后果都归属于国家。行政赔偿是国家对行政侵权行为所承担的赔偿责任，具体地说，是国家对其合法权益受到行政侵权行为损害的公民、法人或者其他组织承担的赔偿责任。

行政赔偿范围从大的方面说，就是侵犯人身权的行为和侵犯财产权的行为。具体可概括为：

（1）侵犯人身权的行为。具体包括：①行政拘留；②限制人身自由的行政强制措施（强制治疗和强制戒毒、劳动教养、强制传唤）；③非法拘禁或者以其他方法非法剥夺公民人身自由。

（2）侵害公民生命健康权的行为。具体包括：①暴力行为；②违法使用武器、警械；③其他造成公民身体伤害或死亡的违法行为。

（3）侵犯财产权的行为。具体包括：①罚款；②没收；③吊销许可证和执照；④责令停产停业；⑤侵犯财产权的其他行政处罚。

（4）侵犯财产权的行政强制措施。主要是查封、扣押、冻结、保全、拍卖。

违法的财产强制措施主要表现为：①超越职权；②违反法定程序；③不按照法律规定妥善保管被扣押的财产；④对象错误；⑤不遵守法定期限。

（5）违法征收财物、摊派费用。具体有：①不按法律规定的项目和数额征收费用和劳务；②没有法律规定自行设立项目征收财物和费用；③征收的目的与相关法律规定的目的相悖。

（6）其他侵犯财产权的违法行为。

财产权有广义和狭义之分。狭义财产权指物权、债权、知识产权、继承权、经营权和物质帮助权。广义财产权还包括劳动权、受教育权、休息权等。

我国《国家赔偿法》规定了国家不承担行政赔偿责任的情形。国家对某些在行政管理过程中发生的损害不承担赔偿责任的事项，具体有：

（1）行政机关工作人员实施的与行使职权无关的个人行为。

（2）因受害人自己的行为致使损害发生的。

（3）国家不承担赔偿责任的其他情形。包括：①不可抗力；②第三人过错；③受害人从其他途径获得了补偿（保险和公费医疗）。

行政赔偿请求人为依法被确认合格的公民、法人或者其他组织。现行《国家赔偿法》第十二条规定："赔偿请求人不是受害人本人的，应当说明与受害人的关系，并提供相应证明。"

行政赔偿义务机关是指代表国家处理赔偿请求、参加赔偿诉讼、支付赔偿费用的行政机关。行政赔偿义务机关是具体负责办理赔偿事务、履行赔偿责任的机关。在办理赔偿事务、履行赔偿责任过程中，赔偿义务机关具有以下义务：

（1）及时受理和处理赔偿请求。对行政赔偿请求人的申请，赔偿义务机关应在法定期间内作出处理。

（2）参加行政复议和行政赔偿诉讼。受害人在行政复议过程中一并提出赔偿请求的，赔偿义务机关以被申请人的名义参加；受害人在行政诉讼中一并提出赔偿请求的，赔偿义务机关以行政诉讼被告的身份出现，行使相应的权利和履行相应的义务。

（3）及时充分地履行赔偿义务。赔偿义务依法经行政复议机关或者人民法院决定或判决确认之后，赔偿义务机关应当及时履行，办理赔偿费用交付事宜、返还财产和恢复原状等。

（4）依法办理追偿事务。在赔偿受害人损失后，赔偿义务机关有权也有义务向有故意和重大过失公务人员及受委托的组织或个人行使追偿权。

行政追偿是指国家在向行政赔偿请求人支付赔偿费用以后，依法责令具有故意或重大过失的工作人员、受委托组织或者个人承担部分或全部赔偿费用的法律制度。行政追偿是公务员个人向国家承担的赔偿责任，是对公务员的谴责和督促。行政追偿的条件：

（1）行政赔偿义务机关已经履行了赔偿责任；

（2）行政机关工作人员具有故意或者重大过失。

行政追偿的步骤：赔偿义务机关办理追偿事务应当经历如下步骤：查明被追偿人的过错；听取被追偿人的意见和申辩；决定追偿的金额；执行追偿决定。被追偿人不服追偿决定的，可以依法向上级行政机关或者监察、人事行政机关申诉。

我国《国家赔偿法》规定了取得行政赔偿和刑事赔偿的多种程序。行政赔偿——可以直接向赔偿义务机关提出；也可以在行政复议、行政诉讼中一并提出；还可以单独提起行政赔偿诉讼。司法赔偿——先向司法赔偿义务机关提出，然后再向其上级机关提出，最后向人民法院赔偿委员会提出（不能通过诉讼途经解决）。

行政赔偿与行政补偿既有联系又有区别。行政补偿是指国家对行政机关及其工作人员在行使职权过程中因合法行为损害公民、法人或其他组织合法权益而采取的补救措施。行政补偿性质上属于具体行政行为，行政赔偿性质上属于行政法律责任。

19.3 行政赔偿的方式、标准和费用

1. 行政赔偿方式

行政赔偿方式即行政赔偿义务机关承担行政赔偿义务的各种法定方式。

国家赔偿以支付赔偿金为主要方式，还可以是返还财产、恢复原状和其他方式（消除影响、恢复名誉、赔礼道歉）。我国国家赔偿方式是以金钱赔偿为主，以恢复原状、返还财产为辅。

2. 行政赔偿的计算标准

行政赔偿标准是计算行政赔偿金额的准则和尺度，对此，《国家赔偿法》针对不同情况作了不同的规定。

（1）侵犯公民人身自由的，每日的赔偿金按照国家上年度职工日平均工资计算。上年度职工日平均工资数额，应当以职工年平均工资除以全年法定工作日数的方法计算：

（2）侵犯公民生命健康权的，赔偿金按照下列规定计算。

①造成身体伤害的，应当支付医疗费，以及赔偿因误工减少的收入。减少的收入每日的赔偿金按照国家上年度职工日平均工资计算。最高额为国家上年度职工年平均工资的5倍。

②造成部分或者全部丧失劳动能力的，应当支付医疗费以及残疾赔偿金，残疾赔偿金根据丧失劳动能力的程度确定，部分丧失劳动能力的最高额为国家上年度职工年平均工资的20倍。全部丧失劳动能力的为国家上年度职工年平均工资的20倍。造成全部丧失劳动能力的，对其抚养的无劳动能力的人，还应当支付生活费。生活费的发放标准参照当地民政部门有关生活救济的规定办理。被抚养人是未成年人的。生活费给付至18周岁止；其他无劳动能力的人，生活费给付至死亡时止。

③造成死亡的，应当支付死亡赔偿金、丧葬费，总额为国家上年度职工年平均工资的20倍。对死者生前抚养的无劳动能力的人，还应当支付生活费。生活费发放标准与上述②相同。（见表19-5所示）

表19-5　国家赔偿的方式与计算

限制人身自由	支付误工费，每日赔偿金按照国家上年度职工日平均工资计算
造成身体伤害	支付医疗费加误工费，每日赔偿金按国家上年度职工日平均工资计算，不超过年平均工资5倍
劳动能力丧失	支付医疗费加残疾赔偿金；部分丧失劳动能力的残疾赔偿金不超过国家上年度职工年平均工资20倍；全部丧失劳动能力的残疾赔偿金为20倍，并对其扶养的无劳动能力人支付生活费

造成公民死亡	支付死亡赔偿金加丧葬费，总额为国家上年度职工年平均工资 20 倍，对其生前扶养的无劳动能力人支付生活费
致人精神损害	侵犯公民人身权并造成名誉、荣誉等精神损害的，适用消除影响、恢复名誉、赔礼道歉，造成严重后果的支付精神损害赔偿金
侵害财产权利	①能够返还财产或恢复原状的返还恢复，不能的给付赔偿金②已拍卖的给付拍卖所得③吊销许可证和执照、责令停产停业的赔偿停产停业期间必要的经常性费用开支④其他损害赔偿直接损失

注意：被扶养的无劳动能力人是未成年人的生活费给付至 18 周岁止；其他给付至死亡。

（3）侵犯公民、法人和其他组织的财产权造成损害的，按照下列规定办理：

①处罚款、罚金、追缴、没收财产或者违反国家规定征收财物、摊派费用的，返还财产。

②查封、扣押、冻结财产的，解除对财产的查封、扣押、冻结，造成财产损坏或者灭失的，依照第③、④项规定赔偿。

③应当返还的财产损坏的，能够恢复原状的恢复原状，不能恢复原状的，按照损害程度给付相应的赔偿金。

④应当返还的财产灭失的，给付相应的赔偿金。

⑤财产已经拍卖的，给付拍卖所得的价款。

⑥吊销许可证和执照、责令停产停业的，赔偿停产停业期间必要的经常性费用开支。

⑦对财产权造成其他损害的，按照直接损失给予赔偿。

（4）支付相应的精神抚慰金。现行《国家赔偿法》第三十五条规定："有本法第三条或者第十七条规定的情形之一，致人精神损害的，应当在侵权行为影响的范围内，为受害人消除影响，恢复名誉，赔礼道歉；造成严重后果的，应当支付相应的精神损害赔偿金。"

（5）对赔偿请求人取得的赔偿金不予征税。

3. 赔偿费用

行政赔偿费用是指行政赔偿义务机关依照国家赔偿法的规定向行政赔偿请求人支付的各种费用。行政赔偿在性质上属于国家赔偿，因而行政赔偿费用由国家承担。

国家赔偿费用从各级财政列支。国务院于 2010 年 12 月制定了《国家赔偿费用管理条例》，该条例规定"国家赔偿费用由各级人民政府按照财政管理体制分级负担。各级人民政府应当根据实际情况，安排一定数额的国家赔偿费用，列入本级年度财政预算。当年需要支付的国家赔偿费用超过本级年度财政预算安排的，应当按照规定及时安排资金。国家赔偿费用由各级人民政府财政部门统一管理。国家赔偿费用的管理应当依法接受监督。"该条例还对国家赔偿费用的申请、支付、追偿以及赔偿义务机关、财政部门及其工作人员的财政违法行为作了具体规定。

19.4　行政补偿

国家补偿是国家机关因合法行为（并未实施违法侵权行为或违法行为）给公民、法人或其他组织权益造成的损害所给予的补偿。相应地，行政补偿是国家行政机关因合法行为（并未实施违法侵权行为或违法行为）给公民、法人或其他组织权益造成的损害所给予的补偿。

最初的国家补偿一般指行政补偿，后逐步将立法行为、司法行为纳入补偿范围。（右派平反，补发工资；冤假错案平反，补发工资）

国家补偿的分类：

（1）立法补偿、行政补偿与司法补偿。

（2）事前补偿与事后补偿。

国家补偿的程序有主动补偿程序和应申请补偿程序。

我国虽有不少单行法律、法规规定了行政补偿，但却很少规定行政补偿的具体程序。

行政补偿的司法救济途径：司法应不应该介入合法行政引起的行政补偿，各国有不同的规定。从我国法律规定来看，对行政补偿不服的可以提起行政诉讼。

19.5　行政赔偿的程序

行政赔偿有其特定的请求人（见表19-6所示），有特定的赔偿义务机关（见表19-7所示），注意与司法赔偿义务机关作比较。（见表19-8所示）

行政赔偿程序有赔偿义务机关先行处理程序（见表19-9所示）和行政赔偿诉讼程序（见表19-10所示）之分，注意与司法赔偿确认程序（见表19-11所示）、司法赔偿处理程序（见表19-12所示）相比较。

表19-6　国家赔偿请求人

自然人请求权转移	继承人和有扶养关系的亲属以及死者生前抚养的无劳动能力人继受
法人或组织请求权转移	承受其权利的法人或组织继受
请求权时效计算	侵权行为被确认违法之日起2年内提出请求，但请求人被羁押期间不计
时效的中止	最后6个月因不可抗力等事由可中止，消除后继续计算

表 19-7　行政赔偿义务机关

单独行政赔偿	该机关、组织及其工作人员实施了侵权行为
共同行政赔偿	共同赔偿义务机关负连带责任
委托机关赔偿	受委托的组织或个人侵权由委托机关赔偿
继受机关赔偿	赔偿义务机关被撤销的，继续行使职权的机关赔偿
撤销机关赔偿	赔偿义务机关被撤销有无继受机关的，撤销它的机关赔偿
复议机关赔偿	复议加重损害的，对加重部分赔偿
派出机关赔偿	执行自身职权由自己赔偿，执行交办任务由交办机关赔偿
申请机关赔偿	申请法院强制执行具体行政行为，由于执行根据错误的，由申请机关赔偿

表 19-8　司法赔偿义务机关

错拘案件赔偿	错拘机关赔偿；检察自侦案件仅由公安机关实施强制的视为检察机关决定拘留
错捕案件赔偿	执行逮捕的机关不赔偿
二审改判案件赔偿	一审法院、批捕机关共同赔偿（批捕与公诉检察院不一致的由公诉的赔偿）
二审发回一审改判无罪的	视为二审改判
二审发回不起诉或撤案的	视为二审改判
再审改判的	做出原生效判决的法院赔偿
民事行政案件赔偿	做出侵权行为的法院赔偿（多个法院有委托关系的，谁违法谁赔偿）
司法人员侵权案件	该司法人员所在机关赔偿

表 19-9　行政赔偿程序——赔偿义务机关先行处理程序

确认违法	具体行为可由复议机关、法院、赔偿义务机关确认；事实行为则不能直接通过复议、诉讼确认
请求赔偿	请求人应在确认违法之日起 2 年内提出赔偿请求
处理赔偿	收到申请后 2 月内处理；如不赔、不决定或对赔偿数额有异议的，赔偿请求人可在 3 月内起诉

注意：行政事实行为特指侵犯赔偿请求人生命健康权与财产权的行政事实行为。

表 19-10　行政赔偿诉讼程序

注意：一并提起的，注意原告可在起诉后至一审庭审结束前提出赔偿请求，单独提起的情况如下：

起诉条件	须以赔偿义务机关或复议机关先行处理为前提，但不问处理结果如何
管辖法院	①地域管辖原则上为被告住所地法院，级别管辖同一般的行政诉讼 ②限制人身自由案件单独提起的为被告住所地、原告住所地或不动产所在地法院

起诉时限	①赔偿义务机关处理期限届满起 3 月内可以起诉 ②未告知诉权或起诉期限的从实际知道诉权或起诉期限时起算，但不得超过收到赔偿决定之日起 1 年

表 19-11　司法赔偿程序——确认程序

注意：公民、法人或者其他组织认为法院及其工作人员职务行为侵犯其合法权益提起国家赔偿请求的，除已经相关判决、裁定、决定确定外，应先行申请确认。检察机关为赔偿义务机关的也需要先行确认程序。

	法院确认程序	检察院确认程序
管辖机关	原则上是作出司法行为的法院管辖，但申请确认基层法院司法行为违法案件由中级法院确认	作为赔偿义务机关的检察院
申请期限	自知道或应当知道司法行为发生之日起 2 年内提出	
申请复议	申请人不服不予受理的决定可在 15 日内申请上一级法院复议	无规定
办理机构	组成合议庭审理，可以书面审理或举行听证	检察院国家赔偿工作办公室审查，最终报检察长或检委会决定
申诉（复议）程序	法院逾期未作出裁决或裁定不予确认违法的，可以在审理期限届满或收到裁定书之日起 30 日内向上一级法院申诉	逾期未作出赔偿决定或作出不予赔偿决定的，可以自期限届满之日或收到决定之日起三十日内向上一级检察院申请复议

表 19-12　司法赔偿程序——处理程序

赔偿义务机关处理	确认违法后 2 年内向赔偿义务机关提出请求，后者必须在收到申请后 2 个月内处理
复议机关处理	仅适用于法院非赔偿义务机关时，在 30 日内向义务机关的上一级申请复议，复议期限为 2 月
赔偿委员会处理（设于中级以上法院，其决定为终局）	①对复议不服或复议逾期不决定的，在 30 日内向复议机关所在地同级法院的赔偿委会申请 ②赔偿义务机关包含法院的，在 30 日内直接向上一级法院的赔偿委会申请 ③赔偿委会应在 3 月内决定，院长可批准延长 1 月，再延长应报上级批准，时间不得超过 3 月

小结

本章主要阐述了行政救济的主要形式之一行政赔偿。具体阐述了国家赔偿 偿责任与国家赔偿责任的构成，行政赔偿与行政赔偿的范围，行政赔偿的方式、标准和费用以及行政补偿。

1. 什么是行政赔偿？行政赔偿的特征是什么？
2. 行政赔偿责任的构成要件有哪些？
3. 行政赔偿的范围有哪些？
4. 国家不承担赔偿责任的情形有哪些？
5. 行政赔偿请求人的资格有什么要求？
6. 行政赔偿的方式有哪些？

实务训练十九

一、在老师指导下，学生分析辨别行政法学关键术语。

二、真实案例：大家看法——车祸发生之后（北京 江西陶红泉）同命不同价，引起极大争议（人身侵害赔偿）。

视频播放后，教师引导学生运用行政法学基础理论对此案例进行讨论，必要时，教师对此案例作总结评析。

三、复习第 18 章司法审查内容

（一）填空题

1. 被告是作出被原告认为侵犯其合法权益的具体行政行为的_____及法律、法规授权组织。

2. 行政诉讼参加人是指因与行政争议存在_____关系而参加_____的整个过程或主要_____的人及与他们的诉讼地位相类似的人。

3. 我国行政救济的途径主要有_____救济和_____救济。

4. 行政救济以行政管理相对方的_____为前提。

5. 行政救济以行政_____为基础。

6. 人民法院审理行政案件的方式为_____。

7. 行政诉讼参加人包括_____和_____。

8. 第二审人民法院审理上诉案件，有_____审理和_____审理两种方式。

9. 确立行政诉讼受案范围的方式，归纳起来主要有_____、_____、_____等三种。

10. 行政判决分为_____和_____。

11. 人民法院审理行政案件，对法定受案范围内的（具体行政行为）的合法性进行审查，但对_____的行政处罚，则可以进行_____审查。

（二）判断题

1. 就某一具体行政案件而言，司法裁判优于行政裁决。　　　　　　　　（　　）

2. 当事人对人民法院的一审判决、裁定均可提起上诉。　　　　　　　　（　　）

3. 两个以上人民法院都有管辖权的案件，原告可以选择其中一个人民法院提起诉讼。

　　　　　　　　　　　　　　　　　　　　　　　　　　　　　　　　（　　）

4. 根据行政诉讼法规定，人民法院对具体行政行为变更仅限于显失公正行政处罚。

( )

5. 行政诉讼法规定，当事人对已发生法律效力判决．裁定，认为有错误，可以向原审人民法院或者上一级人民法院提出申诉．判决．裁定停止执行。 ( )

6. 人民法院审理行政案件，可以依据的规范性文件只有法律。 ( )

7. 行政诉讼判决、裁定的执行主体是人民法院和行政机关。 ( )

8. 诉讼的专门法典包括现行的《中华人民共和国民事诉讼法》和《中华人民共和国行政诉讼法》两大诉讼法典。 ( )

9. 诉讼当事人在法律面前一律平等。 ( )

10. 诉讼的活动方式具有公开性。 ( )

11. 人民法院审理行政案件一律公开进行。 ( )

四、回顾第 19 章行政赔偿内容

1. 国家赔偿包括哪两部分？

2. 国家赔偿是对什么行为承担的赔偿责任？

3. 国家补偿是因什么引起的？

4. 国家赔偿责任包括哪几个构成要件？

5. 行政赔偿是国家对什么行为所承担的赔偿责任？

6. 什么是行政补偿？

7. 行政赔偿的范围如何？

8. 国家不承担赔偿责任的情形有哪些？

9. 什么是行政追偿？

10. 国家赔偿的方式、费用如何？

11. 国家赔偿的标准是什么？

五、复习第 19 章行政赔偿内容

（一）填空题

1.《国家赔偿法》于_____年_____月_____日_____会议通过，于_____年_____月_____日施行。

2. 受害的公民死亡，其_____和_____有权要求行政赔偿，受害的法人或其他组织终止，_____有权要求行政赔偿。

3. 赔偿请求人要求赔偿可向赔偿义务机关提出，也可以在_____和_____时一并提出。

4.《国家赔偿法》第五条规定：国家不对行政机关工作人员的_____行为承担赔偿责任。

5. 国家赔偿责任背后的理论是_____原则，它取代了原来的主权理论，这样降低了公民个人的风险，也更公平。

6. 国家赔偿的功能表现在六个方面，即_____、_____、_____、_____、利益调整以及体现民主与标示民主。

7. 我国国家赔偿制度中的责任豁免事项大致包括_____、_____、_____和_____。

8. 我国采取的国家赔偿是以_____为主，_____、_____为辅的方式。

9. 世界各国的赔偿法中在赔偿标准上大致奉行三种不同的原则，即_____、_____和_____。

10. 赔偿请求人请求国家赔偿的时效为_____。

11. 侵犯公民人身自由的，每日的赔偿金按照国家_____计算。

12. 我国国家赔偿法体现出来的性质兼具_____和_____的特点。

13. 赔偿委员会作出的赔偿决定，是_____决定，必须_____。

14. 行政赔偿责任的归责原则主要有：_____原则；_____原则；违法责任原则。

15. 行政赔偿的责任形式是_____。

16. _____是构成行政赔偿责任的首要条件。

17. 追偿的形式有两种：一种是"后补"式的追偿；一种是_____的方式。

（二）判断题

1. 在我国，国家赔偿法的渊源，包括宪法、法律、行政法规、地方性法规、法院判决以及有法定解释权的机关作出的立法、行政和司法解释。　　　　　　（　　）

2. 某警察下班后将枪带回家中，正遇上其妻与邻居吵架，某警察便拔枪将其邻居打伤，对此国家不负赔偿责任。　　　　　　　　　　　　　　　　　（　　）

3. 国家赔偿法规定，对于受害人自己造成的损害，无论其主观心理状态（故意或过失）如何，国家均不承担责任。　　　　　　　　　　　　　　　　（　　）

4. 根据国家赔偿法的规定，对于依照二审程序和审判旧的监督程序改判无罪，原判刑法已经执行的，受害人有权请求国家赔偿。　　　　　　　　　　（　　）

5. 外国人、外国企业和组织在中华人民共和国领域内要求中华人民共和国国家赔偿的不适用国家赔偿法。　　　　　　　　　　　　　　　　　　　（　　）

6. 赔偿请求人要求国家赔偿的，赔偿义务机关和人民法院可以向赔偿请求人收取有关的费用，但对赔偿请求人取得的赔偿金不予征税。　　　　　　　（　　）

7. 根据国家赔偿法的规定，请求人根据受到的不同损害，可以同时提数项赔偿请求。
　　　　　　　　　　　　　　　　　　　　　　　　　　　　　　　（　　）

8. 涉及行政赔偿都须先经赔偿义务机关处理才可提起诉讼。　　　　（　　）

9. 支付赔偿金是行政赔偿的唯一形式。　　　　　　　　　　　　　（　　）

10.《国家赔偿法》规定，当事人提出赔偿请求的时效为2年。　　　（　　）

六、阅读以下材料，并理解其重点内容

阅读材料十九

中华人民共和国国家赔偿法

（1994年5月12日第八届全国人民代表大会常务委员会第七次会议通过　1994年5月12日中华人民共和国主席令第23号公布　根据2010年4月29日第十一届全国人民代表大会常务委员会第十四次会议通过　2010年4月29日中华人民共和国主席令第29号公

布 自 2010 年 12 月 1 日起施行的《全国人民代表大会常务委员会关于修改〈中华人民共和国国家赔偿法〉的决定》第一次修正 根据 2012 年 10 月 26 日第十一届全国人民代表大会常务委员会第二十九次会议通过 2012 年 10 月 26 日中华人民共和国主席令第 68 号公布 自 2013 年 1 月 1 日起施行的《全国人民代表大会常务委员会关于修改〈中华人民共和国国家赔偿法〉的决定》第二次修正）

目 录

第一章 总 则

第一条 为保障公民、法人和其他组织享有依法取得国家赔偿的权利，促进国家机关依法行使职权，根据宪法，制定本法。

第二条 国家机关和国家机关工作人员行使职权，有本法规定的侵犯公民、法人和其他组织合法权益的情形，造成损害的，受害人有依照本法取得国家赔偿的权利。

本法规定的赔偿义务机关，应当依照本法及时履行赔偿义务。

第二章 行政赔偿

第一节 赔偿范围

第三条 行政机关及其工作人员在行使行政职权时有下列侵犯人身权情形之一的，受害人有取得赔偿的权利：

（一）违法拘留或者违法采取限制公民人身自由的行政强制措施的；

（二）非法拘禁或者以其他方法非法剥夺公民人身自由的；

（三）以殴打、虐待等行为或者唆使、放纵他人以殴打、虐待等行为造成公民身体伤害或者死亡的；

（四）违法使用武器、警械造成公民身体伤害或者死亡的；

（五）造成公民身体伤害或者死亡的其他违法行为。

第四条 行政机关及其工作人员在行使行政职权时有下列侵犯财产权情形之一的，受害人有取得赔偿的权利：

（一）违法实施罚款、吊销许可证和执照、责令停产停业、没收财物等行政处罚的；

（二）违法对财产采取查封、扣押、冻结等行政强制措施的；

（三）违法征收、征用财产的；

（四）造成财产损害的其他违法行为。

第五条　属于下列情形之一的，国家不承担赔偿责任：

（一）行政机关工作人员与行使职权无关的个人行为；

（二）因公民、法人和其他组织自己的行为致使损害发生的；

（三）法律规定的其他情形。

第二节　赔偿请求人和赔偿义务机关

第六条　受害的公民、法人和其他组织有权要求赔偿。

受害的公民死亡，其继承人和其他有扶养关系的亲属有权要求赔偿。

受害的法人或者其他组织终止的，其权利承受人有权要求赔偿。

第七条　行政机关及其工作人员行使行政职权侵犯公民、法人和其他组织的合法权益造成损害的，该行政机关为赔偿义务机关。

两个以上行政机关共同行使行政职权时侵犯公民、法人和其他组织的合法权益造成损害的，共同行使行政职权的行政机关为共同赔偿义务机关。

法律、法规授权的组织在行使授予的行政权力时侵犯公民、法人和其他组织的合法权益造成损害的，被授权的组织为赔偿义务机关。

受行政机关委托的组织或者个人在行使受委托的行政权力时侵犯公民、法人和其他组织的合法权益造成损害的，委托的行政机关为赔偿义务机关。

赔偿义务机关被撤销的，继续行使其职权的行政机关为赔偿义务机关；没有继续行使其职权的行政机关的，撤销该赔偿义务机关的行政机关为赔偿义务机关。

第八条　经复议机关复议的，最初造成侵权行为的行政机关为赔偿义务机关，但复议机关的复议决定加重损害的，复议机关对加重的部分履行赔偿义务。

第三节　赔偿程序

第九条　赔偿义务机关有本法第三条、第四条规定情形之一的，应当给予赔偿。

赔偿请求人要求赔偿，应当先向赔偿义务机关提出，也可以在申请行政复议或者提起行政诉讼时一并提出。

第十条　赔偿请求人可以向共同赔偿义务机关中的任何一个赔偿义务机关要求赔偿，该赔偿义务机关应当先予赔偿。

第十一条　赔偿请求人根据受到的不同损害，可以同时提出数项赔偿要求。

第十二条　要求赔偿应当递交申请书，申请书应当载明下列事项：

（一）受害人的姓名、性别、年龄、工作单位和住所，法人或者其他组织的名称、住所和法定代表人或者主要负责人的姓名、职务；

（二）具体的要求、事实根据和理由；

（三）申请的年、月、日。

赔偿请求人书写申请书确有困难的，可以委托他人代书；也可以口头申请，由赔偿义务机关记入笔录。

赔偿请求人不是受害人本人的，应当说明与受害人的关系，并提供相应证明。

赔偿请求人当面递交申请书的，赔偿义务机关应当当场出具加盖本行政机关专用印章并注明收讫日期的书面凭证。申请材料不齐全的，赔偿义务机关应当当场或者在五日内一次性告知赔偿请求人需要补正的全部内容。

第十三条　赔偿义务机关应当自收到申请之日起两个月内，作出是否赔偿的决定。赔偿义务机关作出赔偿决定，应当充分听取赔偿请求人的意见，并可以与赔偿请求人就赔偿方式、赔偿项目和赔偿数额依照本法第四章的规定进行协商。

赔偿义务机关决定赔偿的，应当制作赔偿决定书，并自作出决定之日起十日内送达赔偿请求人。

赔偿义务机关决定不予赔偿的，应当自作出决定之日起十日内书面通知赔偿请求人，并说明不予赔偿的理由。

第十四条　赔偿义务机关在规定期限内未作出是否赔偿的决定，赔偿请求人可以自期限届满之日起三个月内，向人民法院提起诉讼。

赔偿请求人对赔偿的方式、项目、数额有异议的，或者赔偿义务机关作出不予赔偿决定的，赔偿请求人可以自赔偿义务机关作出赔偿或者不予赔偿决定之日起三个月内，向人民法院提起诉讼。

第十五条　人民法院审理行政赔偿案件，赔偿请求人和赔偿义务机关对自己提出的主张，应当提供证据。

赔偿义务机关采取行政拘留或者限制人身自由的强制措施期间，被限制人身自由的人死亡或者丧失行为能力的，赔偿义务机关的行为与被限制人身自由的人的死亡或者丧失行为能力是否存在因果关系，赔偿义务机关应当提供证据。

第十六条　赔偿义务机关赔偿损失后，应当责令有故意或者重大过失的工作人员或者受委托的组织或者个人承担部分或者全部赔偿费用。

对有故意或者重大过失的责任人员，有关机关应当依法给予处分；构成犯罪的，应当依法追究刑事责任。

第三章　刑事赔偿

第一节　赔偿范围

第十七条　行使侦查、检察、审判职权的机关以及看守所、监狱管理机关及其工作人员在行使职权时有下列侵犯人身权情形之一的，受害人有取得赔偿的权利：

（一）违反刑事诉讼法的规定对公民采取拘留措施的，或者依照刑事诉讼法规定的条件和程序对公民采取拘留措施，但是拘留时间超过刑事诉讼法规定的时限，其后决定撤销案件、不起诉或者判决宣告无罪终止追究刑事责任的；

（二）对公民采取逮捕措施后，决定撤销案件、不起诉或者判决宣告无罪终止追究刑事责任的；

（三）依照审判监督程序再审改判无罪，原判刑罚已经执行的；

（四）刑讯逼供或者以殴打、虐待等行为或者唆使、放纵他人以殴打、虐待等行为造成公民身体伤害或者死亡的；

（五）违法使用武器、警械造成公民身体伤害或者死亡的。

第十八条　行使侦查、检察、审判职权的机关以及看守所、监狱管理机关及其工作人员在行使职权时有下列侵犯财产权情形之一的，受害人有取得赔偿的权利：

（一）违法对财产采取查封、扣押、冻结、追缴等措施的；

（二）依照审判监督程序再审改判无罪，原判罚金、没收财产已经执行的。

第十九条　属于下列情形之一的，国家不承担赔偿责任：

（一）因公民自己故意作虚伪供述，或者伪造其他有罪证据被羁押或者被判处刑罚的；

（二）依照刑法第十七条、第十八条规定不负刑事责任的人被羁押的；

（三）依照刑事诉讼法第十五条、第一百七十三条第二款、第二百七十三条第二款、第二百七十九条规定不追究刑事责任的人被羁押的；

（四）行使侦查、检察、审判职权的机关以及看守所、监狱管理机关的工作人员与行使职权无关的个人行为；

（五）因公民自伤、自残等故意行为致使损害发生的；

（六）法律规定的其他情形。

第二节　赔偿请求人和赔偿义务机关

第二十条　赔偿请求人的确定依照本法第六条的规定。

第二十一条　行使侦查、检察、审判职权的机关以及看守所、监狱管理机关及其工作人员在行使职权时侵犯公民、法人和其他组织的合法权益造成损害的，该机关为赔偿义务机关。

对公民采取拘留措施，依照本法的规定应当给予国家赔偿的，作出拘留决定的机关为赔偿义务机关。

对公民采取逮捕措施后决定撤销案件、不起诉或者判决宣告无罪的，作出逮捕决定的机关为赔偿义务机关。

再审改判无罪的，作出原生效判决的人民法院为赔偿义务机关。二审改判无罪，以及二审发回重审后作无罪处理的，作出一审有罪判决的人民法院为赔偿义务机关。

第三节　赔偿程序

第二十二条　赔偿义务机关有本法第十七条、第十八条规定情形之一的，应当给予赔偿。

赔偿请求人要求赔偿，应当先向赔偿义务机关提出。

赔偿请求人提出赔偿请求，适用本法第十一条、第十二条的规定。

第二十三条　赔偿义务机关应当自收到申请之日起两个月内，作出是否赔偿的决定。赔偿义务机关作出赔偿决定，应当充分听取赔偿请求人的意见，并可以与赔偿请求人就赔偿方式、赔偿项目和赔偿数额依照本法第四章的规定进行协商。

赔偿义务机关决定赔偿的，应当制作赔偿决定书，并自作出决定之日起十日内送达赔偿请求人。

赔偿义务机关决定不予赔偿的，应当自作出决定之日起十日内书面通知赔偿请求人，并说明不予赔偿的理由。

第二十四条　赔偿义务机关在规定期限内未作出是否赔偿的决定，赔偿请求人可以自期限届满之日起三十日内向赔偿义务机关的上一级机关申请复议。

赔偿请求人对赔偿的方式、项目、数额有异议的，或者赔偿义务机关作出不予赔偿决定的，赔偿请求人可以自赔偿义务机关作出赔偿或者不予赔偿决定之日起三十日内，向赔偿义务机关的上一级机关申请复议。

赔偿义务机关是人民法院的，赔偿请求人可以依照本条规定向其上一级人民法院赔偿委员会申请作出赔偿决定。

第二十五条　复议机关应当自收到申请之日起两个月内作出决定。

赔偿请求人不服复议决定的，可以在收到复议决定之日起三十日内向复议机关所在地的同级人民法院赔偿委员会申请作出赔偿决定；复议机关逾期不作决定的，赔偿请求人可以自期限届满之日起三十日内向复议机关所在地的同级人民法院赔偿委员会申请作出赔偿决定。

第二十六条　人民法院赔偿委员会处理赔偿请求，赔偿请求人和赔偿义务机关对自己提出的主张，应当提供证据。

被羁押人在羁押期间死亡或者丧失行为能力的，赔偿义务机关的行为与被羁押人的死亡或者丧失行为能力是否存在因果关系，赔偿义务机关应当提供证据。

第二十七条　人民法院赔偿委员会处理赔偿请求，采取书面审查的办法。必要时，可以向有关单位和人员调查情况、收集证据。赔偿请求人与赔偿义务机关对损害事实及因果关系有争议的，赔偿委员会可以听取赔偿请求人和赔偿义务机关的陈述和申辩，并可以进行质证。

第二十八条　人民法院赔偿委员会应当自收到赔偿申请之日起三个月内作出决定；属于疑难、复杂、重大案件的，经本院院长批准，可以延长三个月。

第二十九条　中级以上的人民法院设立赔偿委员会，由人民法院三名以上审判员组成，组成人员的人数应当为单数。

赔偿委员会作赔偿决定，实行少数服从多数的原则。

赔偿委员会作出的赔偿决定，是发生法律效力的决定，必须执行。

第三十条　赔偿请求人或者赔偿义务机关对赔偿委员会作出的决定，认为确有错误的，可以向上一级人民法院赔偿委员会提出申诉。

赔偿委员会作出的赔偿决定生效后，如发现赔偿决定违反本法规定的，经本院院长决定或者上级人民法院指令，赔偿委员会应当在两个月内重新审查并依法作出决定，上一级人民法院赔偿委员会也可以直接审查并作出决定。

最高人民检察院对各级人民法院赔偿委员会作出的决定，上级人民检察院对下级人民法院赔偿委员会作出的决定，发现违反本法规定的，应当向同级人民法院赔偿委员会提出意见，同级人民法院赔偿委员会应当在两个月内重新审查并依法作出决定。

第三十一条　赔偿义务机关赔偿后，应当向有下列情形之一的工作人员追偿部分或者全部赔偿费用：

（一）有本法第十七条第四项、第五项规定情形的；

（二）在处理案件中有贪污受贿，徇私舞弊，枉法裁判行为的。

对有前款规定情形的责任人员，有关机关应当依法给予处分；构成犯罪的，应当依法追究刑事责任。

第四章　赔偿方式和计算标准

第三十二条　国家赔偿以支付赔偿金为主要方式。

能够返还财产或者恢复原状的，予以返还财产或者恢复原状。

第三十三条　侵犯公民人身自由的，每日赔偿金按照国家上年度职工日平均工资计算。

第三十四条　侵犯公民生命健康权的，赔偿金按照下列规定计算：

（一）造成身体伤害的，应当支付医疗费、护理费，以及赔偿因误工减少的收入。减少的收入每日的赔偿金按照国家上年度职工日平均工资计算，最高额为国家上年度职工年平均工资的五倍；

（二）造成部分或者全部丧失劳动能力的，应当支付医疗费、护理费、残疾生活辅助具费、康复费等因残疾而增加的必要支出和继续治疗所必需的费用，以及残疾赔偿金。残疾赔偿金根据丧失劳动能力的程度，按照国家规定的伤残等级确定，最高不超过国家上年度职工年平均工资的二十倍。造成全部丧失劳动能力的，对其扶养的无劳动能力的人，还应当支付生活费；

（三）造成死亡的，应当支付死亡赔偿金、丧葬费，总额为国家上年度职工年平均工资的二十倍。对死者生前扶养的无劳动能力的人，还应当支付生活费。

前款第二项、第三项规定的生活费的发放标准，参照当地最低生活保障标准执行。被扶养的人是未成年人的，生活费给付至十八周岁止；其他无劳动能力的人，生活费给付至死亡时止。

第三十五条　有本法第三条或者第十七条规定情形之一，致人精神损害的，应当在侵权行为影响的范围内，为受害人消除影响，恢复名誉，赔礼道歉；造成严重后果的，应当支付相应的精神损害抚慰金。

第三十六条　侵犯公民、法人和其他组织的财产权造成损害的，按照下列规定处理：

（一）处罚款、罚金、追缴、没收财产或者违法征收、征用财产的，返还财产；

（二）查封、扣押、冻结财产的，解除对财产的查封、扣押、冻结，造成财产损坏或者灭失的，依照本条第三项、第四项的规定赔偿；

（三）应当返还的财产损坏的，能够恢复原状的恢复原状，不能恢复原状的，按照损害程度给付相应的赔偿金；

（四）应当返还的财产灭失的，给付相应的赔偿金；

（五）财产已经拍卖或者变卖的，给付拍卖或者变卖所得的价款；变卖的价款明显低于财产价值的，应当支付相应的赔偿金；

（六）吊销许可证和执照、责令停产停业的，赔偿停产停业期间必要的经常性费用开支；

（七）返还执行的罚款或者罚金、追缴或者没收的金钱，解除冻结的存款或者汇款的，应当支付银行同期存款利息；

（八）对财产权造成其他损害的，按照直接损失给予赔偿。

第三十七条　赔偿费用列入各级财政预算。

赔偿请求人凭生效的判决书、复议决定书、赔偿决定书或者调解书，向赔偿义务机关申请支付赔偿金。

赔偿义务机关应当自收到支付赔偿金申请之日起七日内，依照预算管理权限向有关的财政部门提出支付申请。财政部门应当自收到支付申请之日起十五日内支付赔偿金。

赔偿费用预算与支付管理的具体办法由国务院规定。

第五章　其他规定

第三十八条　人民法院在民事诉讼、行政诉讼过程中，违法采取对妨害诉讼的强制措施、保全措施或者对判决、裁定及其他生效法律文书执行错误，造成损害的，赔偿请求人要求赔偿的程序，适用本法刑事赔偿程序的规定。

第三十九条　赔偿请求人请求国家赔偿的时效为两年，自其知道或者应当知道国家机关及其工作人员行使职权时的行为侵犯其人身权、财产权之日起计算，但被羁押等限制人身自由期间不计算在内。在申请行政复议或者提起行政诉讼时一并提出赔偿请求的，适用行政复议法、行政诉讼法有关时效的规定。

赔偿请求人在赔偿请求时效的最后六个月内，因不可抗力或者其他障碍不能行使请求权的，时效中止。从中止时效的原因消除之日起，赔偿请求时效期间继续计算。

第四十条　外国人、外国企业和组织在中华人民共和国领域内要求中华人民共和国国家赔偿的，适用本法。

外国人、外国企业和组织的所属国对中华人民共和国公民、法人和其他组织要求该国国家赔偿的权利不予保护或者限制的，中华人民共和国与该外国人、外国企业和组织的所属国实行对等原则。

第六章　附　则

第四十一条　赔偿请求人要求国家赔偿的，赔偿义务机关、复议机关和人民法院不得向赔偿请求人收取任何费用。

对赔偿请求人取得的赔偿金不予征税。

第四十二条　本法自 1995 年 1 月 1 日起施行。

附：法律有关条文

一、刑法

第十四条　已满十六岁的人犯罪，应当负刑事责任。

已满十四岁不满十六岁的人，犯杀人、重伤、抢劫、放火、惯窃罪或者其他严重破坏社会秩序罪，应当负刑事责任。

已满十四岁不满十八岁的人犯罪，应当从轻或者减轻处罚。

因不满十六岁不处罚的，责令他的家长或者监护人加以管教；在必要的时候，也可以由政府收容教养。

第十五条　精神病人在不能辨认或者不能控制自己行为的时候造成危害结果的，不负刑事责任；但是应当责令他的家属或者监护人严加看管和医疗。

间歇性的精神病人在精神正常的时候犯罪，应当负刑事责任。

醉酒的人犯罪，应当负刑事责任。

二、刑事诉讼法

第十五条　有下列情形之一的，不追究刑事责任，已经追究的，应当撤销案件，或者不起诉，或者终止审理，或者宣告无罪：

（一）情节显著轻微、危害不大，不认为是犯罪的；

（二）犯罪已过追诉时效期限的；

（三）经特赦令免除刑罚的；

（四）依照刑法告诉才处理的犯罪，没有告诉或者撤回告诉的；

（五）犯罪嫌疑人、被告人死亡的；

（六）其他法律规定免予追究刑事责任的。

参考文献

［1］罗豪才. 行政法学（第二版）［M］. 北京：北京大学出版社，2006.

［2］汪俊英. 行政法学简明教程［M］. 北京：中国经济出版社，2002.

［3］徐明江. 行政诉讼法理论与实务［M］. 北京：高等教育出版社，2004.

［4］杨解君. 行政法学［M］. 北京：中国方正出版社，2002.

［5］张树义. 行政法学［M］. 北京：北京大学出版社，2005.

［6］朱新力. 行政法学［M］. 北京：清华大学出版社，2005.

［7］王周户. 行政法学同步练习册［M］. 北京：北京大学出版社，2002.

［8］叶必丰. 行政法学（修订版）［M］. 武汉：武汉大学出版社，2003.

［9］曹勇. 行政法学同步训练·同步过关［M］. 北京：人民日报出版社，2005.

［10］马怀德. 行政诉讼法学［M］. 北京：北京大学出版社，2004.